시그널 코리아

SIGNAL KOREA 2025

B L U E S N A K E W I S D O M

(주)광문각출판미디어

일러두기

- 본문 글 흐름을 방해하지 않도록 참고할 내용은 본문 글자 크기보다 작게 표현하였습니다.
- **TextMore**: 본문 내용보다 세부적인 내용은 TextMore QR Code를 사용해서 바로 읽을 수 있습니다.
- **ColorOver**: 두 가지 색상으로 인쇄한 [그림]이나 [표]에 있는 QR 코드를 사용하여, 휴대전화에서 더 많은 정보를 담은 컬러 이미지를 확인할 수 있습니다.

기획: 이규연((사)미래학회 회장)
공동필진: 이규연, 윤기영, 이명호, 이창인, 김홍열, 김헌식, 부경호, 이재우,
(게재순) 박제윤, 윤석만, 방준성, 윤영상, 조상근, 윤재은, 강찬수

시그널 코리아

SIGNAL KOREA 2025

BLUE SNAKE WISDOM

(주)광문각출판미디어

'을씨년' 2025, 푸른 뱀의 지혜로

Blue Snake Wisdom — '을씨년' 2025, 푸른 뱀의 지혜로
Looking for ways to prepare for future jobs? — 미래 일자리
Upscaling to a hybrid workplace with AI integration — 하이브리드 업무 공간
Economic rivalry reshaping global supply chains — 생존 공급망

Shifting Education with AI Tutors – Hybrid Learning Signals — 하이브리드 클래스
No way a spiritual non-believer could lead, could they? — 영성적 비신자
Alarm Signal for Korea's Semiconductor Future — 반도체 치킨 게임
Key Steps Towards the Quantum World - The Second Quantum Revolution — 퀀텀 점프
Evolution of Values Through Neuroscience - How Should We Live? — 윤리적 신경과학

Will Aging End? - The Legacy of Methuselah's Quest for Immortality — 영생 인류
Improving Cyber Resilience with AI: The Future of Security — 사이버 리질리언스
Symphony of Politics Amid Crisis - Balancing Hope and Despair — 복합위기
Drones vs. Defense - The Evolution of Counter-Drone Warfare — 대드론 전쟁
Oceans Rising - The Birth of Underwater Independent Cities — 수중독립도시
Mapping Paths to Overcome Environmental Challenges — 환경신데믹

Blue Snake Wisdom

'을씨년' 2025, 푸른 뱀의 지혜로

- 다시 트렌드에 앞서 시그널을 보자 -

(사)미래학회 **이규연**

"미래는 현재 우리가 무엇을 하느냐에 달려 있다."

인도의 지도자인 간디가 남긴 말입니다. 미래를 위해 우리가 당장 해야 할 무엇 가운데 중요한 하나가 현명한 시그널signal을 찾아내는 일이라고 봅니다. 우리는 다양하고 혼란스러운 신호에 둘러싸여 살아갑니다. 때로는 소음과도 같은 신호들 가운데 우리에게 성공과 돈을 가져다주는 시그널은 과연 무엇일까요. 2025 시그널 코리아를 지금부터 시작합니다.

2025년은 을사년乙巳年입니다. 과거로 눈을 돌려보면 을사년에는 유난히 을씨년스러운 사건이 많았던 해입니다. 사전을 찾아볼까요.

'스럽다'는 명사 뒤에 붙어서 어떤 성질이 있음을 뜻하는 접미사죠. 여기서 을씨년의 어원이 을사년에서 왔다는 주장이 있습니다. 이게 맞다면 그 을사년은 1905년을 가리킬 겁니다. 을사늑약이 있었던 해지요. 우리 민족의 주권이 사실상 일제에게 넘어간 치욕의 해였습니다. 을사년에는 4대 사화인 을사사화도 벌어졌죠. 1545년 명종이 즉위한 해에 윤원형 일파의 소윤이 윤임 일파의 대윤을 숙청하면서 사림이 크게 화를 입은 사건이었습니다.

2025년에는 정치와 국제 질서의 혼란이 예고됩니다. 미국에 새 대통령 체제가 들어섭니다. 미국과 중국, 미국과 러시아는 이전보다 더 심하게 대립할 겁니다. 우리를 적대국으로 규정한 북한의 새 헌법 체제는 남북 간의 격랑을 예고합니다. 이스라엘과 중동 간의 전쟁, 남중국해의 영유권 분쟁은 여전할 겁니다. 무엇보다 국내 정치 상황이 을씨년스럽습니다. 당장 무슨 일이 벌어져도 이상하지 않을 만큼, 끝이 보이지 않는 살얼음판 정국이 전개되고 있죠.

십이지간을 따지는 사람들은 한해를 동물에 빗대서 소망을 담습니다. 2024년 갑진년은 청룡 해였죠. 이렇게 따지면 2025년은 푸른 뱀띠 해입니다. 십이지간에 우리의 운명을 맡길 수는 없겠죠. 예측보다 전망, 전망보다 대안을 추구하는 미래연구그룹의 입장에선 더욱 그렇습니다. 다만 가슴에 푸른 꿈을 품고 날카롭게 주변을 응시하며 유연하게 몸놀림을 하는 존재가 청사青蛇라면, 우리는 을씨년스러운 국내외 환경이 조성될 2025년을 푸른 뱀의 자세로 돌파해도 좋을 듯합니다. 《시그널 코리아 2024》의 서문에서 이명호 (사)케이썬 이사장은 시그널의 의미를 다음과 같이 밝혔습니다.

새로운 트렌드가 될 수 있거나, 기존 트렌드를 바꿀 수 있는 이벤트를 시그널signal이라고 한다. 트렌드가 기정사실이 된 새로운 경향을 의미한다면, 시그널은 트렌드가 될 새로운 변화의 조짐을 의미한다. 시그널을 무시하고 기존 트렌드에 안주하였다가는 개인은 물론 가족, 기업, 조직, 국가가 급변하는 상황에 대비하지 못하여 위험에 처할 수 있다. 트렌드가 연속성의 관점에서 사고하고 '다음은 무엇인가'를 묻게 한다면, 시그널은 불연속성을 강조하고 '만약에'라는 질문을 하도록 한다. 시그널을 성급하게 새로운 트렌드로 단정해서는 안 된다. 상황에 민감하더라도 행동은 조심스럽게 하며 변화를 우리에게 유리하게 이끄는 끈기와 유연함이 필요하다.

미래학회가 규정한 시그널의 의미는 묘하게도 푸른 뱀의 자세를 닮았습니다. 을씨년스러운 분위기와 정세를 헤쳐 나갈 예리한 눈과 유연한 몸짓이 그것입니다. 푸른 희망이라는 심장을 장착하고 말이죠. 이쯤에서 지난해 미래학회가 뽑은 14개 부문별 시그널을 살펴보겠습니다.

1. 미래 문화: 멀티모달의 알파플러스 세대가 구원하리라
2. 사회: 신바벨 시대가 온다
3. 인구: 뉴딩크족의 카르페 디엠

4. 노동: 크리에이티브 에이지의 디지털 르네상스 도래
5. 직업: 레인보우 칼라, 미래 인재가 등장하다
6. 과학: 넷휴먼
7. 기술: 브레인 칩
8. 지식: 딥·마이스터, AI를 지휘하며 초월 지식 창조
9. 인공지능: 커스터마이즈된 콘텐츠
10. 정치: AI 크러시가 온다
11. 건축: '하이퍼리좀 시티'와 '바이오필릭 생태도시'
12. 의료: 메디컬 패러독스
13. 환경: ECG 인플레이션
14. 국방: 보이지 않는 윤리 전쟁은 이미 시작되었다

각계 미래연구자가 예측한 2024년 시그널 가운데 일부는 지난 1년 사이에 우리 앞에 또렷한 모습으로 다가왔습니다. 얼마 전 전북 전주의 한 중학교에서 학생들이 교사, 동급생의 얼굴 사진을 나체 사진에 합성해 유포한 사건이 발생했습니다. 비슷한 사건이 잇따르자 정부는 딥페이크와의 전쟁을 선포했습니다. 국방 분야조상근에서 제시한 보이지 않은 윤리 전쟁이 시작된 겁니다. 기술 분야윤석만 시그널이었던 브레인 칩도 성큼 다가왔죠. 일론 머스크가 거느린 뇌-컴퓨터 인터페이스 개발 기업인 뉴럴링크는 실제 사람을 대상으로 임상실험에 착수했죠. 사지마비 환자가 생각만으로 컴퓨터의 마우스를 움직이는 데 성공한 겁니다.

건축 분야윤재은에서 제시한 하이퍼 리좀 시티의 청사진도 나옵니다. 현대건설이 2047년 미래 모습을 상상한 캠페인 영상 속에서 부유식 이동형 야구 스타디움과 지구-화성 하이퍼루프 이미지를 공개했죠. 딥·마이스터부경호의 시그널도 있었죠. 원로 만화가 이현세 작가가 'AI 이현세' 프로젝트를 공식 선언했습니다. 뉴 바벨윤기영은 또 어떻습니까. 삼성전자가 세계 최초로 AI폰을 선보였습니다. 내장된 AI로 인터넷 연결 없이도 실시간 통역, 문서 요약, 사진 보정 등의 기능을 이용할 수 있게 한 겁니다. 커스터마이즈된 콘텐츠 전망방준성은 국내외에서 라이프 스타일을 추적하는 '초개인화' 제품과 서비스가 잇따라 출시되면서 트렌드가 되고 있습니다. 이 모든 이벤트가 저희가 《시그널 코리아 2024》를 펴낸 뒤 일 년 사이에 벌어졌다면 믿으시겠습니까?

이번 《시그널 코리아 2025》에서는 14개 질문을 던지려 합니다. 때론 발랄하면서 묵직하게 다가올 시그널이 다음과 같은 14개 질문에 녹아들어 있습니다.

1. 미래 일자리를 어떻게 준비해야 할까 _윤기영
2. 인공지능이 전통적인 사무실을 완전히 무너뜨릴까 _이명호
3. 미래의 전쟁, 포탄이냐 식량이냐 _이창인
4. AI 튜터가 모든 교육을 대체할 수 있을까 _김홍열
5. 종교 없는 영생이 트렌드가 되면 기존 종교는 몰락할까 _김헌식
6. 미중 반도체 전쟁에서 한국은 살아남을까 _부경호

7. 양자컴퓨터가 기존 암호 체계를 무너뜨릴까 _이재우
8. 신경과학이 우리의 운명을 바꿀까 _박제윤
9. 불로장생 사회에서는 어떤 혼란이 올까 _윤석만
10. 적대적 AI 공격과 방어를 위한 체계를 구축할 수 있을까 _방준성
11. 한국 정치는 지금의 복합 위기를 감당할 수 있을까 _윤영상
12. 드론은 미래 전쟁의 승패에 어떤 영향을 미칠까 _조상근
13. 해수면 상승이 계속된다면 우리는 수중도시에서 살아야 할까 _윤재은
14. 지구 열탕화 속에서 우리는 살아남을 수 있을까 _강찬수

시그널 코리아는 (사)미래학회에서 활동하는 각계 분야 전문가가 참여해 만들어졌습니다. ㈜광문각출판미디어 박정태 회장의 후원과 편집진의 노고가 없었다면 출판 시도 자체가 어려웠을 겁니다. 이 책을 내는 목적은 단순합니다. “트렌드에 앞서는 시그널에 주목하자.” 그리하여 개인과 조직, 사회와 국가가 미래의 불확실성에 영민하고 유연하게 대처하자. 시그널을 읽는 모든 분에게 행운이 있기를 기원합니다.

굿 이어, 굿 럭 !

CONTENTS

인공지능·첨단 기술 시그널 _Blue Snake Wisdom

정치·국방·문화·환경 시그널 _Blue Snake Wisdom

사회 · 경제 · 교육 · 문화 시그널

01. 미래 일자리를 어떻게 준비해야 할까?
/ 윤기영(한국외국어대학교 겸임교수, 에프엔에스컨설팅 미래전략연구소장)

02. AI 시대, 업무 방식과 공간이 하이브리드로 바뀐다
/ 이명호(케이썬 이사장)

03. 체제 경쟁이 불붙인 국제 공급망의 변화
/ 이창인(육군미래혁신연구센터 미래작전환경분석담당)

04. AI 튜터의 하이브리드 클래스
- AI 시대 교육 시그널 -
/ 김홍열(덕성여대 겸임교수, 사회학박사)

05. 과연 영성적 비신자가 지배할까?
/ 김헌식(중원대학교 특임교수)

SIGNAL KOREA 2025

푸른 뱀의 지혜로 Blue Snake Wisdom

'을씨년' 2025, 푸른 뱀의 지혜로

Blue Snake Wisdom	'을씨년' 2025, 푸른 뱀의 지혜로
Looking for ways to prepare for future jobs?	미래 일자리
Upscaling to a hybrid workplace with AI integration	하이브리드 업무 공간
Economic rivalry reshaping global supply chains	생존 공급망
Shifting Education with AI Tutors – Hybrid Learning Signals	하이브리드 클래스
No way a spiritual non-believer could lead, could they?	영성적 비신자
Alarm Signal for Korea's Semiconductor Future	반도체 치킨 게임
Key Steps Towards the Quantum World – The Second Quantum Revolution	퀀텀 점프
Evolution of Values Through Neuroscience – How Should We Live?	윤리적 신경과학
Will Aging End? – The Legacy of Methuselah's Quest for Immortality	영생 인류
Improving Cyber Resilience with AI: The Future of Security	사이버 리질리언스
Symphony of Politics Amid Crisis – Balancing Hope and Despair	복합위기
Drones vs. Defense – The Evolution of Counter-Drone Warfare	대드론 전쟁
Oceans Rising – The Birth of Underwater Independent Cities	수중독립도시
Mapping Paths to Overcome Environmental Challenges	환경신데믹

미래 일자리를 어떻게 준비해야 할까?

한국외국어대학교 겸임교수, 에프엔에스컨설팅 미래전략연구소장 윤기영

기술 발전이 일자리 감소를 불러오는가? 아니면 새로운 일자리를 창출하는가? 고대부터 이어진 기술 실업의 공포는 오늘날 인공지능의 발달로 더욱 심화되고 있다. 과연 우리는 이 변화에 어떻게 대응해야 할까? 러다이트 운동에서 시작된 논의는 오늘날에도 여전히 유효하다.

하인은 그 자체로 다른 모든 도구보다 우선하는 도구다. 만약 모든 악기가 다이달로스의 조각상이나 시인의 말대로 '스스로 신들의 회의에 들어간' 헤파이스토스의 삼각대처럼 다른 사람의 뜻에 순종하거나 미리 알아서 자기 일을 수행할 수 있다면, 또 이처럼 방직기가 직조하고 **술대**가 *거문고 줄을 뜯을 때 그들을 인도할 손이 필요 없다면, 주인은 종이나 노예를 원치 않을 것이다.*

술대
원문은 플렉트럼으로 표현되어 있다. 플렉트럼은 발현악기를 연주할 때 손에 쥐는 것으로, 기타 피크, 거문고의 술대 등이 플렉트럼이다.

– 아리스토텔레스, 기원전 350년, 정치학[1] –

아리스토텔레스의 글에 등장하는 다이달로스 조각은 그리스 신화에 등장하는 전설적인 조각가 다이달로스가 만든 조각상이다. 대장장이의 신 헤파이스토스는 스스로 움직일 수 있는 바퀴가 달린 자동 삼각대를 만들었는데, 작업장에서 헤파이스토스의 작업을 도와주는 것으로 묘사된다. 조각상과 삼각대를 현대 기술 용어로 바꿔 말하면, 휴머노이드 로봇과 **대규모 멀티모달 모델**Large Multi-modal Model, LMM을 탑재한 지능형 로봇이 된다. 아리스토텔레스 당시 기술 실업이 있었을 리 없다. 그리스는 노동력 부족에 시달렸다. 그럼에도 아리스토텔레스의 기술 실업에 대한 사고실험은 무릎을 치게 한다. 아리스토텔레스 사고 실험 이후 400여 년이 지나 기술 실업을 방지하기 위한 구체적인 정책을 로마 베스파시아누스 9대 황제가 펼쳤다. 베스파시아누스 황제는 노동자를 실직을 일으킬 수 있는 저비용 고중량 물품 운송 방법을 쓰지 못하도록 했다.[2] 기술 실업에 대한 적극적 대응인 러디즘Luddism의 한 사례라 볼 수 있다.

> 대규모 멀티모달 모델
> Large Multi-modal Model, LMM
> 글, 그림, 음성 등의 다양한 유형의 데이터를 입력할 수 있는 대규모 언어 모델이다. 대규모 언어 모델이란 챗GPT 등의 언어 모델을 가리킨다. 주변 상황을 카메라로 입력하여 그 맥락을 해석하고 글로 표현할 수 있다. 말과 글로 로봇에게 청소를 시키거나 요리를 하라고 요청하기 위해서는 대규모 멀티모달 모델이 있어야 한다.

고대 그리스와 로마 시대 이래 기술의 발달로 말미암은 실업 공포는 인류의 주위를 유령처럼 떠돌았다. 농업사회를 거쳐 산업사회에 들어서 이러한 공포는 비누 거품처럼 늘어나고 확장되어 우리의 주변을 맴돌았다. 품앗이가 필요했던 농업사회는 공동체 성향이 강해서 실직되더라도 돌아갈 고향이 있는 사람이 대다수였다. 이에 반해 산업사회에서 돌아갈 고향이 있는 사람은 그리 많지 않았다. 산업사회에서 실직이란 가족에게 충분하고 안전한 의식주를 제공하지 못하는 것을 넘어서 가족 혹은 개인의 생존이 달려 있다. 20세기 말 서비스사회로 진입하였으나 이러한 공포는 오히려 늘었다. 최근 생성형 인공지능의 발달로 안전지대로 여겨졌던 전문직도 기술 실업이라는 유령의 위협을 받는 상황이다.

이 글은 19세기 초의 기계 파괴 운동으로 낙인 찍힌 러다이트 운동으로 시작하겠다. 러다이트 운동에 관한 이야기가 진부하고 지루할 수 있음에도 다루는 이유는 이 장의 마무리에서 밝히겠다. 러다이트 운동에 대해 잘 아시는 독자라면 해당 부분을 건너뛰어도 좋다. 그다음으로 기술 실업의 흐름, 최근 인공지능의 발달, 이에 대응하기 위한 미래의 일자리, 마지막으로 양질의 일자리를 어떻게 만들 수 있을지를 다루겠다.

일자리와 노동 환경은 기술에 의해서만 결정되지 않는다. 일자리와 관련된 미래 신호의 일부만 들자면 기대수명과 건강수명의 극단적 증가, 초저출산, 지식 반감기 단축, 보수적 공급망 관리, 글로벌 경기 후퇴, 기후 위기의 심화, 팬데믹의 주기적 출현, 국가 자본주의 강화 등을 들 수 있다. 이 모든 것이 더해지고 연결되며 중첩되고 융합되어 노동 환경을 이룬다. 이 글은 이러한 미래 변화 동인 중 생성형 인공지능 때문에 일어나는 기술 실업을 중심으로 미래에 대한 전망과 대응을 다루겠다.

러다이트 운동은 기계 파괴 운동이었다?

러다이트 운동은 19세기 초 영국 섬유 노동자의 사회운동이다. '사기적이고 기만적인 방식'으로 기계를 사용하여 노동자의 숙련된 노동력을 대체하고 열등한 제품을 생산하여 임금을 낮추는 제조업체에 항의하기 위해 러다이트 운동은 일어났다. 러다이트 시위대는 1811년 로빈 후드가 활동했다고 하는 영국 셔우드 숲을 기지로 선포했다. 로빈 후드는 우리나라의 홍길동과 같은 전설에 해당한다. 15세기 초 영국의 사회적 불평등과 박애에 대한 당시 영국인의 원망願望을 담은 것이 로빈 후드 이야기다.

러다이트라는 이름은 영국의 전설적 직공인 네드 러드Ned Ludd에서 시작하는데, 러다이트 추종자들은 남성이면 네드 러드, 여성이면 네드 러드의 아내로 자기 자신을 불렀다. 네드 러드는 전설적인 직공으로 가상의 인물로 추정된다. 네드 러드가 로빈 후드와 운율이 맞지 않는가? 더구나 셔우드 숲을 베이스캠프로 정한 것도 우연의 일치라고만 할 수 없다. 러다이트는 자신을 산업사회의 새로운 로빈 후드로 인식하고 있었다는 짐작은 충분히 타당하다.[3]

안타깝게, 자연스럽게 혹은 당연하게 러다이트 운동은 1816년 엄청난 규모의 군사를 동원하고 법으로 처벌하면서 무너지고 사라졌다.

영국 정부는 당시 **1만 2,000여 명의 군대를 투입**했다. 지금의 기준으로 보면 그리 큰 규모는 아닐 수도 있다. 그 규모의 거대함을 보려면 나폴레옹과의 전쟁에 투입된 군대 규모와 비교하면 된다. 러다이트 운동 시기와 스페인 지역에서 벌어진 영국 연합군과 프랑스 나폴레옹 군과의 전쟁인 반도전쟁 시기가 겹친다. 반도전쟁은 영국의 웰링턴 장군이 나폴레옹 군대를 패퇴시키면서 끝났는데, 나폴레옹을 이기기 위해 영국이 투입한 군대 규모보다 러다이트 운동을 진압하기 위해 투입된 군대 규모가 더 컸다. 군대 진압으로 당시 러다이트 시위대의 다수가 살해당했다. 일부는 재산을 잃은 공장주에 의해서도 죽임을 당했다. 시위대의 다수가 체포되었고, 체포된 시위대 중 17명은 사형당했으며, 다른 이들은 호주의 형무소로 추방당했다.

군대 투입
군대 규모에 대해서는 주장이 갈린다. 12,000여 명의 주장과 13,000여 명의 주장이 있다. 보수적으로 보아 12,000여 명 투입설을 택했다.

러다이트가 살해당하고 사형받고 추방당한 후, 러다이트는 기술 혁신을 반대하는 사람으로, 혹은 혁신 기술에 반대하는 뒤처진 사상으로 조롱받았다.[4] 정보기술 및 혁신 재단Information Technology & Innovation Foundation은 2015년과 2016년 2년간 연례 러다이트상을 수여했다.[5] 과학기술의 발전을 부정하는 사람에게 그 영광(?)을 돌렸는데, 그해 혁신을 방해하는 사람 중 최악의 최악에 수여했다. 2016년 수상자 후보로 일론 머스크가 선정되었는데 인공지능에 대한 심각하고 진지한 경고를 했기 때문이다.[6] 다행이랄까? 아니면 불행이랄까? 러다이트상은 2년 만에 폐지되었다. 어떻든 오랜 기간 기술에 대해 반대하는 사람으로 보이지 않기 위해, 많은 사람이 누가 묻기도 전에 자신은 러다이트가 아니라고 밝혔다.[7]

기술 실업과 러다이트 오류 Luddite Fallacy

러다이트는 조롱거리가 되기도 했지만 기술 실업을 상징하는 단어가 되었다. 러다이트 이전에 기술 실업에 대한 고민이 없지 않았음은 이 글의 앞에서 밝혔다. 기술 실업에 대한 아이디어의 기원은 적어도 아리스토텔레스까지 거슬러 오르나, 기술 실업 Technological Unemployment 이란 용어를 처음 쓴 이는 경제학자인 케인스다. 1930년의 한 에세이에서 케인스는 기술 발달의 속도에 일자리 환경이 적응하지 못하여 만들어지는 실업을 기술 실업이라고 불렀다. 그는 기술 실업을 일시적 현상으로 보았다.[8] 다만 '일시'라는 기간이 어느 정도인지 구체적

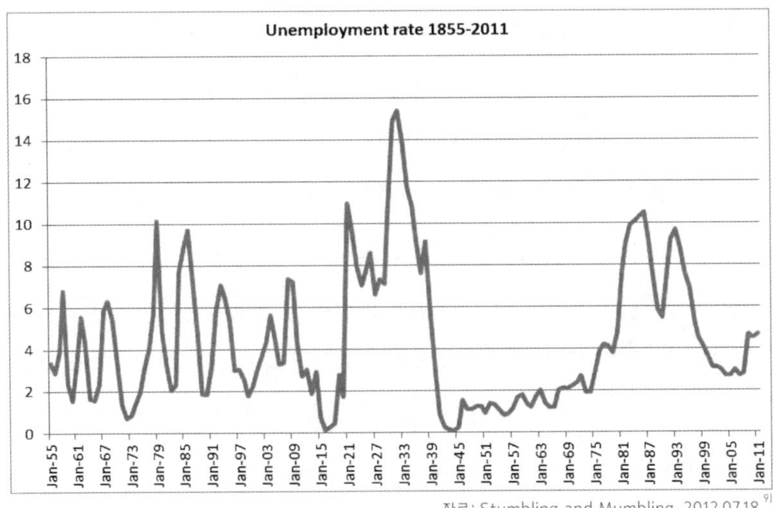

자료: Stumbling and Mumbling. 2012.07.18.[9]

[그림 1] 유럽 실업률 추이 1855~2011

인 수치로 나타내지 않았다. 짐작하건대 그리 긴 시간을 뜻하지 않았으리라. 그런데 인류 역사상 기술 실업이 얼마나 일어났을까? 18세기 중반 이후 유럽 실업률 추이를 보면 기술 실업은 일어나지 않았다.

과학기술 발전이 기술 실업을 일으킬 것이라는 주장은 인류 역사에서 반복적으로 등장했다. 아리스토텔레스, 베스파시아누스 9대 황제, 러다이트 운동 등 기술 실업에 대한 우려와 걱정은 반복적으로 파도처럼 밀려왔다. 그런데 '유럽 실업률 추이'를 보면 실업률 추이가 크게 출렁인 시점은 1930년대 대공황, 1970년대 오일 쇼크, 2007년도 글로벌 금융위기였다. 전기의 발명과 확산이 실업률에 영향을 미치지 않은 것으로 보인다. PLCProgrammable Logic Controller를 이용한 공장 자동화의 확산도 마찬가지다. 케인스가 말한 '일시적 현상'도 찾기 어렵다.

과학기술 발전이 실업을 일으킬 것이라는 잘못된 믿음을 러다이트 오류라 한다. 딜로이트 보고서는 산업혁명 이후 일자리가 늘었다 주장한다. 적어도 현재까지는 그렇게 보인다. 고도로 패턴화되어 규칙으로 정리할 수 있는 노동은 기계공학과 정보기술 및 로봇 기술 발달로 자동화되었으나 기술 실업은 일어나지 않았다. 패턴을 찾기 어려운 비 패턴화된 일을 자동화하며, 주변 상황을 인지하여 맥락을 추론하여 적정한 작업을 수행할 수 있는 생성형 인공지능과 LMM이 충분히 성숙해도 기술 실업은 일어나지 않을까? 그런 LMM이 로봇에 탑재되어 물류를 담당하고, 바닥 청소를 하며, 자동차 운전을 하고, 요리한다 해도 러다이트 오류는 지속할 것이라고 낙관적 기대를 하는 것이 맞을까?

인공지능의 급격한 발달과 기술 실업

1차 산업혁명과 2차 산업혁명을 촉발시킨 범용 기술General Purpose Technologies은 주로 인간이 사용할 수 있는 힘과 에너지에 대한 것이었다. 증기기관, 전기와 내연기관은 도시 구조와 산업 풍경을 바꾸었다. 참고로 증기기관, 대규모 공장 시스템 등의 범용 기술로 촉발된 산업혁명을 1차 산업혁명, 전기와 내연기관 등 범용 기술 발명에 따른 산업혁명을 2차 산업혁명이라 한다. 20세기 들어와 시작된 정보기술 혁명과 21세기 들어 급격하게 진행되고 있는 디지털 전환은 정보와 지식, 인지와 추론과 관련된 기술이다. 증기기관과 전기가 사람의 육체노동과 패턴화된 육체노동을 자동화하는 것이라면, 생성형 인공지능은 인지노동을 자동화하여, 비 패턴화된 노동까지 자동화할 수 있다. 기술 실업 가능성에 대해서 새로운 접근이 필요하다.

인공지능과 지능 로봇에 의한 기술 실업에 대한 2013년 옥스퍼드 대학교 마틴스쿨의 프레이와 오스본의 연구는 당시 상당한 반향이 있었다. 프레이와 오스본은 미국 일자리를 기준으로 인공지능과 스스로 움직이는 모바일 로봇에 의해 대체될 수 있는 일자리의 수가 47%라는 수치를 얻었다. 프레이와 오스본은 미국의 O*Net 데이터베이스를 이용했다.[10] O*Net 데이터베이스는 직업별로 수행하는 작업을 상세하게 구분했는데, 여기서 작업이란 직무 수행에 필요한 세부적인 행동이나 책임을 나타낸다. 작업이란 해당 직업의 핵심적인 기능을 설명하는 데 사용된다. 작업을 기준으로 자동화 가능 여부를 확인할 수 있다. 프레이와 오스본은 해당 직업군이 수행해야 하는 작업 중 70% 이상이 인공지능과 지능형 로봇에 의해 자동화 가능하다면 해당 직업군은 자동화 가능할 것으로 보았다. 일자리 자동화는 2013년 기준으로 앞으로 10년에서 20년에 걸쳐 진행될 것으로 전망했다.[11] 프레이와 오스본의 연구는 50개국 이상 유사한 연구가 진행되었고 유사한 결과를 얻었다. 우리나라는 미국보다 상황이 좋지 않아서 일자리가 자동화되는 비율은 60%를 넘었다.[12]

결론부터 말하자면, 프레이 등의 예측은 아직 달성되지 않았다. 우리나라 통계청 경제활동인구조사로는 2013년 이후 실업률에 큰 변화가 없었으며, 오히려 미세하게 하락했다.[13] 프레이 등의 전망이 달성되지 않은 것에 대해 한편으로는 위안이 되나, 다른 한편으로는 프레이 등이 전망한 시기가 아직 도래하지는 않았다. 인공지능 등의 기술 성숙 현황을 봐야 한다.

2021년 OpenAI가 챗GPT를 발표하면서 프레이 등의 전망이 본격화될 조짐이 등장했다. 챗GPT의 엔진인 GPT-4는 미국 변호사 시험에서 상위 10%를 차지했고,[14] 구글의 의료용 대규모 언어 모델Large Language Model, LLM인 Med-PaLM 2는 미국의 의료면허시험 문제의 85.4%를 맞췄다.[15] 변호사 시험과 의사면허시험에 넉넉하게 합격할 수준이다. IQ 테스트에서 GPT-4가 85점, 또 다른 LLM대규모언어모델인 클로드-3이 101점을 맞았다.[16] 인간 평균이 100이므로 IQ만 보자면 클로드가 평균 인간보다 지능지수에서 더 나은 것으로 보인다. 바이러스와 같은 기계 장치가 사람보다 똑똑하다는 것은 상당한 불편감을 준다. 그나마 다행스러운 점은 이 IQ 테스트가 맹인을 가정하여 문자로만 시험을 봤다는 점이다. 아직 그림과 그래프를 인간만큼 잘 해석하지 못한다는 의미다. 인간 지능이 다중적이라는 점도 심리적 위안을 준다. 인간 지능은 IQ 외에 신체지능, 창의지능, 사회지능, 감성지능 등 다중적이다. 이런 데서 위안을 얻을 수야 있긴 하다. 다만 인공지능 발달 속도가 기대한 것보다 빠르다는 점을 간과해서는 안 된다.

어떻든 챗GPT를 포함한 대규모 언어 모델과 생성형 인공지능의 전환적 발달은 기술 실업에 대한 논의를 새롭게 촉발시켰다. 골드만삭스의 2023년 보고서를 보면, 사무보조 관련 일자리는 46%의 작업이 생성형 인공지능에 의해 자동화 가능할 것으로 보았다. 법률, 과학, 컴퓨터 및 의료와 같은 전문 분야에서 작업의 자동화 가능 비율

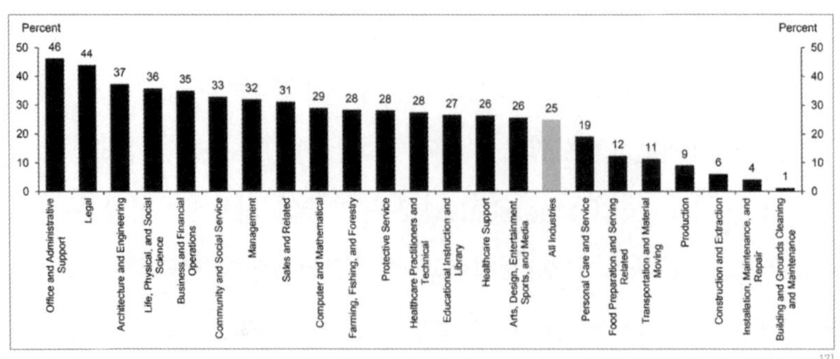

자료: Goldman Sachs, 2023[17]

[그림 2] 생성형 인공지능에 따른 직업군별 작업 자동화 비율

은 모두 20% 후반부에서 40%까지 이르는 것으로 분석된다. 제조나 청소와 같은 육체적이며 다양한 상황에 대응해야 하는 직군의 자동화 비율이 낮은 것으로 나타났다. 이와 유사한 연구가 여러 개 있는데, 그 결과가 골드만삭스의 주장과 크게 다르지 않다.[18]

골드만삭스 보고서 결과와 2013년의 프레이 등의 보고서 간에 상당한 차이가 있다. 일단 자동화 비율이 70% 넘는 직군이 없다. 골드만삭스 보고서는 생성형 인공지능에 의한 자동화 비율을 분석한 것이며, 모바일 로봇에 의한 자동화는 포함하지 않았다. 최근 지능형 모바일 로봇 기술이 빠르게 발전하고 있다.

최근 LMM대규모 멀티모달 모델과 로봇의 결합에 대한 시도가 활성화되고 있다. OpenAI의 GPT-4V, 구글의 PaLM-E는 모두 지능형 로봇을 위한 LMM이다. 테슬라의 자율주행 자동차 기술은 LMM 기반으로 재설계되고 다시 구현되면서 획기적인 성능 향상을 가져왔다. 기존의 지능형 로봇 운영을 위해서는 동작 하나하나에 대한 코딩이 필요했다면, LMM 기반 로봇은 사람과 대화를 나누고 주변 상황을 이해하면서 작동할 수 있다. 이를 반영하면 골드만삭스 보고서가 전망한 것보다 각 직군별 자동화 비율은 올라갈 수 있다. 예를 들어, 골드만삭스의 보고서에서 음식 및 조리 등의 자동화 비율을 19%라고 했으나, LMM 기반의 로봇으로 음식을 조리하게 되면 이 비율은 올라갈 것이다.[19]

LMM을 포함한 생성형 인공지능 발달이 급격하다. 학습 비용은 빠르게 감소하고 있다. '아크 인베스트'의 2023년 보고서는 2030년이면 GPT-3 정도의 LLM 훈련 비용은 30달러 수준으로 하락할 것으로 전망했다. 참고로 2020년 460만 달러, 2022년 74만 달러로 추정된다.[20] GPT-3의 13분의 1 규모인 Vicuna-13B 훈련 비용은 300달러에 불과하다.[21] 아크 인베스트의 주장에 수긍이 간다. 이 수준을 넘어 과감한 전망도 존재한다. 아크 인베스트의 2024년 보고서는 인공일반지능Artificial General Intelligence, AGI이 빠르면 2026년 늦으면 2030년이면 도래할 것으로 전망했다.[22] 인간의 일반적 능력에 준하는 인공일반지능이 등장한다면 사람 노동이 그리 많이 필요하지 않을 것이다.

눈으로 따라가기 어려울 정도의 기술 발전 속도를 보면 적응하지 못하고 지체될 것만 같다. 소름이 돋고 입안이 마른다. 손발은 움직이지 않고 마음만 급하다. 이럴 때 아마라Amara의 법칙을 떠올려야 한다. 아마라의 법칙이란 '단기적으로는 기술의 효과를 과대평가하고 장기적으로는 그 효과를 과소평가하는 경향'을 가리킨다. 미래학자인 고 로이 아마라Roy Amara의 통찰이다.[23] 아마라의 법칙은 더닝-크루거 효과와 맥을 같이하고, 기술 예측 기관인 가트너의 하이프 사이클 프레임과도 이어진다.

인공지능의 급격한 발달에 대해 비판적 견해를 둘러볼 필요가 있다. 일단 인공지능의 급격한 발달에 대한 전망은 인공지능 초기부터 있었다. 1965년 노벨 경제학상 수상자이자 컴퓨터 분야의 노벨상이라 할 수 있는 튜링상을 받은 허버트 사이먼은 '20년 이내에 기계가 사람이 할 수 있는 모든 일을 할 수 있게 될 것'이라고 예측했다.

1970년 또 다른 튜링상 수상자인 컴퓨터 과학자 마빈 민스키는 '3년에서 8년 안에 평균적인 인간의 지능을 가진 기계가 등장할 것'이라 전망했다.[24] 과도한 기대는 인공지능의 겨울을 가져왔다. 2023년 가트너의 신기술 하이프 사이클 보고서는 생성형 인공지능에 기대의 거품이 잔뜩 끼었다고 진단했다.[25]

LLM과 LMM을 활용한 경제성 있는 킬러 비즈니스 모델은 아직 등장하지 않았으며, 생성형 인공지능의 구조적 문제인 환각Hallucination은 인간 노동자를 완전히 대체하는 것을 어렵게 한다. 생성형 인공지능의 환각이란 사실이 아닌 것을 사실처럼 말하는 것을 의미한다. 지금은 고쳐졌지만, 챗GPT에 이순신 장군이 이지스함을 건조한 이야기를 해 달라고 하면 능청스럽게 이지스함을 건조한 이야기를 했다. 이 환각은 생성형 인공지능에 내재한 구조적 문제로 점진적으로 개선되는 정도다. 이 때문에 신뢰성이 필요한 업무에 LLM을 적극적을 도입하는 데는 한계가 있다. 이런 연유와 이유로 골드만삭스는 생성형 인공지능에 대한 투자 대비 수익이 실망스러울 수도 있다고 조심스럽게 전망했다.[26] 인공지능에 대한 과도한 기대는 아직 환각일 수 있다.[27]

아크 인베스트의 AGI인공일반지능에 대한 주장은 비판적으로 볼 여지가 많다. 우선 AGI에 대한 개념 정의 없이 실현 시기를 전망했다. AGI 개념은 다양하여, 100인 100색이다.[28] 현 수준의 LMM을 AGI라고 정의하는 데서부터 평균적 인간 수준의 지능 작업 역량까지 다양하다. AGI를 위한 컴퓨터 알고리즘에 대해 다양한 시각을 담은

《마스터 알고리즘》의 저자 페드로 도밍고스는 2023년 포브스지와의 인터뷰에서 AGI 실현 시기를 '10년 이후 1,000년 이내'라는 상징적 답을 했다.[29]

현재의 인공지능 발달에 대한 성급하고 과도한 낙관적 태도는 경계하는 것이 맞다. 그렇다고 그런 낙관적 경계가 주는 심리적 안전지대에 안주할 수 없다. 인공지능은 빠르게 발달하고 디지털 전환은 우리 삶을 근본부터 바꿀 것이기 때문이다. 인공지능과 디지털 전환이 열어 놓은 길은 인류 사회가 걸어간 적이 없던 길이다. 의견이 갈리기는 하나, 필자는 소득 양극화, 청년 실업, 양질의 일자리 감소 등이 기술 실업의 증상이라 본다. 그렇다고 디스토피아를 예언하려는 것은 아니다. 인류는 언제나 새로운 균형점을 찾았다.

인공지능 발달에 따른 기술 실업에 대한 다양한 전망을 세 가지로 묶을 수 있다. 모두 '문화 지체'[30]인 기술 실업을 극복한 이후의 새로운 균형점에 대한 고민과 논의에 집중할 필요가 있다.

SIGNAL KOREA 2025

러다이트 오류설

기술 실업이 일어나긴 하나 일시적 현상이라고 주장한다. UN은 생성형 인공지능으로 인해 기술 실업이 일어나도 일시적인 현상으로 균형을 잡을 수 있을 것으로 보았다. 딜로이트의 한 보고서는 산업혁명 이후 오히려 일자리가 늘었다는 것을 근거로 일부 사라지는 일자리도 있으나, 새로운 일자리가 만들어질 것으로 분석했다.

절충설

기술 실업과 관련된 다양한 맥락을 봐야 한다는 주장이다. 실업이 맥락적으로 진행되는 것으로 다양한 원인에 의해 결정되므로, 산업별 지역별 다른 양상을 보일 것이라는 진단도 존재한다. 예를 들어 고령화 진행 덕분에 의료 분야의 일자리는 오히려 늘 것이라는 전망이다. 유럽과 미국은 2030년까지는 서비스 관련 직종이 증가할 것이라는 전망도 같은 맥락의 주장이다.[31]

기술 실업설

이번에는 말 그대로 기술 실업이 일어날 것이고 주장한다. 과거의 자동화가 패턴화된 노동이었다면 이번 인공지능의 발달에 따른 업무의 자동화는 비 패턴화된 업무까지 확장하므로, 기술 실업 진행 양상이 달라질 것이라는 전망이다. 예를 들어 완전 자율주행 자동차가 등장한다면 우리나라에서만 운전 및 물류와 관련된 일자리 100만 개가 사라질 위험이 있다.

기술 실업에 대한 전망이 어떻든 미래 일자리는 요동칠 것이다. 조선조 말 성냥공장은 대기업이었으며, 일본강점기와 해방 후 방앗간 주인은 지역 유지였다. 1970년대 택시 운전사의 월급은 대기업 과장 월급의 10배 남짓이었다고 한다. 20세기 말 물리학과가 가장 인기가 많았으나, 지금은 의학으로 인재가 몰린다. 21세기 초 컴퓨터 개발자는 40대가 되면 개발을 그만두고 관리자로 역할을 전환했어야 하나, 지금은 가장 인기가 많은 직군이 되었다. 과학기술 발전 등을 원인으로 하는 사회 변동에 따라 일자리와 노동이 바뀐다. 개개인은 그 변화를 전망하고 준비해야 한다. 정부는 변화를 만들고, 대비하고, 적응할 수 있는 정책 대안을 논의해야 한다.

우선 개개인은 미래 일자리를 전망하고 준비하는 것부터 시작해야 한다. 일단 살고 볼 일 아닌가?

어떤 일자리를 준비해야 할까?

미래 일자리에 대한 고민은 미래 시점에 대한 고민이다. 2030년까지의 가까운 미래는 현재 메가트렌드의 흐름으로 예견할 수 있다. 세계경제포럼의 미래 일자리 보고서,[32] 맥킨지의 일자리의 미래 보고서 Hazan, Eric, et al. Ibid.는 가까운 미래의 일자리에 대해 전망했는데, 그 결론이 거의 같다. 세계경제포럼은 2028년을 대상으로 하며, 맥킨지는 2030년을 대상으로 미국과 유럽의 노동 시장에 대해 분석했다. 최근 미래의 노동 관련 체계적 문헌 고찰 방법론을 활용한 논문[33]도 앞의 두 보고서와 그 내용이 그리 다르지 않다. 세계경제포럼은 2024년 1월의 다보스 포럼에서 2030년대 유망한 14개 직업을 제시했는데,[34] 미래 일자리 방향으로 보면 위의 보고서와 큰 차이가 없다.

SIGNAL KOREA 2025

미래 일자리의 방향

- STEM 및 의료 전문가 일자리가 유럽과 미국에 각각 700만 개 증가
- 인공지능, LLM, LMM을 포함한 생성형 인공지능이 근무 시간의 상당 부분을 자동화: 2030년까지 현재 유럽에서 근무하는 시간의 27%, 미국에서 근무하는 시간의 30%가 자동화 가능
- 친환경 일자리 증가, 재생 가능 에너지, 건설, 전기차 분야에서 새로운 일자리를 창출

STEM
과학Science, 기술Technology, 엔지니어링Engineering 및 수학Mathematics을 뜻한다.

- 전자상거래 증가로 물류 및 창고 노동 수요 증가, 반면 전통적인 소매업 관련 노동 수요 감소
- 공급망 변화에 따른 국가 및 지역별 일자리 변화
- 물가 상승 및 경제 성장 둔화 때문에 일어나는 일자리 감소

세계경제포럼 등의 전망은 '지금 당장 현재'를 고민하는 사람에게는 큰 시사점을 준다. 3년 이내에 취업을 준비하거나 혹은 이직을 준비하는 사람은 참고해야 한다.

고개를 들어 좀 더 먼 미래를 전망하면 대담한 노동의 미래를 전망할 수 있다. 초등학생을 둔 부모이거나 혹은 20년 후의 은퇴를 준비하는 사람은 일부 미래학자의 대담한 미래 전망을 경청해야 한다. 세계미래연구연맹이 비정기적으로 발간하는 잡지인 《인류의 **열린미래** Human Futures》 2024년 4월호는 21세기 중반쯤 떠오를 직업 목록을 제시했다.

스토리텔러, 타임 해커, 교육 디자이너, 새로운 통화 중개인, 원격 외과의, 도시 농부, 교육 디자이너, 유전 공학자, 드론 교통 엔지니어, 드론 조종사, 3D 요리사, 나노 기술 재단사, 분자 요리사,

열린미래 Futures
영어에서 미래 연구와 관련된 용어는 매우 풍부하며, 그중 대다수가 대응하는 우리말이 없다. '인간은 모국어로 사고할 때, 가장 창의적이다.' 외국어인 미래 연구 용어를 우리말로 바꾸는 일은 우리나라 미래 연구자의 책임이다. 미래 연구의 학문 분야에서는 복수 futures는 미래가 무한한 가능성으로 열려 있음을 명징하게 보이기 위해 단수 future 대신 사용한다. 우리 말로 예측이라 번역하는 foresight는 단순히 예측으로 번역해서는 안 된다. foresight에 대한 해석은 매우 풍부한데, 어떤 해외의 미래학자는 '복잡한 미래에 대한 대화'로 정의하기도 한다. futures를 '미래들'로 foresight를 '예측'으로 번역한다면 그 의미를 온전하게 전달할 수 없기도 하고, 오히려 오해를 불러일으킬 수 있다. 필자는 futures는 '열린미래'로 foresight는 '열린예측'으로 번역할 것을 제안한다.

로봇 심리학자, 자율주행차 기술자, 유전 상담사, 증강현실 건축가, 향수병 전문의, 기억상실증 외과의, 장수 플래너, 청정에너지 관리인, 중국어 교사, 나노 기술 재단사, 개인 데이터 멘토, 3D 홀로그램 발표자, 폐기물 엔지니어, 대체 에너지 기술자, 전인적 건강 멘토, 인체 장기 제작자, 기억력 외과의, 창의성 멘토, 유전 상담사, 우주 여행 조종사, 물리적 현실 해체자, 메타버스 투어 가이드, 우주 법률 변호사, 로봇 윤리 전문가, 가상 비즈니스 경제 분석가, 자연 관계 코치 등[35]

세계경제포럼 등은 2030년대의 비교적 가까운 미래의 일자리에 대한 전망이고, 세계미래연맹의 잡지에 실린 일자리에 대한 전망이 2050년 즈음의 비교적 먼 미래에 대한 전망이라면, 그 사이를 채워야 한다. 미국에 소재한 미래연구소Institute For The Future, IFTF가 일본의 NTT 데이터 경영연구소의 의뢰로 인공지능의 발달에 따른 일본의 일자리 전망 보고서에서 관련한 열린예측foresight으로 그 틈을 메꿀 수 있다.

이 보고서에서 2030년대 이후의 산업별 노동 환경 변화를 상세하게 언급했다. 우리나라가 일본의 경로와 같은 경로를 밟지 않겠으나 유사한 경로를 답습할 가능성이 없지 않다. 필자는 우리나라와 일본의 경로가 상당히 다를 것으로 판단하지만, 일본에 대한 직업의 미래 전망은 참고할 가치가 있다. 보고서가 모든 산업에 대해 상세한 전망을 한 것은 아니다.

일자리 전망 보고서의 산업 전망과 한국 사회 전체에 대한 시사점

- **부동산**은 단순 아파트나 건물 개발이 아닌 공동체를 개발하는 데까지 확산할 것으로 보았다. 우리나라는 도시 노후화가 심각하게 진행되고 있으며, 원격근무 비율이 올라가는 상황, 친환경 일자리의 증가와 농사 관련 노동 수요의 증가, 정밀 농업 및 스마트 로봇을 이용한 농가 소득 증대 등으로 새로운 직장과 주거 공간에 대한 개념 변화가 있을 수 있다. 인공지능을 이용한 개인 맞춤형 주택 설계의 경제성 확보와 3D 프린팅을 이용한 냉난방 효율성이 높은 저렴한 주택 건설은 새로운 트렌드를 만들어 낼 것이다. 외부의 변화가 없는 한 건설 관련 일자리가 줄어드나, 기존 일자리의 수행 방식과 처우에 변화가 있을 것이다.
- **물류 관련 일자리**는 상당한 변화가 있을 것으로 보인다. 자율주행 자동차와 물류 로봇 및 드론이 2030년 중반 이후에 충분히 성숙할지는 불확실성이 있다. 다만 물류 운송 경로 등은 인공지능에 의해 최적화될 것이며, 준 자율주행 운송 시스템으로 물류 비용이 줄어들 것이다. 이는 지방에 거주하는 불편함을 크게 줄일 것이다. 직장과 주거 근접 필요성의 변화, 하이브리드 혹은 원격근무 비율의 증가, 메타버스의 점진적 발전은 물류 관련 일자리와 연계될 것이다. 일부 일자리는 로봇 등에 대체되지 않으나, 양질의 일자리가 되기는 어려울 것이다. 참고로 해외의 추이로 보아 우리나라도 하이브리드 혹은 원격근무 비율이 점진적으로 올라갈 것으로 보는 것이 합리적이다. 이들 근무 형태는 일부 부작용이 있으나 전반적으로 노동자와 기업 모두에게 재무적, 비재무적 가치를 모두 높이는 것으로 나타났기 때문이다.

미국 미래연구소는 인공지능에 의해 기존 산업의 성격과 방향 등에 근본적 변화가 있을 것이며, 이에 따라 업무를 수행하는 방식과 일자리에도 변화가 있을 것으로 전망하고 있다. 충분히 수긍이 간다.

인간과 사회는 복잡계에 속하며, 미래를 단정적으로 예측하거나 통계적으로 예측할 수 없다. 미래 연구에서는 시스템 대부분이 단정적으로 예측할 수 없는, 즉 단정 예측 불가impredicative 시스템으로 본다.[36] 미래 직업에 관한 역량을 키우기 위해서는 이를 분명히 고려해야 한다.

미래 직업 역량에 대해서는 세계경제포럼이 주기적으로 발표하고 있다. 2023년 발표한 보고서에서는 2027년까지 그 중요성이 빠르게 올라갈 10대 미래 역량을 발표했다.[37]

참고로 세계경제포럼에서 2023년 발표한 빠르게 중요성이 증가하는 10대 역량은 창의적 사고, 분석적 사고, 기술 문해력, 호기심과 평생 학습, 회복 탄력성과 유연성 및 기민성, 시스템적 사고, 인공지능과 빅데이터, 동기 부여와 자기 인식, 인재 관리, 서비스 지향성과 고객 서비스이다.

SIGNAL KOREA 2025

핵심 미래 역량 제안

- **기술 문해력**: 현대 사회에서 기술을 이해하고 효과적으로 활용할 수 있는 능력으로, 단순히 기술을 사용하는 방법을 아는 것을 넘어, 기술의 영향과 의미를 비판적으로 이해하고 평가할 수 있는 능력 포함
- **인공지능 문해력**[38]: 지능에 대한 이해, 인공일반지능과 좁은 인공지능 이해, AI의 강점과 약점 이해, 미래의 AI 전망, 데이터 문해력, 인공지능 윤리 등이 포함된 종합적 역량
- **새로운 학습 역량**: 학습하고 배운 것을 비우고 재학습Learning, Unlearning, Relearning하는 역량을 의미.[39] 호기심, 평생학습, 다원적 인지 역량, 메타 인지 역량과 연계
- **시스템적 사고**: 시스템적 사고 역량이란 복잡한 문제나 상황을 전체적인 관점에서 이해하고 분석하는 능력으로, 개별 요소를 독립적으로 보는 것이 아니라, 시스템 구성 요소 간의 관계와 상호작용을 종합적으로 고려할 수 있는 역량
- **미래 문해력**[40]: 열린미래에 대한 의미 형성을 통해 집단지성을 구축하고 사고의 다양성, 창의성, 불확실성에 대한 개방성, 실험과 혁신을 촉진하는 역량

여기까지 미래 일자리 기회를 살펴보았고, 좀 더 일반적인 핵심 미래 역량을 제시했다. 미래 역량의 일부는 개인의 안정적인 삶뿐만 아니라 공동선을 지향하는 역량도 포함한다. 그러나 대부분의 미래 역량은 개인이 택해야 하는 혹은 선택할 수 있는 양질의 일자리와 관련성이 높다. 우리 사회 대부분에게 양질의 일자리를 만드는 것과는 큰 관련성이 없다. 혼자만 잘 산다는 것은 언뜻 당연하나, 역사 법칙은 그런 일은 일어날 수 없다고 한다. 미래 일자리와 관련하여 우리는 한 발 더 나가야 한다.

양질의 일자리를 마련하려면?

개인이 먼저 살고 볼 일이나, 사회 전체에 그런 가치관이 만연하면 그 사회는 건강하지 못한 정도로 그치지 않는다. 사회는 쇠퇴하고 소멸하고 사라진다. 역사 법칙이다.[41] 우리는 사회 전체적으로 양질의 일자리를 마련할 방안도 같이 고민해야 한다. 세금을 내야 사회 인프라를 유지할 수 있는 것처럼, 공동체 의식을 지키는 것도 돈으로 지급하지 않는 시민으로서의 의무이며 세금이다.

러다이트로 다시 돌아가 보자. 러다이트 운동은 단순 기계 파괴

운동이며 기술 발달을 거부하는 바보 같은 운동이었을까? 러다이트 운동이 사라진 이유는 기술 실업이 일어나지 않았기 때문일까? 산업혁명 이후 기술 발전으로만 일자리가 늘어난 것일까?

러다이트는 일종의 노동운동이었으며 사회운동이었다. 스타킹 방적 틀을 파괴하는 일은 러다이트 이전에도 있었으며, 노동 조건을 개선하기 위해 공장주의 재산을 망가뜨리는 일도 그 이전에 없지 않았다.[42] 러다이트였던 영국 직조공은 숙련된 기계 조작자였으며, 기술에 적대적이거나 기술을 사용하는 데 무능하지 않았다.[43]

러다이트 운동이 진압되고 15년이 지난 1831년 영국에서 우리나라 근로기준법의 기원이 되는 공장법이 제정되었다. 이 법은 18세 미만의 모든 노동자의 하루 근로 시간을 12시간으로 제한했다. 1833년 개정된 공장법은 실효성 강화를 위해 '공장 검사관' 제도를 도입했고, 9세 미만의 어린이는 취업 금지, 9세에서 13세 아동은 주당 최대 근무 시간 48시간, 하루 8시간으로 제한했다.[44]

공장법 제정으로 당시 영국 노동자의 삶이 획기적으로 개선된 것은 아니다. 에드윈 채드윅은 1842년에 발간한 〈영국 노동자의 위생 상태〉에서 맨체스터시의 노동자 평균수명은 17세, 리즈 지역은 19세, 리버풀은 15세였다고 보고했다.[45] 평균수명이 20세도 되지 않은 이유는 위생 환경이 좋지 않은 이유도 있었으나 삶의 질이 열악했기 때문이다. 노동자는 제대로 된 잠잘 곳이 없었다. 여관은 노동자가 묵기에는 비쌌다. 밧줄에 머리를 댈 수 있는 곳을 빌려주고 2페니를 받았다. 1840년대의 2페니를 2024년의 우리 돈으로 환산하면 약 4,500원

정도다. 그나마 제일 싼 숙소였다. 정해진 시간이 지나면 주인이 밧줄을 끊어 잠을 깨웠다 한다.[46] 당시 노동자의 고달픔을 충분하게 짐작할 수 있다. 먹을 것은 부족하고 위생은 좋지 않았다. 수시로 과로하니 기대수명이 20세를 넘기지 못했다. 당시 영국 근로자는 비참하고 열악하고 지저분하고 고통스러운 삶을 영위했다.

상황은 점진적으로 개선되었다. 유럽의 주당 근로 시간 추이는 이를 명확하게 한다. 1870년 주당 근로 시간은 57~72시간이었으나, 2000년대에는 35~43시간으로 줄었다. 노동자의 기대수명도 늘어났으며, 기대수명 격차도 줄었다.[47]

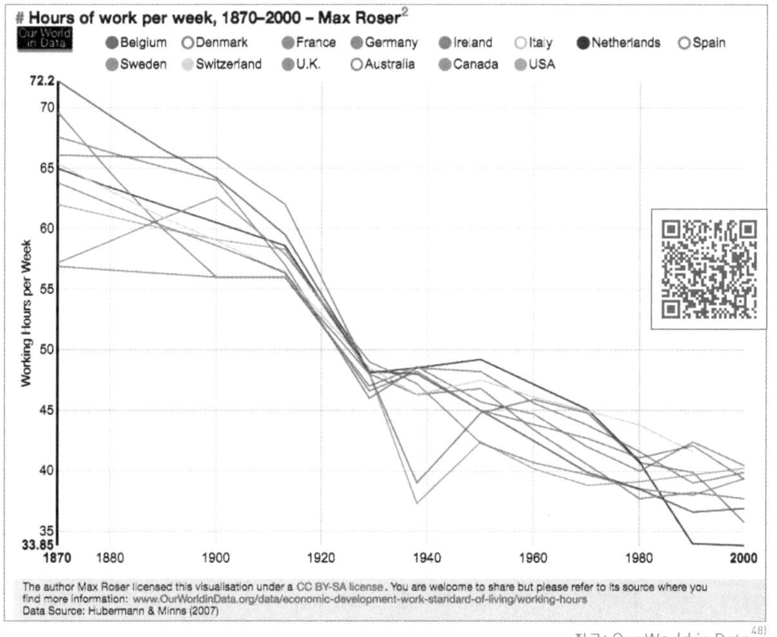

자료: Our World in Data[48]

[그림 3] 서구 주요 국가 주당 근로 시간 추이 1870~2000

노동 조건이 개선된 이유의 일부는 러다이트로 돌려야 한다. 러다이트는 실패하지 않았다. 적지 않은 러다이트가 살해당하고, 사형당했으며 추방당했다. 러다이트는 조롱당했고 기술과 혁신을 부정하는 멍청한 사람으로 낙인찍혔다. 그러나 러다이트는 역사적 성과를 남겼다. 그 혜택을 우리가 받고 있다. 노동자와 사업가, 창업가와 그 사회가 모두 혜택을 받았다. 러다이트의 부분적 성공이, 근로 시간 단축에 따른 노동 수요의 증가와 유효 수요의 증가가 산업혁명 이후 기술 실업이 현실화되지 않게 한 핵심 원인 중 하나다. 그런데 앞으로도 그럴까?

노벨 경제학상을 받은 크루그먼 교수는 '미국 내 불평등 심화의 본질은 2000년을 전후로 바뀌었다. 그전까지는 노동자와 노동자 간의 문제였고, 노동과 자본 간의 소득 분배, 즉 임금과 이윤 간의 분배는 수십 년 동안 안정적이었다. 그러나 그 이후로 노동 분배율은 급격히 떨어졌다. 이는 미국만의 독특한 현상이 아니다. 국제노동기구의 보고서는 다른 여러 나라에서도 같은 일이 일어나고 있으며, 이는 글로벌 기술 트렌드가 노동자에게 불리하게 돌아가고 있다면 예상할 수 있는 일'이라고 지적했다.[49] 토마스 피케티 교수는 21세기 들어 자산 수익률이 경제 성장률보다 커지면서 소득 불평등이 심화하는 현상을 밝혔다.[50]

크루그먼은 최저 임금이 기준 임금이 되는 노동자 수가 증가하고 있는 상황을 입증했다. 일부 통계는 최근 최저 임금을 받는 노동자의 수가 줄었다고 하는 경우도 있어 크루그먼의 주장을 무색하게 할 수 있다. 그러나 택시 운전사와 플랫폼 종사자 등 비임금 노동자 규모가 증가하고 있는 상황을 반영하지 못했기 때문이며[51] 실질적인 최저 임금 근로자는 증가하고 있는 것으로 보아야 한다. 이 때문에 실업률에 포함되지 않는 쉬는 청년이 증가하고 있는 것에 유의해야 한다. 피케티의 주장에 대해 적극적이고 고의적인 반론이 있으나, 소득 양극화와 자산 양극화가 국가 내에서뿐만 아니라 지구적 차원에서 심화하는 것까지는 부인하지 못한다. 참고로 역사적으로 극단적인 경제적 불평등은 극단적 폭력을 가져왔다.[52] 극단적 부의 불평등은 공동체의 사회적 결속력을 저해하고, 결국 사회의 쇠퇴로 이어진다.[53] 역사는 그런 식으로 휘청거리며 균형을 잡았다. 그 와중에 국가는 망하고, 제국은 사라졌으며, 민족은 흩어졌다.

현재 상태가 지속하면 양질의 일자리는 점진적으로 꾸준히 멈추지 않고 줄어들 것으로 전망하는 것이 합리적이다. 누군가는 몇 자리 없는 양질의 일자리를 쟁취하겠지만, 대다수는 침만 흘리거나 질투심과 자기 모멸감에 몸살을 앓게 된다. 이러한 현상은 인공지능 발달로 빨라질 것이다.

인간 수준의 창의성, 평가 역량, 분석, 응용, 이해 및 기억력을 지닌 인공일반지능의 구현은 당분간 어려울 것이다. 그러나 '경제적으로 가장 가치 있는 작업에서 인간을 능가하는 고도로 자율적인'[54] 수준의 인공일반지능은 머지않은 미래에 충분히 가능할 수 있다. 그리되면 기술 실업 속도는 인류까지는 아니라도 한국 사회는 감당하기 어렵다. 우리나라 로봇 밀도가 1,000대를 넘어 세계 1위다. 경쟁국인 일본이나 독일보다 두 배 이상 높다. 우리나라 기업이 가격 경쟁력에 민감하다는 의미다. 생성형 인공지능이 성숙하면 노동자가 새로운 일자리를 준비할 시간적 여유를 두지 않고 업무 자동화를 빠른 속도로 진행할 개연성은 아주 충분히 그리고 넉넉하게 높을 것으로 보인다.

국가 자본주의 심화, 기후 변화에 대응한 녹색 경제의 부상, 보수적 공급망 관리 시스템으로의 이행, LLM 발달 때문에 가능해진 '신 바벨 시대'[55]의 도래와 같은 메가트렌드와 LMM의 지나치게 빠른 도입은 의도치 않은 상황을 만들 수 있다. 청년층의 국외 이탈 가속화, 유효 수요 부족으로 말미암은 외부 의존도 심화, 내부 창의성 고갈 탓으로 일어나는 경제 성장 정체 등은 자연스러운 인과관계의 연쇄로 보인다. 낮은 수준의 인공일반지능이든 성숙한 LMM의 등장이든 한국 사회를 포함하여 인류 사회에 재앙이 될 수도 있다. 이들 새로운 기술을 이용한 감시 국가의 등장은 상황을 최악으로 몰고갈 수 있다.[56], [57]

그것만이 아니다. 케인스가 기술 실업에 대한 사고 실험을 할 당시, 생태 환경은 외부 경제였다. 외부 경제란 발생한 비용을 외부로 돌려 대가를 지급하지 않는 상황을 말한다. 바다에 오염수를 버리고, 땅에 쓰레기를 메우며, 공기 중에 이산화탄소를 배출해도 인류는 혹은 선진국은 비용을 지급하지 않았다. 상황이 바뀌었다. 기후 변화와 6차 대멸종의 진행은 외부 경제를 내부 비용으로 전환했다. 1970년대 오일 파동을 이끈 전 사우디 석유장관 아흐메드 자키 야마니는 '석기시대는 돌이 부족해서 끝난 것이 아니다. 석유 시대 또한 석유가 부족해서가 끝나는 것이 아닐 것이다'라고 한 것처럼, 우리 인류는 생산할 수 없어서 생산하지 않는 것이 아니라, 생산하면 안 되기 때문에 더 이상 생산할 수 없게 될 것이다.

기술의 발달에 따른 생산성의 급격한 상승과 기후 변화 진행에 따라 생산 자체를 자제해야 하는 상황에서 일자리의 문제는 더욱 심각해질 개연성이 크다. 비록 친환경 일자리가 늘어날 것이나, 줄어든 일자리를 얼마나 대체할 수 있을까? 우리에게는 새로운 정치·사회·경제 개혁이 필요하다.

20세기 초까지 진행된 유토피아 실험은 실패했다. 그러나 최근 유토피아에 관한 관심이 돌아왔다. 길거리에 빵이 깔렸고, 하늘에 구운 거위가 날아다니는 중세의 코케뉴Cockaigne는 유토피아가 아니다. 중세의 코케뉴의 꿈은 이미 달성되었다고 봐야 한다. 적어도 맛집을 찾아다니는 한국인은 당뇨병을 걱정하지, 코케뉴를 꿈꾸지 않는다. 노동하지 않아도 되는 미래는 또 다른 코케뉴에 불과하다. 코케뉴의 꿈이 육체에 당뇨병을 가져왔다면, 노동 없는 삶은 우리의 정신에 당뇨병과 비만을 가져올 것이다. 유토피아에 대한 논의와 상상이 필요한 이유는 새로운 정치·사회·경제 시스템에 대한 성찰적 고민과 대화가 필요하기 때문이다.

양질의 일자리 마련과 지속 가능하며 경제적 번영과 사회 공동체의 유지를 위해서는, 새로운 정치·사회·경제의 전환적 개혁이 필요하다는 데 공감의 폭은 넓어지고 밀도는 짙어졌다.

독일 연방교육연구부 산하의 전략적 열린예측 조직은 정치·사회·경제 시스템을 목적 경제를 대안으로 모색했다. 목적 경제란 이윤과 성장만을 추구하는 것이 아니라 지속 가능성과 공동선에 초점을 맞춘 경제를 의미한다.[58] 유네스코의 미래연구 의장인 소하일 이나야

툴라 교수는 영적 포스트 자본주의를 주장했다. 동양의 명상이나 공동선 등의 전통으로 새로운 자본주의를 만들자는 주장이다.[59]

1987년 유토피아를 주제로 하는 학술지가,[60] 2023년 탈성장Degrowth을 주제로 한 학술지가 발간되었다.[61] 유토피아에 대한 새로운 비전을 제시한 책 《리얼리스트를 위한 유토피아 플랜》은 주당 근무 시간을 15시간으로 줄이자고 제안했다.

러다이트 운동도 다시 부흥하고 있다. 1990년 '기술 중독으로부터의 독립을 촉진하고 정치적 자유, 경제적 정의, 생태적 균형을 약속하는 기술을 만드는 것을 선호'한다는 신 러다이트 선언문이 발표되었다.[62] 신 러다이트 운동은 생태주의와 연계되나 확산하지 못했다. 21세기 들어 포스트 러다이트 운동이 다시 일어났다. 포스트 러다이트는 기술에 대한 진보성을 인정하며, 기술을 비판적으로 바라보라고 요구하고, 생태주의와도 연결되어 있다.[63]

누군가는 이들을 현실성 없는 고담준론에 불과한 것으로 치부할 것이다. 책상머리나 술자리의 한담 정도로 여길 것이다. 개인의 부와 건강만을 최선, 최고, 지선의 가치로 여길 것이다.[64] 그러나 모든 변화의 씨앗은 그렇게 심어졌다. 겨자 씨가 세쿼이어 나무로 성장한다. 작은 생각이 발아하고, 묘목이 되어 비와 눈을 맞으며 거목이 된다. 토마스 모어의 유토피아가 그랬고, 17세기 주식회사의 출현이 그랬으며, 미국의 건국 아버지들의 꿈이 그랬다.

정치·사회·경제 시스템에 대하 대안적 사상은 생태주의와 공산주의까지, 탈성장에서 기술적 특이점까지 다채롭고 풍부하다. 이들 사상의 숲은 아마존 열대우림과 같다. 울창하고 다채로우며, 사상의 백가쟁명이다. 미국 휴스턴대학의 미래학자인 앤디 하인스 교수는 후기 자본주의와 관련된 사상과 주장을 조사하고 미래의 정치·사회·경제 시스템에 대한 대안을 탐색하고 있다.[65] 필자도 현 자본주의에 대한 대안적 사상을 탐색했으나 아직 마무리를 짓지 못했다. 아래 [그림 4]는 여러 대안적 사상의 위치를 파악하기 위한 지도다.

지도의 산맥과 강이 거칠게 그려졌으나 대강의 바다는 가늠할 수 있다. 가로축은 자본주의 유지 혹은 대안 탐색의 축이고, 세로축은 기술로 모든 문제가 해결될 수 있느냐의 축이다. 만약 기술로 모든 문제가 해결된다면 다양한 대안이 존재할 수 있다. 과학기술로 풍요로운 시대가 도래할 것이라는 디아만디스의 풍요 Abundance[67]에서부터, 바스타니의 완전히 자동화된 풍요로운 공산주의 Fully Automated Luxury Communism,

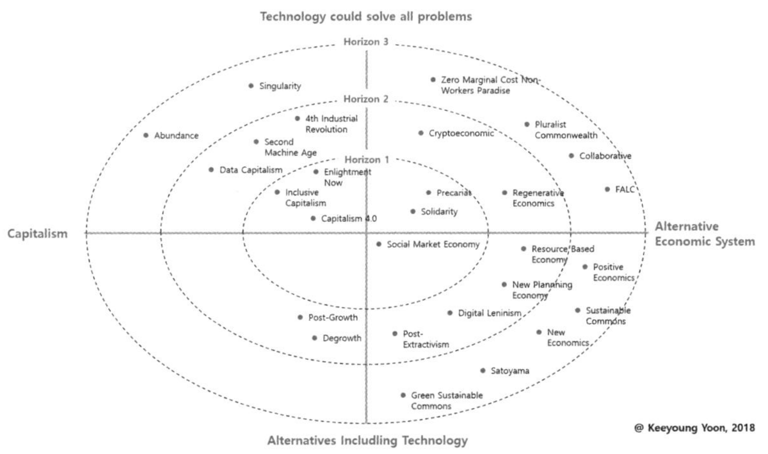

자료: 윤기영, 2018[66]

[그림 4] 포스트 자본주의 사상 지도

FALC[68]까지 그 폭이 매우 넓다. 그러나 우리가 기술로 우리가 만들어 낸 혹은 우리 안에 내재한 문제를 해결하기는 어려울 것으로 보인다. 필자는 기술로 모든 문제를 해결할 수 있다는 '기술 복음주의' 식의 주장에 대해 비판적이다. 기술이 모든 문제를 해결할 수 없다면, 우리가 택할 수 있는 길은 좁아진다. 좁은 선택의 길로 접어들면 정치·사회·경제 시스템의 전환을 마련하는 것 이외에는 출구가 없을 것으로 보인다.

일자리 문제는 과학기술만의 문제는 아니다. 정치·사회·경제 시스템의 문제이며, 시스템 안의 문제인 동시에 시스템 밖에서도 영향을 받는다. 우리는 구체적인 일자리에 대해서도 신경을 써야 하며 동시에 정치·사회·경제 시스템의 역동적 균형에도 신경을 분산해야 한다. 사회 공동체, 지구 생태계, 경제적 번영과 개인의 자유는 역동적 균형으로 유지된다. 균형이란 명사나 정태가 아니라 동사이며 동태다. 균형이란 요동 속에서 존재한다. 외바퀴 자전거를 타는 것이다. 요동을 통해 균형을 잡는다. 사회 공동체를 강조하면 사회는 경직되고, 경제적 번영과 개인의 자유를 강조하면 그 사회는 자멸하고 소멸한다. 요동 속에 균형을 잡으려면 우리가 그 균형의 중심이 되야 한다.

일자리의 문제, 일의 미래에 대해 균형을 잡으려면 우리가 주도해서 균형을 잡아야 한다. 오픈소스 진영의 인공지능을 발달시키고, 오픈소스 진영에 참가해야 한다. 개인의 부를 인생 최고의 가치에서 내려놓아야 하며, 사회 공동체 의식도 돌아봐야 한다. 새로운 생각과 인식에도 눈을 넓혀야 한다. 현재까지 배운 것과 채운 것을 비우고, 새로운 것을 배워야 한다. 지금 그러기 딱 좋은 시절이 아닐까? 동료 시민 여러분.

AI 시대, 업무 방식과 공간이 하이브리드로 바뀐다

(사)케이썬 이사장 이명호

사무실에서 근무하는 방식은 이제 과거의 유물일까? 디지털 기술과 인공지능의 발전은 업무 공간과 방식에 혁신적 변화를 일으키고 있다. 사무 공간의 발전 역사와 함께, 우리는 어떻게 하이브리드 워크 시대에 적응하고 새로운 기회를 잡을 수 있을까?

이제 더 이상 전통적인 사무실은 없다

300여 년 넘게 회사에 출근하여 사무실에 모여 함께 일하는 업무 방식이 표준이었다. 그러나 이제 더 이상 표준이 아니다. 디지털 기술과 인공지능AI의 발전은 업무 방식과 업무 공간의 혁신적 변화를 일으키고 있다. 디지털 협업 도구에서부터 가상 협업, 하이브리드 워크, 웰빙 사무 공간, 인공지능에 의한 업무 자동화와 증강 등 다양한 기술적 방식과 솔루션이 등장하고 있다. 특히 생성형 AI의 등장은 지식 노동자들의 업무 방식에 획기적인 변화를 가져올 것으로 전망되고 있다. 이러한 변화는 새로운 기회와 도전이다. 점점 더 기업은 물론 직원에게 다양한 방식의 대응과 변화를 요구하고 있다. 기술의 발전이 어떻게 업무 방식과 업무 공간을 변화시키고 있는지를 최신 기술과 사례로 살펴보고, 변화가 가져오는 기회와 위기, 그리고 회사는 물론 직원들이 어떻게 변화에 적응하고 능력을 키워야 하는지를 살펴보고자 한다. 시그널이 미래의 표준이 되기 전에 새로운 업무 방식의 변화에 적응할 필요가 있다.

업무 공간, 특히 사무 공간의 발전 역사

변화의 방향, 미래를 아는 방법에서 중요하게 봐야 할 것은 역사적인 변화이다. 역사적인 변화라는 것은 기술적 특성과 사회 시스템, 사람의 선택 또는 본성이 조화를 이룬 상태라고 할 수 있다. 그런 측면에서 업무 공간, 특히 사무 공간의 발전 역사는 인류의 경제 활동과 기술 발전의 흐름과 밀접하게 연관되어 있다. 이 역사는 18세기 초 동인도회사에서 시작되어 산업사회를 거쳐 현재의 디지털과 인공지능 시대까지 이어지고 있다.

근대적인 사무실의 기원은 1729년 런던의 동인도회사 건물로 거슬러 올라간다. 당시 동인도회사는 멀리 떨어진 식민지 등과의 해상 무역 정보를 관리하고 복잡한 의사 결정을 내리기 위해 관료 조직을 만들었고, 이를 위한 공간이 필요했다 이 최초의 사무실은 소수의 사람들이 모여 문서를 생성하고 관리하는 공간이었다. 이전에는 집과 커피숍이 미팅 장소이면서 업무 공간이었는데, 처음으로 사무 또는 업무를 보는 전용 공간이 등장한 것이다. 초기에는 사람들의 사무실 출퇴근이 익숙지 않아서 관리자가 직원들이 사무실에 있는지 1시간마다 확인하기도 했다.

산업혁명과 공장의 등장은 사무 공간의 발전에 중요한 전환점을 가져왔다. 19세기 중반, 공장의 한구석에 있는 좁은 경리실에서 시작된 사무실은 점차 독립된 공간으로 발전했다. 전구가 상용화되고, 전화 등 커뮤니케이션 방식이 바뀌면서 사무직의 근무 시간도 늘어났다. 사무직 노동자가 늘어나면서 사무실은 공장을 벗어나 도심의 건물로 이동했다. 현대적인 사무실과 회사 빌딩의 등장이었다. 1880년대 미국 전체 노동자의 5%에 불과했던 사무직은 2000년대에 55%까지 증가했다. 현재 우리나라도 비슷한 수준이다. 사무실은 대부분 직장인이 하루의 대부분을 보내는 공간이 되었다. 직장인들에게 사무실은 삶의 행태와 목적, 그리고 때때로 의미를 부여하는 곳이 되었다. 오피스사무실 인간 시대의 탄생이라고 할 수 있다.

자료: midjourney[1]

[그림 1] 오피스 빌딩

사무실의 등장 이후 20세기 초반에는 테일러리즘의 영향으로 효율성을 극대화하기 위해 공장과 같이 많은 직원을 한 공간에 밀집시키는 형태의 사무실이 유행했다. 한편 타자기, 전화기 등 사무기기의 발달로 사무실의 인프라가 비약적으로 발전했다. 1960년대부터는 큐비클 형태의 사무실이 등장했다. 이는 개인의 집중력을 높이고 프라이버시를 보장하면서도 공간을 효율적으로 활용할 수 있는 방식이었다. 그러나 1990년대 들어 팀워크와 협업의 중요성이 부각되면서 개방형 사무실이 다시 유행하기도 했다.

21세기에 들어서면서 디지털 기술의 발달로 업무 방식과 공간에 큰 변화가 일어났다. 노트북, 스마트폰 등 모바일 기기의 보급으로 언제 어디서나 일할 수 있게 되었고, 이는 코워킹 스페이스, 위성 오피스 등 새로운 업무 공간 모델의 등장으로 이어졌다. 특히 2005년 미국 샌프란시스코에서 시작된 'Hot Factory' 코워킹 스페이스 모델은 2010년대 이후 1인 기업, 스타트업 문화의 확산과 함께 유연하고 창의적인 업무 환경을 제공하면서 급속도로 성장했다. 위성 오피스 또는 거점 오피스는 직원들이 유리한 출퇴근 장소를 선택할 수 있도록 하여 기업들에게 지리적 범위를 확장하는 편리한 방법으로 자리 잡았다.

디지털과 인공지능의 발전은 또다시 업무 공간의 변화를 가져오고 있다. 클라우드 컴퓨팅은 데이터 접근성을 높이고 실시간 협업을 강화하며, 가상현실VR과 증강현실AR 기술은 가상회의와 원격 협업을 혁신적으로 변화시키고 있다. 지리적 공간적 거리를 극복하고 같은 공간에서 일하는 것 같은 경험을 제공하고 있다. 인공지능AI 기반의 업무 자동화는 반복적인 작업을 줄이고, 직원들이 더 창의적이고 전략적인 업무에 집중할 수 있도록 돕고 있다.

최근에는 인공지능과 사물인터넷 기술의 발달로 '스마트 오피스'는 새로운 단계로 진화하고 있다. 업무 공간은 더욱 효율적이고 편리하며, 직원들의 생산성과 만족도를 높이는 데 기여하고 있다. 또한, 코로나-19 팬데믹을 계기로 재택근무와 하이브리드 워크 모델이 확산되면서, 업무 공간의 개념이 물리적 공간을 넘어 가상공간으로 확장되고 있다.

이처럼 업무 방식과 업무 공간의 역사는 기술의 발달과 밀접한 관계를 맺으며 진화해 왔다. 앞으로도 인공지능, 가상현실, 증강현실 등 공간 컴퓨팅 기술의 발전에 따라 업무 방식과 업무 공간은 계속해서 변화할 것이며, 이는 우리의 일하는 행태와 조직 문화에도 큰 영향을 미칠 것이다. 인공지능 시대에 새로운 업무 방식과 업무 공간의 등장을 살펴보고자 한다.

디지털 협업 도구의 발전

디지털 협업 도구의 발전은 현대 업무 환경에서 필수적인 요소로 자리 잡았다. 특히 클라우드 기반의 협업 도구들은 시간과 장소에 구애받지 않고 효율적인 업무 처리를 가능하게 한다. 대표적인 예로는 [표 1]과 같은 Slack, Microsoft Teams, Google Workspace 등이 있다.

[표 1] 대표적인 협업 도구들

제품명	기능 설명
Slack	Slack은 팀, 프로젝트 또는 주제에 따라 대화를 채널로 구성하는 종합적인 커뮤니케이션 도구로 설계되었다. 사용자 친화적인 인터페이스로 잘 알려진 Slack은 광범위한 사용자 지정 옵션을 제공하고, 다양한 타사 애플리케이션과의 통합을 지원하며, 동기 및 비동기 커뮤니케이션을 모두 가능하게 한다. 특히 유연성과 강력한 API가 강점이다.

Microsoft Teams	Microsoft Teams는 Microsoft Office 에코 시스템에 깊숙이 통합되어 있어 Microsoft Word, Excel, PowerPoint와 같은 도구를 활용하는 일관된 환경을 제공한다. Teams는 글로벌 규정 준수 표준을 준수하는 안전한 환경에서 채팅, 화상 통화, 파일 공유와 같은 기능을 제공한다. 생산성 도구와 원활하게 통합되는 포괄적인 공동 작업 솔루션이 필요한 기업에 이상적이다.
Google Workspace	Google Workspace는 Gmail, Google Drive, Google Meet, Google Calendar 등 다양한 도구를 하나의 플랫폼에서 제공하여 협업을 지원한다. 실시간 문서 편집 기능을 통해 여러 사용자가 동시에 문서를 작성하고 수정할 수 있으며, Google Meet을 통해 원격회의도 쉽게 진행할 수 있다. 또한, 다양한 서드파티 애플리케이션과의 통합을 통해 워크 플로우를 간소화하고 생산성을 높여 준다.
JustCall Workspace	JustCall Workspace는 하나의 플랫폼을 통해 팀 협업과 커뮤니케이션을 개선하기 위해 실시간 메시징, 음성 및 영상 통화, 파일 공유, AI 기반 인사이트와 같은 기능을 제공한다. 이러한 도구가 한 곳에 통합되어 있어 여러 앱을 계속 전환할 필요 없이 팀의 집중력과 생산성을 유지할 수 있다. 또한, 자동 통화 요약, 성과 추적, 직관적인 바로가기를 통한 즉각적인 보고를 위한 도구가 포함되어 있다.

이외에도 여러 가지 원격 협업과 가상 협업을 지원하는 최신 솔루션들이 주목받고 있다. 예를 들어, Zoom은 가상회의, 웹 세미나, 원격 팀 협업으로 잘 알려진 포괄적이고 사용자 친화적인 플랫폼을 제공한다. Webex는 원격근무자를 위한 다양한 협업 도구를 제공하며, 실시간 화상회의, 파일 공유, 채팅 기능 등을 통해 원활한 소통을 지원한다. 또한, Boardmix는 화이트보드 기반의 협업 도구로, AI 도우미 기능을 통해 번역, 브레인스토밍, 글쓰기, 보고서 작성 등을 지원한다. Miro와 같은 온라인 화이트보드 도구는 팀원들이 시각적으로 아이디어를 공유하고 브레인스토밍할 수 있게 해 준다. 이와 같이 AI 도구들은 실시간 번역, 회의 요약, 프로젝트 관리 등을 지원하여 원활한 협업을 가능하게 하고, 글로벌 팀 간의 소통을 더욱 효과적으로 만들어 주고 있다.

협업 도구들은 생성 인공지능과 만나면서 더욱 발전하고 있다. 앞에서 소개한 Slack과 Microsoft Teams는 AI 기반의 챗봇을 도입하여, 사용자들이 반복적인 작업을 자동화하고, 필요한 정보를 빠르게 찾을 수 있도록 하고 있다. Microsoft Teams는 AI를 활용하여 회의 요약, 일정 조정, 이메일 작성 등을 자동화할 수 있다. Notion AI는 사용자의 업무 유형을 학습하여 자동으로 작업을 생성하고 보고서를 작성 및 요약하거나, 필요한 정보를 제공하는 기능을 갖추고 있다. 한국의 스타트업 딥서치 웍스DeepSearch Works는 AI 기반의 업무 협업 도구로, 검색, 질의응답, 자동 보고서 생성 등의 기능을 통해 업무 효율성을 극대화한다. 또한, AI는 팀원 간의 소통을 분석하여 협업의 효율성을 높이는 데 기여할 수 있다. AI가 반복적이고 시간 소모적인 작업을 자동화하여 업무 효율성을 크게 높여 주어, 직원들은 더 창의적이고 전략적인 업무에 집중할 수 있다.

AI 기반 업무 자동화와 증강 인텔리전스Augmented Intelligence는 협업 도구의 또 다른 중요한 발전 방향이다. 증강 인텔리전스는 인간의 능력을 보완하고 강화하는 기술로, 협업 도구에 적용되어 업무 효율성을 높여 준다. 데이터 분석과 예측 모델을 통해 AI는 더 정확하고 신속한 의사 결정을 지원한다. 이는 기업의 전략 수립과 리스크 관리에 큰 도움이 된다. 또한, 마이크로소프트의 코파일럿Copilot처럼 전용 AI 어시스턴트는 개별 직원들을 보좌하는 기능이 다양해지고 있다. AI가 각 직원의 업무 스타일과 선호도를 학습하여 맞춤형 업무 환경을 제공하는 방향으로 발전하고 있다.

이와 같이 디지털 협업 도구의 발전은 클라우드 기반의 통합된 환경을 제공하여 실시간 협업을 가능하게 해 주고 있다. 원격 협업과 가상 협업을 지원하는 최신 솔루션들은 업무의 유연성을 강화해 준다. 디지털 협업 도구는 생성 인공지능과의 결합을 통해 더욱 스마트한 업무 처리가 가능해졌으며, AI 기반의 업무 자동화와 증강 인텔리전스는 협업 도구의 미래를 밝게 하고 있다. 우리는 더 효율적이고 혁신적인 업무 방식과 업무 공간을 맞이하고 있다.

SIGNAL KOREA 2025

디지털과 AI가 바꾸는 업무 방식

- **업무 효율성 향상:** AI는 반복적이고 시간 소모적인 작업을 자동화하여 업무 효율성을 크게 높인다. 이로 인해 직원들은 더 창의적이고 전략적인 업무에 집중할 수 있다.
- **협업의 새로운 형태:** AI 도구들은 실시간 번역, 회의 요약, 프로젝트 관리 등을 지원하여 원활한 협업을 가능하게 한다. 이는 글로벌 팀 간의 소통을 더욱 효과적으로 만든다.
- **의사 결정 지원:** 데이터 분석과 예측 모델을 통해 AI는 더 정확하고 신속한 의사 결정을 지원한다. 이는 기업의 전략 수립과 리스크 관리에 큰 도움이 된다.
- **개인화된 업무 환경:** AI는 각 직원의 업무 스타일과 선호도를 학습하여 맞춤형 업무 환경을 제공할 수 있다. 이는 업무 만족도와 생산성 향상으로 이어진다.

하이브리드 워크로의 전환

코로나19 팬데믹에 대한 대응으로 원격근무가 늘어나면서, 하이브리드 워크가 새로운 표준으로 자리 잡고 있다. 하이브리드 워크는 전통적인 사무실 근무와 원격근무를 결합하여 직원들이 보다 유연하고 자율적으로 일할 수 있도록 한다. 코로나19 팬데믹이 종료되면서 하이브리드 워크가 주춤해지고 있지만, 일시적인 현상이 아닌 업무의 미래를 재정의하는 중요한 트렌드로 자리 잡아가고 있다.

하이브리드 워크는 여러 가지 이유로 기업들에게 매력적이다. 첫째, 직원들의 만족도와 생산성을 높일 수 있다. Pew Research에 따르면, 팬데믹 동안 원격근무를 경험한 직원들 중 54%가 팬데믹 이후에도 원격근무를 계속하고 싶어 한다. 이는 직원들이 원격근무를 통해 얻는 유연성과 자율성을 높이 평가하고 있음을 보여 준다.

둘째, 하이브리드 워크는 비용 절감 효과가 있다. PWC의 조사에 따르면, 31%의 경영진이 원격근무 증가로 인해 사무실 공간의 필요성이 줄어들 것이라고 예상하고 있다. 이는 기업들이 사무실 임대료와 운영 비용을 절감할 기회를 제공한다.

셋째, 하이브리드 워크는 창의성과 혁신을 촉진하는 데에도 긍정적인 영향을 미친다. Gensler의 연구에 따르면, 하이브리드 모델을 채택한 기업들이 더 높은 수준의 창의성과 문제 해결 능력을 보였다. 이는 직원들이 자신이 가장 생산적일 때와 장소에서 일할 수 있도록 함으로써 더 나은 아이디어와 솔루션을 도출할 수 있게 하기 때문이다.

넷째, 하이브리드 워크는 유능한 인재의 유출을 막고, 다양한 배경과 경험을 가진 인재들을 유치하고 유지하는 데 도움이 된다. 이는 기업의 혁신 역량을 강화하는 중요한 요소이다.

다섯째, 하이브리드 워크는 직원들의 웰빙에도 긍정적인 영향을 미친다. Scalable Software의 조사에 따르면, 하이브리드 워크를 하는 직원들 중 42%가 더 나은 워크-라이프 밸런스를 경험하고 있다고 응답했다. 이는 출퇴근 시간의 감소와 유연한 근무 시간 덕분에 가능해진 것이다.

하이브리드 워크의 성공 사례로는 넷플릭스를 들 수 있다. 넷플릭스는 하이브리드 모델을 통해 전 세계의 다양한 인재들을 유치하고, 이를 통해 콘텐츠 제작과 서비스 혁신을 이루고 있다. 이는 넷플릭스가 경쟁이 심한 글로벌 OTT 시장에서 경쟁력을 유지하는 데 큰 도움이 되고 있다.

한국도 IT 기업들을 중심으로 하이브리드 워크 도입이 늘고 있다. 네이버는 직원들에게 주 5일 또는 3일 재택근무 중 선택할 수 있는 옵션을 제공하고 있다. 현대자동차그룹도 하이브리드 워크 모델을 도입하여 직원들의 재택근무를 정착시키고 있다. SK텔레콤은 '워크 프롬 애니웨어Work From Anywhere' 정책을 통해 직원들이 원하는 곳에서 일할 수 있도록 지원하고 있다. 삼성전자는 서울과 대구에 원격 오피스를 개설하여 직원들이 출퇴근 시간을 줄이고 창의성을 높일 수 있도록 지원하고 있다.

반면 실패 사례로는 일부 기업들이 하이브리드 모델을 제대로 구현하지 못해 발생한 문제들을 들 수 있다. 예를 들어, 일부 기업들은 명확한 지침 없이 하이브리드 모델을 도입하여 직원들이 혼란을 겪고 생산성이 저하되는 문제를 경험했다. Gallup의 연구에 따르면, 원격 및 하이브리드 워크를 하는 일부 직원들이 더 높은 수준의 스트레스와 분노를 경험하였다. 이는 업무와 개인 생활의 경계가 모호해지면서 발생하는 문제로, 기업들은 이를 해결하기 위해 명확한 커뮤니케이션 채널과 직원들의 웰빙을 고려한 지원 시스템을 구축해야 한다. 또한, 하이브리드 모델을 성공적으로 운영하기 위해서는 업무 특성과 개인의 업무 스타일을 고려한 전략과 지침이 필요함을 보여준다.

결론적으로 하이브리드 워크는 도입 과정에서 시행착오가 있지만, 직원들의 업무 및 웰빙 스타일을 고려한 유연성과 자율성을 제공하면 직원들의 만족도와 생산성을 높일 수 있는 강력한 제도이다. 앞으로도 하이브리드 워크는 업무의 미래를 재정의하는 중요한 트렌드로 자리 잡을 것이다.

회사 업무 공간의 진화

- 생산성과 웰빙 -

AI 기반 협업 도구의 발전으로 원격근무가 더욱 효과적으로 이루어지고, 일상화되면서 물리적 오피스의 역할과 구조도 변화하고 있다. 기존의 사무실은 더 스마트하고 웰빙을 갖춘 공간으로 진화하고 있다. 업무 공간은 인공지능, 사물인터넷, 가상현실 등의 기술이 통합된 첨단 비즈니스 시설, 스마트 오피스로 재구축되고 있다. 스마트 오피스 시스템은 업무 공간을 더욱 유연하게 활용할 수 있도록 해 주고 있다. 필요에 따라 공간을 재구성하고 최적화할 수 있게 된다. 특히 스마트 빌딩, 스마트 오피스는 자연 요소를 통합한 생체 친화적 업무 공간으로 바뀌면서 직원들의 웰빙과 생산성을 증진시키는 데 중요한 역할을 하고 있다.

애플의 새로운 캠퍼스인 애플 파크는 자연 요소를 건축 디자인에 적극적으로 접목하는 바이오필릭Biophilic 디자인의 대표적인 사례이다. 이 도넛 모양의 구조물은 자연의 곡선을 모방하여 설계되었으며, 사무실 곳곳에 자연광이 들어오도록 설계되었다. 또한, 9,000그루의 나무가 캠퍼스를 둘러싸고 있다. 아마존의 시애틀 본사에 위치한 투명한 구형 구조물인 스피어스는 다양한 식물들로 가득 차 있으며, 직원들이 자연 속에서 일하는 듯한 환경을 제공한다. 영국 남부에 위치한 엔진 제조업체 롤스로이스 본사는 수천 제곱피트가 토종 식물로 덮여

자료: archdaily[2]

[그림 2] 아마존 본사 건물 The Spheres

있는 세계 최대 규모의 녹색 지붕을 갖추고 있다. 이는 건물을 단열하고 빗물 유출을 제어하는 데도 도움이 된다.

한국의 경우, 네이버의 제2사옥 '1784'는 직원들의 건강과 웰빙을 고려한 설계로 주목받고 있다. 이 건물은 자연 채광을 최대화하고, 실내 정원과 휴식 공간을 다수 배치하여 직원들의 스트레스 감소와 생산성 향상을 도모하고 있다. 카카오의 제주 본사인 '카카오 스페이스닷1'도 직원들의 웰빙을 고려한 설계로 유명하다. 이 건물은 제주의 자연환경과 조화를 이루는 디자인을 채택하고, 직원들을 위한 다양한 휴식 공간과 운동 시설을 제공하고 있다.

이러한 바이오필릭 디자인은 단순히 미적 요소를 넘어 실질적인 효과를 보여 주고 있다. 연구에 따르면, 식물이 있는 사무실 공간은 공기질을 25%까지 개선할 뿐만 아니라, 직원들의 웰빙 인식을 8%, 창의성을 13%, 학습과 집중력을 25%까지 향상시킬 수 있다. 또한, 스트레스와 인지 피로가 37% 더 빨리 감소했다.

이와 같이 직원들에게 자연과의 연결을 제공하는 자연 친화적인 건물과 사무실은 직원들의 스트레스를 줄이고, 창의성과 생산성을 높이는 데 큰 도움이 된다. 환경 친화적인 설계와 재료 사용, 직원들의 건강과 웰빙을 고려한 업무 공간은 지속 가능성의 증대는 물론 더 나은 업무 환경을 제공할 수 있다. 나아가 AI를 활용한 환경 제어 시스템은 직원들의 건강과 편안함을 최적화하는 업무 공간 설계를 가능하게 하고 있다. 또한, AI 기반 보안 시스템으로 물리적, 디지털적 보안이 강화된 업무 환경을 구축할 수 있다.

가상화된 업무 공간과 원격 협업

하이브리드 워크와 더불어 디지털 협업 도구는 가상화된 업무 공간과 원격 협업을 지원하는 솔루션으로 발전하고 있다. 사무실 근무 또

는 재택근무의 구분 없이 가상화된 업무 공간과 원격 협업은 새로운 표준으로 자리 잡아 가고 있다. 이러한 변화를 이끄는 최신 기술 트렌드와 그 영향을 살펴보도록 하겠다.

업무 공간의 가상화를 가능하게 하는 최신 기술 트렌드로는 메타버스Metaverse와 공간 컴퓨팅Spatial Computing이 주목받고 있다. 메타버스는 3D 가상세계에서 아바타를 통해 소통하고 협업할 수 있는 플랫폼을 제공한다. 메타구 페이스북의 'Horizon Workrooms'는 VR 헤드셋을 통해 가상회의실에서 실제와 같은 협업 경험을 제공한다. 최근에는 애플의 비전 프로Vision Pro와 같은 공간 컴퓨팅 기기는 현실 세계와 디지털 세계를 융합하여 새로운 차원의 업무 경험을 제공한다. 이 기술은 실제 공간에 디지털 정보를 투영하여 직관적인 상호작용을 가능하게 한다.

몰입형 가상회의실의 기술 수준도 빠르게 발전하고 있다. Zoom과 Microsoft Teams와 같은 플랫폼들은 AI 기술을 활용하여 실시간 번역, 배경 노이즈 제거, 자동 회의록 작성 등의 기능을 제공한다. 또한, VR 기술을 통해 참가자들이 같은 공간에 있는 것처럼 느끼게 하는 '공간적 오디오' 기술도 도입되고 있다.

업무 공간의 가상화는 업무 형태에도 큰 변화를 가져오고 있다. '디지털 노마드'라는 새로운 업무 형태가 등장했으며, 시간과 장소에 구애받지 않고 일할 수 있는 유연성이 크게 증가했다. Upwork의 조사에 따르면, 2025년까지 미국 노동력의 36.2%가 원격으로 일할 것으로 예상된다. 이는 직원들이 자신이 가장 생산적일 때와 장소에서 일할 수 있도록 함으로써 더 나은 아이디어와 솔루션을 도출할 수 있게 하기 때문이다.

가상화된 업무 공간과 원격 협업의 성공 사례로는 2011년 설립 초기부터 원격근무를 하고 잇는 깃랩GitLab을 들 수 있다. 이 회사는 2,100명 이상의 직원이 65개국에서 100% 원격으로 근무하며 성공적으로 운영되고 있다. 깃랩은 비동기식 커뮤니케이션과 문서화를 중시하는 문화를 통해 시간대와 장소의 차이를 극복하고 있다. 깃랩에서는 대부분의 대면 시간을 소풍을 가거나 식사를 나누거나 소규모 그룹이 차례로 주제에 대해 토론하는 '언컨퍼런스'를 개최하는 데 사용한다. 화면 밖에서만 가능한 대면 상호작용을 통해 소중한 시간을 함께 보내며 관계를 구축하고 있다.

한국의 스타트업 직방은 메타버스 기반의 가상 오피스 'Soma'를 통해 전 세계 어디서나 실시간으로 협업할 수 있는 환경을 제공하고 있다. 삼성전자는 자체 개발한 '삼성 워크스페이스'를 통해 직원들의 원격근무를 지원하고 있다. LG전자는 'LG 커넥트'라는 협업 플랫폼을 활용하여 글로벌 팀 간의 소통을 강화하고 있다.

가상화된 업무 공간과 원격 협업은 분명 많은 이점을 제공하지만, 동시에 새로운 도전 과제도 제시한다. 직원들의 소속감 유지, 업무와

자료: linkedin[3]

[그림 3] 가상화된 업무 공간

삶의 균형 관리, 데이터 보안 등이 주요 과제로 떠오르고 있다. 이러한 과제들이 해결돼 가면서 미래의 업무 공간은 물리적 공간과 가상 공간의 경계를 넘나들며, 더욱 유연하고 생산적인 형태로 진화해 나갈 것이다. 가상화된 업무 공간과 원격 협업은 미래 업무의 핵심이 될 것이다. 기업들은 이러한 변화에 적응하고 새로운 기술을 효과적으로 활용하는 방법을 찾아야 할 것이다. 동시에 인간적인 연결과 조직 문화의 유지라는 과제도 함께 해결해 나가야 할 것이다.

변화하는 업무 공간

- **원격근무의 일상화:** AI 기반 협업 도구의 발전으로 원격근무가 더욱 효과적으로 이루어질 수 있다. 이에 따라 물리적 오피스의 역할과 구조도 변하고 있다.
- **유연한 공간 설계:** AI와 IoT 기술을 활용한 스마트 오피스 시스템으로 업무 공간을 더욱 유연하게 활용할 수 있다. 필요에 따라 공간을 재구성하고 최적화할 수 있다.
- **건강과 웰빙 중심:** AI를 활용한 환경 제어 시스템으로 직원들의 건강과 편안함을 최적화하는 업무 공간 설계가 가능해진다.
- **보안 강화:** AI 기반 보안 시스템으로 물리적, 디지털적 보안이 강화된 업무 환경을 구축할 수 있다.

업무와 업무 공간의 미래

- 기회와 도전 -

디지털 기술과 인공지능의 발전으로 인한 업무 방식과 업무 공간의 변화는 업무의 본질을 다음과 같이 변화시키고 있다.

첫째, 업무 프로세스의 시작과 끝이 모두 디지털화된다. 문서 작성, 승인, 보고 등 대부분의 업무 프로세스가 디지털 플랫폼을 통해 이루어지고 있다. 이는 업무의 투명성과 추적 가능성을 높였지만, 동시에 개인의 프라이버시 문제도 제기되고 있다.

둘째, 의사소통 방식이 변하고 있다. 대면 회의 대신 화상회의, 채팅, 이메일 등 다양한 디지털 도구를 통한 소통이 주를 이루고 있다. 이에 따라 의사소통의 속도는 빨라졌지만, 비언어적 소통의 부재로 인한 오해의 가능성도 증가한다.

셋째, 시공간의 제약을 극복하고 비동시적 업무 처리가 가능해진다. 직원들은 더 이상 같은 물리적 공간에 있을 필요가 없어졌고, 전 세계 어디서나 비동시적으로 또는 실시간으로 협업할 수 있게 되고 있다. 이는 업무의 유연성과 효율성을 크게 향상한다. 아울러 디지털 기술과 인공지능의 발전으로 인한 가상 협업의 증가는 기업의 문화를 다음과 같이 변화시키고 있다.

- **학습 문화**: 빠르게 변화하는 기술에 적응하기 위해 지속적인 학습과 역량 개발이 강조되고 있다.
- **신뢰 기반 문화**: 직원들의 자율성과 책임감이 강조되면서 성과 중심의 문화가 형성되고 있다.
- **포용적 문화**: 지리적 제약이 없어지면서 전 세계를 대상으로 다양한 배경의 인재를 영입할 수 있게 되어, 조직의 다양성이 증가하고 있다. 포용적 문화는 다양한 관점과 아이디어가 조직 내에서 활발히 교류될 수 있게 한다.
- **균형 문화**: 업무와 개인 삶의 균형을 중시하는 문화가 형성되고 있다.

디지털 기술과 인공지능의 발전으로 인한 가상 협업의 시대는 직원에게 새로운 역량과 스킬을 요구하고 있다.

- **디지털 리터러시:** 커뮤니케이션 도구부터 프로젝트 관리 시스템까지 다양한 디지털 도구와 플랫폼을 능숙하게 다룰 수 있는 능력이 필수적이다.
- **의사소통 능력:** 비대면 상황에서는 더 효과적으로 의사를 전달하고 협력할 수 있는 능력이 중요하다. 이메일, 인스턴트 채팅, 그룹 문서, 가상회의 등 다양한 방법으로 아이디어를 간결하게 전달하는 데 능숙해야 한다.
- **자기 주도적 학습 능력:** 독립적으로 일하고 능력을 향상시키기 위해서는 지속적으로 새로운 기술, 업계 동향 및 모범 사례에 대한 최신 지식을 습득할 수 있어야 한다.
- **시간 관리 능력:** 유연한 근무 환경에서 자신의 시간을 효율적으로 관리할 수 있어야 한다. 지루하고 반복적인 업무를 자동화하면 생산성을 크게 높일 수 있다.
- **적응력과 유연성:** 빠르게 변화하는 업무 환경에 적응하고 새로운 도전에 유연하게 대응할 수 있어야 한다.
- **문화적 감수성:** 글로벌 팀과의 협업이 증가함에 따라 다양한 문화를 이해하고 존중할 수 있는 능력이 필요하다.

업무와 업무 공간의 미래가 가져올 기회와 위기

앞에서 살펴본 바와 같이 디지털 기술과 인공지능의 발전은 업무와 업무 공간의 미래에 다음과 같은 변화를 가져오고 있다.

첫째, 유연한 근무 환경: 원격근무와 하이브리드 워크 모델이 확산되면서, 직원들은 시간과 장소에 구애받지 않고 일할 수 있게 되었다. 이는 직원들의 워크-라이프 밸런스를 개선하고, 직원 만족도를 높이고, 생산성을 높이고, 인재 유치와 유지에 긍정적인 영향을 미친다.

둘째, 기술 통합: 인공지능, 사물인터넷, 가상현실 등의 기술이 업무 공간에 통합되면서, 업무 효율성이 크게 향상된다. AI는 반복적인 작업을 자동화하고, 데이터 분석을 통해 더 나은 의사 결정을 지원한다. IoT는 스마트 오피스를 구현하여, 자연 친화적인 근무 환경은 직원들의 웰빙을 높이면서, 편리하고 효율적으로 일할 수 있는 환경을 제공한다.

셋째, 협업과 혁신 촉진: 디지털 협업 도구와 가상회의 기술의 발전은 팀 간의 협업을 촉진하고, 혁신을 가속화한다. 실시간 협업과 원격회의 등은 지리적 제약을 극복하고 글로벌 팀 간의 소통을 원활하게 한다.

변화는 항상 긍정적인 효과만이 아니라 이행 과정에서의 준비 부족과 마찰, 익숙한 과거 방식에의 향수로 인하여 부정적인 효과를 동반하게 된다. 이에 따라 디지털과 인공지능에 의해 가상화되는 업무 환경은 한편 새로운 위기를 불러오고 있다:

첫째, 데이터 보안 문제: 디지털화된 업무 환경은 데이터 보안 문제를 야기할 수 있다. 원격근무와 클라우드 기반 협업 도구의 사용이 증가하면서, 사이버 공격의 위험도 높아지고 있다. 기업들은 이를 방지하기 위해 강력한 보안 시스템과 정책을 마련해야 한다.

둘째, 직원 소외감/고립감: 원격근무와 가상 협업이 증가하면서, 직원들이 소외감과 고립감을 느낄 수 있다. 대면 상호작용이 줄어들면서 팀원 간의 유대감이 약해질 수 있으며, 이는 조직 문화에 부정적인 영향을 미칠 수 있다. 정기적인 회의와 팀 빌딩 활동을 통해 팀원 간의 유대감을 강화해야 한다. 또한, 피드백 시스템을 도입하여 직원들의 의견을 적극적으로 수렴하는 것도 중요하다.

셋째, 역량 격차: 빠르게 변화하는 기술 환경에 적응하지 못하는 직원들은 뒤처질 수 있다. 이는 조직 내 기술 격차를 초래하고, 전체적인 생산성에 부정적인 영향을 미칠 수 있다. 따라서 기업들은 직원들의 지속적인 학습과 역량 개발을 지원해야 한다.

디지털 기술과 인공지능의 발전은 업무 방식과 업무 공간을 더욱 효율적이고, 유연하며, 개인화된 형태로 진화시키고 있다. 이러한 변화는 새로운 기회와 도전을 동시에 가져오며, 기업은 물론 개인들도 이에 적응하기 위해 다양한 전략을 모색해야 한다. 변화에 적응하고 이를 활용하는 기업과 개인은 미래 경쟁에서 우위를 차지할 것이다. 소통과 협업 촉진, 지속적인 학습과 역량 개발, 보안 강화 등을 통해 미래의 업무 환경에서 성공을 거둘 수 있을 것이다. 동시에 이러한 변화가 가져올 수 있는 윤리적, 사회적 문제에 대해서도 지속적인 논의와 대비가 필요하다.

AI 시대: 사무직의…

THE MORE

체제 경쟁이 불붙인 국제 공급망의 변화

육군미래혁신연구센터 미래작전환경분석담당 이창인

국제 공급망 변화는 단순한 경제 문제가 아닌 국가 권력과 생존에 직결된 사안이다. 특히 유황과 같은 자원은 포탄 생산과 식량 생산 모두에 필수적이기 때문에 국가 간 체제 경쟁 속에서 중요한 전략적 요소가 된다. 과연 이 자원 경쟁이 미래 전쟁과 경제에 어떤 영향을 미칠 것인가?

성경 다니엘서에는 신 바빌론 제국의 제2대 왕 느부카드네자르 2세의 꿈 이야기가 나온다. 성경에서 느부갓네살로 쓰여진 그는 지금의 이란, 이라크, 이스라엘, 시리아, 이집트까지 정복한 중동의 정복자였다. 다니엘서 4장에서 느부갓네살은 집에서 편히 쉬며 궁에서 평화를 누릴 때 꿈을 꾸었는데, 그 내용이 이러하다.

내가 보니 땅의 한가운데 아주 높고 큰 나무가 하나 있는데, 그 나무가 점점 자라서 튼튼하게 되고, 그 높이가 하늘에 닿으니, 땅끝에서도 그 나무를 볼 수가 있었다. 나무는 잎이 무성하여 아름답고, 열매는 온 세상이 먹고도 남을 만큼 풍성하였다. 들짐승이 그 그늘 아

래에서 쉬고, 그 큰 나무의 가지에는 하늘의 새들이 깃들며, 모든 생물이 그 나무에서 먹이를 얻었다. 다니엘서 4장 10절 ~ 12절

이 나무는 다니엘서 4장 22절에서 나무가 임금, 곧 느부갓네살을 의미한다고 하였다. 즉 임금의 권력이란 거대한 나무와 같아서 먹이고 돌봐 주는 것에서 나온다. 권력權力의 글자에도 동일한 뜻이 담겨 있다. 권權자를 파자破字하면 나무木 + 풀艸 + 입口 + 새隹 가 된다. 나무에 모인 새에게 풀을 먹이는 것이는 것, 그래서 권력의 근원은 먹이는 힘에서 나옴을 적어 두었다.

미래에도 권력의 본질은 변함이 없다. 왜냐하면 권력이란 사람에 대한 것이며, 사람이 없다면 존재하지 않는 것이기 때문이다. 미래에 인간 같은 인공지능과 사람을 닮은 안드로이드가 등장하고 그것이 먹이는 힘, 즉 권력을 가지더라도 인공지능이 사람의 성품을 닮은 복제품, 즉 본질은 사람의 속성에서 나온 것임을 볼 때 권력의 본질은 변하지 않는다. 먹이고 보호해 주는 것에서 권력이 나온다.

현재와 미래의 국제 공급망은 국민을 먹이는 것과 직결되어 있고, 국민을 보호하는 군사력을 만들기 위한 필수조건이다. 그래서 국제 공급망은 권력과 직결되어 있고 국가에게는 사활적 이익critical interest이다. 이것이 훼손되면 국민은 먹고 살기 어려워지며, 정부는 체제가 권위주의든 민주주의든 권력 유지가 어려워진다.

이 장에서는 포탄을 중심으로 국제 공급망을 살펴본다. 그리고 이것이 어떻게 체제 경쟁에 사용될 수 있고, 치명적인 부분은 어디인지 살펴본다. 이를 통해 미래에 전쟁을 막기 위해 평소에 이용할 수 있는 여러 핵심 취약점을 발견하였다.

포탄은 대략 화약유황, 질산암모늄, 구리, 장약면약과 과염소산암모늄으로 구성된다. 그리고 이 재료를 사용해 포탄을 만드는 생산 기술과 공장이 필요하다. 이 글은 이 구성 요소를 기준으로 핵심 취약점을 찾아보았다.

화약을 만드는 유황과 질산암모늄은 식량 생산량 증대에 필수적인 비료의 원료이기도 하다. 구리는 탄약에 필수적이면서 첨단 산업의 핵심 재료이자 급증하는 전력망電力網 구축을 위해 대량으로 필요하다. 장약에 사용되는 면약의 원료인 면화는 의류 산업에도 필수적이다. 그런데 대부분의 재료가 중국처럼 막대한 자원과 생산량을 가진 국가조차 국제 공급망을 통하지 않고는 정상적으로 공급하기가 어렵다. 즉 국제 공급망이 차단되면 군사력 증강 또는 국민 생활 안정 중 하나는 큰 손해를 보게 된다. 심지어 14억 이상의 인구를 먹여 살려야 하는 중국은 70%까지 떨어진 식량 자급률로 인해 화약 생산량을 늘이고 국제적으로 식량 구매가 어려워지면 식량 부족 문제에 직면하게 된다.

포탄이냐 비료냐?

- 유황 -

우리나라는 석유화학공업이 발전하기 전까지 유황을 땅에서 캐야 함에 따라 중국이나 일본에서 수입해야 했다. 그러나 근래에 국내 정유회사들이 환경 오염 방지를 위해 탈황 시설을 증설하여 국내 유황 생산량이 증가하였고, 잉여물을 수출까지 하게 되었다. 2021년 기준 국내 유황 생산량은 약 300만 톤으로 세계 8위 수준이다.[1] 그래서 요즘의 유황 생산량은 채굴량보다는 석유 정제 능력과 비례한다.

유황은 포탄의 구성 요소이기도 하지만 전체 농업용 비료의 15%를 차지하는 인산염 비료의 주원료이기도 하다. 유황의 용도를 보면 [그림 1], [그림 2]처럼 국제적으로 절반 이상이 비료 원료로 사용된다. 즉 유황이 포탄 생산에 사용되면 그만큼 비료 생산량이 감소하여 식량 생산성이 악화된다.

우리나라의 경우 석유 정제 산업의 발달로 유황 생산에 잉여가 있어 해외로 수출하고 있으나, 중국의 경우 수요보다 생산량이 부족하여 유황을 수입하는 중이다. 특히 우리나라는 2022년 기준 중국이 2번째로 많은 유황을 수입한 국가이다.

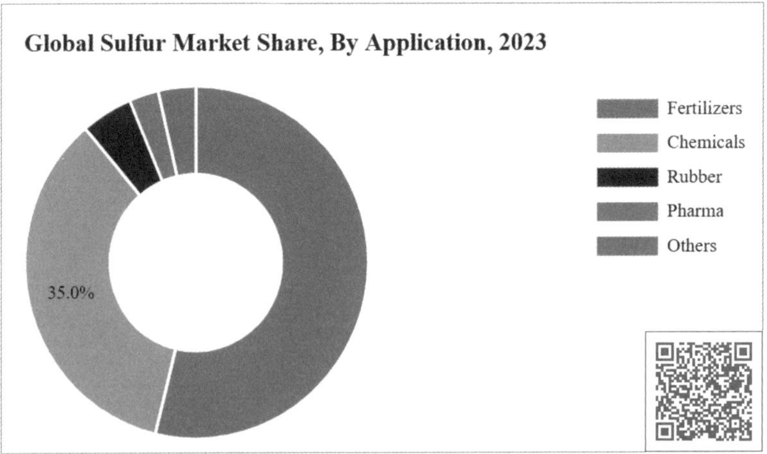

자료: fortunebusinessinsights[2]

[그림 1] 국제 유황 시장의 용도별 점유율

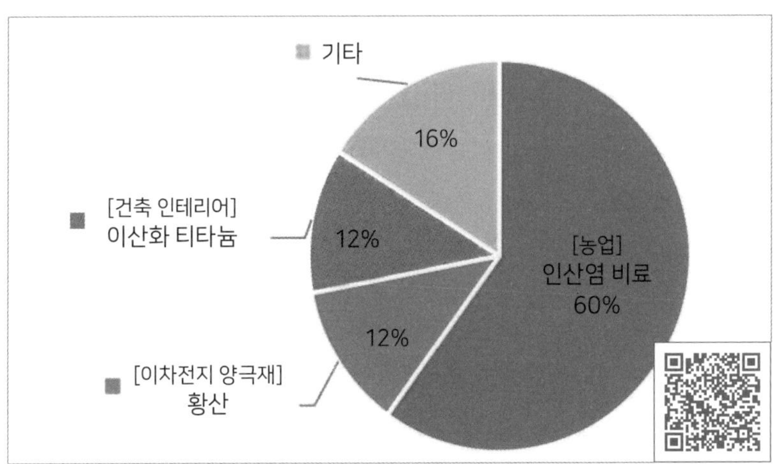

자료: 화경산업연구원(华经产业研究院)[3]

[그림 2] 중국에서 유황의 산업별 활용 분야와 비중

[표 1] 2022년 중국의 유황 수입 현황 수입액 기준[4]

(단위: US$ 백만, %, US$/kg t)

순위	국가	수입액	증감률	수입단가	증감률	수입량	증감률
	총계	2,308	40.2	0.30	54.6	7,647,473	△10.4
1	아랍에미리트	310	12.7	0.32	68.4	963,180	△34.5
2	한국	271	55.5	0.23	35.3	1,198,775	15.0
3	이란	244	57.2	0.33	57.1	737,924	0.1
4	인도	218	111.6	0.37	68.2	598,001	29.6
5	캐나다	218	122.9	0.27	35.0	819,129	71.3
6	사우디아라비아	211	△23.0	0.33	57.1	641,252	△51.1

(자료: 한국무역협회)

2022년부터 중국은 농업 생산량 증가를 위해 노력하면서 비료 소요가 증가하고, 중국 제조 2025와 중국 표준 2035 등을 추진하면서 각종 첨단 화학 산업의 유황 수요가 증가하고 있다. 그런데 중국은 전기·전자 산업용 황산, 발연 황산염료, 약품 생산에 사용 등 첨단 화학 원료를 90% 이상 수입에 의존하고 있다. 또한, 최근에는 2차 전지 중 리튬인산철의 양극재 사용 비중이 높아지면서 유황의 소비가 늘어나고 있다. 반면 중국 정유사의 유황 생산량 확대는 수요에 맞추지 못하고 있어 부족분을 수입에 의존하고 있다.

이러한 상황에서 중국이 포탄 생산량을 획기적으로 늘일 경우 당장 먹고사는 농업 생산량 감소는 물론, 첨단 산업 발전에 치명적인 영향을 줄 수 있다. 유황을 생산하는 주요 업체는 서방측자유민주주의 체제에는 캐나다의 Suncor Energy Inc., 미국의 H.J. Baker & Bro., LLC,

Marathon Petroleum Corporation, Georgia Gulf Corporation, 네덜란드의 Shell, 브라질의 Petrobras, 쿠웨이트의 쿠웨이트 석유공사, 아랍에미리트의 아부다비 국영석유회사, 사우디의 Aramco Trading 등이 있으며, 반 서방측권위주의 체제에는 러시아의 가즈프롬이 있다.[5] 최근 사우디가 권위주의 성향을 나타내며 중국과 러시아 쪽으로 치우침에 따라 러시아와 사우디 두 국가가 중국을 지원할 수 있다. 그러나 대부분의 유황 생산 업체가 서방측에 속함에 따라 유황은 중국의 핵심 취약점이 될 가능성이 높다.

포탄이냐 비료냐?

- 질산암모늄 -

질산암모늄도 유황과 마찬가지로 비료의 중요한 원료이다. 질산의 대량 생산은 1918년 노벨 화학상을 받은 독일의 프리츠 하버에 의해 개발되었다.

질산암모늄의 주요 생산 기업과 국가는 Yara International ASA노르웨이, CF Industries Holdings, Inc.미국, EuroChem스위스, OCI N.V.네덜란드, Wilmar International Ltd.싱가포르, Shengda Group중국,

Helm AG독일, GS Holdings대한민국, Ivy Agrochem Ltd.중국, Prayon SA벨기에, Uralchem러시아, OSTCHEM Holding오스트리아, 보레알리스 오스트리아, Acron러시아, SBU Azot우크라이나, Incitec Pivot호주, Zklady폴란드, Orica호주 등 농산물 생산에 필수 요소인 만큼 특정 국가에 편중 없이 분포되어 있다. 우리나라의 경우 2022년 기준 전 세계 최대 질산 수출국[6]이기도 하였다.

질산암모늄을 만드는 과정에서 요소수, 즉 암모니아가 필수적인데, 몇 해 전 우리나라는 중국의 요소수 수출 통제로 인해 경유 차량 대란이 일어나기도 하였거니와 질산암모늄 생산에 차질이 생기기도 하였다. 요소수는 석유나 석탄을 정제하는 과정에서 만들 수 있어 석유화학공업이 발달한 우리나라도 얼마든지 충분한 양을 생산할 수 있지만, 중국의 석탄에서 뽑아낸 요소수가 가격 경쟁력에서 절대 우위에 있다 보니 대부분 수입에 의존하고 있다. 근래 들어 중국에 대한 의존도를 낮추기는 했지만, 경제성만 본다면 국내 생산보다 해외 수입이 여전히 저렴하다. 문제는 요소수의 높은 해외 의존도가 질산암모늄 생산에 악영향을 미치는 점이다. 이것은 전·평시 탄약 생산은 물론 비료 생산에도 악영향을 줌에 따라 동맹과 우방국을 중심으로 공급망을 다각화할 필요가 있다. 동시에 국내 생산단가를 낮춰 가격 경쟁력을 갖출 수 있는 기술 개발도 필요할 것이다.

포탄이냐 첨단산업이냐?

- 구리 -

구리는 포탄보다는 소구경탄의 탄피와 탄두의 외피로 많이 사용된다. 구리의 적절한 강성과 연성은 탄두가 총열을 빠져나가기 전까지 폭발한 화약가스가 새지 않도록 하면서, 총열 내부의 강선을 따라 회전하여 표적에 정확히 날아갈 수 있도록 한다. 포탄에는 탄대라고 하여 가스 압력이 포탄 앞으로 빠져나가는 것을 막고, 포신 내 강선을 따라 회전하도록 하는 구리 띠가 있다. 아래 [그림 3](우)에서 포탄 아랫부분의 구리 띠 부분이 그것이다.

구리는 탄약과 포탄 생산에 핵심 원료임과 동시에 전기가 사용되는 거의 모든 제품에 사용된다. 특히 최근에는 전력망電力網이나 배터

자료: americanhunter[7], Wikipedia[8]

[그림 3] 소구경탄 탄두(좌), 포병용 포탄(우)

리의 핵심 원료로 사용되면서 전·평시 핵심적인 자원이다. 일제강점기와 6·25전쟁 동안 우리는 탄약과 포탄용 구리가 부족하여 집에 있던 구리 제품을 수거해 갔던 경험이 있다. 현대에는 구리 식기가 없더라도 대체품이 충분하여 과거만큼 불편하지는 않겠지만, 대신 첨단 산업에 있어 구리의 부족은 심각한 생산 차질을 불러올 수 있다.

구리는 100% 재활용이 가능해 재생 능력만 충분하다면 국가별로 보유한 구리의 총량만큼 활용이 가능하다. 그러나 첨단 제품 생산량이 증가하고, 특히 전쟁으로 탄약 생산량이 증대되면 재활용이 어려운 순수 소모량이 급증하게 된다. 이 때문에 구리에 대한 국제 공급망을 유지하는 것은 대단히 중요하다.

[표 2] 2023년 국가별 구리 매장량 및 생산량[9]

(천 톤)

국가	매장량	채굴량	제련량
Chile	190,000	5,000	2,000
Peru	120,000	2,600	400
Australia	100,000	810	450
Congo Kinshasa	80,000	2,500	1,900
Russia	80,000	910	1,000
Mexico	53,000	750	480
United States	50,000	1,100	890
China	41,000	1,700	12,000
Poland	34,000	400	590
Indonesia	24,000	840	200
Zambia	21,000	760	380

Kazakhstan	20,000	600	440
Canada	7,600	480	310
Germany	-	-	610
Republic of Korea	-	-	620
Japan	-	-	1,500
기타	180,000	3,100	2,900

(자료: USGS 2024)

구리는 대부분 남아메리카에 매장되어 있으며, 칠레와 페루는 매장량과 채굴량에서 독보적인 1, 2위이다. 러시아와 중국, 카자흐스탄 등 권위주의 체제의 구리 매장량과 생산량은 결코 적은 비율은 아니지만, 이 세 국가의 구리 매장량을 합치더라도 페루 1개국 수준의 매장량이고, 세계의 총채굴량과 비교하면 1/6 수준이다. 반면 실제 구리 제품으로 사용하기 위한 제련량을 보면 중국, 러시아, 카자흐스탄을 합쳐 1억 3천만 톤 수준인데 이는 세계 총생산량의 절반 수준이다.

중국은 자체 채굴량은 적지만 전 세계 제련량의 44% 정도를 차지하고 있다. 대부분 칠레, 페루, 카자흐스탄에서 수입하여[10] 제련 후 중국 내에서 사용하거나 수출한다. 이로 인해 평시에 중국은 국제 구리 시장에 절대적인 영향력을 행사할 수 있다. 그러나 중국에 대한 구리 공급망이 차단된다면 중국이 러시아, 카자흐스탄 등 권위주의 체제와 연대하더라도 구리 수요에 비해 공급이 현저히 줄어들게 된다. 왜냐하면 권위주의 3개국의 구리 채굴량은 세계 채굴량의 1/6인 3,210만 톤에 불과하고, 이는 평시 3개국이 약 1억 3천만 톤의 구리를 제련하는 것을 고려한다면 평소 대비 생산 및 공급량이 1/4 이하로 낮아짐을 뜻하기 때문이다.

중국은 중국 제조 2025와 중국 표준 2035를 구현하기 위해 첨단 산업에 집중 투자하고 있는데, 만약 구리 공급이 부족해지면 이러한 중국의 장기 전략은 치명타를 입게 된다. 특히 미래의 패권을 쥐기 위해 필수적인 인공지능 기술을 개발, 사용하기 위해서는 전력 생산 증가와 함께 전력망電力網 증설이 필수적인데 구리 공급 부족은 이를 대단히 어렵게 한다. 결국 구리 공급 부족은 시진핑의 중국몽 구현을 위한 군사력 건설과 과학기술 건설 모두에 치명타가 될 수 있다. 포탄과 탄약 제조에 구리를 사용할 것인가 아니면 국가의 미래 산업을 건설하기 위해 전력망과 첨단 장비 생산에 사용할 것인가를 놓고 저울질할 수밖에 없게 된다.

이에 반해 서방 자유민주주의 체제는 구리 매장량에서 압도적인 우위에 있고, 비용과 환경 오염 문제로 개발을 적극적으로 하지 않을 뿐, 권위주의 체제와 구리 공급망을 두고 체제 대결이 시작되면 단기간 증산을 통해 전·평시 자유세계에 필요한 충분한 양의 구리를 공급할 수 있다.

포탄이냐 옷이냐?

- 장약(면약+과염소산 암모늄) -

면약은 산화제인 과염소산 암모늄AP, Ammonium Perchlorate과 혼합하여 포탄이나 로켓의 추진제로 사용된다. 면약은 목화에서 추출한 셀룰로오스를 질화하여 만든다. 이 때문에 목화 생산량과 포탄용 추진제 생산량은 비례 관계에 있다.

우리나라는 산업용 목화는 재배하지 않고 전량 수입한다. 대부분 미국, 호주, 우즈베키스탄 등에서 수입하여 전·평시 안정적인 공급이 가능하다. 2023년 기준 면화는 국제적으로 공급이 수요보다 많은[11] 반면, 중국 국내에서는 수요가 공급보다 많아 가격이 오르기도 하였다.[12]

중국의 면화 생산량은 세계 1위이지만 자급률은 2022년 기준 68%로 수요보다 공급이 부족한 상황이다. 이는 지난 수십 년간 면화 생산지의 85%가 다른 용도, 특히 식량용 농산물 재배지로 전환되었기 때문이다. 중국은 2030년까지 면화 수율과 재배 면적 확대를 통해 90% 이상의 자급률을 달성하려 한다.[13] 이러한 상황에서 탄약 생산량 증대를 위해 면화를 면약 생산에 투입한다면, 중국인은 의식주 중 의衣 값 상승으로 인해 기초 물가가 상승하여 민간 경제에 악영향을 주고 이는 중국 정권에 악영향을 줄 수 있다.

[표 3] 2023년 8월 기준 국가별 면화 생산량

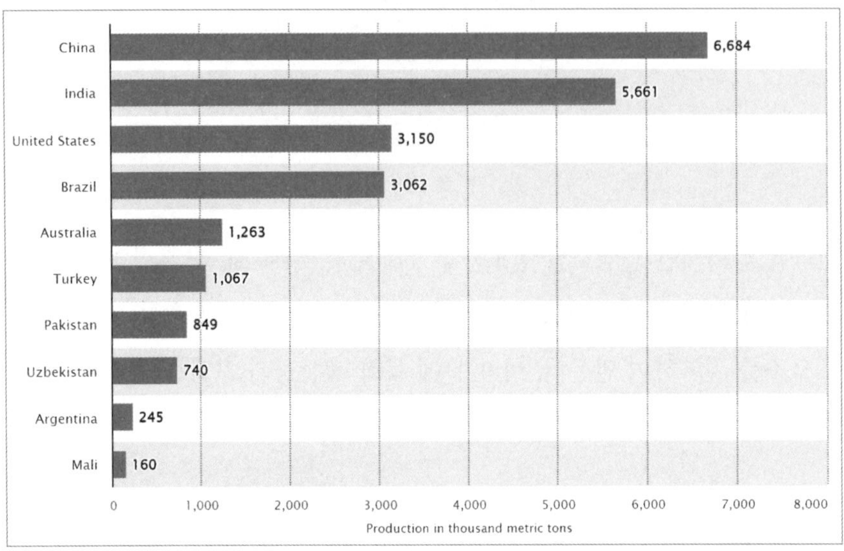

(자료: statista 2024)

추진제의 산화제로 사용되는 과염소산 암모늄은 민수용 로켓 등에도 다량으로 사용되는데, 주요 생산국은 인도, 일본, 중국으로 세계 생산량의 1/3씩을 차지하고 있다.[14] 특히 일본의 경우 우주 개발과 동맹국 수출을 목적으로 대량의 과염소산 암모늄을 생산하고 있다. 군사용 과염소산 암모늄의 경우 러시아와 중국을 제외하면 미국, 프랑스, 이스라엘 등에서 주로 생산하며 우리나라는 우방국에서 거의 전량 수입하고 있어 전·평시 국제 공급망에 문제가 없다.

포탄 생산업체

2022년 러시아의 우크라이나 침공 이후 유럽과 러시아는 냉전 시기에 비축해 둔 대부분의 포탄을 사용하고 추가 생산을 위해 노력 중이다. 하지만 냉전 후 20년 이상의 안정기 동안 감축된 국방 예산과 이로 인해 축소된 포탄 생산 능력은 기술과 돈이 있더라도 즉각적인 증산을 어렵게 하였다.

우리나라의 경우 70년 이상 지속된 남북 분단으로 수백만 발의 비축 탄약과 구형이지만 대량의 미군 WRAS War Reserve Stockpile Ammunition탄을 보유하고 있다. 하지만 이렇게 비축된 탄약은 시간이 지날수록 불발률이 높아져 사용하기 어렵고, 특정 시기에 집중적으로 대량 생산된 포탄의 사용 연한이 도래하면 이를 대체하기 위한 비용과 원료 또한 단기간에 대량으로 필요하게 된다.

이러한 비용과 원료는 전시보다 평시가 당연히 저렴함에 따라 평시에 대체탄을 꾸준히 생산할 필요가 있다. 전쟁 후 급히 증산한다는 생각은 원료 수급의 어려움과 공장 증설의 어려움은 물론, 공장 파괴 시 생산 자체가 불가능하고, 수입할 경우 평시의 몇 배 이상 비싼 가격에 탄약을 구매해야 하며, 수송 과정에서 손실되거나 지연될 수 있어 매우 비효율적이다. 반면 평시에 꾸준히 생산하여 오래된 탄을 대체하며 비축한, 충분하고 확실히 작동하는 탄약은 전쟁 억제력으로 작용한다. 따라서 평시에 꾸준히 포탄을 생산하여 수명이 도래된 오래된 탄약을 대체하는 것은 비용 절감과 전쟁 억제력 강화 차원에서 효과적이다.

포탄은 화약, 구리, 면화 등을 사용해 탄을 만들어 낼 수 있는 생산업체가 필수적이다. 현재 서방측에 남아 있는 포탄 생산 공장은 미국, 한국, 독일, 노르웨이, 남아공과 동유럽에 일부 남아 있는데, 포탄의 성능을 제대로 발휘하기 위해서는 포탄을 만드는 단조 기계가 결정적인 역할을 한다. 이 포탄 단조 기술은 일본과 한국이 최고 수준이다. 그러나 아무리 품질이 좋아도 압도적인 물량 공세를 버텨 내는 것은 불가능하다.

현재 우리나라를 포함한 서방측 탄약 생산 능력과 수송 능력은 우크라이나 외에 대만 등 2개 이상 지역에서 전쟁이 날 경우 이를 충분히 지원하기 어려운 상황이다. 기존의 비축 탄약이 있지만 오래되어 불발률이 높아 탄약량만큼의 효과를 보장하지 못한다. 더욱이 전쟁이 나면 생산량이 사용량을 따라가지 못해 단기간에 탄약이 바닥날 가능성이 높다. 이를 극복하기 위해서는 평시에 꾸준히 포탄을 생산해야만 한다.

중국의 속국이 될 것이 아니라면…

포탄 생산에 사용되는 원료 대부분은 식량 생산이나 산업의 필수 원료와 중복된다. 이 때문에 같은 자원으로 국민의 먹고사는 문제를 해결할지, 아니면 전쟁에 대비한 군사력 건설에 사용할지 저울질할 수밖에 없다. 주변 국가가 우리나라를 공격할 의도도, 능력도 없다면 고민할 것도 없이 국민의 먹고사는 문제에 자원을 투입하는 것이 합리적이다. 그러나 우리나라 주변에는 우리나라를 공격할 의도와 능력이 있는, 또는 지금 당장 의도는 없더라도 충분한 능력이 있는 권위주의 체제가 3곳이나 있다. 이런 상황에서 우리나라가 먹고사는 문제와 군사력 건설을 동시에 해결하려면 전시나 평시나 변함없이 안정적인 국제 공급망을 유지해야만 한다.

다행히 우리나라와 동일한 정치 체제인 자유민주주의 동맹 및 우방국의 자원 매장량과 생산량은 권위주의 체제의 그것에 비해 우월하다. 다만 평시 글로벌 자유 무역으로 인한 생산 단가 문제로 국제 공급망 중 상당 부분을 권위주의 체제에 의존하고 있다. 그러나 현재와 미래에 권위주의 체제의 국제 질서 재편성 움직임이 더욱 활발해지고, 우리의 주권과 영토가 더욱 위협받게 될 것을 고려한다면 이러한 국제 공급망은 자유민주주의 체제를 중심으로 가급적 빨리 재편하는 것이 바람직하다. 이를 통해 단기적인 비용 상승은 발생하겠지만 장기적으로 권위주의 체제의 국제 공급망도 붕괴시켜 적대 세력의 군사력 건설을 지연시키거나 약화시킬 수 있다. 이를 통해 적대 세력의 위협을 약화시킴은 물론, 전쟁 의지까지 무력화할 수 있을 것이다. 앞서 언급한 것처럼 포탄을 만드는 원료와 비료 및 첨단 제품을 만드는 데 사용되는 원료가 거의 중복되기에 공급망을 중심으로 한 체제대결이 장기화되면 권위주의 체제는 당장 식량 문제와 첨단산업 붕괴에 직면하게 된다.

권위주의 체제가 권력을 유지하기 위해서는 국민을 먹이고, 입히고, 안전을 보장해야 하는데, 국제 공급망이 차단된 상황에서 당장 전쟁을 할 의도가 아니라면 제한된 자원을 군사력 건설에만 투입하기 어렵다. 이 문제를 해결하기 위해 권위주의 체제 국가 간에 상호 원조를 통해 문제를 해결하려 할 것이다.

권위주의 체제 국가는 중국과 이란을 중심으로 대부분 지상으로 연결되어 있어 공급망 대부분이 도로로 연결된다. 반면 자유민주주의 체제는 해양으로 연결되어 있어 해상 수송이 대단히 중요하다. 이와 같은 상황에서 중국의 남해 9단선과 태평양에 대한 도련선 전략은 자유민주주의 국가 간의 공급망을 차단할 수 있는 치명적인 전략이다. 따라서 이에 대응한 자유민주주의 체제 간의 동맹 및 협력 관계와 공동 전략은 우리나라의 국익과 주권, 자유민주주의 체제 유지를 위해 필수적이다.

우리나라가 전·평시 권위주의 체제가 포함된 국제 공급망으로부터 독립하는 것은 공급망을 이용한 적대 세력의 위협과 공격으로부터 자유롭기 위한 전략이다. 중국이 대국이고, 자급자족이 가능한 수준의 지하자원을 가지고 있어 중국 중심의 국제 질서에 참가하는 것이 유리하다고 판단하는 사람도 있다. 하지만 현실은 14억 인구의 중국 식량 자급률은 70%이며, 세계 최대 면화 생산 및 소비국이지만 자급률이 48%로 중국 내 공급이 부족하고, 구리 제련량이 세계 최고 수준이고 평시에 세계 제1의 구리 제품 수출국이지만 매장량과 채굴량을 보면 자유민주주의 체제에 비할 바 못 된다. 즉 중국은 국제 공급망이 끊어지는 순간 중국 국민의 먹고사는 문제에 직면할 수밖에 없고, 이를 극복하기 위해 중국이 선택할 수 있는 것은 당장 전쟁을 하여 이 위기를 극복하거나, 아니면 군사력 건설에 사용할 재료를 농업과 산업 생산량 증대를 위해 투입해야만 한다. 그렇지 않으면 중국 공산당은 먹고 사는 문제로 봉기한 인민의 분노를 맞이해야 한다.

전투가 아니라 전쟁을 할 경우, 전쟁 의지가 동일하다면 절대적으로 군수, 즉 물량이 우월한 쪽이 이긴다. 그런데 본문에서 살펴본 것처럼 물량은 권위주의 체제보다 자유민주주의 체제가 압도적이다. 이러한 상황에서 우리가 미래에 택해야 할 체제는 자명하다.

AI 튜터의 하이브리드 클래스

- AI 시대 교육 시그널 -

덕성여대 겸임교수, 사회학 박사 김홍열

생성형 AI의 등장으로 교육의 판도가 바뀌고 있다. 대학 교육은 현재 학과 불균형, 교육 품질 저하, 학력 인플레이션 등 다양한 문제에 직면해 있는데, 과연 AI 튜터의 하이브리드 클래스가 새로운 해결책이 될 수 있을까?.

문자가 등장한 BC 5세기 이후, 가장 급진적으로 변화가 진행되는 시대에 살고 있다. 역사적 관점에서 봤을 때 현재와 유사한 격변의 시기는 영국에서 시작되어 전 세계로 확장되고 향후 자본주의 발전에 계기가 된 산업혁명밖에 없다. 그러나 산업혁명은 18세기에 시작되어 거의 한 세기에 걸쳐 진행된 점진적 발전 과정이다. 산업혁명이 일어난 공간적 범위 역시 영국에서 서유럽으로 그리고 유럽 전역에서 아메리카로 시간에 따라 확장되었기 때문에 글로벌 차원에서는 점진적 발전이라고 할 수 있다. 그러나 지난 몇십 년 글로벌 차원에서 거의 동시에 진행된 디지털 기술의 발전은 혁명 그 자체라고 할 수 있다. 우리의 일상부터 경제 문화 등 모든 것이 급진적으로 변했고, 변화된 모든 것들은 불가역적 결론이 되어 버렸다. 그리고 이제 생성형 AI의 등장으로 그 혁명이 절정에 이르고 있다. AI 혁명은 모든 분야에서 급진적이고 전면적으로 진행되고 있고, 특히 교육 분야에 강한 충격을 던지고 있다.

교육은 문자가 등장한 이후 지금까지 권력 시스템을 유지하게 만든 사회적 제도의 정점에 있었다. 관료와 군사를 양성하고 법과 제도를 정비하기 위해서는 교육 시스템이 필요했다. 체계적 시스템을 구축하지 못한 왕조와 민족은 경쟁에서 도태됐고 결국 역사에서 사라졌다. 왕조가 국가가 되면서 교육은 국가 운영 시스템의 중심이 되었고, 교육과정은 법과 제도로 보호받고 유지되는 핵심 전략적 차원으로 승격되었다. 국가의 모든 구성원이 생산과 소비의 주체로서 어느 정도의 문해력이 필요하게 되면서 교육은 자연스럽게 대중 교육으로 전환되었고, 지금까지 이 시스템이 견고하게 유지되고 있다. 언제까지나 강고할 것 같던 이 시스템에 균열이 생기기 시작했다. 다른 분야보다는 늦었지만 이제 교육 분야에서도 시대 흐름에 동참하지 않으면 안 되는 상황이 다가오고 있다. 지금과 같은 대중 교육으로는 더 이상 미래를 준비할 수 없다는 문제의식이 폭넓게 확산되면서 새 프레임을 구축하려는 움직임이 시작되고 있다. 여러 가지 외부적 요인이 있지만 가장 충격을 가한 것은 챗GPT로 대변되는 생성형 AI의 등장이다. 이 챕터에서는 교육 특히 대학 교육에서 최근에 나타난, 예전과는 질적으로 다른 시그널이 무엇인지, 그 시그널의 의미가 무엇인지를 분석하고 새 솔루션으로 등장한 AI 튜터의 하이브리드 클래스에 관해 이야기해 보려 한다.

대학 교육이 당면한 문제들

우선 현재 한국 대학 교육이 당면한 문제들을 살펴볼 필요가 있다. 문제들이 워낙 많고 서로 연결되어 있어 하나하나 구분하여 설명하기 힘들지만, 가능한 한 분석적으로 정리해 보기로 한다. 본격적 분석에 들어가기 전에 우선 하나의 전제가 필요해 보인다. 우리 모두 잘 알고 있는 지방 대학 소멸 문제 역시 생성형 AI의 등장과 어느 정도 관련이 있지만, 직접적으로 연관되어 있다고 보기 힘들어 이 글에서는 제외하기로 한다. 지방 대학 소멸 문제는 출생률 감소로 인한 학령인구 감소, 사회 교육 문화 인프라의 수도권 집중, 그로 인해 근대화 이후 계속 진행된 수도권 밀집 현상 등이 결합된 사회 구조적 문제다. 여기에 취업할 수 있는 지방 기업들의 감소, 지자체와 지역 대학 발전 전략 부재 등까지 더해서 그 누구도 해결하기 힘든 고차원 문제가 되어 버렸다. 사실상 지방 대학 소멸은 시간문제일 뿐이다. 그러나 여기에서는 대학 일반의 문제를 다루기로 한다. 정리하면 다음과 같은 문제가 있다.

학과 간 불균형 심화

지난 3월 24일 서울에 소재한 덕성여대가 2025학년도부터 독어독문학과와 불어불문학과에 신입생을 배정하지 않기로 최종 결정했다. 대학은 학령인구 감소, 장기간 등록금 동결 등으로 수입이 줄면서 매년 약 100억 원의 적자를 내는 상황에서 지원하는 학생이 없는 비인기 학과를 정리하고 수요가 높은 학과에 투자하는 건 대학의 책무라고 밝히고 있다. 대학의 일부 교수들과 해당 학과 학생들은 교내에 대자보를 붙이고 학교 인터넷 게시판에 성명을 발표하는 등 저항했지만 학교는 한 번 내린 결정을 바꾸지 않았다. 특정 학과의 폐지가 아쉽기는 하지만, 대학 역시 시장의 흐름을 무시할 수는 없다. 어떤 명분으로도 학생이 더 이상 찾지 않는 학과를 유지할 수는 없다.

이런 현상은 한국만의 상황이 아니다. 중국 대학들 역시 외국어 전공 모집을 중단하기 시작했다. 중국 대외경제무역대학, 베이징어언대학이 일본어 번역, 이탈리아어 통역 부문과 일부 소수어 전공의 석사생 모집을 중단한다고 발표했다. 베이징어언대학도 한국어 통번역 석사생 모집을 중단했다. 지난대학 역시 한국어, 독일어 등 9개 학부 전공 모집을 중단했다고 밝혔다. 중국 교육부 발표에 의하면 최근 5년간 최소 101개 대학이 외국어 전공을 폐지한 것으로 나타났다. 이런 추세는 계속 가파르게 진행될 것으로 보인다.

대학 신입생들이 외국어 학과를 지원하지 않은 이유는 분명하다. 졸업 후 취업과 연계되지 않기 때문이다. 이런 현상은 비단 외국어 학과에 국한되지 않는다. 인문학과 전반에 걸쳐 진행되고 있다. 문학, 역사, 철학, 인류학, 고고학 등은 물론이고 정치외교학, 행정학, 법학, 경제학, 경영학 등도 수요가 줄거나 예전만큼 인기가 없다. 문과 전반에 걸친 구조적 문제다. 한때 "문송이라서 미안합니다."라는 말이 있었다. 이런 상황이 오게 된 이유 중의 하나는 문과·이과 분리 운영에 있고, 다른 하나는 문과의 효용이 끝나가고 있기 때문이다. 전자의 경우 문과·이과별로 각각 선택할 수 있는 학과가 이미 정해져 있어, 한번 결정하면 전과하기가 쉽지 않다. 자율전공과 복수전공 심지어는 무전공 등 일부 열린 공간이 있지만 기본적으로 문과·이과의 프레임 안에서 운영되고 있어 제한적이다. 한 번 문과생이 되면 이과 학과로 옮길 가능성이 거의 없다. 당연히 취업에 불리해진다. 예를 들어, 금융권에서는 더 이상 경제학, 경영학, 법학 등의 전공자를 뽑지 않는다. 금융권은 한때 문과생들의 취업의 꽃으로 여겨졌지만 디지털 전환에 맞춰 IT 인력 채용에 집중하고 있다. 금융 업무의 대부분을 AI가 처리하고 있기 때문에 문과생보다는 소프트웨어 개발자가 더 필요하다.

대학 교육의 품질 저하

일본에서는 경력직에 해당하는 사람을 즉전력即戰力이라고 부른다. 즉시 전투에 써먹을 수 있는 인력이란 뜻이다. 기업에서 채용 즉시 실무에 투입할 수 있는 경력 직원을 의미한다. 1980년대부터 일본에서 보편화된 현상이다. 그 이전까지는 대규모 신입 직원 공채 제도가 있어

인력을 충당했지만, 기술 발전 속도와 글로벌 환경의 급진적 변화로 대학 교육이 기업의 필요를 충족시키지 못하면서 경력 직원을 선호하게 되었다. 한국에서는 2000년대 중반 이후부터 경력직 채용이 보편적으로 이루어지기 시작했다. 주로 IT 분야에서 시작되었다. 간단한 코딩 정도만 배우고 졸업한 사람들을 다시 훈련해 현장에 투입하기에는 너무 오랜 시간이 걸려 시장의 요구에 맞출 수 없기 때문이다. 전반적으로 대학교육의 수준이 낮아 기업에서 필요한 인력을 공급하지 못하고 있다. 이런 현상은 지방 대학이 심하지만 서울 소재 대학도 상황은 마찬가지다. 국립대나 일부 사립대를 제외하고는 대부분 비슷한 실정이다. 취약한 학교 제정으로는 제대로 된 실험실습실을 운영할 수 없다.

구체적으로 사립대학의 연구비, 실험실습비, 도서 구입비 등은 2012년부터 최근까지 지속적으로 감소했다. 15년간 동결된 대학 등록금이 주요 원인이고, 계속되는 학생 감소도 원인 중의 하나다. 특히 윤석열 정부 2년 차에 대폭 삭감된 연구개발비 역시 대학 교육의 품질을 저하시킨 요인 중 하나다. 연구비, 실험실습비, 도서 구입비 등은 교육의 질과 직접 연관된다. 이런 예산들이 감소되면 교육의 질이 저하될 수밖에 없고 피해는 고스란히 학생들이 떠안게 된다. 불행히도 이런 현상은 계속 이어지고 있다. 정부에서 지원하는 연구비의 대부분은 서울대 등 일부 대학에 집중되고, 대부분 대학에서는 투자할 돈이 없다. 결국 대학에서 필요한 인재를 배양할 기회가 없어지고 있다. 연구개발은 단시간 내에 이루어지지 않으며 지속적 투자가 가능해야 하는데 현실은 그렇지 못하다.

취업난과 학력 인플레이션

OECD가 발표한 〈교육지표 2023〉에 따르면, 2023년 기준 한국 청년층25~34세의 고등교육 이수율은 69.6%로 한국이 경제협력개발기구 OECD 회원국 가운데 고등교육 이수율 1위로 나타났다. 10명 중 7명이 대학 교육을 받은 것이다. 그만큼 고등교육자가 많다는 이야기다. 그러나 불행히도 이제는 대학 졸업이 바로 취업으로 연결되지 않는다. 대학 교육의 부실 등으로 실제 취업에 도움이 되지 못하는 경우가 많기 때문이다. 취업을 위해 대학 재학 때부터 공무원 시험을 준비하는 이유다. 최근 공무원 시험 경쟁률이 다소 떨어지고 있지만, 그래도 높은 경쟁률을 보인다. 취업 후 위해 재학 중 취업에 유리하다고 알려진 자격증을 취득하거나 졸업 후 대학원에 입학하는 경우도 늘고 있다.

2022년 2월 구인구직 아르바이트 전문 포털 '알바천국'이 20대 대학생748명과 취업 준비생168명 총 916명을 대상으로 '대학원 진학'과

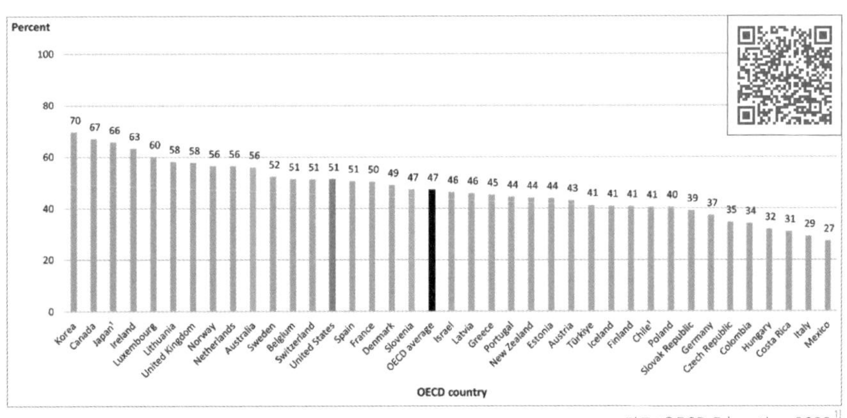

자료: OECD Education 2023[11]

[그림 1] OECD 국가 청년층25~34세의 고등교육 이수율

관련한 조사를 진행한 결과, 5명 중 3명63.0%은 대학원 진학을 고려한 적이 있는 것으로 나타났다. 진학 계획자 57%가 취업에 도움이 될 것 같아서라고 응답했다. 학부 졸업장으로는 부족하다는 이야기다. 실제 대학에서는 취업 특강과 자격증 취득 안내가 계속 나오고 있다. 힘들게 번 용돈으로 취업 준비에 쓰는 경우도 많다. 설문 결과에 의하면 Z세대 대학생들은 4년 동안 1인당 평균 226만 원의 비용을 취업 준비에 쓴다는 조사 결과가 나왔다. 그러나 많은 경우 대학원 진학이나 자격증 취득 등이 실제 취업에 도움이 되지는 않는다. 일종의 자발적 가스라이팅이라고 봐야 한다. 취업을 준비하는 동안은 실업자가 아니고 준비 중에는 여러 가능성이 있다는 자기 위안이 크다. 대학생들이 취업 확정 전까지 졸업을 늦추는 경우가 많다는 것이 그 사례다.

국제화 부족

모든 것이 글로벌화되어 가고 있어 외국어 특히 영어로 의사소통하는 것이 중요한데도 대학 졸업 후 여전히 영어로 의사소통하는 경우가 드물다. 이유 중 하나는 고등학교 때부터 소통을 위한 외국어 교육이 아니라 수능에서 고득점 받으려고 영어를 공부했기 때문이다. 영어가 암기 과목이 된 것이다. 이런 배경 중의 하나는 수능과 교육방송EBS의 연계에 있다. 출제될 유형의 문제와 지문을 미리 알려주면 수험생은 충실하게 외우고 가장 유사한 답을 찍는다. 가능한 한 유사한 많은 지문을 외우고 또 외운다. 한 문제에 주어진 2분 안에

읽고 정답을 찾아야 한다. 맥락에 대한 이해가 아니라 훈련받은 대로 정답을 찍어야 한다. 여기에 2018학년도부터 수능의 영어 영역이 절대평가로 바뀌게 된 것도 영어 실력 하락의 한 요인이다. 영어 실력 저하는 당연히 대학에서 수업 능력을 저하시킨다. 이는 문과 계열의 수업뿐 아니라 이과 계열의 수업까지 포함한다.

사례 하나를 보자. 프로그램 개발자의 경우 영어 실력에 따라 연봉 차이가 크게 난다. 프로그램 개발 설명서가 모두 영어로 되어 있어 영어 실력이 뛰어나면 외국 기업과 협업하거나, 해외에서 일할 기회가 늘어난다. 또한, 영어로 된 기술 자료와 정보에 쉽게 접근할 수 있어, 프로그래머로서의 역량을 향상하는 데 도움이 된다. 2023년 4월에 발표된 리포트에 따르면, 영어 실력이 뛰어난 프로그래머는 영어 실력이 낮은 프로그래머보다 연봉이 평균 15% 높은 것으로 나타났다. 또한, 영어 실력이 높은 프로그래머는 승진 기회가 더 많고, 더 높은 직책을 맡을 가능성이 높은 것으로 나타났다. 영어 독해가 안 되는 프로그래머의 경우 승진 기회가 적어 결국 단순 코딩 정도만 하는 수준으로 떨어진다.

문제점들의 공통점

이 모든 문제점은 교육이 아직도 대량 생산 시대에 만들어진 대중교육에 머물고 있기 때문이다. 대량 생산 시대엔 모든 것이 표준화되어 있었고, 학교에서는 학생들에게 동일한 내용을 가르쳤다. 교육의 내용, 교과과정은 법과 제도로 정해졌다. 학생들을 교실 안에 몰아 놓고 미리 정해진 커리큘럼에 따라 똑같은 것을 반복적으로 가르쳤다. 어느 학생이 뛰어나다고 해서 그 학생을 위한 특별 교육을 할 수 없었다. 중요한 것은 실력이나 창의성이 아니라 사회적 인정이기 때문이다. 그리고 또 다른 이유는 교사의 능력과 관련이 있다. 모든 교사는 사회적으로 검증된 지식만을 보급한다. 검증되지 않은 새로운 것을 가르쳐서는 안 된다. 새로운 지식을 가르치기 위해서는 교과과정 전반을 바꿔야 하고, 이미 제도화된 것을 바꾸기 위해서는 법률 개정이 필요하고 법률 개정을 위해서는 사회적 합의가 필요하다. 교육이 현실을 따라가지 못하는 중요한 이유다. 제도화된 교육 과정은 표준화된 교육 방식에 의존하고 결국 학생들에게 동일한 교육을 제공하면서 많은 문제점을 보여 준다.

AI 출현과 앙시앵 레짐의 균열

앙시앵 레짐프랑스어: Ancien Régime, 영어: Old Regime은 1789년 프랑스 혁명 전의 절대 군주 체제를 가리킨다. 옛 체제 또는 구체제라는 의미로 사용되다가 지금은 프랑스 혁명과 관련된 의미보다 기존에 낡은 제도나 무능력한 정권을 일컫는 단어로 사용한다. 타도해야 할 대상에

붙이는 이 단어가 지금 교육 제도에 적용해도 별문제가 없어 보인다. 법과 제도에 의해 운영되는 모든 시스템은 혁명과 같은 계기가 없으면 근본적 변화가 이루어지지 않기 때문이다. 이 앙시앵 레짐에 균열이 생기기 시작했다. 그러나 이는 내부에서 시작된 것이 아니고 외부 충격으로 발생했다. 다름 아닌 생성형 AI의 출현이다.

지금까지 고등교육의 목적은 이상적 목표와 달리 취업 등 미래를 위한 준비라고 할 수 있다. 어문학과는 외국어를 배워 통번역에 필요한 일을 하고, 법학은 법 관련된 업무에 종사하면서 법과 제도에 미숙한 사람들을 도와주고, 경영학은 기업 성장을 위한 컨설팅을 해 준다. 모두 중요한 일이고 필요한 일이다. 그러나 생성형 AI가 출현하면서 통번역은 이제 더 이상 대학에서 의무적으로 배워야 할 과목이 아니게 되었다. AI는 수 초 만에 거의 완벽하게 번역한다. 속도는 계속 빨라지고 있고 품질 역시 계속 좋아지고 있다. 초기 부정론자들의 발언을 이제 더 이상 찾기 힘들다. 불과 1년 사이에 다음과 같은 진전이 이루어졌다.

정확성 향상: AI 번역 모델들은 더 많은 언어 데이터를 학습하면서 문맥을 이해하는 능력이 크게 향상되었다. 특히 전문 용어, 속어, 또는 문맥에 따른 단어 선택이 더 자연스럽고 정확하게 이루어지고 있다.

문맥 이해력 향상: 과거에 비해 AI는 단순한 문장 수준에서 벗어나, 문단 또는 텍스트 전체의 맥락을 고려하여 더 일관성 있는 번역을 하고 있다. 전후 문맥을 반영한 번역이 가능해졌다.

다양한 언어 지원: AI 모델들은 다양한 언어들에 대해 더 깊은 학습을 진행하며, 이전보다 더 많은 언어와 방언을 고품질로 번역할 수 있게 되었다. 특히 드물게 사용되는 언어에 대한 번역 품질도 향상되었다.

의역과 자연스러운 표현: 기계 번역이 단순히 직역에서 벗어나 의역을 통해 더 자연스러운 표현을 구사하게 되었다. 사람의 번역 스타일을 모방하여 글의 어투나 느낌을 살리는 번역도 가능해졌다.

실시간 번역: 실시간으로 음성 번역이나 텍스트 번역을 제공하는 기술도 크게 발전했다. 이는 특히 다국적 회의나 실시간 대화에서 유용하게 사용되고 있다.

이제 대부분의 국제 회의에서는 사람 대신 AI를 활용하기 시작했다. 정확도나 속도에 있어서 사람이 따라가기 힘든 수준이 됐다. 비단 번역뿐만이 아니다. 동영상 제작 AI도 계속 출시되고 있다. 대부분 동영상 제작 AI는 콘텐츠 제작을 자동화하고 편집 과정을 단순화하는 다양한 툴을 제공한다. 스크립트를 입력하면 자동으로 해당 내용에 맞는 비디오 클립과 이미지를 만들어 준다. 사용자 친화적인 인터페이스로 구성되어 있고, 자동으로 하이라이트 생성, 비디오 편집, 자막 삽입 등 다양한 기능을 제공한다. 컴퓨터 그래픽이나 동영상 제작, 편집 인력에 대한 수요가 더 이상 필요 없거나 아주 제한적 인력만 필요하게 됐다.

번역과 영상, 이미지 제작, 작곡, 글쓰기 등과 같은 분야 외에 전문 컨설팅 업무도 빠르게 AI로 대체되고 있다. 특정 분야에 대한 전문적 지식과 주변 상황에 대한 통찰력, 합리적 미래 예측 등 종합적 사고와 판단이 필요한 분야라서 AI에 의한 대체가 어려울 것이라고 예상됐지만, 이미 빠른 속도로 사람의 업무를 대체하고 있다.

법률 분야: 계약 검토 및 법률 문서 작성

AI가 법률 문서를 자동으로 검토하고, 계약서를 작성하거나 검토하는 과정에서 오류를 찾는 역할을 수행하고 있다. 예를 들어, LawGeex와 같은 AI 기반 플랫폼은 계약 검토 속도를 높이고, 사람들이 놓치기 쉬운 법적 문제를 자동으로 찾아낸다. 변호사들이 하는 반복적인 계약 검토 작업이 AI로 대체되며, 법률 비용 절감과 효율성 증대에 기여하고 있다.

의료 분야: 영상 진단 및 의료 분석

AI가 의료 영상CT, MRI, X-ray 등을 분석하여 질병을 진단하는 데 사용되고 있다. IBM Watson Health나 Google의 DeepMind는 의료 데이터를 분석하고, 특정 질병을 진단하거나 치료 방법을 추천하는 시스템을 제공한다. 특히 영상 분석에서 AI는 암, 심장병 등 질병을 빠르고 정확하게 발견할 수 있어 방사선사나 진단 전문가의 역할을 대체하거나 보조하고 있다. 대규모 진료나 의료 리소스가 부족한 환경에서는 더 유용하게 활용된다.

금융 분야: 투자 및 자산 관리

AI가 주식 시장 예측, 투자 전략 수립, 리스크 관리 등을 담당하는 역할로 발전하고 있다. 로보 어드바이저Robo-advisors라고 불리는 AI 기반 서비스는 고객의 투자 목표와 위험 선호도를 분석하여 맞춤형 투자 전략을 제시한다. AI는 과거 데이터를 기반으로 미래 시장을 예측하며, 빠르고 정확한 투자 결정을 도와준다. 대부분의 금융사가 AI를 활용하고 있고, 점차 인간 자산 관리자의 역할을 상당 부분 대체하고 있다.

언론 및 콘텐츠 제작: 자동 기사 작성

AI가 데이터를 기반으로 뉴스를 자동으로 작성하는 사례가 많아지고 있다. Associated PressAP와 같은 언론사는 AI를 이용해 스포츠 경기, 금융 보고서, 선거 결과 등 데이터 중심의 기사를 자동 작성한다. Wordsmith와 같은 AI 플랫폼은 데이터 분석 결과를 바탕으로 짧은 보고서나 기사를 작성하며, 특정 패턴에 따라 다양한 텍스트를 생성한다. AI는 간단한 기사를 작성하는 기자의 업무를 상당 부분 대체할 수 있다.

회계 및 세무: 자동화된 회계 및 세금 보고

AI가 회계 기록을 관리하고 세금 보고서를 자동 작성하는 역할을 맡고 있다. Xero와 QuickBooks 같은 회계 소프트웨어는 AI를 통해 자동으로 거래를 분류하고, 재무제표를 생성하며, 세금 보고서까지 작성한다. 회계사들이 하던 반복적인 업무거래 내역 관리, 세금 계산 등를 AI가 빠르게 처리할 수 있으며, 오류율도 감소시킨다. 대기업뿐만 아니라 소규모 사업체에서도 AI 회계 시스템을 도입하고 있다.

AI가 여러 전문 분야에서 컨설팅 업무를 수행하게 되면서 전문직들의 미래가 불투명해질 수 있다고 우려하고 있다. 관련 직업의 소멸로 이어지지는 않겠지만, 적어도 지금과 같이 고소득이 보장되는 직

자료: 뉴스핌 온라인

[그림 2] 챗GPT 등 AI가 대체할 10가지 직업

업으로 남지 않을 가능성이 높아졌고 이런 추세는 결국 대학 교육 과정의 개편으로 이어질 가능성이 높다.

물론 이런 변화가 바로 교육 제도의 질적 전환으로 이어지는 것은 아니다. 교육은 콘텐츠이지만 동시에 제도이기도 해서 시간과 과정이 필요하다. 천천히 시간을 갖고 변하기 시작한다. 처음에는 어느 정도의 균열이 발생한다. 조금씩 그 균열이 커지고 공간이 확대되면서 점점 더 확장된다. 이제 그 순간이 오고 있다. AI 튜터의 하이브리드 클래스가 오고 있다.

AI 튜터의 하이브리드 클래스

대학 캠퍼스에 생성형 AI 튜터가 본격적으로 등장할 시간이 머지않았다. 그동안 교수 개인이 수업 시간에 AI를 보조적으로 사용하는 사례는 여러 차례 있었지만, 대학 차원에서 공식적으로 AI를 수업에 이용하는 경우는 처음이다. 주인공은 미국 애리조나주립대학교 Arizona State University ,ASU다. ASU는 지난 7년 동안 미국에서 '가장 혁신적인 대학' 1위로 선정된 곳이다. 명성에 걸맞게 ASU는 챗GPT 개발사인 OpenAI와 협력해 대학 교육에서 챗GPT를 전면 활용하기로 했다고 밝혔다. 우선 챗GPT의 기업형 버전인 '챗GPT 엔터프라이즈'를 활용해 교육, 연구 역량 증진 등에 이용할 계획이다. 이번 결정으로 ASU는 OpenAI와 협력하는 최초의 고등교육 기관이 되었다. 이 프로젝트와는 별도로 몇몇 교수들은 이미 수업에서 AI를 활용하고 있다. 글쓰기 향상을 위한 작문 수업, 멀티미디어 스토리를 만드는 저널리즘 수업 등에서 AI가 사용되고 있다. 애리조나주립대학의 사례와 현재 추진 중인 중요 대학들의 AI 튜터 하이브리드 클래스의 내용을 정리하면 다음과 같다.

AI 하이브리드 클래스의 내용

AI 하이브리드 클래스는 인공지능AI을 통합하여 교육과정을 설계하고 운영하는 혼합형 학습 환경을 의미한다. 이 모델은 전통적인 대면 교육과 온라인 교육의 장점을 결합하며, AI 기술을 활용해 학생들의 학습 경험을 개인화하고 최적화하는 것을 목표로 한다. 주 특징과 구성 요소는 다음과 같다.

개인화된 학습 경로: AI가 학생들의 학습 패턴, 성취도, 선호도를 분석하여 각 학생에게 맞춤형 학습 경로를 제시한다. 이를 통해 학생들은 자신의 속도와 수준에 맞는 학습을 진행할 수 있게 된다.

실시간 피드백 및 평가: AI는 과제, 퀴즈, 시험 등을 자동으로 채점하고 즉각적인 피드백을 제공한다. 이는 학생들이 자신의 학습 진도를 빠르게 확인하고 개선할 수 있도록 도와준다. AI 튜터는 학생들의 질문에 실시간으로 답변하고, 어려운 개념을 이해할 수 있도록 지원한다.

온·오프라인 통합: 대면 수업과 온라인 학습 활동을 결합하는 온·오프라인 통합을 통해 시공간의 유연성을 높여 준다. 학생들은 시간과 장소에 구애받지 않고 학습할 수 있으며, 대면 수업에서는 토론과 실습을 통해 심화 학습이 가능하다. 학생들은 AI가 제공하는 온라인 학습 자료를 통해 예습을 하고, 대면 수업에서는 이를 바탕으로 심화 토론이나 실습을 진행할 수 있다.

데이터 분석에 기반한 학습 지도: AI는 학생들의 학습 데이터를 지속적으로 분석하여 교육자에게 학습 경향, 성과, 문제점을 제공하고, 이를 바탕으로 교육 전략을 조정할 수 있다. 학생 개개인의 학습 데이터를 바탕으로 적절한 학습 자료를 추천하고, 학습 동기 부여를 위한 피드백을 제공한다.

상호작용 및 협력 학습: AI가 학생들 간의 협업을 지원하는 도구를 제공하여, 그룹 프로젝트나 협력 학습을 효율적으로 진행할 수 있다. AI가 학습 커뮤니티를 조성하고, 학생들 간의 상호작용을 촉진하여 공동 학습의 효과를 높일 수 있다.

몇 가지 사례 분석

생성형 AI 튜터가 본격적으로 등장하기 이전부터 AI 튜터는 여러 대학에서 부분적으로 활용되어 왔다. 이런 경험들이 AI 튜터의 하이브리드 클래스 시대로 이어지고 있다.

조지아공과대학교 Georgia Institute of Technology **- 'Jill Watson'**

조지아공과대학교의 컴퓨터 과학 교수인 아쇽 고엘 Ashok Goel이 AI를 활용한 가상 교수 조교 'Jill Watson'을 개발했다. Jill Watson은 IBM의 왓슨Watson 기술을 기반으로 하여 학생들의 질문에 답변하고, 과제 제출 마감일 등을 알리는 역할을 한다. 고엘은 학생들의 답변을 대비하기 위해 4만 개 이상의 답변을 준비했으며, 정확성이 97% 이상일 때만 답변하도록 프로그램을 설계했다. 처음에는 학생의 질문에 이상한 답변을 하기도 했지만, 점차 스스로 학습하며 자연스러워졌다. 학생들은 초기에는 Jill이 AI임을 인지하지 못했을 정도로 자연스럽게 소통할 수 있었다. 고엘이 조교의 정체를 밝히기 전까지는 어느 학생도 알지 못했다.

카네기멜론대학교 Carnegie Mellon University; CMU **- 'MATHia'**

학습자들이 문제를 푸는 과정에서 발생하는 실수를 진단하고 그 인지 과정을 추적하여 시의적절한 피드백을 제공한다. 개별 학습자에게 맞춤형 학습 조언을 제공하여, 학습자가 스스로 자신의 실수를 발견하고 자가 교정해 나갈 수 있도록 독려한다. 즉 학습자의 인지적 절차가 어떻게 진행되는지를 중심으로 개별 학습자의 학습 활동 및 학습 결과를 전반적으로 분석하여, 학습 난이도 수준을 파악하고 그에 알맞은 학습 방식과 콘텐츠를 자동으로 제공한다.

AI 튜터 앱의 등장

대학에서 AI 튜터를 준비하고 있는 동안 이미 시장에서는 모바일 AI 앱이 많은 사람의 관심을 얻고 있다. 시장조사 기관인 센스타워가 제공한 데이터에 따르면, AI 튜터 '퀘스천 AI'는 출시 후 애플 앱 스토어와 구글의 플레이 스토어에서 600만 회 내려졌으며, 경쟁사인 가우스는 출시 이후 1,200만 회 설치 수를 기록했다. AI 튜터 앱을 통해 성과를 올린 사례도 계속 보도되고 있다. 휴스턴 출신 고등학생 이반은 AI 튜터 앱인 앤서 AI를 활용하여 미적분 문제를 해결하고 수학 성적을 올렸다고 보도되었다. 과거에는 값비싼 개인 교습이나 긴 유튜브 동영상에 의존했지만, 이제는 AI 튜터를 통해 저렴하고 효율적인 학습이 가능해졌다. AI 튜터는 학생들의 질문에 즉각적으로 답변하고, 학습 습관을 기억해 개인 맞춤형 학습 경로를 제공한다. 또한, 시간과 장소에 구애받지 않고 학습할 수 있도록 지원하여 교육 접근성을 높이는 데 기여하고 있다. 이런 앱은 우선 대학 진학을 위한 수험생들에게 유효하지만, 대학 입학 후에 수학과 물리 등 기초 학문이 부실한 학생들에게도 효과적이다.

한국 디지털 교과서의 도입: AI 튜터의 시작

2025년이 되면 초·중·고 학생들은 두꺼운 서책 교과서가 아닌 태블릿 기기에 떠 있는 대시보드 화면을 통해 AI 디지털 교과서를 배우게 된다. 아직은 시작 단계이지만 서책 교과서 도입 이후 가장 혁명적 정책이라고 볼 수 있다. 디지털 교과서의 도입은 향후 AI 튜터의 하이브리드 클래스로 이어질 수 있는 중요한 계기다. 교육부의 발표 자료 등을 정리하면 디지털 교과서의 장점은 다음과 같다.

학습 경로 맞춤화: 학습자의 수준과 학습 속도에 따라 학습 경로를 조정할 수 있다. 예를 들어, 기초 개념이 부족한 학습자에게는 기본적인 자료를 먼저 제공하고, 이미 내용을 숙지한 학습자에게는 심화 자료를 제공할 수 있다. 특정 과목이나 주제에서 어려움을 겪는 학생들에게는 추가 연습 문제나 보충 자료를 제공하여 이해를 돕는다.

실시간 피드백 및 평가: 디지털 교과서는 학습자가 문제를 풀거나 퀴즈를 완료한 후 즉시 피드백을 제공한다. 이를 통해 학습자는 자신의 이해도를 즉시 확인하고, 부족한 부분을 바로 보완할 수 있게 된다. 학습 데이터 분석을 통해 학습자의 강점과 약점을 파악하고, 맞춤형 학습 계획을 수립할 수 있다.

개인 학습 목표 설정: 학습자가 자신만의 학습 목표를 설정하고, 그 목표에 맞추어 학습을 진행할 수 있도록 지원한다. 디지털 교과서는 목표 달성을 위해 필요한 학습 자료와 연습 문제를 추천한다. 학습 목표 달성 여부를 지속적으로 모니터링하고, 목표를 달성했을 때 성취감을 느낄 수 있도록 피드백과 적절한 보상을 제공한다.

적응형 학습 시스템: 적응형 학습 시스템은 학습자의 진행 상황과 성과를 분석하여 다음에 제공할 콘텐츠를 조정한다. 예를 들어, 특정 개념을 이해하는 데 어려움을 겪는 학습자에게는 추가적인 설명과 예제를 제공하고, 이미 숙달한 개념에 대해서는 더 이상 반

복하지 않는다. 학습자의 학습 패턴을 분석하여 최적의 학습 환경을 제공한다.

다양한 학습 자료 제공: 학습자의 선호도와 학습 스타일에 맞는 다양한 형태의 학습 자료를 제공한다. 예를 들어, 시각적 학습자를 위해 인포그래픽과 동영상을 제공하고, 청각적 학습자를 위해 오디오 강의를 제공할 수 있다. 학습자가 직접 자료를 선택하고 조합하여 자신에게 가장 적합한 학습 방법을 찾을 수 있다.

학습 진척도 추적 및 리포트: 학습자의 학습 진척도를 실시간으로 추적하고, 이를 시각화하여 학습자가 자신의 진행 상황을 쉽게 파악할 수 있도록 한다. 교사나 학부모에게도 학습자의 진척도를 공유하여, 필요할 경우 추가적인 지원이나 지도를 받을 수 있다.

인터랙티브 툴 및 자원: 인터랙티브 툴을 사용하여 학습자가 직접 문제를 해결하고 실시간으로 결과를 확인할 수 있다. 예를 들어, 가상 실험실이나 시뮬레이션을 통해 실습 경험을 제공할 수 있다. 학습 커뮤니티와 포럼을 통해 다른 학습자들과의 상호작용을 촉진하고, 협력 학습을 통해 다양한 관점을 배우고 이해할 수 있다.

교육의 새로운 시그널

생성형 인공지능의 발전 속도는 이미 우리의 예측을 초월하고 있다. 《사피엔스》의 저자 유발 하라리는 챗GPT 3.0이 일반에게 공개된 2022년 하반기에 챗GPT 작문 실력에 놀라 AI 기술의 발전 속도를 일정 기간 유예해야 한다는 글로벌 지식인들 서명에 동참했지만, 지금의 AI 능력은 그때와 비교가 안 될 정도로 발전했다. 챗GPT 론칭 초기에는 AI 전반에 대해 회의적 시각도 많았던 것이 사실이다. 답변의 정확성이 낮다는 지적이 많았고, 잘못된 답변에 대한 지적도 많았다. 특히 생성형 AI가 실제로는 존재하지 않거나 관련이 없는 정보를 생성하는 AI 환각artificial hallucination에 대한 문제 제기가 많았다. 정확한 정보를 빠른 시간 안에 얻기 위해 만들어진 시스템이 제 역할을 다하기 위해서는 아직 많은 시간이 필요하다는 의견이 많았다. 아직도 어느 정도는 이런 문제들이 있지만, 전체적으로 보면 이전과는 차원이 다른 정도로 발전했다.

AI를 처음에 그리고 가장 적극적으로 도입하는 곳은 당연히 기업이다. 생산성 측면에서 봤을 때 도입하지 않을 이유가 없다. 도입하지 않은 기업은 경쟁에 뒤처질 가능성이 높다. 기업이 앞장서 AI 도입과 활용을 주도하면서 사회 여러 분야에 영향을 미치게 된다. 그리고 마지막으로 영향을 받는 곳이 교육 분야다. 가장 중요하면서 동시에 가장 변화가 늦은 곳이 바로 교육 분야다. 우리는 지금까지 대중 교육 시대에 살고 있다고 해도 과언이 아니다 그러나 지금 가장 급진적 변화가 몰려오고 있고 우리는 그 변화 물결 위에 올라타야 한다. 조금만 늦어도 도태될 가능성이 크다. 주변에 많은 시그널이 증명하고 있다. 이미 우리의 의지와 관계없이 AI 시대에 접어들었고 매일매일 변화를 목격하면서 살고 있다. 'AI 튜터의 하이브리드 클래스'가 미래를 위한 유일한 솔루션은 아닐지 몰라도 최적의 솔루션임에는 분명해 보인다.++

과연 영성적 비신자Spiritual non-believer, SNB가 지배할까?

중원대학교 특임교수 김헌식

종교에 소속되지 않지만 영적인 삶을 추구하는 '영성적 비신자SNB'들이 새로운 사회적 흐름으로 부상하고 있다. 이들은 기존 종교의 형식과 규칙에서 벗어나 창조적이고 독립적인 영성을 추구하는데, 과연 이러한 현상이 미래 사회에서 어떤 영향을 미칠까?.

종교 신자가 아닌 영성적 비신자Spiritual non-believer, SNB의 증가 현상은 아직 크게 부각이 되고 있지는 않지만, 사회적 현상으로 볼 수 있다. 이는 사이비 종교 현상이라거나 특정 종교를 향한 불경이라는 평가나 재단이 내려지기도 한다. 하지만 젊은 세대를 중심으로 이에 대한 선호가 분명히 증가하고 있고 더욱 그 시그널은 강화되고 있는 모양새이다. 그렇다고 해서 이런 영성적 비신자 현상이 반드시 긍정적인 효과만 낳으리라는 보장은 없다. 항상 미래를 어떤 현상이 휩쓸 것이라는 전망처럼 적절하지 않은 것처럼 영성적 비신자 현상을 부정적으로 볼 필요도 없다. 미래의 삶에 각자의 상황에 맞게 현명하게 지혜로운 행복의 방편이 될 수 있다면 족하다. 그것을 위해 종교에 관한 관심은 선순환될 것이다.

영성적 비신자Spiritual non-believer, SNB는 새로운 종족?

"나는 영성적이지만, 종교적인 인간은 아니다."

I am spiritual, but I am not religious.

예전에는 낯선 말이었지만, 이제 더는 그렇지 않게 되었다. 본격적인 논의를 하기 전에 영성적 비신자에 대한 개념이 규정이 필요할 것이다. 종교에서 영성의 시대로 이동하고 있다는 말은 많이 들어 봤다. 종교는 일반적으로 행동과 의식을 통해 표현되는 신들에 대한 믿음이고 대개 윤리 강령을 포함한 어떤 신앙이나 예배 등의 체계를 가리킨다. 영성이라는 것은 비물리적인 영적인 것들과 특징, 상태에 초점을 둔다. 이전에는 이것이 어떤 행위의 질서에 밀접하게 인식되었다.

윌리엄 제임스William James, 1842~ 1910는 겉으로 행위를 통해 영성을 증진할 수 있는 점을 설명하기도 했다. 그 대표적인 것이 기도라는 것이다. 종교의 영혼이자 본질이 되는 것이라고 했다. 프랑스 한 자유주의 신학자의 말도 인용했다. "신과의 영적인 교제는 기도를 통해 실현된다. 기도는 현재 실행되고 있는 종교이다. 다시 말해 기도는 실제의 종교이다."라고 했다.[1]

윌리엄 제임스는 전형적으로 종교의 형식적 규칙과 질서에 주목한다. 이렇게 뭔가 보이는 행위를 하는 것을 영성과 같이 맞물리게 하는데 하지만 이런 형식과 규정을 영성적 비신자들은 부담스러워하기에 이탈하는 경향을 보이게 한다. 하지만 그들은 이러한 구체적인 형식과 규정에 연연해서 하지 않아도 영성을 가질 수 있다고 본다. 영성적 비신자Spiritual non-believer, SNB는 영적인 것들과 대상, 현상에 대해서 믿음을 갖고 있지만, 특정 종교에 소속되어 있지 않은 사람들을 말한다. 이런 사람들은 특정 종교 단체에 얽매이는 것을 선호하지 않는다.

그럼 영성Spirituality이라는 것이 무엇인지 접근을 해야 할 필요가 있다. 대체로 종교적인 관점의 연구나 담론, 저술에서는 특정 종교 관점으로 접근하는 경우가 다반사이다. 이 가운데 나름의 중립적인 관점이 드러나는 것이 이어령 교수의 견해다.[2]

이어령 교수는 이렇게 영성에 대해서 매우 일상적인 비유를 통해 언급했다.

"영성은 엎질러진 물을 가지고 그림도 그리고 지도도 만들고, 실수한 것, 잘못한 것과 전연 관계없이 넘어서 다른 행동을 하는 거예요. 영성은 점핑하는 거예요. 다른 세상으로 가는 것이죠." 그는 그냥 고여 있는 것도 아니고, 엎질러진 물을 이야기한다. 이는 뭔가 잘못된 것을 의미한다. 고스란히 담긴 물을 정상이라고 상정하기 때문이다. 종교에서는 절대 물을 엎지르지 말라고 할 것이고, 물을 만약 엎지른다면 죄를 지었다고 하며 속죄에 집중하게 된다. 이러한 점은 자칫 이성이나 감성에 머무는 단계일 수 있다.

이렇게 영성을 잃어버린 지성과 감성은 한계를 갖게 된다고 말한다. 그는 다시 이렇게 언급한다. "현실에서 물이 엎질러지고 지저분해지고 하는 것 자체를 지성과 감성은 절대 인정하지 못하는 거예요. 그런데 영성은 그런 인간의 원죄라든지 잘못을 포지티브하게, 물의 온도와 관계없이 막 물을 튀기듯이 가지고 논다는 얘기죠. 이쯤 되어야 영성이거든요." 그는 인간의 잘못이나 원죄 단계에 머물지 않는 것이 영성이라는 점을 그는 강조한다. 물이 엎질러지고 지저분해진 것을 그르다, 혐오하지 않고 다시 그 물을 달리 형태를 가질 수 있게 하는 것이 영성이다. 그릇에 다시 물이 담길 수 있게 말이다. 꼭 그릇이 아니어도 좋다. 물은 물이고 다시 물을 기화 응결시켜 새로운 모습으로 탈바꿈시킬 수 있기 때문이다. 중요한 것은 원인과 결과를 가로지르는 것이다.

"인과관계를 벗어나는 거예요. 그런데 우리는 얽매여 있기 때문에 내가 저지른 일에 관한 결과만 가지려 하지 저질러진 원인에서 결과까지를 뛰어넘지를 못해요. 해결을 넘어서 자기가 새로운 원인을 만들어 내는 그것을 저는 영성이라고 생각합니다." 이미 저질러진 벌어진 일을 넘어서서 새로운 것을 만들어 내는 것, 그 원인이 되는 것을 이어령은 영성이라고 봤다. 그러므로 영성이라는 것은 새로운 창조를 의미한다. 잘못과 오류를 끌어안고 이를 본질에 맞게 다시금 새롭게 만들어 낼 힘이 영성이라고 보는 것이다. 그렇기에 창조와 영성에 대해서 그는 다음과 같이 말할 수밖에 없는지 모른다. "물이 엎질러졌다는 하나의 사건에서 다른 것을 창조하는 것입니다. 그래서 영성은 창조에 가까운 것입니다. 지금까지 없는 것을 하라는 것입니다. 지금까지 있는 질서나 선택이 아니라 영성의 세계라는 것은 지금까지 우리가 한 번도 가 보지 못한 길을 가고 경험하지 못했던 일을 창조하고 만들어 내는 것입니다."

이러한 창조와 영성의 관계에 결론을 맺는 이어령 교수는 영성과 문화예술에 최종적으로 연결 짓는다. "그렇기에 종교를 가지고 있지 않으면서 영성에 가장 가까운 사람들은 시를 쓰고 그림을 그리는 사람들입니다." 영성적 비신자로 불리는 사람들은 종교에 소속되어 있지 않지만 바로 창조적인 문화예술 행위를 한다. 우리가 사회문화 현상에서 영성적 비신자들을 발견할 수 있는 곳이 바로 문화예술 사례라는 점은 이와 다른 게 아닌 이유다. 여기에서 우리가 사례로 다루는 케이스가 문화예술에 가까운 것은 바로 이 때문이라고 설명할 수도 있다. 특히 새로운 세대들은 기존의 질서와 체계를 따르기만 하는 것이 아니라 자기 스스로 만들어 정체성으로 삼으려는 경향이 강하기 때문에 가능하다. 종교적 신자가 줄어들고 영성적 비신자가 많아지는 것은 문화 예술적 시도가 더 많아지는 것을 의미할 수 있다. 그렇다면 종교인들은 줄어들고 있는 것일까? 반드시 그렇게만 볼 수는 없을 것이다.

종교 신자는 줄어들고만 있을까?

일단 객관적인 데이터를 보면 종교 신자 수는 줄어드는 것으로 보인다. 그런데도 늘어나는 예도 있다. 우선 줄어드는 현상을 보자. 미국의 종교 관련 비영리 단체인 라이프웨이Lifeway의 연구에 따르면 2014년 한 해만 3,700개, 2019년에는 4,500개의 개신교회가 문을 닫았다. 1972년에는 미국인 92%가 기독교인이라고 했지만, 지금은 그 비율이 64%라고 한다. 기독교 가정에서 자란 30~39세 미국인의 3분의 1 이상이 더는 믿음을 갖지 않는다고 한다.

젊은 신자와 종교인들이 감소하고 있는 현상은 비단 특정 종교에만 한정되는 것이 아니다. 목회데이터연구소에 따르면, 대한불교조계종의 경우 출가자 수는 2000년 528명에서 2010년 287명, 2020년 131명, 2022년 61명으로 대폭 줄어들었다. 2022년의 61명은 2010년에 비교했을 때 약 80%의 감소이다. 천주교구의 경우 신학생 수가 2013년 1,285명에서 2022년 821명으로 10년이 지난 뒤 36%나 감소했다. 개신교 신학대학원의 경우 정원을 채우지 못하는 일이 속출한다.

2023년 3월 한국기독교목회자협의회의 분석 자료에 따르면, 종교별 현황 조사에서 개신교 15%, 불교 16.3%, 가톨릭 5.1%로 나타났다. 이는 2012년을 기점으로 계속 줄어들고 있는 점을 반영하고 있다. 개신교의 경우 2012년에는 22.1%였고 2017년 19.6%였다. 2017년 무종교인이 종교인을 역전했는데 2023년 조사에서는 전체적으로 종교인은 36.6%, 무종교인은 63.4%인 것으로 나타났다. 종교인과 비종교인의 격차가 훨씬 벌어지고 있는 것이다. 무엇보다 종교 신자의 노령화를 생각할 수 있다. 한국천주교회 통계 2021에 따르면, 모든 교구에서 65세 이상 신자 비율이 20%를 넘어섰다. 이는 젊은 신자들이 유입되지 않는 점을 생각할 수 있다. 20대 종교인 비율은 19%로 5명 가운데 한 명이라고 볼 수가 있다. 종교가 없는 사람에게 종교 경험을 물은 결과 30%가 있다고 대답을 했는데, 그 가운데 개신교 경험이 66%로 나타나 다른 종교보다 3배 이상 높은 것으로 나타났다. 개신교에서 무종교인이 된 이유로는 '종교에 관심이 없어서' 35%로 가장 높았는데 그 뒤로 '기독교에 대한 불신과 실망' 29%, '신앙심이 생기지 않아서' 20%, '구속받기 싫어서' 11% 등이 순위를 이었다.

전체 청소년 중 종교가 있다고 응답한 이는 27.6%였다. 개신교인 청소년 13.6%, 불교 7.6%, 가톨릭 5.7%였는데, 72.4%는 무종교인이었다. 성인의 무종교인 62.9%보다 10% 정도 높은 것을 알 수가 있다. 더구나 학년이 올라갈수록 더 종교에서 멀어졌다.

개신교인 중학생은 17%인데 고등학생이 되면 10%까지 감소했다.

이 통계조사에서 눈길을 끄는 것은 천주교 신자가 한 해 전보다 소폭 늘어난 점이다. 2021년 말 16개 교구의 천주교 신자는 593만 8,045명이었다. 이는 전년보다 0.2% 1만 4,745명 늘어난 수치였다. 아무래도 이러한 증가는 코로나19 상황 속에서 상대적으로 미사 등 참여에 대한 강제성이 없는 점이 작용한 것으로 추정되었다. 이는 젊은 세대 특히 영성적 비신자의 특징과 겹치는 부분이 있다고 생각된다. 어떤 구속과 부자유에서 자율성을 줄수록 오히려 관심은 증가하기 때문이다. 아울러 영성적 비신자들은 무신론자들이라고 생각할 수 있는데 무신론자와는 다르다. 그들은 신을 부정하지 않는다. 신이라는 존재 외에 다른 존재를 맹신하지도 않는다. 가능성을 열어둘 뿐이다.

중요한 것은 이렇게 공식적인 종교에 관한 설문조사에는 응답이 떨어지지만, 영성적인 행위나 콘텐츠에 대한 참여는 더 증가하고 있는 현상들을 확인할 수 있다. 영성적 비신자의 상당수가 바로 이런 젊은 세대라고 할 수 있는데 이들 모두 종교적 경험이 없는 이들로 규정하는 것은 오산이라고 할 수 있다. 신의 존재를 부정하는 것과 영성적 비신자의 행태는 다른 차원이라고 할 수 있다. 이제는 이러한 원론적인 기초 분석에 이어 시그널로 볼 수 있는 사례 몇 가지를 보며 논의를 이어가려 한다. 우선 살펴봐야 할 것은 트렌드가 되는 맥락이다.

힙하면 그만!?

대만 등 아시아에서 크게 인기를 끌었던 뉴진스님은 영성적 비신자 현상이라고 할 수 있다. 하지만 이를 고운 눈으로만 보는 것은 아니었다. 2024년 5월 9일 홍콩 사우스차이나모닝포스트SCMP에 따르면, 말레이시아 불교계가 한국의 DJ 뉴진스님개그맨 윤성호이 참여하는 쿠알라룸푸르의 클럽 공연을 막았다. 승려 복장으로 디제잉을 하고, 목탁 등의 불교 도구를 사용한다는 것이 이유였다. 즉 불경하다는 것. 아예 내무부에 입국조차 막아 달라고 요청했다. 결국 더는 말레이시아에서 이후 공연을 할 수가 없었다. 싱가포르에서는 아예 공연이 취소되었다. 현지 매체 '스트레이츠타임스'에 따르면 5월 19~20일 공연이 취소된 사실을 보도했다. 특히 불교 관련 2곡이 플레이 리스트에 오른 게 이유였다.

DJ 뉴진스님개그맨 윤성호, 그는 장삼에 민머리 염주를 착용하고 무대에 오른다. 그가 사용한 음악은 EDM에 불경을 리믹스한 뮤직이다. 그는 디제잉 가운데 "이 또한 지나가리 이 또한 지나가. 고통을 이겨내면 극락왕생", "극락도 락이다"라는 말을 외치기도 했다. 합장하는 듯한 몸짓의 춤도 선보였다.

무엇보다 그를 반대하는 이들은 승려를 사칭했다는 것인데 이는 사실과 좀 다르다. 어머니가 불교 신자로 어린 시절부터 불교를 믿었고 일진 스님으로 활동해 오다가 2023년 11월 조계사 오심 스님을 계사로 수계했다. 수계를 받고 '뉴진NEW進'이라는 법명을 얻었는데 걸그룹 뉴진스의 유명세에 숟가락을 얹은 것 같지만 '새롭게 나아가다'란 뜻을 갖고 있다. 즉 그냥 재미와 웃음을 위해서 접근한 것은 아닌 것이다.

말레이시아와 싱가포르와 달리 한국 불교계는 그를 통해 적극 기회를 마련했다.

이미 불교에 대한 젊은이들의 관심도 있는데 이는 영성적 비신자의 개념에 부합한다. 2024서울국제불교박람회가 서울무역전시컨벤션센터SETEC에서 4월에 열렸는데, 20~30세대들은 종교인이 아니어도 가고 싶은 행사라고 사회 관계망 서비스에 반응을 올렸다. '재밌는 불교'라는 주제 아래 사찰 음식은 물론 일상 명상법, 1대1 상담 서비스까지 선보였다. 일부 관람객은 천주교 신자인데 반차를 내고 왔다. 5월 12일 유네스코 인류문화유산이며 국가무형문화재인 연등회의 마지막은 뉴진스님 공연이었는데, 조계사 앞 사거리가 인파로 가득 차 연등회 사상 가장 많은 사람이 운집했다.

불교계에서 그를 인정한 것은 2030 세대에게 익숙한 클럽 문화, 춤과 음악의 공연 형식 안에 불교적 가르침이 들어 있기 때문이라는 것이다. 히트곡 '극락왕생'에는 "이 또한 지나가리" "고통을 이겨내면 극락왕생" "번뇌 멈춰" 등의 표현이 있는데 이런 표현이 바로 불교의 뜻이라는 것이다. 아이러니한 것은 말레이시아는 이슬람교도가 다수이고 불교 신자는 소수인 국가다. 불교계는 인기 예능 프로그램 〈나는 솔로〉에서 착안해 '나는 절로'라는 템플스테이 프로그램도 마련했다. 사실 이러한 프로그램에 참여하는 이들은 꼭 불교 신자라고 할 수가 없다. 외국인 가운데도 템플스테이에 참여하는 것은 종교적 믿음과는 거리가 있다. 살생을 멀리하는 채식 중심의 사찰 요리가 세계적으로 주목을 받는 것은 사회적 영성 때문이기도 하다. 기후 변화를 우려하는 많은 이가 탄소 배출을 줄이기 위해 육식을 벗어나 채식을 실천하는 데 사찰 음식이 적절하다고 보기 때문이다.

이는 일종의 문화 전략이라고 할 수가 있다. 이러한 문화 전략은 코로나19 팬데믹 상황에서 신천지를 통해 많아 알려지게 되었다. 문화센터 등을 운영해 인문학 강의, 천연 비누 만들기, 캘리그라피 등 취미생활 위주로 프로그램을 선보이고 많은 젊은이를 발들이게 했다. 스터디룸을 운영하며 스터디룸 카페 같은 방식을 취하기도 했다. 스터디 카페 문화에 익숙한 젊은 세대가 들어갈 수 있게 했던 것이다. 중요한 것은 이곳에 드나드는 이들은 특정 종교 신자가 아니었던 점이다. 영성적 비신자들은 이렇게 편하게 드나들며 자신이 원하는 것을 얻을 수 있는 곳을 찾는다. 비록 성경 공부를 하는 복음방이라고 해도 마찬가지로 특정 종교 조직에 소속하는 것을 원하지 않는 것인데, 물론 특정 종교 단체들은 자신들에게 소속하게 만들려는 전략이 있을 뿐이다. 그들이 그러한 전략에 얼마나 지속적인 효과를 가질 수 있는지는 따져 봐야 한다.

다음으로 대중적으로 더 영향력을 보여 주고 있는 케이 팝과 영화를 통해서 시그널을 좀 더 살펴보고자 한다.

글로벌 영성적 비신자SNB에게 케이 팝 컬쳐가 보여 준다

방탄소년단 사례를 보면 이런 현상의 세계화를 생각할 수 있다. 하이브와 자회사 어도어의 갈등 상황에서 방탄소년단의 세계관을 짐작할 수 있는 대목이 노출된 점을 볼 필요가 있다. 이는 2024년 4월 25일 민희진 어도어 대표가 기자회견을 열면서 뉴진스의 OMG 뮤직비디오 관련 카톡 대화를 공개하면서 불거졌다.

민 대표는 OMG 뮤직비디오를 통해 협박을 당했다고 언급했다. 즉 "애플 오버 리액트 과장되게 행동한 것 사과했죠? 뉴진스의 OMG 뮤비로 나 협박해서 애플 행사 뜯어낸 거, 참나 어이가 없는데"라는 언급을 했다. 누리꾼들은 사이비 종교 의혹을 받는 단체와 하이브가 연관이 있는데 이를 OMG 뮤직비디오가 비판했고, 이 때문에 하이브 임원이 협박을 가했다는 루머가 확산되었다.

일단 뮤직비디오가 관련 명상 단체를 비난했다는 것인데, 뮤직비디오에 등장하는 곰 인형을 보면 명상 단체의 상징이 곰이라는 것. 신도림이 등장하는데 이곳이 명상 단체가 있는 곳이고 공교롭게 '림'이라는 글자가 잘려서 신도로 보인다는 점을 들었다. 가사에 대한 해석도 있었다. 57초의 "나는 '당신'을 위해 존재합니다"라는 외국인 하니에게 파트를 맡겨서 '단신'처럼 들리도록 유도하고 있다는 것이고, 1

분 28초의 "그러니까 네가 '시리'야"는 "그러니까 네가 '신GOD'이야?"라는 맥락으로, 2분 32초의 "민지가 2명이다"는 '신은 온리 원'이라는 뜻을 비웃는 것이라는 해석이 공유되었다. 결과적으로 뉴진스는 이러한 명상 단체에서 벗어나려는 의지를 뮤직비디오에 담았다는 것이다.

누리꾼들은 명상 단체 온라인 홍보 게시글에 방탄소년단이 활용돼 왔다는 것이다. 이러한 홍보가 가능했던 것은 하이브가 용인한 것 아니냐는 지적이었는데, 논란이 되면서 그런 홍보 게시글들은 삭제되거나 비공개 전환되었다.

방탄소년단의 노래도 도마 위에 올랐다. '진격의 방탄' 가운데 "명치에 힘 빡 주고 단전호흡"이라는 가사는 이 명상 단체의 단전호흡법 지시 사항에 나오는 내용과 유사하다는 것이다. 방탄소년단만이 아니다. 하이브 산하 레이블 빌리프랩 소속 신인 걸그룹 아일릿의 노래와 춤에도 연관성이 보인다는 것. 구체적으로 아일릿의 노래 '마그네틱Magnetic'의 시그니처 댄스 동작이라고 할 수 있는 '손가락 댄스'가 논란의 중심에 섰는데 해당 명상 단체의 '뇌체조' 손가락과 비슷하다는 이유 때문이었다.

하이브 산하 쏘스뮤직 소속 걸그룹 여자친구의 마지막 앨범 수록곡인 '마고'도 도마 위에 올랐다. '마고'라는 제목이 해당 명상 단체에서 자주 사용되는 종교적 의미의 용어라는 지적이 있었다.

빅히트뮤직 소속 방탄소년단과 투모로우바이투게더TXT 일부 멤버가 다녔거나 현재 재학 중인 학교가 이 명상 단체와 연관이 있다는 설이 유력하게 언급되기도 했다. 특히 글로벌 사이버 대학을 방탄소년단 멤버 가운데 진을 제외하고 6명이 졸업했다. 이 학교는 명상 단체를 창시한 이가 설립자이자 총장을 역임했다. 이 명상 단체는 단월드로 명상, 기체조 등의 건강 프로그램을 선보였는데 도교, 증산도, 선불교 등의 여러 종교를 복합적으로 구성해 만든 것으로 알려졌다. 이러한 근거들을 바탕으로 하이브가 명상 단체와 연관이 있다고 말한다. 심지어 HYBE는 Healing Yoga Brain Education이라고 풀이했다. 즉 대문자만 따오면 HYBE, 하이브가 된다는 주장도 나왔다. 방탄소년단 팬들은 특히 하이브가 제대로 대응을 하지 못하고 있다고 비판을 가하기도 했다. 그런데 사이비 종교 단체와의 관련성보다는 사재기 논란 등에 더 주목했을 뿐이다. 부당한 지적에 적극적인 대응을 하지 않고 있다며 시위를 하기도 했다. 물론 하이브는 사이비 종교 단체 연루설에 강력하게 부인했다. 글로벌 사이버 대학 측도 특정 종교 단체와는 전혀 별개의 교육 기관이라고 밝혔다. 글로벌 사이버 대학은 "방탄소년단 멤버들은 공식 데뷔 전 혹은 유명해지기 전에 글로벌 사이버대를 입학했다"라고 밝히고 "방송 활동하면서 시공간의 제약 없이 공부할 수 있고 학과 커리큘럼도 실용적으로 잘 갖춰져 있어 슈가의 추천으로 2014년 RM과 제이홉, 2015년 뷔와 지민, 2017년 정국이 입학한 것"이라는 견해를 밝혔다.

한편으로 생각하여 보면 이는 뉴에이지 음악이 인기를 끌었을 때와 같은 기시감을 느끼게 한다. 뉴에이지 음악이 인기를 끌게 되면서 근본주의 종교 단체에서는 이러한 음악을 매우 부정적으로 평가하기도 했다. 원래의 본질과 어긋난다는 것이다. 하이브의 소속 아이돌이 만든 음악과 콘셉트, 의상 등이 전 세계적으로 호응을 받는 것에 주목해야 한다. 특정 사이비 종교 단체와 연관성이 있는가 없는가는 부차적인 문제이기 때문이다. 어쨌든 영성적 비신자의 관점에서 보았을 때 특정 콘텐츠에 대한 수용과 선호 현상이 있는 것이고, 이것이 케이 팝의 영역을 확장하고 있는 셈이다. 전 세계적으로 뭔가 영성적인 비신자들을 위한 콘텐츠들이 힙한 대상이 되는 흐름을 인지하는 것이 필요할 수 있다. 방탄소년단 멤버들이 이 학교에 다닌 것은 4년제 종합 대학이면서 방송이나 음악 활동과 관계없이 자유롭게 공부할 수 있기 때문이라는 점도 생각할 여지가 있었다. 이러한 점은 코로나19 팬데믹을 거치면서 젊은이들 사이에서 퍼졌었다. 비대면 원격 수업이 많이 늘었고 학교에 직접 가지 않아도 수업할 수 있었기 때문이며, 충분히 원하는 바를 달성할 수 있다는 점에서 사이버 대학에 대한 인식이 많이 바뀌었다. 이러한 점은 영성적 비신자의 특징과도 일정하게 맞물리는 점이라고 생각할 수 있다.

다음으로 살펴볼 장르는 대중 영화다. 대중 영화가 가운데 예전에는 마니아들만 봤다는 영화 장르인데 이제 일반적인 상업 영화의 범주에 들어온 것이 오컬트다. 영화 〈파묘〉의 흥행을 통해서 오컬트 물이 전 세계적으로 젊은 세대에게 어필하는 것도 생각해 볼 수가 있다. 영화 〈파묘〉에 조상신을 전제하는 풍수와 이장이 등장하는데, 이를 두고 조상신을 숭배하기 때문에 이 영화를 본다고 생각하면 오산이었다. 영성적 비신자 현상으로 보는 것이 적절할 수 있었다. 오컬트 물은 간단하게 초자연적인 심령 현상을 다루는 장르를 이야기한다. 이는 젊은 세대에게 어필하는데, 대개 젊은 세대들은 기성세대들이 생각하는 세계와 다른 세계가 있을 것으로 믿는 데서 출발한다. 뭔가 다른 존재와 그들이 움직이는 세상이 있다는 믿음을 기반으로 한다. 대체로 서양에서는 종교적 관점에서 악령, 퇴마와 싸우는 내용이 대부분 오컬트 물의 중심을 이룬다. 영화 〈파묘〉는 일단 서양의 오컬트 물이라고는 해도 한국적인 소재를 다루었기 때문에 친근하게 접할 수 있었다. 풍수, 이장, 무속 등의 요소들이 한국 관객에게 익숙할 수 있다. 다만 단순히 한국적인 소재이기 때문에 관객이 더 들지는 않았다. 아울러 오컬트물이나 공포물은 '이래도 안 무서워' 하는 깜짝 놀라게 하는 방식으로 접근하면 관객은 선택하지 않는다. 동시대적 감수성이나 관점, 즉 세계관이나 가치관을 보여 줄 때 관객의 선택을 더 받게 된다. 특히 우리 사회에 대해서 생각해 볼 수 있는 여지를 전해 줄수록 여운과 공감대가 깊거나 넓어질 수 있다. 영화 〈파묘〉가 단순히 서양의 악령의 괴롭힘이나 동양적인 원혼의 한풀이였다면, 상영관을 가야 할만한 차별성이 없었다. 자칫 종교적이거나 도덕적 윤리적인 세계관만 보여 준다면 현대인들에게 공감할 수 있는 여지가 적었을 것이다. 더구나 이런 유형의 콘텐츠는 이미 너무나 많기 때문이다. 영화 〈파묘〉는 종교를 아예 배제하고 풍수를 전면에 내세웠다. 여기에 보조로 무속을 양념으로 버무렸다. 따라서 다른 어디에서도 볼 수 없는 독특한 오컬트물이 되었다. 상대적으로 〈파묘〉는 다른 작품과 달리 스토리의 개연성이 충실하다. 이러한 점은 〈곡성〉과 다른 점이다. 하지만 〈파묘〉는 현실적이지 않은 내용이 있지만, 보게 만든다.

관객은 무엇보다 주요 인물을 통해서 감정 이입을 하고 자신과 동일시하면서 영화의 주제 의식에 공감하게 된다. 이 영화에서 등장인물들은 모두 주류나 상류층 인생은 아니다. 풍수사, 장의사, 무당은 분명 화려하거나 성공한 삶을 살고 있지 않다. 하지만 삶과 죽음 사이에서 많은 사람에게 행복을 주기 위해 노력하는 이들이다. 아무나 할 수 없는 일이고 매우 중요한 일이다.

위기를 극복하기 위해서 빈곤한 풍수사, 장의사, 무당들이 필사의 노력을 하는데 정작 세상은 그들이 무슨 일을 했는지 모른다. 아니 알 수가 없다. 그것이 실제였는지 어느새 아득하고, 그렇게 모두의 미래를 위해서 절박하게 필요한 일이었는지 알 수도 없다. 단지 그들은 봉착한 문제를 해결했고, 살아남았다. 더구나 조상신이 영향을 미쳐서 행복하게 살고 있거나 악령이 영향을 미쳐 개인과 사회 구성원이 모두 불행해졌는지 알 수가 없다. 독립운동가들의 삶도 위기에 봉착한 현실을 타개하기 위해서 각자 고군분투했던 흔적이었다. 그 삶이 후세에 어떤 영향을 미칠지 그때는 알지 못했다. 하지만 분명 알 수 없어도 영향을 미쳤을 것이다. 당장에 정확하게 계량이 안 된다고 의미가 없을 수는 없다.

우리는 우리 앞에 닥친 위기가 있을 때 이를 극복해야 하는데, 다만 그것이 다른 구성원에게도 피해가 가지 않도록 최선을 다하게 될 것이다. 지금도 초자연적인 현상은 일어난다. 그것을 정확하게 설명할 수 없는 것이 태반이다. 하지만 무엇인가가 우리의 삶에 영향을 미치는지 측정이 안 된다고 하여 의미나 가치가 없다고는 할 수가 없다. 이런 맥락에서 그 함의들을 영화 장르 등을 통해 자유롭게 상상하고 공유할 수 있기에 이것이 오컬트물을 보는 이유가 될 것이다.

지금까지 기술한 내용을 보면 대개 긍정적인 문화적 진화를 결론으로 삼을 수 있을 것 같다. 이것도 오산일 수 있다. 긍정적인 점도 있지만, 주의할 점도 있다. 생각하지 못한 결과를 낳을 수 있기 때문이다. 이러한 점을 다 살필 수가 있는 것이 바로 스티브 잡스다.

애플의 사과와 잡스의 치료가 상징하는 것

- 영성적 비신자의 양면 -

2011년 10월 스티브 잡스의 공식 전기 작가인 월터 아이작슨이 CBS의 '60분'과 인터뷰를 했는데 이 인터뷰에서 그는 스티브 잡스의 마지막 생애에 대해서 놀라운 말을 했다. 스티브 잡스는 다 알려졌듯이 췌장암으로 목숨을 잃었는데 보통 치료가 불가능한 질병이 아닌가 싶었지만, 발견 당시 5% 정도만 전이가 된 상황이었다. 월터 아이작슨에 따르면, 스티브 잡스가 충격적인 사망에 이른 것은 그가 선택한 치료법 때문이었다. 그 치료 방법에 대해서 잡스는 나중에 후회했다고 한다. 어떻게 보면 그는 영성적 비신자의 치료를 선택한 것인데 그 내용은 다이어트, 정신적 수련, 자연식 같은 대체의학의 방식들이었다고 한다. 그는 실제로 채식과 침술, 약재, 인터넷의 치료법에 의존했고, 그에게 필요한 절제 수술은 받지 않았다. 상황은 당연히 악화가 되었고 가족과 친지의 권유로 뒤늦게 종양 수술을 받게 되었다. 하지만 이때는 종양을 발견한 지 9개월이나 지난 시점이었다. 이미 암 세포가 췌장 전체로 퍼진 상황이었다.

스티브 잡스가 정통 의학적 방법을 취하지 않았다는 증언은 하나가 아니다. 샌프란시스코 크로니클은 하버드대 의대 연구원인 램지 앰리가 "잡스가 전통적인 의학보다 여러 대안 치료에 몰두한 것으로 안다."라고 언급한 내용을 실었다. 그는 2003년 10월 췌장암 진단을 받은 뒤 그의 의료진에게서 즉각적인 수술 권유를 받았지만 이를 거부했고 스스로 자신의 생존 기회를 감소시켰다."라고 주장했다. 아울러 암리는 "대체의학을 선택함으로써 잡스는 불필요하게 일찍 죽게 됐다."라고까지 언급했다.

채소와 과일식을 매일 섭취했고 비건으로 치료할 수 있을 것으로 생각한 것이다. 하지만 암을 치료하기 위해서는 면역력을 증대시켜야 하는데 이에는 동물성 단백질이 필요하다는 것이 현대 의학의 중론이다. 연구 결과에 따르면 췌장암 환자의 췌장에서 말라세지아를 비롯한 여러 곰팡이균이 대량 발견이 되었는데 이러한 곰팡이 진균은 익히지 않은 생채소, 샐러드, 덜 익은 나물, 김치 등을 통해 감염될 수 있다. 특히 말라세지아는 모낭염, 아토피, 지루성 피부염 등 피부염 원인균으로 생각되었는데 암과 관련성이 최근에 밝혀지고 있는 것이다. 2019년 〈네이처〉지에 실린 관련 연구에 따르면, 말라세지아 곰팡이균이 암을 유발했고 항진균제를 투여하자 암의 진행이 멈추는 효과를 보였다. 그렇다면 그 원리는 어떻게 되는 것일까 살펴볼 필요가 있다. 생채소는 알칼리성 음식의 대표 주자인데 장의 산성도가 떨어지면 SRB 세균이 증식하기 쉬운 조건이 된다. 익히지 않은 채소에 감염된 세균 진균이 암을 유발한다.

"왜 잡스같이 현명한 사람이 그런 어리석은 짓을 했을까?"라는 질문이 나올 수밖에 없었다. 이에 대해 월터 아이작슨의 대답은 스티브 잡스가 영성적 비신자라는 생각을 갖게 했다. 월터 아이작슨은 "잡스는 사람들에게 마술 같은 일이 벌어질 수 있다고 생각한 것 같다."라고 언급했기 때문이다.

잡스는 췌장암 중에서도 희귀 종양인 신경내분비종양이었다. 췌장에 생기는 암 가운데 신경내분비종양이 발생할 비율이 1%도 안 된다고 한다. 희귀 췌장암이었기 때문에 더욱 치료를 잘 받아야 했는데 스티브 잡스는 희귀한 치료법을 선택하여 돌이킬 수 없는 결과는 마주하게 되었다.

그가 영성적 비신자의 삶으로 들어서게 된 것은 1973년으로 거슬러 올라간다. 오리건주 포틀랜드의 리드대학교 철학과를 그만둔 그는 오리건주 올인원팜의 사과 농장에서 히피 공동체 생활을 잠시 한다. 이곳에 있던 일본 선불교 승려 오토가와 고분을 만나게 되고 이후 선불교 신자가 된다. 세계 최초의 게임 회사 아타리에 입사해 7개월 동안 인도-히말라야 여행을 할 때 불교를 접한 바가 있었기 때문이다. 1991년 3월 18일에는 요세미티 국립공원의 아와니 호텔에서 선불교식으로 결혼을 하고 정신적 스승인 오토가와 고분이 주례를 한다. 사과 반쪽 모양의 애플 로고나 아이팟의 단순 미학의 디자인이 모두 불교 참선, 명상에서 왔다는 이야기가 괜한 것이 아닐 수 있다. 사실 근원적으로 애플의 사과 디자인은 잡스의 생각을 생각할 수 있다. 서양의 선악과 개념을 완전히 벗어난 개인의 욕망을 들추고 있기 때문이다. 어쨌든 애플사의 제품과 서비스는 그가 영성적 비신자의 행태를 통해 결과물을 만들어 냈다. 하지만 그 신념과 행동은 결정적으로 자신의 목숨을 위태롭게 했던 것이다.

영성적 비신자의 신념과 믿음 그에 따른 행위, 실천을 해야 할 영역과 분야를 세밀하게 분리할 필요가 있다. 특히 문화적인 영역과 의학 건강의 영역은 다를 수가 있다.

영성적 비신자의 미래

- 우리에게는 어떻게 다가올까 -

1만 2,000년 전부터 1만 1,000년 전까지 사이는 구석기 시대와 신석기로 이행하는 시기이다. 1995년에 발견된 괴베클리 테페는 터키 동남부 우르파 인근의 언덕에 있다. 남아 있는 200여 개의 돌기둥에는 인간화된 동물뱀, 여우, 독수리, 거미, 사자, 멧돼지들이 있다. 이곳은 인간에 세운 최초의 성소-사원이라고 불린다. 영적인 활동을 했던 교회에 해당하는 곳이다.[3] 이러한 성소가 없었다고 해서 인류가 이전에 영적인 활동을 하지 않은 것은 아닐 것이다. 과학이나 인류 고고학 등은 명확한 근거를 중심으로 대상이나 존재를 인정하는 실증주의를 선택하니 말이다. 거꾸로 눈에 보이고 손에 잡히는 그것은 오히려 본질이 아닐 수도 있다. 본질은 영적인 무엇인가에 있기 때문이다.

다만 영성이라는 것이 개인적인 그것으로 생각할 수 있지만, 집단적일 수 있다. 이는 사회적 의미와 가치로서 영성을 생각할 수 있는 맥락이다. 어떤 종교나 공동체, 조직에 대한 헌신 없이 개인적인 자아초월을 추구하는 행위 정도로 생각될 수 있을 것이다. 한쪽에서는 헌신이 없는 신앙을 추구하는 현대인의 경향을 합리화하는 도구로 사용되는 위험을 지적하기도 한다. 이러한 맥락에서 사회적 영성이라는 개념을 부각하기도 한다. 사회적 영성은 개인적인 영성의 사회적 의

미를 해석하는 것에 그치지 않고 공동체적인 영성을 강조한다. 공동체적인 영성은 사회 안에 존재하는 한 개인과 다른 사람의 삶의 질을 변화시키는 연대와 상호 변화에 주목한다. 사회 변화와 개인의 변화를 긍정적으로 변화하게 하는 과정에 초점을 맞춘다.[4] 공동체에서 출발해 공동체로 돌아오자는 논지인데 개인에서 출발해서 공동체로 다시 개인으로 이렇게 선순환될 수도 있을 것이다. 이는 다른 존재들과 교감할 수 있다면 종교의 형식을 벗어날 수 있다는 생각과 연결된다.

개인과 공동체의 순환, 이렇게 순환되는 것에는 공통분모가 있다. 에른스트 블로흐는 "희망이 있는 곳에 종교가 있다."라고 했다.[5] 희망에 대한 여러 말은 종교에 바라는 대표적인 사회적 역할과 기능일 것이다. 이런 말을 보면 짐작할 수 있다. "종교가 있는 곳에 희망이 있어야 한다. 새로운 삶에 대한 희망일 것이다. 여기에서 새로운 삶이란 지금 생애를 끝내고 내세의 삶에서 이뤄지는 삶을 의미하지는 않을 것이다. 종교기관이나 조직이 계획이든 실천이든 무엇을 하든 사람들에게 희망을 전해 주는 것이어야 한다."[6] 내세의 삶이 아니라 여기에서 뭔가 이상적인 차원의 희망을 주는 것, 그것은 개인을 넘어서 여러 사람에게 말인데 이것이 사회나 공동체 지향의 희망을 의미한다. 어떻게 보면 하나의 유토피아를 종교가 제시해 주는 것을 의미한다. 하지만 막연한 유토피아는 더는 잘 사용하지 않는 용어가 된 듯싶다. 유토피아가 현실에 있어 보지 않은 어떤 곳을 의미하기 때문이다. 지금 사람들은 어디에도 있던 적이 없던 것이 아니라 지금 바로 이곳을 중시하며 이것은 미래에도 확장할 가능성이 있다. 지금 그리고 여기에서 희망을 꿈꾸고 실천하는 것이 실제적일수록 영성적 비신자 현상을 보인다.

수백 년 전부터 종교가 소멸할 것이라는 미래 전망이 있었지만, 지금은 종교 소멸의 징후는 찾을 수 없다. 격렬한 움직임만을 보면 종교가 더 부각하고 있는 모습이다. 하지만 종교가 이전과 같은 모습인지는 알 수 없다. 21세기를 살아가는 이들에게 종교는 변화하고 있고, 종교의 의미도 다르게 받아들여지고 있다. 이런 변화는 바로 영성적 비신자의 토양이다. 종교학자들은 종교적 감성의 변화에서 내재적인 안으로 돌아서고 있다는 점을 지적한다. 세속적인 것에서 뭔가 영적인 것을 여기는 변화가 여기에 해당한다. 시인 홉킨스Gerard Manley Hopkins은 "신의 장엄함이 가득한 곳은 다른 어떤 세계가 아니라 우리의 일상의 삶의 세계"라고 했던 것을 다시 확인하고 있다. 사람들이 종교에 눈길을 주는 것은 이 세상을 좀 더 좋게 만들려는 것이고, 또 다른 세계를 준비하는 것이 아니다. 일상에서 새로운 변화를 추구할 때 과학을 떠올릴 수 있다. 당장에 현실을 바꿔 주는 혁신적인 도구들을 만들어 내는 듯싶기 때문이다. 그렇다고 좀 더 좋은 세상을 과학이 보장한다고 규정할 수는 없을 것이다.

미시건대학 심리학과 교수이자 프랑스 국립 과학연구센터 연구소장인 스콧 애트런Scott Atran은 과학과 종교 간의 관계를 짚었다. "대다수 사람의 삶에서 아주 오랫동안 계속되기를 바라는 사회에서 과학이 종교를 대체할 수는 없고 단지 종교를 둘러싼 현상을 설명할 수 있다고 한다. 각 개인의 마음과 사회문화에서 조직화되어 있는지 종교적 믿음이 사라지지 않는지 이해할 수 있게 한다는 것이다."[7]

과학은 종교를 설명하고자 하는데 종교의 역할을 할 수 없다. 스콧 애트런은 거꾸로 '종교는 과학을 대체할 수 없을 것'이라고 했다. 그렇다면 과학이 만들어 내는 사회문화적인 트렌드에 영성석 비신자들이 경도될 수 있는 여지는 충분하다. 그렇다고 종교를 과학이 만드는 사회문화 현상이 대체할 수 없기에 영성적 비신자들의 선호가 종교를 부정하거나 다른 것으로 완전히 대체할 수는 없는 것이다.

현재에는 좀 더 실제적이고 실천적인 것들에 사람들이 많이 관심을 두고 있으며, 이러한 이들을 영성적 비신자라고 할 수 있다. 그들은 자기가 몸으로 뭔가 이행하고 그에 따른 결과를 손에 잡고 싶어 한다. 하비 콕스는 이렇게 말했다. "많은 종교에서 교리적인 모습이 감소하고 더 많이 실천적으로 되고 있는데 교리보다 윤리적인 지침 영적 훈련에 흥미를 느낀다."[8] 여기에서 실천이라는 단어는 단지 종교에 따르는 실제 행위만을 의미하는 것을 넘어설 수 있다. 예컨대 사회적으로 인권, 평화, 윤리, 환경, 여성, 지속 가능성, 보건 등을 포괄할 수 있다. 이러한 실천은 행복이라는 점에서 접근할 수 있겠고, 이를 위해 어떤 융합적 행위가 필요한지 샘 해리스가 언급하기도 했다. "영적 경험, 윤리적 행위, 강력한 공동체는 인간 행복의 필수 요소이고 종교의 핵심에 이런 진리가 보이지 않게 들어 있다."[9] 샘 해리스는 확실한 이성과 영성, 윤리를 우리 사고 안에 공존시키는 것이고 이것이 신앙의 최종이라고 했다. 물론 개인들은 행복을 위해서 이러한 행태를 추구하게 될 것이다. 이는 영성적 비신자 관점에서 부각하는 맥락이다. 그렇다면 과학은 영성적 비신자의 행태에 어떻게 결합할 수 있을까? 여기에서 브랜다이스대학의 복잡계 이론 및 과학부 교수인 조던 폴락Jordan Pollack의 말을 좀 더 길게 인용할 필요가 있겠다.

"과학은 또 다른 종교라는 위험한 생각을 포용하면서 공개적으로 영적, 도덕적 운동을 조직하고자 한다. 내가 생각하는 것은 가이아 가설에 기초해 새롭게 더 푸른 종교를 만들거나 현존하는 믿음의 공동체들이 좋다고 한다면 '지구를 보호하라.'라는 제11계명을 만드는 것이다. 그런 운동은 새로운 설교 무대가 될 수 있을 것이다. 이 무대에서는 증거에 기반한 말이 없는 다수가 도덕적 힘과 복음의 열정을 가지고 지구의 미래에 관한 중대한 문제들에 대해서 의견을 피력하게 될 것이다."[10]

가이아 이론Gaia hypothesis에 전적으로 따른다면, 또 하나의 영적인 원리를 인정하는 셈이 된다. 과학을 맹신하고 그것을 하나의 종교화로 삼는 것에 새로운 세대, 특히 영성적 비신자들이 과연 용인할 수 있을지 알 수 없다. 과학은 또 하나의 영성을 위한 매개 고리가 될 수 있을 것이다. 그것은 개인뿐만 아니라 사회 그리고 국가와 인류의 행복과 지속 가능성을 위해 이바지함이 목적일 것이다. 한편으로 영성적 비신자의 활동이 늘어나는 것은 종교에 대한 근원적인 관심의 환기를 시키는 계기 효과를 마련해 줄 것이다.

문화센터를 중심으로 사람과 사람의 관계를 맺어 주는 종교 단체들이 확장하는 맥락이라고 할 수 있다. 개인 차이가 있겠지만, 문화예술 행위들을 통해 근원적인 진리에 관해 관심을 가질 수 있기 때문이다. 덧붙여 영성적 비신자들의 믿음과 실천이 갖는 한계와 효과를 세밀하게 구분하고 밝혀 주는 작업이 미래에도 계속 이어져야 한다. 물론 영성적 비신자들이 진보의 끝은 아니다. 종교의 역할과 효과가 없을 수는 없다. 과학이 인간에게 해 줄 수 있는 것도 분명하다. 과학이 현실을 파헤치고 실제적인 메커니즘을 밝힐수록 또 다른 세상을 꿈꾸는 사람들의 움직임은 종교를 들여다보지 않고는 더는 진척이 없을 수도 있기 때문이다. 종교가 최종 목적이 아니듯 영성과 종교는 계속 순환 고리를 만들어 갈 것이다. 영성을 종교적 희생과 헌신을 하는 사람들이 있기에 실천과 성과가 이뤄지는 면들이 귀한 가치를 갖는 건 여전할 것이다. 특히 이는 개인주의를 넘어 이기주의로 파편화되는 이들에게 희망으로 다가올 수 있다. 종교적 경험이 없는 새로운 세대에게 종교가 어필되는 이유다. 여론조사기관 퓨리서치센터는 2070년에 이르러서는 미국 전체 인구의 54% 수준이고, 무종교인의 숫자는 현재와 비슷한 34%라고 했다. 무종교인이 무조건 늘어나지는 않는다는 점은 이해할 수 있다. 30%는 기독교 교회에서 이탈하고 20%의 젊은이는 교회에 나가는 현상도 볼 수 있는 대목도 같다. 아울러 종교적 경험이 있는 영성적 비신자들은 언제든 종교의 영역으로 돌아올 수도 있다. 이런 맥락에서 미시건대학 심리학과 교수이자 프랑스 국립 과학연구센터 연구소장인 스콧 애트런Scott Atran의 말을 곱씹을 수 있겠다.

"에드워드 기번Edward Gibbon, 1737년~1794년의 《로마 제국의 쇠망》 이후로 과학자와 세속적인 학자들은 줄곧 종교의 종말을 예측했다. 그러나 종교적 열정이 세계에서 경제적으로 가장 강하고 과학적으로 가장 진보한 미국을 포함하여 온 세계에서 더 널리 더 깊이 퍼지고 있다면 그 예측을 어떻게 평가해야 하는가. 이러한 현상의 근원적인 이유는 과학이 인간과 인간의 의도의지를 우주 속에서 부차적인 구성 요소로만 다룬 데 비해 종교는 그것들을 중점에 둔다…. 종교는 번성하는 데 사람들의 가장 깊은 감정적인 열망과 사회가 기본적으로 바라는 도덕적 필요를 다루기 때문이다. 종교는 과학에 없는 희망이다."[11]

인공지능 · 첨단 기술 시그널

SIGNAL KOREA 2025

푸른 뱀의 지혜로 Blue Snake Wisdom

'을씨년' 2025, 푸른 뱀의 지혜로

Blue Snake Wisdom — '을씨년' 2025, 푸른 뱀의 지혜로
Looking for ways to prepare for future jobs? — 미래 일자리
Upscaling to a hybrid workplace with AI integration — 하이브리드 업무 공간
Economic rivalry reshaping global supply chains — 생존 공급망

Shifting Education with AI Tutors – Hybrid Learning Signals — 하이브리드 클래스
No way a spiritual non-believer could lead, could they? — 영성적 비신자
Alarm Signal for Korea's Semiconductor Future — 반도체 치킨 게임
Key Steps Towards the Quantum World – The Second Quantum Revolution — 퀀텀 점프
Evolution of Values Through Neuroscience – How Should We Live? — 윤리적 신경과학

Will Aging End? – The Legacy of Methuselah's Quest for Immortality — 영생 인류
Improving Cyber Resilience with AI: The Future of Security — 사이버 리질리언스
Symphony of Politics Amid Crisis – Balancing Hope and Despair — 복합위기
Drones vs. Defense – The Evolution of Counter-Drone Warfare — 대드론 전쟁
Oceans Rising – The Birth of Underwater Independent Cities — 수중독립도시
Mapping Paths to Overcome Environmental Challenges — 환경신데믹

반도체 패전의 시그널

- 협력과 경쟁 사이 한국 반도체의 운명 -

한국에너지공과대학교 교수 부경호

최첨단 반도체 제조 역량은 이제 국가 안보의 핵심이다. 대만과 한국만 이 그 기술을 보유하고 있지만, 미중 간의 패권 전쟁이 이들을 위협하고 있다. 일본 반도체 패전의 역사는 한국에게 어떤 교훈을 줄 수 있을까? 한국 반도체는 패자敗者가 될 것인가, 아니면 패자敗者가 아닌 패자霸者로 남을 것인가?

4차 산업혁명 시대 첨단 제품의 경쟁력은 탑재된 반도체의 성능이 결정한다. 이는 드론, 전투기 등 첨단 무기에도 마찬가지로 적용되므로 '최첨단' 반도체의 제조 역량을 갖추는 것은 국가 안보의 문제가 되었다. 현재 '최첨단' 반도체를 제조할 수 있는 나라는 대만과 한국밖에 없고 강대국 미국과 중국은 생산 약소국이다. 미-중 간의 반도체 패권 전쟁은 최첨단 반도체의 생산을 자국 내에서 이뤄지게 하는 내재화 정책과 상대방의 내재화를 구축驅逐하는 방식으로 펼쳐진다. 이는 한국 반도체의 미래를 예측하는 데 '기술 혁신' 이외에 정치·경제학적 복잡한 변수의 방정식을 풀어야 함을 의미한다. 역사는 최고의 미래학이라는 말이 있듯이 한국 반도체의 미래를 전망할 때 과거의 역사 속의 교훈에 주목해야 한다. 성공을 위한 승자의 방정식보다 패배의 시그널에 주목해야 한다. 과거 전 세계를 호령했던 일본 반도체 패전의 역사는 혹시나 현재 펼쳐지고 있을지도 모르는 한국 반도체 패전의 시그널이다. 전 세계 반도체 산업의 태동기부터 반도체 산업의 역사를 심도 있게 살펴본다. 특히 일본 반도체 패전의 경로를 조망함으로써 패자敗者, loser가 아닌 패자霸者, hegemon로 가는 성공의 시그널이 식별될 것이다.

반도체 제조 공정과 밸류 체인

반도체 칩의 제조 공정은 잉곳ingot이라고 부르는 원통 모양의 단결정 실리콘 덩어리를 원반 모양으로 자른 웨이퍼wafer를 통하여 이루어진다. 반도체 칩 제조 공정은 집적회로integrated circuit, IC가 내장된 '다이die'를 웨이퍼 상에서 제조하는 전前 공정과 전공정 이후 웨이퍼 상에서 각각의 다이를 검사하고 정상 동작하는 것을 선별하여 패키지하는 후後공정으로 나뉜다. [그림 1]에서 전공정은 웨이퍼 위에 필름 증착 → 패턴 전사노광 장치 사용 → 패턴 에칭 등 일련의 과정을 반복하여 집적회로의 설계도에 따른 패턴을 웨이퍼 내의 다이에 새겨 넣는 과정

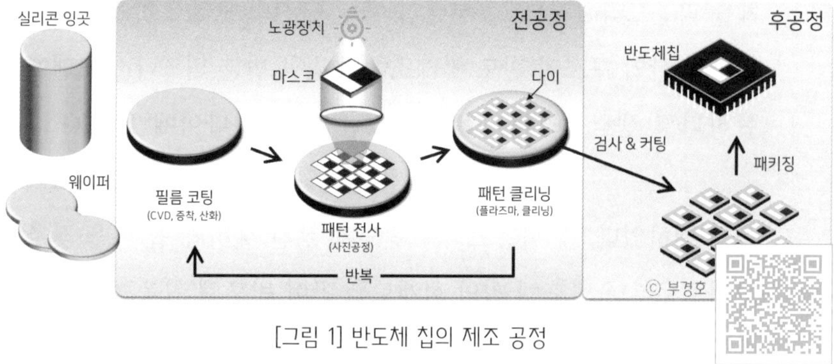

[그림 1] 반도체 칩의 제조 공정

이다. 후공정은 전공정 작업이 완료된 웨이퍼의 다이들을 전수 검사하고, 개별 다이로 자른 후 정상적으로 동작하는 다이를 선별하여 외부와 접속할 전선을 연결한 후 패키지밀봉하는 과정이다.

반도체 칩 제조 산업의 비즈니스 모델은 크게 통합 소자 제조사IDM, Integrated Device Manufacturer, 파운드리, 팹리스 사업의 세 가지 유형으로 분류할 수 있다. IDM은 칩 설계부터 최종 제품 처리 및 제조까지 반도체 생산의 모든 단계를 자체적으로 처리하는 회사이다. 메모리 반도체의 삼성전자와 CPU의 인텔이 대표적이다.

반도체 칩의 집적도는 집적회로를 구성하는 기본 소자인 트랜지스터transistor를 얼마나 많이 포함하는가를 말한다. 반도체 칩의 집적도가 기하급수적으로 증가하여 반도체 설계와 제조 공정이 복잡해지고 그 비용이 천문학적으로 증가하게 되어 반도체 제조 공정과 제품 설계 사업이 전문화·분화되었다. 이때 반도체 제조 공정만 수행하고 고객사로부터 반도체 칩의 설계도를 제공받아 그 생산을 수탁받는 업체를 파운드리foundry라고 부른다. 중국 출신의 모리스 창Morris Chang은 대만의 산업 구조가 반도체 제조에 초점을 맞춘 비즈니스 모델에 적합하다고 생각하였다. 그는 1987년 56세의 나이에 TSMCTaiwan Semiconductor Manufacturing Company를 설립하여 파운드리 비즈니스 모델을 개척하였다. 즉 파운드리는 반도체 생산 설비와 팹Fab을 갖추고, 고객으로부터 반도체 칩의 설계도를 받아 반도체 칩을 제조하여 납품하는 업체이다.

팹리스Fabless는 '패브리케이션Fabrication'과 '리스Less'의 합성어로 팹이나 반도체 제조 공장이 없다는 뜻이다. 팹리스는 반도체 칩을 직접 생산하는 대신 반도체 칩의 기획과 설계에 집중하고, 제조 과정을 파운드리Foundry에 위탁한다. 팹리스 기업의 대표적인 사례가 미국의 퀄컴과 엔비디아이다.

[그림 2]의 반도체 산업의 밸류 체인에서 맨 왼쪽에 위치한 IT 기 기업체는 반도체 칩의 최종 수요자로서, 반도체 칩을 구매하여 스마

[그림 2] 반도체 산업의 밸류 체인

트폰, TV 등 IT 기기를 만드는 시스템 회사이다. 애플, 삼성이 대표적이다. 맨 오른쪽에 위치한 소재·부품·장비 업체는 반도체 제조 공정에 사용되는 소재, 부품 및 장비를 납품하는 업체이다. 대표적 반도체 장비 회사로는 네덜란드의 에이에스엠엘ASML 및 미국의 어플라이드 머터리얼즈Applied Materials사가 있다.

반도체 산업의 고전적 게임의 룰

반도체 칩 제조에서 원가 경쟁의 3요소는 미세화물리적 크기의 축소화, 웨이퍼의 대구경화 그리고 수율Yield이다.

미세화

[그림 3]에서 반도체 칩을 구성하는 요소들의 물리적인 크기가 0.7배 줄어들면 웨이퍼 내 다이 면적은 49%로 줄어든다. 이는 다이 면적이 원래 크기의 0.7×0.7 = 49%로 감소하기 때문이다. 결과적으로 [그림 3]과 같이 0.7배 축소된 공정으로 반도체 다이를 제조할 경우, 하나의 웨이퍼 내의 다이 수는 177개에서 379개로 증가한다. 이에

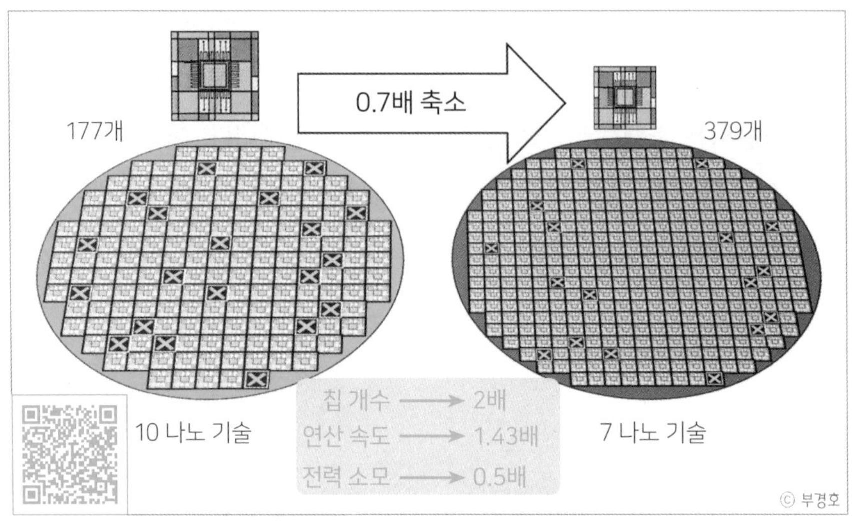

[그림 3] 반도체 미세화의 이득

따라 웨이퍼당 다이 개수가 2배로 늘어나 한 번의 전공정에서 두 배의 다이를 얻게 되어 실질적으로 제조 비용이 50%로 감소하게 된다.

즉 더욱 발전된 미세화 공정의 도입은 기하급수적으로 감소하는 가격 경쟁력을 제공하므로 반도체 미세 공정 능력은 역사적으로 반도체 제조업체의 경쟁력을 나타내는 대표적 척도였다.

만일 0.7배의 미세화 공정에 성공했다고 하더라도 다이의 면적을 유지한다면 집적도가 2배로 늘어난 반도체 칩을 얻을 수 있다. 이는 2배의 기능을 가진 반도체 칩을 생산할 수 있음을 의미한다. 이러한 미세화에 대한 공정 설계의 룰과 그 이득에 대하여 IBM의 데나드R. Dennard는 정교한 이론을 1974년 제시하였는데, 이를 데나드의 스케일링이라 부른다R .Dennard, 1974. 데나드의 스케일링 이론에 따르면 반도체 다이 내 소자들의 물리적 크기를 0.7배 미세화하여 반도체 칩을 제조하면, 회로 내 신호 전달 경로가 짧아져 신호 처리 속도, 즉 연산 속도는 1.43배=1/0.7 빨라지고, 동일 칩 면적에 집적도가 2배의 칩을 얻을 수 있다. 전력 소모는 다이의 면적에 비례하므로 집적도가 두 배가 되었더라도 다이의 면적이 동일하여 전력 소모는 동일하다. 즉 0.7배의 미세화로 1.43배 빠르고, 집적도가 두 배가 되지만 전력 소모량은 동일한 반도체 칩을 얻을 수 있다. D램의 발명자이기도 한 데나드의 스케일링 이론은 무어의 법칙을 트랜지스터의 개수의 증가라는 단순한 법칙에서 반도체 칩의 성능가격·연산능력·저전력소비에 대한 기하급수적 발전 법칙으로 확장시켰다. 0.7배로 축소된 새로운 다이로 이루어진 반도체 칩은 이전 세대의 반도체 칩에 비해 절대적인 경쟁 우위를 획득하게 된다.

웨이퍼 대구경화

웨이퍼의 직경이 커질수록 웨이퍼 내에 제조되는 칩의 개수가 증가하여 원가 경쟁력 향상 요소로 작용한다. 직경 12인치300㎜ 웨이퍼로 반도체 칩을 제조하는 경우 8인치200㎜ 웨이퍼 기반의 반도체 공정과 비교하여 30~40%의 비용 절감 효과가 발생한다. 그러나 다음 세대의 웨이퍼 대구경화에 해당하는 직경 18인치450㎜ 웨이퍼는 산업계에서 한동안 시도해 보지 않을 것으로 보인다.

수율

수율Yield은 투입한 양 대비 성공적으로 동작하는 다이의 비율로, 10% 수율 증가는 10%의 원가 절감 효과를 유발한다. [그림 3] 왼쪽의 10나노 기술의 기존 제조 공정에서 18개의 불량 다이가 검출되었다면 수율은 (177-18)/177 = 89.8%가 된다. 반면에 오른쪽 7나노 기술의 제조 공정에서 379개의 가능한 다이에서 전공정 후에 18개의 불량 다이가 검출되었다면 수율은 (379-18)/379 = 95.2%가 된다. 웨이퍼 내의 불량 다이의 개수가 동일하더라도 미세화된 제조 기술더 작은 다이에서 수율이 높게 나온다. 즉 반도체 공정의 미세화는 수율을 관리하는 데도 유리하다. 반도체 제조 공정의 핵심 역량은 높은 수율을 안정적으로 확보하는 것이다. 수율의 역수가 제조 원가이기 때문이다. X사가 3나노 공정을 개발하고 양산에 성공하여 수율을 65%를 확보했다고 하고, 경쟁 회사인 T사가 3나노 공정을 뒤늦게 개발하였더라도 양산에서 수율이 90%의 수율이 나온다고 하면, X사의 3나노 반도체 칩이 원가가 1/0.65 ~ 1.53달러, T사의 원가는 1.11달러가 된다. 시장에서 T사가 1.3달러로 파운드리 가격을 책정했다면 X사의 파운드리 사업은 반도체 칩을 하나를 제조할 때마다 0.23달러 손해 보게 된다. 높은 수율은 초우량 반도체 칩의 수득 비율을 높여 가격 경쟁력 외에 고품질 효과도 낳게 된다.

무어의 법칙과 산업사회의 진화

'무어의 법칙'은 인텔Intel을 창립하는 고든 무어Gordon Moore가 반도체 벤처기업에 연구소장으로 재직하던 1965년에 한 잡지에 발표한 기사에서 유래한다. 이 기사에서 무어는 단일 반도체 칩에 내장된 트랜지스터의 수가 매년 두 배로 늘어날 것으로 예측했다. 1975년 인텔의 회장이었던 무어는 매년 두 배에서 2년마다 두 배로 성장률을 완화한다. 반도체 업계에서 무어의 예측은 점차 표준으로 받아들여졌고,

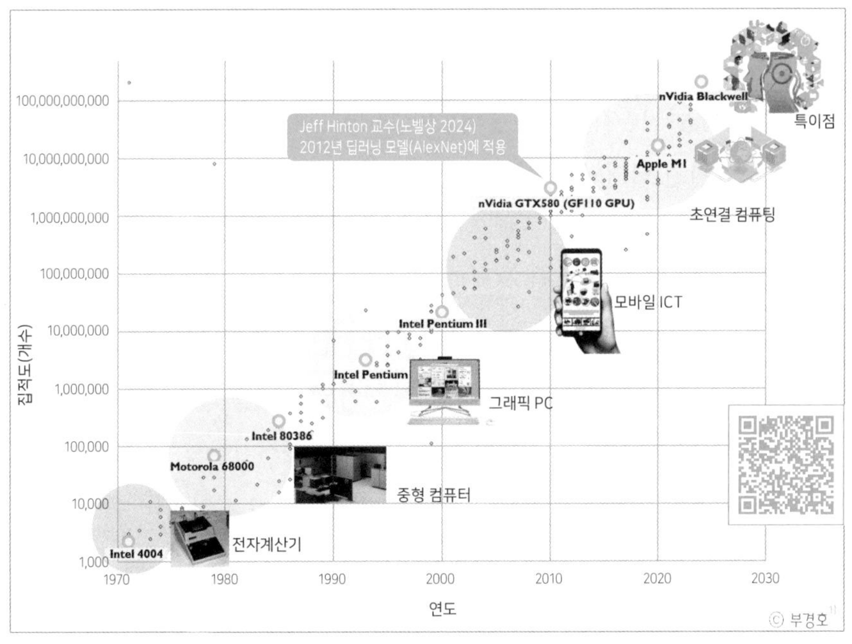

[그림 4] 연도별 집적도반도체 칩 내 트랜지스터 숫자의 증가에 따른 산업사회의 진화

1975년경에는 '법칙'으로 통용되게 되었다. 이 법칙은 컴퓨팅 파워가 2년마다 2배씩 기하급수적으로 증가하는 경향을 말하며, 현재까지 반도체 산업 발전을 이끄는 기본 법칙이 되어 왔다.

[그림 4]는 무어의 법칙에 따라 60여 년간 반도체 집적도가 연도별로 기하급수적으로 증가하는 것을 보여 준다. 반도체 칩의 집적도 증가는 기하급수적 성능의 혁신으로 이어졌고, 이는 새로운 산업을 창출시키게 된다. 반도체 칩의 집적도가 1만 개 수준에서는 탁상용 전자계산기, 100만 개 집적도에서는 중형 컴퓨터, 1,000만 개 수준의 집적도에서는 그래픽 인터페이스의 PC, 10억 개 수준에서는 모바일 ICT 산업이 창출되었다. 100억 개 수준의 반도체 칩은 데이터 센터에서 수만에서 수십만의 반도체 칩이 초연결되어 때론 인간 최고수를 뛰어넘는 인공지능이 창출되었다. 2016년 이세돌과 역사적인 바둑 대결을 펼친 딥러닝 모델인 알파고AlphaGo는 초연결 컴퓨팅의 대표적인 사례다. 이 정교한 시스템은 1,920개의 CPU와 280개의 GPU를 연결하여 작동하는 컴퓨팅 인프라를 기반으로 구동되었다.

미래학자 레이 커즈와일Ray Kurzweil이 그의 저서인 《특이점이 온다》에서 주장한 '6단계 진화 이론'은 지능과 기술의 진보를 이해하는 틀을 제시하였다. 특히 4단계에서는 기하급수적으로 증가하는 컴퓨팅 능력의 기술적 진화로 기술과 인간의 지능이 융합되는 5단계가 도래한다고 설명하였다[2]. 특이점에서는 비생물학적 지능이 오늘날의 모든 인간 지능보다 10억 배 더 강력해지는 때이고 2045년에 도래한다고 적시하였다[3]. 2022년 말 출현한 챗GPT는 다양한 분야에서 인간의 능력을 뛰어넘는 인공지능의 실력을 보여 주고 있다. 이러한 발전은 수십 년 뒤라고 생각되었던 특이점의 출현이 훨씬 빨리 나타날 수 있음을 시사하며 인류의 미래에 심오한 변화를 예고한다.

반도체 산업의 시대별 판도

1960년대: 발명의 시대

혁신적 발명들이 집적회로 기반의 실리콘 반도체 산업을 탄생시키던 시기이다. 실리콘 기반의 반도체 혁신 기술들은 현재의 실리콘 밸리를 중심으로 반도체 산업을 태동시킨다. 1950년대 중반까지만 하더라도 아름다운 과수원의 풍경으로 유명한 시골 마을 '산타클라라 밸리Santa Clara Valley'는 1971년 저널리스트 돈 화플러Don Hoefler의 〈Silicon Valley USA〉라는 보고서 이후 첨단 기술 혁신의 산실을 상징하는 '실리콘밸리Silicon Valley'로 그 이름이 굳어지게 되었다.

훗날 무어와 함께 인텔을 공동 창립한 노이스Noyce는 1958년에 집적회로Integrated Circuit, IC를 발명한다. 이 획기적인 발명으로 전자 소자 간의 전선 연결 없이 하나의 실리콘 칩에 수많은 반도체 소자들로 이루어진 복잡한 회로를 만들 수 있었다. 벨연구소의 한국인 강대원

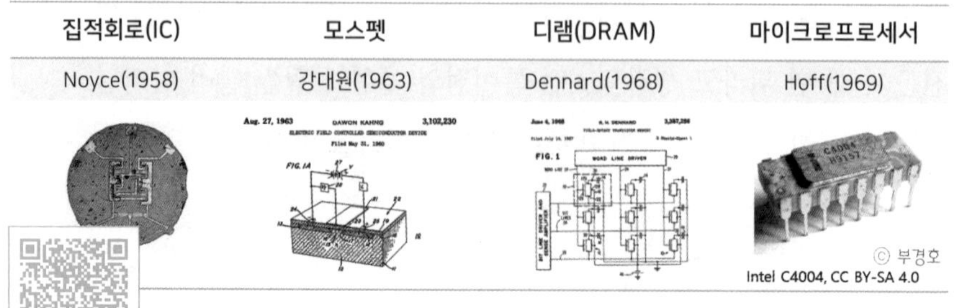

집적회로(IC)
모스펫
디램(DRAM)
마이크로프로세서
Noyce(1958)
강대원(1963)
Dennard(1968)
Hoff(1969)
© 부경호
Intel C4004, CC BY-SA 4.0

[그림 5] 실리콘 반도체 산업과 디지털 컴퓨터 시대를 탄생시킨 혁신 발명

박사는 고집적화, 대량 생산에 적합한 MOSFET을 발명해 디지털 전자회로의 초석을 다졌다. 1968년 메모리 장치인 DRAM의 발명과 1969년 인텔사의 최초 상용 마이크로프로세서의 발명은 디지털 컴퓨터 시대를 열었다.

1970년대: 컴퓨터 산업

인텔은 1970년대 초 마이크로프로세서와 D램의 상업화에 성공하는데, 마이크로프로세서와 D램은 디지털 컴퓨팅 산업을 진수시킨다. 반도체 산업은 D램 제조 산업을 중심으로 번창하는데 TI, 모토롤라, 페어차일드, 인텔 등 미국의 독무대였다.

1980년대: PC 산업

일본 거대 기업들이 D램 사업에 진출함에 따라 품질과 가격 경쟁력을 앞세워 미국을 따돌리고 반도체 패권을 장악한다. 1987년에는 세계 반도체 제조 랭킹 1~3위를 NEC, 도시바, 히타치가 각각 차지하여 일본 기업들이 위세를 떨쳤다. 1980년대 미국의 인텔사의 사장이었던 앤드류 그로부Andrew Grove는 D램 사업에서 손을 떼는 중대한 결정을 내렸다. 대신 그는 전략적으로 회사의 초점을 IBM-PC에 적합한 마이크로프로세서에 집중하였다. 1985년 출시된 인텔의 80386은 시대를 풍미한 마이크로프로세서로 MS사의 운영 체제와 함께 PC 기반의 IT 시대를 열어 나갔다. 인텔사의 이러한 전략적 전환은 개인용 컴퓨팅 산업에 혁명을 일으켰을 뿐만 아니라 IT 산업을 중심으로 일본에게 뺏긴 하이테크 산업의 주도권을 회복하게 하였다.

1990년대: 인터넷 PC

MS의 운영 체제와 인텔의 CPU를 탑재한 개인용 컴퓨터는 인터넷 시대를 열어 나간다. 삼성, 현대 등 한국의 후발 반도체 업체는 과감한 투자와 정부 주도의 개발 프로젝트를 통해 일본을 제치고 D램 시장에서 1위를 차지한다. 삼성전자는 1993년 이후 세계 메모리 반도체 시장의 1위 자리를 현재까지 유지하고 있다. 대만의 모리스 창은 TSMC 설립을 통해 '파운드리'라는 새로운 반도체 비즈니스 영역을 구축하여 확장시켜 나간다.

2000년대: 모바일 IT 혁명

낸드플래시 메모리는 원래 일본 도시바가 발명했지만, 2000년대 초반 독자적으로 상용화에 성공한 것은 삼성전자였다. 전원이 꺼지면 저장된 정보가 사라지는 휘발성 메모리인 D램과 달리 낸드플래시 메모리는 전원 없이도 저장된 정보를 유지해 디지털카메라, 스마트폰 등 모바일 IT 기기 혁명을 촉발하였다. 이러한 혁신은 결국 D램의 시장을 능가하는 NAND 플래시 시장을 창출한다. 비메모리 반도체도 2007년 스마트폰이 등장하면서 반도체 칩의 초점은 PC에 사용되는 마이크로프로세서에서 모바일 APapplication processor로 옮겨갔다. AP는 스마트폰에 필요한 다양한 처리·제어 기능들그래픽/카메라/비디오/오디오 신호제어, 각종 메모리 관리 및 MP3 처리 기능을 수행하는 컴퓨터 시스템이 하나의 반도체 칩으로 구현된 것이다. 모바일 IT 시장이 확대되면서 스마트폰뿐만 아니라 전자책, 태블릿PC, 차량용 내비게이션, 게임기 등의 기기까지로도 반도체 시장이 확대됐다. 이러한 시장 진화는 초연결 디지털 사회의 기반을 마련했고, 소셜 네트워킹 서비스SNS 등 디지털 플랫폼의 성장을 촉진하였다.

반도체 치킨게임의 전개

- 최첨단 공정만 살아남는다 -

반도체 '치킨게임'은 게임 이론에 뿌리를 둔 경쟁 시나리오로, 타협 없는 경쟁이 특징이다. 반도체 생산이 크게 증가함에 따라 기술 혁신

을 따라잡지 못하는 기업은 결국 퇴출된다는 것이다. 이는 어떤 문제를 둘러싸고 대립하는 상황에서 어느 한쪽이 양보하지 않을 경우 양쪽 모두 파국으로 치닫는 극단적인 상황을 지칭하는 말이다. 치킨게임이라는 말은 1950년대 미국 젊은이들 사이에서 유행하던 담력 과시용 자동차 게임에서 유래했다.

반도체 칩의 집적도가 2년마다 두 배로 증가한다는 무어의 법칙에서 뒤처지면 시장에서 퇴출당할 수밖에 없다. 무어의 법칙을 만족하는 최첨단 반도체 칩은 2배의 집적도, 1.43배 빠른 연산 속도를 제공함에도 동일한 전력을 소비하기 때문에 절대적 경쟁 우위를 갖게 된다. 무어의 법칙을 준수할 수 없으면 시장에서 낙오할 수밖에 없다. '무어의 법칙'은 반도체 치킨게임의 기본적 규칙이다.

사실 반도체 칩의 집적도를 두 배로 늘리는 것은 만만찮은 과제이다. 기술이 고도화됨에 따라 공정의 난이도와 비용이 증가하므로 반도체 설계업체, 제조업체, 공정 장비 회사 및 학계 등 첨단산업의 주체 간의 긴밀한 협력에 의한 공진화를 이루어야 하기 때문이다. 사실 수십 년간 무어의 법칙이 지속되면서 대부분의 반도체 칩 제조회사는 퇴출되거나 팹리스로 업력을 집중할 수밖에 없었다.

결국 반도체 치킨게임에서 살아남아 최첨단 반도체 칩을 제조할 수 있는 기업은 메모리 반도체에서는 한국의 삼성전자와 SK하이닉스이며, 비메모리 반도체에서는 대만의 TSMC와 한국의 삼성전자뿐이다. 즉 국가로 볼 때는 대만과 한국밖에 없다. 최첨단 제조 공정의 반도체 칩이 다른 반도체 칩에 대해 절대적 경쟁 우위를 갖기 때문에 반도체 패권 전쟁의 핵심은 최첨단 반도체 칩에 대한 안정적 공급망 확보이다. 더 나아가 최근에는 반도체 칩의 자국 내 생산에 전략적 초점이 맞춰지고 있다. 생산 시설을 해외로 이전했던 기업들이 국내 복귀를 뜻하는 리쇼어링reshoring과는 다른 개념이다. 더불어 패권 경쟁의 상대방 국가가 최첨단 반도체 칩 제조 능력을 가질 수 없도록 하는 것이다.

[그림 6]은 반도체 칩 제조 기업의 1988년과 2023년의 매출 순위이다. 1988년의 경우 상위 10개 기업 중 6개 기업이 일본 기업이었으나, 2023년에는 10위 안에 일본 기업은 하나도 없다. 2023년 반도체 분야 매출 1위 기업은 대만의 TSMC로 파운드리 업체이다. 미국 기업이 5개를 차지하고 있는데, 인텔을 제외하고 모두 팹리스 기업이다. 한국의 삼성전자와 SK-하이닉스는 메모리 반도체 시장을 석권하고 있으며, 유럽의 인피니언과 ST마이크로일렉트로닉스는 차량용 반도체와 아날로그 반도체 시장의 매출을 석권하고 있다.

순위	1988		2023	
1	NEC	日	TSMC	대만
2	도시바	日	인텔	美
3	히타치	日	삼성	한
4	모토롤라	美	nVidia	美
5	TI	美	퀄컴	美
6	후지쯔	日	브로드컴	美
7	인텔	美	SK 하이닉스	한
8	미쓰비시	日	AMD	美
9	마쓰시타	日	인피니언	유럽
10	필립스	유럽	ST	유럽

[그림 6] 1988년과 2023년 세계 반도체 업계의 매출 순위 변화

미·일 반도체 전쟁의 교훈

과거 미·일 반도체 패권 전쟁에서 일본 반도체 기업이 몰락한 원인을 이해하는 것은 현재 미·중 반도체 갈등 속에서 한국 반도체의 미래를 가늠하는 데 매우 중요하다. 미·일 갈등 속에서 후발 주자인 한국이 메모리 반도체 시장에서 기회를 포착하여 일본을 제치고 패권을 쥐게 된 교훈이 특히 그렇다.

1980년대 중반 전 세계 반도체 시장은 일본 기업들이 석권하고 있었다. 1987년 일본 반도체 기업은 전 세계 반도체 매출의 42%를 점유하였다. 당시 매출 1위부터 3위까지 전부 일본 기업이 차지하였으며 20위 내에 10개가 일본 기업이었다. 1980년대 중반을 넘어서자 제2의 진주만 공습에 비유될 정도로 일본산 반도체의 대미 수출은 미국 반도체 기업을 위협하는 상황에 이르게 되었다.

미·일 반도체 전쟁에서 미국이 택한 전략은 미국 통상법 슈퍼 301조를 활용한 통상 압박을 먼저 꼽을 수 있다. 슈퍼 301조는 미국의 무역 이익을 침해하는 외국의 불공정한 무역 행위를 조사하고, 협상을 통해 해결하거나 보복 조치를 취하게 하는 규정이다. 이러한 미국의 강력한 통상 압박에 따라 1986년 미·일 반도체 협정이 맺어지는데, 이는 일본에는 매우 굴욕적이어서 1854년 미국 페리 제독에 의한 개항에 비유되기도 한다. 이 협정은 일본산 반도체 칩은 미국 정부가 설정한 공정 가격 이하로 미국에서 판매할 수 없게 하였으며 동시에 일본 반도체 시장에서 외산의 점유율을 20% 이상으로 설정하였다. 이 두 가지 조항은 일본 반도체 기업의 미국과 자국 내 반도체 시장에서의 경쟁력을 약화했으며, 결과적으로 한국 반도체 기업에는 기회를 제공하게 된다.

미국의 레이건 행정부는 무역 적자를 해소하기 위해 1985년 뉴욕 플라자 호텔에서 일본 엔화와 서독 마르크화의 고평가 및 미 달러 저평가가 이뤄지도록 하는 플라자 합의를 체결시킨다. 이를 통해 일본 기업의 반도체 가격 경쟁력은 급격히 악화된다.

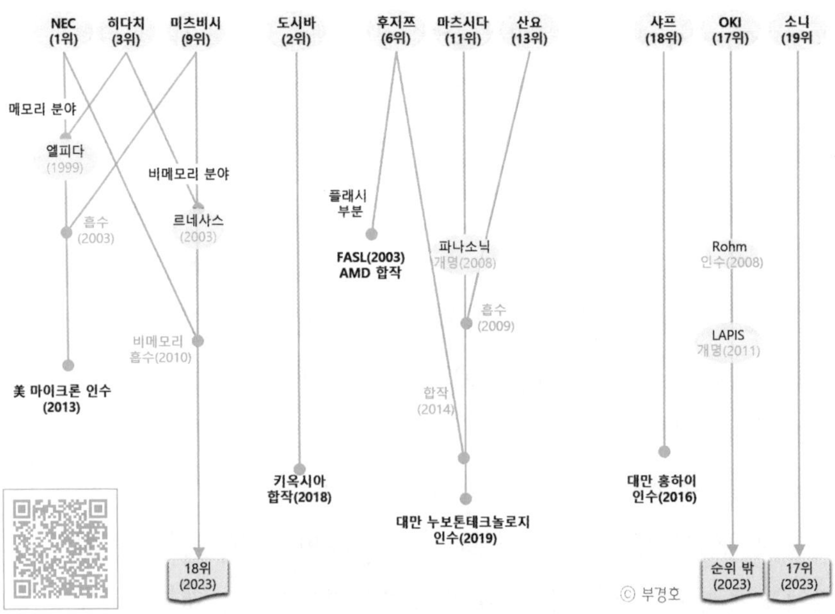

[그림 7] 1987년 세계 반도체 20위 내 일본 기업들의 쇠망 궤적

이즈음 한국의 삼성전자는 1990년 16M D램부터 전 세계에서 최초로 상품을 출시하여 생산하기 시작한다진대제, 2006. 즉 D램 분야에서 일본을 기술로 앞서게 되며, 이후 1993년부터 메모리 반도체 1위를 차지하게 된다.

일본은 메모리 부분에서 한국에 주도권을 빼앗아 오기 위하여 사력을 다한다. [그림 7]에서 1999년 일본 정부 주도로 NEC와 히다치의 메모리 사업부의 합작 회사인 엘피다Elpida를 설립하고 한국의 D램 업계에 대항한다. 엘피다는 2003년 미츠비시 메모리 사업부를 흡수하였다. 그러나 엘피다는 앞서나가는 한국의 반도체 업체에는 역부족이었다. 엘피다는 2012년 2월에 파산하고 2013년 미국의 마이크론에 인수된다.

히다치와 미츠비시는 2003년 비메모리 영역을 분리시켜 합작회사 르네사스를 설립하고 2010년 NEC의 비메모리 반도체 부분을 인수한다. 이로써 NEC, 히다치, 미츠비시라는 세계 반도체 시장에서 당대를 호령하던 이름은 사라지게 된다. 르네사스는 2023년 현재 세계 반도체 매출 랭킹 18위로 살아남아 있다. 도시바는 반도체 부분에서 낸드플래시 메모리 사업만 남아 있었으나 이마저도 한국의 반도체 업체와 경쟁이 되지 않아 경영난으로 다국적 기업인 키옥시아에 인수된다. 마츠시다는 2008년 파나소닉으로 개명하고 2009년 산요와 2014년 후지쯔를 흡수하였으나 결국 2019년 대만 누보톤테크놀로지에 인수된다. 후지쯔는 1993년 미국의 AMD와 플래시메모리 부분의 합작 회사 FASL2004년 Spansion으로 개명을 설립함으로써 후지쯔라는 이름은 일찍이 반도체 업계에서 사라진다. 샤프는 2016년 대만의 홍하이에 인수되었으며, OKI는 Rohm 그룹에 2008년에 인수되고 2011년 LAPIS로 개명한다. 소니는 2023년 현재 17위로서 다른 반도체 사업은 정리하고 이미지 센서를 생산하고 있다.

1987년 세계 반도체 매출 상위 20위 안에 들었던 일본 반도체 회사의 궤적은 크게 두 가지이다. 미국 혹은 대만의 외국 업체에 인수되거나, 르네사스 및 소니처럼 살아남는 경우이다. 이들 살아남은 기업들은 자동차용 반도체, 이미지 센서 등 전문 분야에 집중해 D램 등 반도체 치킨게임의 치열한 경쟁을 피했다. 이러한 전략적 변화를 통해 그들은 특화된 영역에서 틈새시장을 구축하고 살아남았다.

유노가미 다카시는 자신의 저서에서 일본 반도체 산업의 실패의 이유에 대하여 '과잉 기술로 과잉 품질의 제품을 만드는 병' 때문이라고 진단한다유노가미 다카시, 2011. 과잉 기술과 과잉 품질 자체가 직접적으로 경쟁력 약화의 원인이 아니기 때문에 이러한 진단은 인과관계에 근거한 실패의 이유를 적절하게 설명하지 못한다. 일본 반도체가 쇠락한 이유는 다음과 같다.

과거 일본 반도체 패전의 시그널

1) **신흥 강자의 출현:** 삼성전자는 1990년 이후 일본 기업보다 한두 세대 앞서는 차세대 D램 제품을 출시해 왔다진대제, 2006. 이는 일본의

메모리 칩은 한국의 한발 앞선 첨단 메모리 제품에 경쟁이 될 수 없음을 의미한다. 공정 기술에서 한두 세대 앞선 삼성의 파괴적 혁신 제품에 대해 성능과 가격에서 일본 업체들은 경쟁할 수 없었다. 과잉 기술로 과잉 품질의 제품이라서 그런 것이 아닌다. 이는 일본 반도체 업체가 '무어의 법칙'의 경쟁에서 뒤처짐을 의미한다.

2) **자국 장비 업체와 공퇴화**: 삼성과 TSMC가 해외 반도체 장비 업체들과 공진화하는 동안, 일본 업체들은 기존 자국 장비 업체에 묶여 있었다유노가미 다카시, 2011. ASML 및 램리서치 등 신흥 장비 업체의 혁신을 일본 반도체 회사는 자신들의 제조 공정에 탑재하지 못함으로써 반도체 생산 기술에서 뒤처지는 요인이 된다.

3) **신규 사업 창출 실패**: 낸드플래시 메모리는 1987년에 도시바에 재직하고 있던 마스오카 후지오가 발명했다. 그러나 낸드플래시 메모리 시장을 창출한 것은 삼성전자이다. 일본 반도체 업계는 삼성전자처럼 낸드플래시의 신시장을 창출하거나, TSMC처럼 파운드리 등 신사업 분야로 진출에 실패하였다. 삼성전자도 2005년 파운드리 산업에 진출했으나 일본 반도체 어떤 기업도 그러지 못했다.

4) **미국의 통상 압력**: 일본 반도체 산업은 플라자 합의 및 미일 반도체 협정으로 인해 상당한 제약을 받았다. 이는 한국의 반도체 기업에게는 기회가 되었다.

새로운 게임의 룰

무어의 법칙 종말

1965년 이래 60여 년간 지속되어 온 '무어의 법칙'은 그 지속성에 대하여 도전받고 있다. 소자의 크기가 원자 수준에 가까워짐에 따라 양자역학적 터널링 효과가 지배하여 정상적인 반도체 칩 제조는 물리적 한계에 봉착했고, 칩 내의 열 발생 문제는 심각해졌다. 즉 미세화를 통한 집적도를 늘리는 데 물리적 한계에 부딪치고 있다. 더불어 칩 내의 소자의 개수가 수백억 개 수준이 되면서 설계 비용이 기하급수적으로 증가하게 되었다. 특히 나노 수준의 패턴 전사에 필수적인 극자외선 EUV 리소그래피 장치와 이를 활용한 공정의 천문학적 비용은 반도체 칩의 집적도를 증가시키는 데 있어 경제학적인 한계로 작용한다.

병렬 컴퓨팅

병렬 컴퓨팅은 여러 프로세서나 컴퓨터를 동시에 사용하여 복잡한 계산을 빠르게 해결한다. 이러한 접근 방식은 반도체 칩의 집적도가 물리적 한계에 다다르자 점점 더 중요해지고 있다. 단일 칩에 여러 프로세서를 통합하는 멀티코어 아키텍처는 클럭 속도 증가 없이 컴퓨팅 성능을 향상시킨다. 병렬 컴퓨팅의 수용에 따른 컴퓨팅 성능의 무제한적인 확대는 반도체 칩의 집적도에 기반한 무어의 법칙의 제약을 극복하는 데 중추적인 역할을 하였다. 2016년 놀라운 수준의 추론 능력을 보여 준 알파고는 280개의 GPU와 1,920개의 CPU가 활용되었다. 즉 집적도 높은 반도체 칩보다 많은 수의 반도체 칩을 연결하는 게 컴퓨팅 성능에 더 효과적인 시대이다.

3차원 구조

반도체를 수평 방향으로 미세화할 때의 물리적 한계를 효과적으로 해결하고자 수직 방향으로 공간을 확보하는 반도체 소자의 3차원 구조가 도입되고 있다. 즉 강대원 박사가 발명한 플래너 모스펫은 3차원 벌크 핀펫FinFET 구조를 거쳐 GAA Gate-all-around 구조로 진화하고 있다. 3차원 벌크 핀펫FinFET 구조는 한국의 전 과학기술정보통신부 장관인 이종호 교수의 특허 기술이다. GAA는 1988년 플래시 메모리를 발명한 도시바의 마스오카 등이 처음으로 구현되었고, 삼성전자가 처음으로 3나노 파운드리 공정에 적용하였다[4].

낸드플래시 메모리의 경우 단층으로 배열된 셀을 수직으로 쌓아 올리는 '3차원 수직 적층' 기술도 삼성전자가 최초로 도입하였으며, 수평 방향의 미세화 없이 수직 방향으로 적층 되는 층수를 높여 집적도를 증가시킨다[5].

발열

반도체 칩의 집적도 증가로 인한 발열 문제는 Moore의 1965년 기고문Moore, 1965에서 논의 되었다. 그는 집적회로가 2차원적이기 때문에 표면 냉각으로 효율적 방열이 가능하며 데나드 스케일링이 유효하게 적용되어 전력 소모가 증가하지 않아 문제가 되지 않으리라고 예측했다. 그러나 데나드 스케일링은 더 이상 우효하지 않으며, 발열 문제로 인해 성능 저하 없이 반도체 칩을 제대로 작동하는 것은 극히 어려워졌다. 이에 따라 발열을 최소화하는 집적회로 설계 기술과 냉각·방열 기술이 반도체 분야에서 가장 중요한 기술로 부상하게 되었다.

패키지 기술

무어의 법칙의 한계가 분명해지면서 미세화에 기반한 반도체 전공정 기술로 성능을 향상시키는 것은 어려움이 많다. 칩이 조립되고 상호 연결되는 후공정, 즉 패키지 기술로 성능 향상을 꾀하고 있다.

이중에서 3D 패키지는 칩을 수직으로 적층한 후 TSV실리콘 관통 전극을 통하여 연결한다. 예를 들어, 고대역폭 메모리HBM, High Bandwidth Memory은 여러 개의 D램 칩을 수직으로 쌓아 용량과 데이터 전송 속도를 대폭 향상시키는데, 이는 AI 가속기 제조 공정에 필수적이다. AI 가속기는 AI의 학습과 추론에 특화된 하드웨어 시스템으로 GPU와 HBM을 패키지로 붙여 만든다.

슈퍼을

[그림 2]의 반도체 산업의 밸류 체인에서 왼쪽은 상품을 주문하는

주체구매자, '갑'이고 오른쪽은 상품을 납품하는 주체공급자, '을'이다. 즉 제품·세트 업체는 팹리스 공급자'을'에 주문하는 구매자'갑'이다. 팹리스와 파운드리의 관계와 파운드리와 소·부·장 업체의 관계도 '구매자'와 '공급자'의 관계이다. 통상 상품의 주문과 납품에 있어서 상품의 규격, 수량, 납품일 및 가격은 구매자인 '갑'이 주도권을 갖고 결정한다. 그러나 납품하는 자가 독점적으로 공급할 수 있는 위치에 있다면 '을'이 그 주도권을 갖게 된다. 이를 '슈퍼을'이라고 부른다. 과거에 PC에 필요한 마이크로프로세서는 인텔의 독점 제품이었기 때문에 인텔은 그 고객사들인 PC 업체에 '슈퍼을'이었다. 차세대 PC의 규격과 그 출현 시기도 슈퍼을 인텔의 차세대 프로세서의 규격과 그 출시일에 따라 결정되었다. 반도체 칩의 제조 기술이 고도화됨에 따라 반도체 칩의 밸류 체인에서도 '슈퍼을'이 주도하고 있다. 파운드리의 TSMC와 극자외선 노광 장치를 공급하는 ASML이 대표적이다. 최근의 AI 반도체의 경우에 엔비디아도 데이터 센터에서 대규모 언어 모델의 AI를 운영하는 업체들의 슈퍼을이다. 엔비디아의 AI 가속기가 없으면 AI를 돌릴 수 없기 때문이다.

SIGNAL KOREA 2025

챗GPT와 반도체 밸류 체인의 변화

2022년 말 OpenAI가 출시한 챗GPT는 인공지능AI 분야에 혁명을 일으킨 대규모 언어 모델LLM이다. 이러한 혁명은 반도체 산업의 밸류 체인의 판도를 크게 변화시키고 있다. LLM은 사전 정의된 학습 알고리즘을 기반으로 신경망 매개변수를 조정하는 AI 모델이다. 예측이나 결정을 내리는 추론은 이러한 학습된 매개변수를 사용하여 방대한 양의 데이터를 동시에 병렬 처리하는 과정이다. 병렬 처리 연산은 GPU가 담당하며, 이때 D램에 저장된 매개변수들을 활용한다.

LLM의 기능은 매개변수 개수가 많을수록 향상되지만, 이 경우 더 많은 D램과 GPU가 필요하다. LLM의 계산 속도에서 D램과 GPU 간의 데이터 전송 속도가 병목 지점이므로 다수의 HBM과 GPU를 단일 패키지에 통합하는 칩렛이 등장하였는데 이는 'AI 가속기'이다. 통상적으로 D램은 범용 규격으로 설계되어 제조되지만, AI 가속기에 사용되는 HBM은 GPU와 통합을 고려하여 특정 회사용의 주문형으로 설계 및 제조된다. 젠슨 황 엔비디아 CEO는 2024년 3월 자사의 최첨단 AI 가속기 '블랙웰'을 공개하며 '생성형 AI 산업혁명을 구동하는 엔진이 될 것'이라고 말했다.
AI 가속기와 CPU, 낸드플래시 메모리 등을 조립하면 AI 컴퓨터가 된다. 이런 AI 컴퓨터를 수백, 수천 대 모아 놓으면 LLM을 구동하는 데이터 센터가 된다. 반도체 칩 밸류 체인의 최종 갑은 이제 IT 기기 업체에서 LLM을 구동하는 서비스 업체데이터 센터 운영자로 변하고 있다.

미·중 반도체 패권 전쟁

미·중 기술 패권 전쟁은 20세기 후반 덩샤오핑鄧小平 치하의 중국이 경제 개혁으로 중국을 개방하여 세계 경제에 통합시키면서 시작됐다. 이러한 통합은 2001년 중국의 세계무역기구WTO 가입으로 인해 크게 촉진되었으며, 이를 바탕으로 중국은 급격한 경제 성장을 이루고 세계 제2위의 경제 대국이 된다. 애초 미국이 중국과 교류를 시작하고 WTO에 편입시킨 이유는 미국 주도의 시장 경제 체제에 중국을 편입시켜 중국의 개혁과 개방을 확대하려는 의도였다. 빌 클린턴 미국 대통령이 2000년 3월 존스홉킨스대 국제관계대학원SAIS에서 "중국이 WTO에 가입하면 우리 상품을 더 많이 수입하게 되는 것뿐만 아니라 민주주의의 가장 소중한 가치인 '경제적 자유'를 받아들이는 것"이라고 말했다[6].

그러나 중국의 공산당 중심의 국가 주도 경제는 강화되었다. 오히려 몸집과 실력이 늘어난 중국은 노동 집약적 제조 산업에서 첨단 산업에까지 세력을 확장하여 미국과 패권을 경쟁하게 된다. 중국은 이미 전 세계의 수요를 공급할 수 있는 충분한 태양광 패널 공장을 건설했으며 중국, 유럽, 미국에서 판매되는 모든 자동차를 생산할 수 있을 만큼의 자동차 공장을 건설했다. 2024년 말까지 중국은 불과 5년 만에 현재 유럽과 일본, 한국에서 가동 중인 모든 석유화학 공장을 합친 만큼의 석유화학 공장을 건설할 예정이다[7].

2000년대 초반 중국이 발표한 '중장기과학기술 발전계획2006~2020'이 외국 기술에 대한 의존도를 낮추는 국산화 전략이었다면, 2015년 5월에 발표한 '중국 제조 2025'는 2025년까지 로봇, 첨단 의료 기기, 바이오, 반도체 등 10대 전략 산업을 첨단화하겠다는 것이 주요 내용이다. 이는 낮은 인건비를 활용한 조립 공정에 기반한 '제조 대국'에서 '첨단 기술 제조 강국'으로 전환하기 위한 국가 전략이다. 첨단 기술 분야 중 중국이 가장 중점을 두는 분야는 반도체로서 자급률을 2025년까지 70%까지 높인다는 목표를 세웠다. 중국이 특히 '반도체 굴기'에 집중하는 이유는 반도체 칩은 중국이 가장 많이 수입하는 제품이면서 AI, 빅데이터, 통신, 로봇, 항공우주, 슈퍼컴퓨터 및 대륙

간 탄도 미사일 등 방위 산업의 근간이기 때문이다.

중국은 '중국 제조 2025'를 추진하면서 국유기업에 대한 보조금 지급, 외국 기업에 대한 장벽 등의 보호주의 정책을 시행하면서도 WTO 질서를 준수한다는 태도를 보이고 있다.

미국은 2010년대 후반부터 WTO를 통해 중국을 제소하는 방법에서 벗어나 더욱더 적극적으로 대응한다. 트럼프 정부 시절, 2018년 10월 미국 상무부는 중국 국영 D램 업체 푸젠진화의 메모리 칩 제조가 미국 군사 시스템용 칩 공급 업체의 생존에 '심대한 위협'이라고 판단하여 반도체 설계 SW와 장비 등의 수출을 금지시킨다. 결국 푸젠진화는 D램 본격 생산에 돌입하지 못하고 사업을 접는다. 미국의 중국의 반도체 산업에 대한 대응은 ① 반도체 칩 제조 회사에 대한 반도체 장비 수출을 금지시키거나, ② 화웨이 등 중국 팹리스가 TSMC의 파운드리 서비스를 이용하지 못하게 하여 중국의 팹리스를 견제하거나, ③ 최첨단 반도체 칩 예를 들어 엔비디아의 AI 가속기의 대중 수출을 제한하여 중국의 IT 기기 업체의 경쟁력을 약화시킨다. 즉 반도체 칩의 밸류 체인의 전 범위에서 중국을 압박하는 것이다.

최근 미국은 이러한 대중 제재를 병행하면서 최첨단 반도체 칩의 미국 내 제조를 육성하는 내재화 정책을 취하고 있다. 미국의 빅테크 업체들은 자체 설계한 반도체 칩의 제조를 대만의 TSMC에 대부분 의존하고 있는 상황에서, 군사용·우주항공용 등 국가 안보에 핵심적인 첨단 반도체 제조 공정을 미국 내에서 수행하지 못한다는 것은 국가 안보에 큰 위협이라는 판단이다. 특히 최첨단 10nm 미만의 최첨단 미세 공정의 반도체 제조 능력은 대만과 한국만 갖추고 있다는 것은 지정학적인 위험으로 미국은 판단하였다.

바이든 행정부는 트럼프 시대부터 이어온 많은 대중 제재 정책을 그대로 이어가며 첨단 기술 수출 통제를 강화하고, 2022년 8월 미국 반도체법 CHIPS and Science Act을 발효시킨다. 미국 반도체법은 한마디로 미국의 반도체 제조 공장을 지으면 인센티브를 주겠다는 것이다. 미국 내 설비 투자를 장려하기 위하여 반도체 생산 보조금 390억 달러과 연구개발 지원금 132억 달러 등 5년간 총 527억 달러를 지원하며, 반도체 투자에 대하여 25%의 투자 세액 공제를 제공하는 것이다.

반면에 중국은 부동산에 의지해 온 기존 성장 모델 대신 반도체를 비롯한 제조업으로 경제 계획의 중심을 옮기고 있다[8]. 중국은 장비 국산화 등을 목표로 3,440억 위안 64조 원 규모의 반도체 3차 투자기금을 조성했다. 이는 2014년 1차 펀드 2014~2018 1,400억 위안, 2019년 2차 펀드 2019~2023 2,000억 위안을 합친 금액보다 많다[9]. 반도체는 세계 최강대국 간의 기술 대항전이자 쩐의 전쟁이다.

한국 반도체 패전의 시그널

일본 반도체 패전의 교훈에서 한국 반도체 패전의 시그널을 살펴본다.

신흥 강자의 출현

일본 반도체 산업은 새롭게 등장한 신흥 강자인 한국 반도체 기업에 의해 퇴출당하였다. 1998년 마이크로소프트를 창업한 빌 게이츠Bill Gates는 어떤 도전이 가장 두렵냐는 질문에 "차고에서 완전히 새로운 것을 고안하는 사람이 두렵다"고 말했다고 한다. 일본 반도체 패전의 원인에 대해, 31명의 일본 반도체 기술자에게 질문했을 때, 30명이나 기술력에서는 뒤지지 않는다고 답했다고 한다[10]. 이처럼 새로운 신흥 강자의 파괴적 혁신은 예측하기 어렵다. 한국 반도체 패전의 시그널은 중국 반도체 기업에서 감지된다. 앞서 살펴본 바와 같이 미국의 제재로 최첨단 반도체 공정에 필수적인 극자외선EUV 노광 장비를 중국의 파운드리인 SMIC는 확보할 길이 막혀 있는 상태이다. 그렇다고 중국의 첨단 반도체 공정 기술은 멈추었을까? SMIC는 구형의 노광 장비로 화웨이의 최신 스마트폰과 데이터센터에 들어갈 5나노급 칩을 조만간 양산할 것으로 알려졌다[11]. 구형의 노광 장비로는 수율이 확보되지 않아 수익을 낼 수 없지만, 막대한 보조금을 받는다면 반도체 치킨게임의 룰은 적용되지 않는다. CXMT는 3나노급

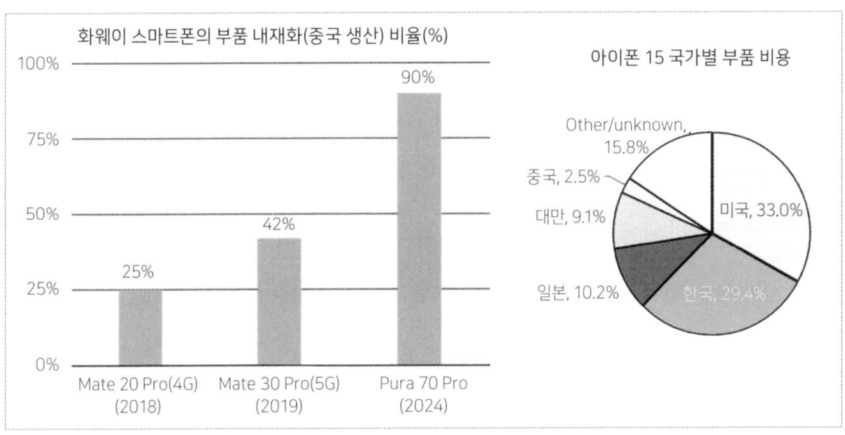

자료: Kyle Chan, 2024 및 안상희 2024

[그림 8] 화웨이 스마트폰에 탑재된 부품의 연도별 중국산 비중과 아이폰 15의 국가별 부품 비용

차세대 D램의 개발을 완료하여 HBM을 개발 중이다. YMTC는 200단 이상의 낸드를 세계 최초로 양산하고, 하이실리콘은 엔비디아의 이전 세대의 반도체 칩과 동일한 성능의 어센드 910B를 출시하였다[12].

[그림 8]의 좌측 그림은 화웨이 스마트폰에 탑재된 부품의 중국산 비중이다. 미국이 화웨이에 제품 수출 등을 제한하였지만, 화웨이 스마트폰의 부품 내재화율은 2018년 25%, 2019년 42%에서 2024년 90%에 달하고 있다. 화웨이가 출시한 신작 스마트폰은 중국 파운드리 업체인 SMIC에서 위탁 제조한 AP로 구동한다[13].

수직 계열화된 협력 업체와 공퇴화

삼성전자 파운드리의 가장 큰 취약점은 그 고객 중의 하나가 회사

내에 다른 사업부라는 점이다. '고객과 경쟁하지 않는다'는 세계 최고의 반도체 제조회사를 만들어 낸 TSMC의 경영 철학이다. 그러나 삼성전자 파운드리 고객은 삼성전자와 경쟁 상대인 셈이다. 삼성전자 파운드리의 잠재적 고객들은 영업 기밀 누출을 우려하여 삼성전자 파운드리에 맡기지 않으려고 한다. 삼성전자는 스마트폰의 AP를 설계하는데 TSMC에 의뢰하지 않고 자사의 파운드리에만 주문한다. 즉 공퇴화하는 것이다.

이는 파운드리와 장비 회사 간의 공퇴화에도 적용된다. 일본 반도체 회사가 자국 내 장비 회사와 공퇴화했듯이, 삼성전자도 자회사인 장비 회사 세메스와 공퇴화할 수 있다. 예를 들어, HBM 제조에 필수적인 장비에서 업계 선두인 한미반도체의 장비를 구매하지 않고 세메스의 장비를 고집하는 동안 HBM 시장에서 SK-하이닉스에 밀리게 되었다. HBM 제조에 핵심인 본딩 장비에 있어서 삼성전자는 자회사인 세메스를 고집하고 있고, SK-하이닉스는 한미반도체와 거래하고 있다. 과거 일본 반도체 기업들은 노광 장치에 있어서, NEC는 니콘, 히타치는 캐논과만 거래하였다. 과거 일본 반도체가 세계를 호령할 때, ASML의 첨단 노광 장치가 팔리지 않는 나라가 한 곳 있었다. 그것은 일본이었다[14]. [그림 2]의 밸류 체인의 4가지 종류의 주체가 있는데, 이 4가지 모든 부분에 존재하는 기업이 있다. 삼성전자이다. IT 기기삼성전자 스마트폰, 팹리스삼성전자 엑시노스 AP, 삼성전자 파운드리 그리고 장비 회사자회사 세메스이다. 과거 산업화 시대에 한국은 대기업의 '갑', 부품 업체 중소기업 '을'의 강력한 수직적 분업 체계의 구조로 산업 경쟁력을 높였다. 그러나 혁신이 인수·합병되고 인·아웃소싱되는 시대에 계열사와의 강건한 수직적 협력 체계는 새로운 혁신을 탑재하는 데 걸림돌이 되고 있다.

신규 사업 창출 실패

AI·반도체 시대에 한국 반도체 산업은 신규 사업을 만들지 못하고 있다. 엔비디아가 'AI 가속기'라는 새로운 시장을 창출하여 불과 2년 만에 시가총액이 9배나 치솟으며 시총 세계 1위 기업의 위치를 차지하였다. 새로운 혁신적 시장 창출자의 파괴적 혁신으로 현재의 강자는 퇴출당하기 마련이다. AI 반도체 시대에는 파운드리와 팹리스의 협력 모델의 신규 사업을 국가적으로 만들어야 한다. 1980년 대 중반 인텔사의 앤디 그로브당시 CEO와 고든 무어당시 회장가 메모리 사업을 중단하는 결단을 내렸듯이 파괴적 혁신을 창출할 경영자의 리더십이 중요한 순간이다.

미국의 압력

미-일 반도체 전쟁은 미-중 반도체 전쟁과 마찬가지로 세계 경제 1, 2위 간의 전쟁이었다. 미-일 반도체 전쟁은 같은 민주주의 국가끼리의 첨단 산업의 주도권 경쟁이라면, 미-중 반도체 전쟁은 국가 안보를 두고 서로 다른 체제의 국가 간의 패권 전쟁이므로 더욱더 첨예하고 심각하다. 미국은 자국 내 첨단 반도체 산업의 내재화를 위하여 과거 1986년에 미국이 일본에 요구했던 원가 공개와 시장점유율 제한을 2023년에 대만과 한국에 똑같이 요구하고 있다. 이와 더불어 기업이 사용하는 전력을 100% 재생에너지로 대체하자는 RE100에 대한 반도체 고객사들의 요구[15]도 재생에너지가 풍부한 미국으로 공장 이전을 재촉하고 있다.

미국의 반도체 내재화 정책의 핵심은 인텔만의 자체 역량으로는 대만과 한국을 따라잡을 수 없기 때문에 한국과 대만을 보조금으로 유혹하거나 외교적 압박을 통하여 미국에 공장을 짓게 하는 것이다. 미국에서 최첨단 반도체 제조 공장이 제대로 돌아간다면, 이는 한국의 우수한 반도체 인력의 미국으로 유출되는 것을 의미한다.

한국 반도체의 나아갈 방향

'한국 반도체'의 미래는 '최첨단' 반도체를 계속해서 제조할 수 있는가에 달려 있다. 2차 전지, 디스플레이 산업에서 그랬듯이, 중국이 첨단기술을 보유하여 자국 시장에서 규모의 경제를 바탕으로 제조 경쟁력을 끌어올리게 되면, 한국 기업들은 투자했던 중국 시장에서 밀려나는 것은 물론 중국 기업들과 글로벌 시장에서 경쟁하게 된다. 미국이 반도체 칩 생산의 내재화에 성공한다면 국내 반도체 제조 경쟁력의 반대급부적 약화는 피할 수 없다. 이 경우 더 큰 문제는 숙련된 고급 인재의 미국으로의 장기적인 유출이다.

[그림 8]의 오른쪽 그림은 애플사의 최신 스마트폰인 아이폰 15의 국가별 부품 비용을 보여 준다. 스마트폰 부품의 공급망을 보면 부품의 33.0%가 미국에서 조달되고 있으며, 그다음이 한국29.4%, 일본10.2%, 대만9.1% 순이다. 세계 최강대국 간의 반도체 패권 전쟁이라는 경쟁과 협력의 틈바구니에서 한국 반도체가 경쟁을 피해 협력을 찾아 그 운명을 개척하고자 한다면 유의해야 할 그림이다.

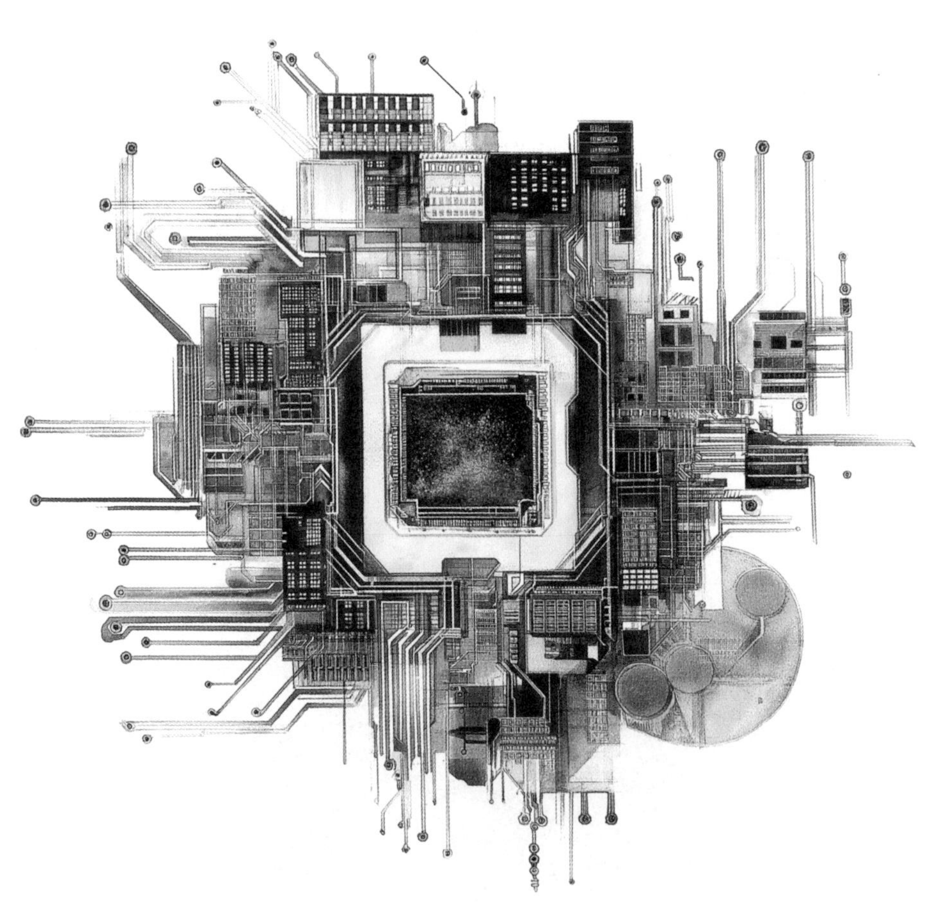

퀀텀월드로 퀀텀점프

- 제2차 양자혁명 -

인하대학교 교수 이재우

양자는 공기처럼 우리가 인식하지 못하지만 세상을 지배하고 있다. 전자를 조작하면서 인류는 반도체 문명을 불러왔으며, 반도체 기반의 전자혁명인 '제1차 양자혁명The First Quantum Revolution'을 달성하였다. 전자혁명은 전자를 원하는 방식으로 자유자재로 조작함으로써 우리는 컴퓨터, 인터넷, 무선통신, 전자기기들을 만들어 냈다. 양자를 조작하는 기술이 발전하면서 양자역학의 근본 원리가 그대로 적용되는 양자컴퓨터가 미래를 지배할 것이다. 양자 컴퓨터, 양자 인터넷, 양자 센서 등 양자 원리를 활용하는 '제2차 양자혁명The Second Quantum Revolution'이 일어나고 있다. 조만간 양자 우월성이 성취되는 티핑 포인트에 도달하여 인류는 전자혁명에 버금가는 양자혁명을 경험할 것이다.

초연결과 초디지털 시대의 핵심은 반도체이다. 1900년에 양자가 처음 발견되었고, 1947년에 전자혁명을 이끈 고체 반도체가 발명되었다. 반도체 기술과 컴퓨터의 등장으로 정보사회가 열렸다. 컴퓨터의 연결은 인터넷, 월드와이드웹, 이동통신 산업을 촉진하였고, 인공지능의 발전은 초지능의 출현을 앞두고 있다. 그러나 무어의 법칙이 한계에 이르면서 반도체 칩의 초집적화가 어려워지고 있으며, 인공지능 기술은 많은 에너지를 소비하여 여러 문제에 직면하고 있다. 반도체 기반의 디지털 사회는 이제 하드웨어 문제에 봉착하게 되었다. 이를 극복하기 위해 뉴로모픽 칩, 분자 컴퓨터 등 새로운 계산 패러다임이 필요하다. 그중에서 가장 유력한 방법이 양자 컴퓨터이다. 전 세계는 다양한 양자 과학기술 육성법과 정책을 통해 많은 연구 개발비를 투자하고 있다. 양자 컴퓨터는 기존의 고전 컴퓨터와 전혀 다른 방식으로 작동하여, 고전 디지털 컴퓨터가 해결할 수 없는 문제를 해결할 수 있다.

양자 우월성 도달 티핑 포인트

양자 우월성Quantum Supremacy은 2012년 존 프레스킬John Preskill이 명명한 용어로, 고전 컴퓨터로 풀 수 없는 문제들을 양자역학의 원리를 따르는 양자 컴퓨터를 이용해 해결하는 것을 말한다. Preskill 2012 양자 컴퓨터는 고전 비트가 아니라 큐비트로 양자 연산을 수행한다. 고전 비트는 0 또는 1의 단일한 상태로 정보를 표현하지만, 큐비트는 0도 아니고 1도 아닌 양자 중첩 상태로 정보를 표현한다. 랄라 2019 중첩과 얽힘은 큐비트의 대표적인 특징이다. 얽힘은 큐비트 사이의 양자 상관성이 두 큐비트가 아무리 멀리 떨어져도 유지되는 현상을 말하며, 아인슈타인은 이를 "유령 같은 원격 작용spooky action at a distance"이라고 표현했다.

양자 컴퓨터는 현재 통신에서 널리 사용되는 **RSA 암호** 체계를 단번에 깰 수 있다. RSA 암호는 공개키 기반의 암호 체계로, 큰 수를 소인수분해 하기 어렵다는 특징을 이용한다. 양자 암호Quantum cryptography는 큐비트가 양자적으로 서로 얽혀 있기 때문에 제3자가 암호를 가로채는 것을 원천적으로 막을 수 있다. 실용적인 큐비트를 장착한 양자 컴퓨터를 이용하면 기존의 디지털 컴퓨터로 풀 수 없었던 다양한 문제를 해결할 수 있을 것이다. 양자 시뮬레이션은 양자 물리계, 양자화학, 양자생물학, 첨단 재료 과학, 환경 모니터링, 지질 탐사, 약물 개발, 의료 영상 장치 개발 등에 응용될 것이다. 양자 컴퓨터가 발전함에 따라 인공지능과 양자 컴퓨터가 결합될 것이다. 양자 컴퓨터를 이용한 최적화와 양자 탐색 등을 통해 인공지능 기술을 향상할 수 있을 것이다.

RSA 암호

RSA 암호 방식은 개발자인 R. L. Rivest, A. Shamir, L. M. Adleman의 이름을 따서 이름 붙인 공개키 기반의 암호 체계로 큰 수를 소인수분해 하기 어렵다는 특징을 이용한다.

SIGNAL KOREA 2025

양자Quantum

입자성과 중첩이 가능한 파동성을 갖는 양자역학의 기본 단위로써 더 이상 나눌 수 없고 불연속적으로 존재한다. 양자역학을 따르는 실체로써 에너지, 운동량, 각 운동량 등 물리량이 불연속적인 값을 갖는다. 빛은 양자화된 에너지 단위인 광자photon로 나타낼 수 있다.

큐비트Qubit

양자 컴퓨터의 기본 단위로써 양자 중첩과 얽힘과 같은 양자역학의 원리에 따라 정보를 표현하고 처리한다. 고전 컴퓨터의 비트는 0 또는 1의 상태만을 가질 수 있지만, 큐비트는 중첩에 의해서 두 상태 사이의 어중간한 상태를 나타낼 수 있으며 고전 컴퓨터가 처리할 수 없는 양자 문제를 해결할 수 있다.

양자 중첩 Quantum superposition

양자 컴퓨터의 중첩 superposition은 양자 정보의 핵심 개념 중 하나이다. 양자비트, 즉 큐비트 qubit는 고전 비트처럼 0 또는 1의 상태를 가질 수 있을 뿐만 아니라, 동시에 0과 1의 상태를 가질 수도 있다. 이 상태는 두 개의 고전적인 상태의 선형 결합으로 표현되며, 이를 중첩 상태라고 한다. 물리학에서 큐비트의 상태는 다음과 같이 표현할 수 있다.

$$|\psi>=\alpha\ |0>+\beta\,|1>$$

여기서 $|\psi>$는 큐비트의 상태를 나타내고, $|0>$와 $|1>$는 각각 고전 비트의 0과 1 상태를 나타낸다. α와 β는 복소수 계수로, 이 계수들의 제곱의 합은 1이어야 한다.

중첩의 중요한 특징은 큐비트가 여러 상태를 동시에 가질 수 있으므로, 여러 가지 계산을 동시에 수행할 수 있다는 것이다. 이는 고전 컴퓨터와 비교할 때 엄청난 계산 능력을 제공한다. 그러나 측정이 이루어지면 큐비트의 중첩 상태는 하나의 고전 상태 0 또는 1로 붕괴되며, 이때 확률적으로 $|\alpha|^2$의 확률로 0이, $|\beta|^2$의 확률로 1이 된다.

중첩은 양자 컴퓨터가 고전 컴퓨터보다 특정 문제를 훨씬 더 빠르게 해결할 수 있는 이유 중 하나이다. 대표적인 예로, 소인수분해 문제를 푸는 쇼어 알고리즘 Shor's algorithm과 데이터베이스 검색 문제를 푸는 그로버 알고리즘 Grover's algorithm 등이 있다. 이러한 알고리즘들은 중첩과 얽힘 등의 양자 현상을 활용하여 고전 컴퓨터로는 불가능하거나 매우 어려운 계산을 효율적으로 수행할 수 있다.

양자 얽힘 Quantum Entanglement

양자 얽힘은 두 개 이상의 입자가 서로 독립적인 거리에 있어도 즉각적으로 연결되는 현상을 말한다. 얽힘은 큐비트 사이의 양자 상관성이 두 큐비트가 아무리 멀리 떨어져도 유지되는 현상을 말한다. 아인슈타인은 얽힘을 "유령 같은 원격 작용 spooky action at a distance"이라고 표현했다.

하이브리드 양자 컴퓨터는 양자 마법사

암이나 희귀병으로 고생하고 있는 환자들은 기적을 꿈꾸면서 오늘도 병을 고칠 수 있는 약이나 치료법이 나오길 고대하고 있다. 신약 한 개를 만들기 위해선 대개 10년 이상의 시간과 약 1조 원 이상의 개발 비용이 든다. 인공지능이 신약 개발에 도움을 주어 비용과 시간을 절감하게 하지만, 인공지능 자체가 데이터 의존적이라 한계가 있다. 신약 물질을 찾기 위해선 신약 후보 물질들의 화학 반응 구조를 알아야 하고, 생성한 화학 물질의 안정성과 인체 무해성 등을 규명해야 한다. 무엇보다 약물이 질병에 작용하여 질병을 사멸하는 효과를 검증해야 한다. 신약 후보 물질을 찾기 위해서 **분자 동역학, 몬테카를로 시뮬레이션, 제1원리에 기반한 컴퓨터 계산**, 인공지능 기법 등 다양한 방법을 동원한다. 실제 물질 합성이나 컴퓨터 계산을 이용하여 어떤 질병을 치료할 후보 약물 물질을 찾을 때 가장 빈번히 사용하는 방법은 시행-착오법이다. 시행-착오를 줄이기 위해서 컴퓨터 계산이 선행되는데 디지털 컴퓨터의

분자 동역학

컴퓨터 계산으로 분자 하나하나의 움직임을 동역학적으로 추적하는 방법으로 모든 분자의 상호작용을 고려함으로 분자의 수가 늘어나면 계산량이 기하급수적으로 증가한다.

몬테카를로 시뮬레이션

몬테카를로 방법은 주어진 조건에서 다체계가 가질 수 있는 가장 안정한 상태를 확률적 전이를 고려하여 현 상태에서 더 안정한 새로운 상태를 찾아내는 방법으로 한 상태에서 다른 상태로 전이를 판단하기 위해서 동전 던지기처럼 난수를 생성하여 판단한다.

제1원리에 기반한 컴퓨터 계산

제1원리 계산은 ab initio라고도 하면 'from the beginning'이라는 라틴말에서 유래하였다. 오직 기본 물리 법칙과 입자들의 기본 정보만 가지고 물질의 물리적 상태를 양자역학적으로 계산한다.

계산 한계 때문에 작은 크기의 분자를 다루는 경우가 허다하다. 그런데 실용적인 양자 컴퓨터가 완성된다면 거대 크기 분자들의 양자 계산을 쉽게 할 수 있기 때문에 신약 물질을 찾기 더 쉬울 것이다. 아직 실용적인 규모의 양자 컴퓨터가 없기 때문에 좀 더 큰 규모의 양자 컴퓨터의 개발이 이루어져야 한다. 그런데 현존하는 양자 컴퓨터를 백분 활용하는 좀 더 현실적인 컴퓨터를 생각해 볼 수 있는데, 그러한 컴퓨터가 바로 하이브리드 양자 컴퓨터Hybrid Quantum Computer이다.

하이브리드 양자 컴퓨터는 양자 컴퓨터와 디지털 컴퓨터가 결합한 컴퓨터를 말한다. 디지털 컴퓨터는 다양한 성능의 슈퍼컴퓨터, 클러스터 컴퓨터, 지능형 컴퓨터로 발전하고 있으며 성능이 극단으로 치닫고 있다. 그에 비해서 양자 컴퓨터는 아직 규모가 실용적인 수준에 미치지 못하고 있지만, 양자 기술의 가속 성장에 따라 향후 10년 이내에 실용성을 갖춘 양자 컴퓨터가 나타날 것이다. 양자 컴퓨터는 단독으로 사용해서 다양한 문제를 해결할 수 있지만, 디지털 컴퓨터와 결합한 하이브리드 양자 컴퓨터는 두 컴퓨터의 강점을 배가할 것이다. 신약 물질의 개발, 거대 분자의 분자 동역학 계산, 엽록체에서 광합성 반응, 핵융합 반응로인 토카막의 최적 제어 조건, 복잡한 금융 상품의 설계 등 기존의 컴퓨터로 해결할 수 없는 문제들을 하이브리드 양자 컴퓨터로 해결할 수 있을 것이다. 하이브리드 양자 컴퓨터는 디지털 컴퓨터의 강점을 최대한 이용하고 현존하는 양자 컴퓨터의 강점을 최대한 활용하여 두 가지 컴퓨터의 장점을 최대한 높이는 컴퓨터라 할 수 있다.

[표 1] 양자 컴퓨터를 구현하기 위한 대표적인 큐비트 형성 방식

방식	양자 컴퓨터
초전도 큐비트	조지프슨 접합Josephson junction을 초전도 큐비트로 사용하는 QC로써 마이크로파 광자를 이용하여 큐비트의 동작을 제어하고 양자 정보의 개별 단위를 보유, 변경 및 읽어 낸다.
이온 포획 큐비트	진동하는 전기장 또는 자기장을 이용하여 전하를 띤 입자를 포획하여 큐비트를 형성한다. 이온화된 단일 원자들을 포획하고 레이저로 냉각하여 충분히 낮은 온도에서 이온들이 형성한 큐비트를 이용하여 양자 연산을 수행한다.
반도체 큐비트	수백 나노미터 크기의 양자점에 갇힌 전자 스핀이나 고체 내의 핵스핀의 양자 상태를 큐비트로 이용한다.
양자 결함 큐비트	고체 결정 내에 형성된 양자 결함이나 불순물의 전자 구조와 스핀을 이용하여 큐비트를 형성한다. 다이아몬드 결정에서 질소 불순물과 빈 결함 센터Nitrogen-Vacancy, NC가 형성한 스핀 큐비트가 대표적이다.

하이브리드 양자 컴퓨터는 양자화학과 양자생물학의 난제들을 해결하는 데 크게 기여할 것이다. 양자 계산이 필요한 주요한 두 가지 문제는 첫째 평형 상태에서 거대 분자들의 전자 구조와 분자의 특성을 규명하는 것이고, 두 번째 시간에 따른 분자 동역학 문제이다. 분자의 구조가 커지면 디지털 컴퓨터를 이용한 계산 시간은 지수함수적으로 늘어나기 때문에 단백질, 유기물, 거대 분자에 대한 계산은 매우 어렵다. 현존하는 가장 좋은 슈퍼컴퓨터를 사용하더라도 원자 10개 정도를 계산하기도 버겁다. 양자 컴퓨터의 발전은 지금까지 풀기 어려웠던 복잡한 구조의 거대 분자의 양자 계산과 복잡한 양자 화학 반응을 이해함으로써 지금까지 몰랐던 마이크로 신세계를 열어갈 것이다.

양자 컴퓨터 Quantum Computer

양자 컴퓨터는 양자역학의 원리를 이용하여 계산이 이루어지는 컴퓨터로써 큐비트 Qubit라 부르는 양자비트를 이용한다. 고전 컴퓨터에서 정보는 0과 1의 두 개인 단일한 상태만으로 정보를 처리하지만, 양자 컴퓨터에서 큐비트는 중첩 상태에 있어 동시에 여러 상태를 처리할 수 있다. 큐비트의 수가 늘어날 수로 연산 능력은 지수함수적으로 증가한다. 큐비트는 양자 얽힘 상태를 가지기 때문에 서로 멀리 떨어져 있는 큐비트 간에 즉각적인 정보 전달이 가능하다. 양자 컴퓨터 아이디어는 1981년 리처드 파인만 R. Feynman이 미국물리학회 강연에서 "양자역학적 기초를 가진 화학 반응이나 반도체의 특성과 같은 현실세계 현상을 시뮬레이션하기 가장 좋은 방법은 양자 기계를 이용하는 것"이라고 말한 것에서 유래하였다. 양자 컴퓨터는 큐비트의 중첩과 얽힘이라는 양자시스템의 고유한 현상을 이용한다.

하이브리드 양자 컴퓨터 Hybrid Quantum Computer

하이브리드 양자 컴퓨터는 양자 컴퓨터와 고전 컴퓨터가 함께 문제를 해결하는 컴퓨터이다. 양자 컴퓨터로 계산할 필요가 없는 계산은 고전 컴퓨터에서 계산하고, 양자 컴퓨터가 담당해야 할 부분만 양자 컴퓨터가 계산한다. 하이브리드 양자 컴퓨터에서 고전 컴퓨터와 양자 컴퓨터가 담당해야 할 계산을 구분하고 그에 맞는 양자 알고리즘을 개발해야 한다.

내결함성 양자 컴퓨터 Fault-Tolerant Quantum Computer

결함 허용 양자 컴퓨터 또는 내결함성 양자 컴퓨터는 오류 보정 양자 소프트웨어 기술로 하드웨어에서 발생하는 양자 오류를 억제하면서 알고리즘을 수행하는 기술이다. 이론적으로 계산에 투입된 각 큐비트마다 오류 수정을 위해서 최소 다섯 개의 오류 수정 큐비트가 필요하다.

아날로그 양자 컴퓨터 Analog Quantum Computer

NISQ Noisy Intermediate-Scale Quantum Computer는 Analog Quantum Computer이다. 양자 컴퓨터 내에 내재하는 잡음을 허용하며 양자 계산을 수행하는 양자 컴퓨터이므로 정확도가 떨어질 수 있다.

구조가 기능을 결정한다!

하이브리드 양자 컴퓨터를 단백질 접힘protein folding과 세포 내에서 단백질의 작용 기작을 밝히는 데 유용할 것이다. 단백질은 유전자의 염기 서열 정보를 이용하여 합성된다. DNA의 염기 서열은 유전 암호를 담고 있는 설계도이다. DNA의 유전 암호는 RNA가 유전 정보를 전사하여 20개의 아미노산을 이어 붙여서 거대한 단백질을 만들어 낸다. 세포 내에서 단백질 합성은 세포 내의 온도, 밀도, 물질의 농도 등 생화학적 환경하에서 자연스러운 반응으로 합성된다. 그러나 우리가 단백질의 구조를 알고 싶을 때 단백질 분자들을 다량으로 모아서 결정화한 다음 **엑스선 회절 분광기**를 이용하여 결정의 구조를 파악한다. 1953년 왓슨과 크릭이 DNA가 이중 나선 구조임을 발견할 것도 **로절린드 프랭크린** Rosalind E. Franklin이 찍은 53번 DNA 회절 사진을 본 것이 결정적이었다. 엑스선 회절 전문가였던 크릭은 프랭클린의 회절 사진을 보고 DNA가 이중 나선 구조임을 간파했다.

엑스선 회절 분광기

엑스선 회절은 구조가 있는 결정에 단파장의 엑스선을 조사하면 결정에서 산란된 엑스선이 간섭하면서 단결정의 구조에 따라 독특한 산란 무늬를 생성한다. 따라서 산란 무늬로부터 거꾸로 결정의 규칙적인 구조를 유추할 수 있다.

로절린드 프랭크린Rosalind E. Franklin

로절린드 프랭크린1922~1958은 런던 킹스 칼리지에서 모리스 윌킨스Morris Wilkins, 대학원생인 레이먼드 고즐링 등과 함께 엑스레이 회절을 이용하여 DNA 구조에 대한 엑스선 사진을 처음 찍은 여성 과학자이다. 그녀는 그녀의 가장 유명한 엑스선 회절 사진인 53번 회절 사진을 찍었으며, 왓슨과 크릭이 이 사진을 보고 DNA가 이중 나선 구조임을 알게 되었다.

단백질은 DNA 결정 구조보다 더 복잡하다. DNA에서 전사한 아미노산이 체인 형태로 연결되면 분자들의 분자력 때문에 저절로 구부러지고 꼬여서 고유한 단백질 구조를 갖게 된다. 단백질이 세포 내에서 작용하는 방식을 이해하기 위해서 단백질의 삼차원 구조를 알아야 하고, 다른 단백질이나 물질과 반응하는 부위를 파악해야 한다. 단백질의 구조는 기능을 결정한다. 효소 단백질은 세포 내 화학반응의 촉매 역할을 하며, 호르몬은 대사 과정의 속도를 조절하거나 인체의 항상성을 유지한다. 단백질은 근육 등 인체의 구조를 만드는

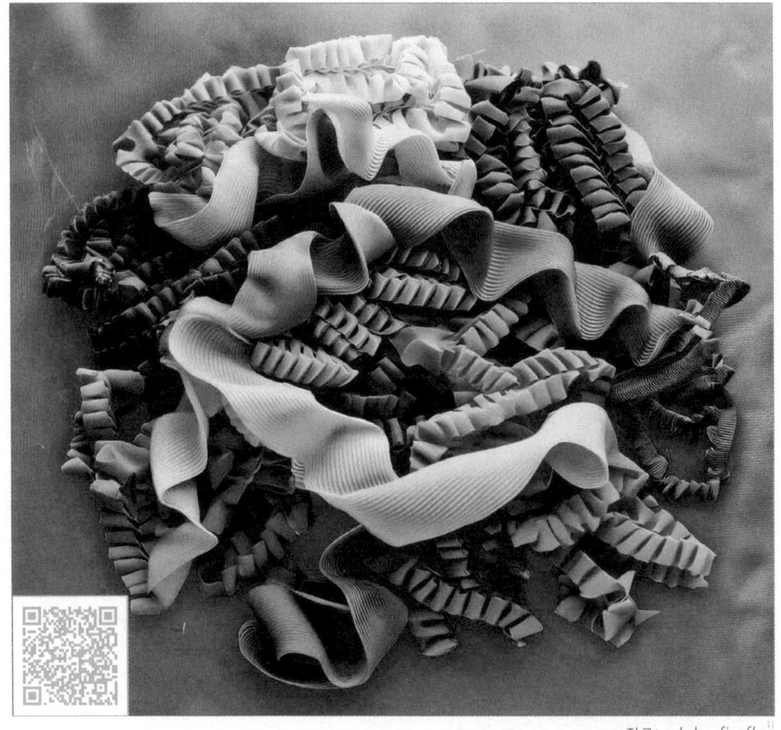

자료: adobe firefly[1]

[그림 1] 단백질 접힘 구조를 은유적으로 묘사한 그림

데 사용되고, 다양한 물질을 수송하고, 외부에서 침입하는 바이러스나 세균에 대항한다. 접힌 단백질의 3차원 구조는 마치 열쇠와 자물통처럼 작동하는데, 단백질의 3차원 구조를 제대로 알아야 단백질의 기능을 이해할 수 있다.

단백질 합성 과정에서 아미노산들이 연결되면 아미노산 분자들 사이의 분자력 때문에 단백질은 저절로 꼬인 구조를 형성하는데 이를 '단백질 접힘protein folding'이라 한다. 단백질의 기능을 알기 위해서 접힌 단백질 구조를 밝혀야 한다. 엑스선 회절 분광학으로 모든 단백질의 3차원 구조를 알아낼 수 없으며, 생체 내에서 실제 구조를 정확히 알 수 없기 때문에 단백질 3차원 구조는 컴퓨터를 이용하여 접힌 구조를 계산해 내야 한다. 아미노산들의 결합 방식을 이용하여 단백질 분자 뭉치의 총 결합 에너지를 구할 수 있다. 아미노산 분자들은 마치 염주알과 같고 단백질은 염주알이 연결된 체인이라 할 수 있다. 그런데 염주알들이 서로 당기거나 밀어내면서 얽히고설켜서 얽힌 접힘 구조를 형성한다.

DNA 염기 서열에서 전사된 단백질 서열의 얽힌 구조는 꼭 하나가 아니고 아주 많다. 또한, 체온에 해당하는 온도에서 단백질의 구조는 바닥 에너지 상태ground state가 아니라 들뜬 에너지 상태excited state에 있을 수도 있다. 그런데 많은 단백질 구조는 소위 '깔때기 모형funnel model'일 가능성이 높다. 깔때기 모형은 바닥 상태와 들뜬 에너지 상태 사이에 양자 상태가 없는 '에너지 갭'을 가지는 경우를 말한다. 단백질 접힘 구조가 깔때기 모형을 따르면 우린 접힌 단백질의 바닥 상태를 찾으면 된다.

바닥 상태의 단백질 접힘 구조를 찾는 대표적인 방법은 '분자 동역학' 방법과 '몬테카를로 시뮬레이션' 방법이 대표적이다. 분자 동역학 방법은 단백질 접힘 구조에서 더 안정한 구조를 찾기 위해서 단백질을 구성하는 원자들을 현 상태에서 조금 움직여 본 후 에너지를 계산하여 구조가 더 안정한 상태로 변하는지 살펴보면서 안정한 구조를 찾는 것이다. 몬테카를로 방법은 현 상태에서 다음 상태를 추정할 때 다음 상태의 에너지가 높더라도 동전을 던져서 높은 에너지 상태

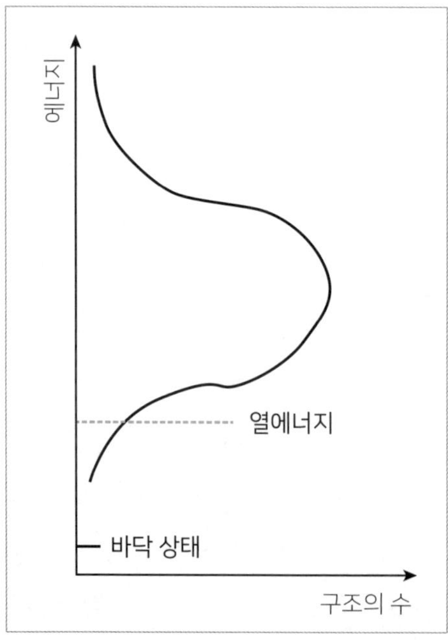

[그림 2] 단백질의 에너지에 따른 구조의 수를 나타낸 그림. 온도가 낮아 열에너지가 작을 때에 단백질은 바닥 상태에 있을 것이다. 어떤 단백질은 체온에 해당하는 열에너지에서 들뜬 상태에 있을 수도 있다.

를 선택하게 한다. 물론 낮은 에너지 상태가 나오면 무조건 채택한다. 높은 에너지 상태를 확률적으로 선택하게 함으로써 **준안정 에너지 우물**에 갇혀 있는 상태에서 벗어나 더 낮은 에너지 상태로 변할 수 있게 해 준다. 이러한 계산 방법은 분자의 숫자가 늘어나면 계산량이 기하급수적으로 늘어날 뿐만 아니라 분자들 사이의 위치에너지를 추정해야 하는 어려움이 있다. 과학자들은 다양한 방법을 이용하여 단백질 접힘 구조를 추정하였다. 최근에 딥러닝을 이용한 '**알파폴드** alpha fold'라는 인공지능 프로그램이 엄청나게 많은 새로운 단백질 접힘 구조를 발견하였다. 지금까지 인류가 발견한 단백질 접힘 데이터를 활용하여 단백질의 염기 서열만 주면 3차원 단백질 접힘 구조를 예측하는 것이다. 알파폴드가 밝혀낸 단백질 접힘 구조는 연구자들에게 큰 도움을 주고 있지만, 알파폴드가 예측한 구조가 진정한 접힘 구조인지 밝혀내야 하며, 고유한 구조가 없는 비정형 단백질 구조, 단백질 복합체의 구조와 기능, 세포 내부 환경에서 단백질이 다른 물질과의 상호작용 등은 여전히 풀기 어려운 문제들이다.

준안정 에너지 우물

준안정 에너지 상태는 가장 낮은 에너지 상태는 아니지만 주변보다 에너지가 낮은 골짜기 형태의 에너지 풍경에 놓여 있는 상태이다. 준안정 상태는 전역적으로 가장 낮은 에너지 상태를 찾는 데 방해가 된다.

알파폴드

알파고를 만들었던 구글 딥마인드사가 단백질 접힘 전용으로 개발한 딥러닝 프로그램

이러한 문제들을 해결할 때 하이브리드 양자 컴퓨터는 큰 힘을 발휘할 것이다. 기존의 디지털 컴퓨터로 풀 수 있는 부분까지는 최대한 고전 컴퓨터로 풀고, 양자 효과 때문에 풀기 어려운 부분은 양자 컴

퓨터를 이용하여 문제를 푼다. 전체 접힘 구조는 알파폴드와 같은 인공지능을 이용해 구한다. 단백질 기능의 핵심적인 부분인 다른 분자와의 접촉 부위의 미세 구조와 이들이 상호작용하는 기작은 양자 컴퓨터로 계산한다. 특히 양자 컴퓨터는 접힌 단백질의 이상으로 발생하는 **프라이온** 관련 질병이나 알츠하이머를 일으키는 **아밀로이드 베타 단백질** 이상을 밝히는 데 기여할 것이다.

프라이온

프라이온prion은 감염성 단백질로써 변형된 단백질이다. 정상 단백질이 프리온에 접촉하면 정상 단백질을 비정상 단백지로 변화하여 인체에 축적되어 질병을 일으킨다.

아밀로이드 베타 단백질

아밀로이드 베타는 알츠하이머 환자의 뇌에서 발견되는 아밀로이드 플라크의 주성분으로 알츠하이머 병을 일으킨다.

킬러 에너지 인공 태양을 현실로

인류는 에너지 없이는 한 시도 살아갈 수 없다. 인류의 발전은 에너지원의 발전과 함께 이루어졌다. 산업혁명 이후 인류는 대부분의 에너지를 화석 연료에서 얻음으로써 대량의 탄소를 배출하고 있다. 과도한 탄소 배출은 부메랑이 되어 이제 인류를 위협하고 있다. 화석 에너지를 대체하기 위해서 태양 에너지, 풍력 에너지 등 다양한 신재생 에너지에 대한 투자가 일어나고 있지만, 전체 에너지의 미미한 부분을 담당하고 있다. 화석 연료 시대를 끝낼 수 있는 획기적인 대체 에너지는 아마 '핵융합 발전'일 것이다. 핵융합은 중수소나 삼중수소가 서로 결할 때 질량 결손으로 발생하는 막대한 에너지를 이용하는 것이다.

핵융합은 태양에서 자연적으로 일어나고 있지만, 지구에서 인공적으로 핵융합을 실현하기 위해서 많은 난제가 산적해 있다. 이를 해결하기 위해서 국제 공동 핵융합 프로젝트인 '국제열핵융합실험로ITER'가 진행 중이다. ITER는 EU, 미국, 한국, 러시아, 중국, 일본, 인도 등이 참여하는 국제 공동 프로젝트로 2025년 완공 목표이고 2035년에 핵융합 발전을 시작할 초대형 프로젝트이다. 핵융합을 일으키려면 중수소나 삼중수소를 1.5억 도 이상으로 가열하여 전하를 띤 플라즈마 상태를 만들어야 한다. 이런 고온의 플라즈마 상태의 물질이 접촉했을 때 모든 물질을 녹여 버리기 때문에 토카막Tokamak이라 불리는 도넛츠 모양의 진공 챔버에 강한 자기장을 가해서 플라즈마를 공중 부양한 상태에서 핵융합을 일으킨다. 토카막 안에서 핵융합이 일어나기 위해서 세 가지 조건이 충족되어야 한다.

1) 1.5억 도 이상의 고온
2) 충돌이 빈번히 일어날 만큼의 고밀도 플라즈마
3) 충분한 지속 시간

핵융합이 일어나기 위해서 고온이 필요한 이유는 중수소나 삼중수소가 양전기를 띠기 때문이다. 같은 극성의 전기는 서로 가까이 다가오면 강력한 반발력을 작용하기 때문에 입자가 아주 빠른 속도로 움직이지 않으면 충돌하여 붙을 수 없다. 플라즈마 온도가 1.5억 도 이상 되면 정면 충돌한 두 입자가 전기적 반발력을 극복하여 충분히 가까워져서 핵력이 작용하는 거리로 붙게 된다. 핵력은 강력한 인력이기 때문에 두 입자가 결합하여 헬륨 원자 하나와 아주 빨리 움직이는 중성자 하나를 발생시킨다. 중성자는 다른 입자들과 전기적인 상호작용을 하지 않기 때문에 뜨거운 중성자 입자이므로 토카막 밖으로 탈출할 것이다. 탈출한 뜨거운 중성자는 토카막 벽에 설치된 물을 끓여서 전기 발전을 할 수 있게 한다. 핵융합이 일어나기 위해서 핵융합으로 발생한 에너지를 투입한 에너지로 나눈 값인 Q 값이 1보다 커야 한다. 1997년에 유럽연합의 토카막인 JET Joint Eurpean Tokamak는 Q=0.67을 달성하였다. ITER는 Q=10을 목표로 한다. ITER를 만들기 위해서 고진공 장치와 강한 자기장을 발생하는 자석이 필요하다.

경제성 있는 핵융합로를 아직도 만들지 못하는 이유는 뜨거운 플라즈마를 자기장에 가두어 놓는 기술적 어려움과 고온의 플라즈마가 형성되었을 때 플라즈마의 제어 문제 때문이다. 핵융합로에서 형성된 플라즈마는 양전하를 띤 고온의 전하 기체이다. 이런 고온의 플라즈마 기체는 초전도체가 외부에서 걸어 준 자기장과 상호작용할 뿐만 아니라 전하 기체 자체가 흐르면서 만들어 내는 자체 자기장에도 영향을 받는다. 플라즈마를 묘사하는 물리적 방정식은 잘 알려져 있기 때문에 토카막 내에서 플라즈마의 상태를 컴퓨터 계산으로 미리 예측할 수 있다. 그러나 삼차원 토카막 구조에서 플라즈마 방정식은 매우 복잡하고 디지털 컴퓨터로 대규모 계산이 용이하지 않다. 특히 플라즈마의 상태에 따라 즉각 플라즈마를 제어해야 하는 입장에서 플라즈마의 상태를 미리 예측해야 한다. 플라즈마의 현재 상태를 알 수 있다면 안정한 플라즈마 상태를 구현하여 뜨거운 플라즈마를 오래 지속할 수 있을 것이다. 그러나 현재의 디지털 컴퓨터로 복잡한 플라즈마 방정식을 실시간으로 푸는 것은 매우 어렵다. 토카막에서 플라즈마 상태를 묘사하는 방정식을 하이브리드 양자 컴퓨터로 풀면 핵융합로를 제어하거나 상태를 예측하는 데 커다란 이점을 얻을 것이다.

지금까지 토카막을 운영하면서 얻은 데이터를 기반으로 일반적인 핵융합로 운영은 인공지능 기법을 활용하고 고온의 플라즈마 상태 예측은 양자 컴퓨터가 담당하므로 하이브리드 양자 컴퓨터의 강점을 살릴 수 있다. 특히 핵융합로의 다양한 상태에 따라서 토카막 내에서 핵융합 반응의 상태를 예측해 보는 양자 핵융합 시뮬레이터를 개발하여 핵융합로를 운영하기 전에 핵융합 반응을 시뮬레이션해 볼 수 있다. 이러한 시뮬레이션 결과는 실제 핵융합로를 운용할 때 발생할 수 있는 문제들에 미리 대응하거나 필요한 제어 변수들을 조절하는 데 이용할 수 있을 것이다.

의식의 심연을 스캔하다!

철수는 1주일 전에 건강검진을 받으면서 뇌 MRI를 찍었다. 오늘 건강검진 결과를 확인하기 위해서 의사와 만났다. 의사는 뇌 MRI 사진을 세심하게 살펴보고 뇌의 한 부위에서 확실하지는 않지만 조금 이상한 부위를 발견했다. 현재의 MRI 기술로는 더 좋은 해상도로 그 부위의 이상을 확인할 방법이 없다고 한다. 의사는 가격은 조금 높지만 MRI보다 더 높은 해상도로 더 정밀하게 진단할 수 있는 양자 뇌자도 QME, Quantum Magneto Encephalography를 권유한다.

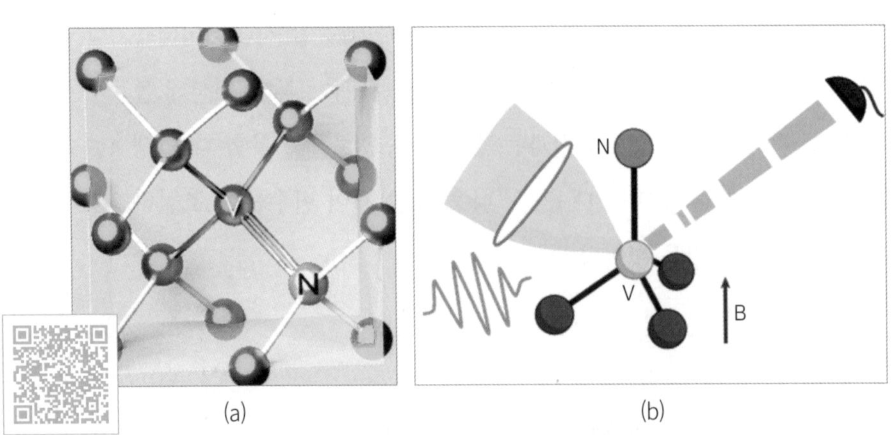

[그림 3] 자기 센서로 이용할 수 있는 (a) 다이아몬드 N-V 센터와 (b) 광학적으로 펌핑한 자기 센서 원리

과거에는 스퀴드SQUID를 이용한 뇌자도를 사용했다. 스퀴드 뇌자도는 초전도 상태를 유지하기 위한 냉각 장치와 노이즈를 줄이기 위해서 무거운 헬멧과 고정된 구조의 제한이 있었다. 양자 센서 기술이 발전하면서 스퀴드보다 더 좋은 성능을 내면서 간편하고 소규모를 만들 수 있는 양자 자기 센서를 활용한다. 다이이몬드의 질소-결함 센터 기반의 자기 센서는 광학적으로 펌핑한 자기 센서Optically pumbed magnetometer, OPM이므로 양자 뇌자도를 만들기 쉽다. 다이아몬드 탄소 원자들이 규칙적으로 배열하여 만들어진 결정이다. 다이몬드 N-V 센터는 탄소 원자 하나가 질소 원자로 대체되고 바로 이웃한 탄소는 있어야 할 자리를 차지하지 못해서 비어 있는 상태이다. 보통 있어야 할 원자가 없어 비어 있는 곳을 빈 결함vacancy이라 한다. 질소와 빈 결함인 N-V가 탄소 결정에 자리하고 있는 N-V 센터의 양자 에너지 준위는 자기장을 걸면 변한다. 그림과 같이 다이아몬드 N-V 센터에 레이저로 펌핑하면 양자 상태가 들뜬다. 이런 상태에서 공명 진동수에 맞는 마이크로파를 가하면 다른 색깔의 발광이 일어난다. 이 발광 빛을 센서로 검출하면 거꾸로 걸린 자기장의 크기를 측정할 수 있으므로 자기 센서로 사용할 수 있다.

다이아몬드 NV 센터를 이용한 자기 센서는 민감도가 좋기 때문에 분자 스케일, 세포 스케일, 인체 장기에서 발생하는 신호 검출 등에 사용할 수 있다. NV 센터를 가진 나노 다이아몬드nanodiamond를 이용하면 세포 내 소기관에서 형성된 자기장이나 온도 의존성 생화학 과정을 탐색할 수 있다. NV 센터의 마이크로파 전이 진동수는 온도 변화에 의존하기 때문에 NV 센터 기반 양자 온도계quantum thermometry 로 활용할 수 있다.

OPM-MEG 헬멧은 무게 1kg 정도이고, 측정하는 동안 10cm 머리 움직임을 허용한다. 또한, 상온 조건에서 자기장 측정 가능이 가능하다. 이러한 이점 때문에 OPM-MEG는 성장하는 아기의 머리 스캔이나, 뇌 심부의 국소적 스캐닝에 적용할 수 있다. OPM-MEG 헬멧을 이용한 양자 뇌자도 장치는 머리 전극을 붙일 필요가 없고, 냉각 장치가 필요 없기 때문에 저비용으로 제작 가능하다. 다채널로 뇌자도를 찍으면 뇌에서 발생하는 높은 주파수 뇌파인 감마파의 시계열을 이용해서 기능적 뇌 연결망인 양자뇌자도 커넥텀Connectome 을 그릴 수 있다. 이를 통해서 인간의 인지 작용, 의식의 형성 등 뇌의 기본적인 동작 방식을 이해할 수 있을 것이다.

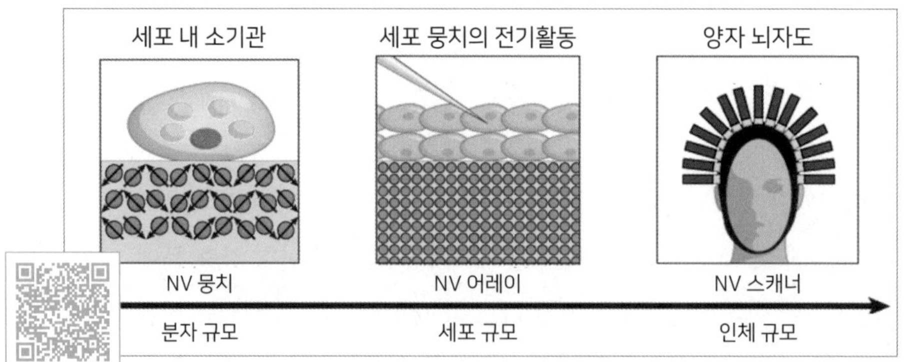

자료: Aslam 2023 논문 그림 변형

[그림 4] 다이아몬드 NV 센터를 이용한 장치로 분자 규모에서 인체 규모까지 다양한 분야에 활용 가능하다.

양자 센서 Quantum sensor

양자 결맞음, 간섭, 얽힘을 이용하여 물리량을 측정하는 개별 시스템 또는 시스템의 집합체를 말한다.

스퀴드 SQUID

스퀴드는 초전도 양자 간섭 소자SQUID, Superconducting quantum interference device의 약자로써 2개의 조지프슨 접합Josephson junction을 가진 초전도 고리로써 초정밀 자력계magnetometer이다. 조지프슨 접합은 두 초전도체 사이에 얇은 절연체를 삽입한 SIS 구조로 두 초전도체 사이에서 터널링 효과turnelling effect로 전류가 흐른다. 스퀴드는 이런 조지프슨 접합을 두 개 가진 고리 구조이다.

다이아몬드 NV 센터 Diamond nitrogen-vacancy center

탄소로 구성된 다이아몬드에 불순물인 질소nitrogen와 빈 결함vancancy이 이웃해 있으면 고유한 양자 상태를 형성한다. 다이아몬드의 질소-결함 센서 어레이는 넓은 범위의 자기 센서로 적합하며 dc 및 ac 자기장을 모두 특정할 수 있다. 대역폭은 dc에서 수 GHz 사이의 주파수 대역을 폭 100kHz 간격으로 감지할 수 있다. N개의 센서를 어레이로 만들면 센서의 민감도는 $\sqrt{N}$으로 증가하며 최대 $\mathrm{pT}/\sqrt{Hz}$ 수준의 민감도를 가질 수 있다. $1pT$는 10^{-12} 테슬라의 자기장 세기를 의미한다.

양자 뇌자도 QME, Quantum Magneto Encephalography

SQUID를 사용해서 뇌에서 발생하는 자기장을 정밀하게 측정하는 장치이다. 뇌의 신경세포가 발화하면 축삭돌기를 따라서 전류가 흐르게 되는데 QME는 약 50,000개의 신경세포가 동시에 발화할 때 발생하는 자기신호를 검출할 수 있다.

커넥텀 Connectome

뇌의 활동을 뇌파EEG, Electroencephalogram, 뇌자도EMG, Magnetoencephalogram, 기능적 핵자기 이미지functional MRI 등을 이용하여 뇌를 가상의 구획으로 나누고 뇌 신호 시계열의 상호 상관관계, 확산 텐서diffusion tensor 등을 이용하여 서로 연결하여 얻은 뇌 연결 네트워크를 말한다.

해킹 불가능 양자 인터넷

초연결 시대에 사이버 보완은 어느 때보다 중요하다. 대규모 데이터 센터가 해커의 공격을 받아 데이터가 탈취되거나 파괴되면 엄청난 사회적 파장이 일어날 것이다. 인터넷이나 핸드폰을 사용해서 일상적으로 금융 거래를 하고 주식이나 비트코인을 거래한다. 인터넷과 무선 통신으로 전송되는 암호 정보는 RSA 공개키 암호화 알고리즘과 같은 암호화 방식을 사용하여 보안을 확보한다. 이 암호 체계는 큰 숫자를 소인수분해 하기 힘들다는 원리를 이용한다. 그런데 양자 컴퓨터는 쇼어Shor 알고리즘과 같은 방식을 통해서 큰 수를 단번에 소인수분해 할 수 있기 때문에 현재 사용하고 있는 암호 방식은 무용지물이 될 가능성이 높다.

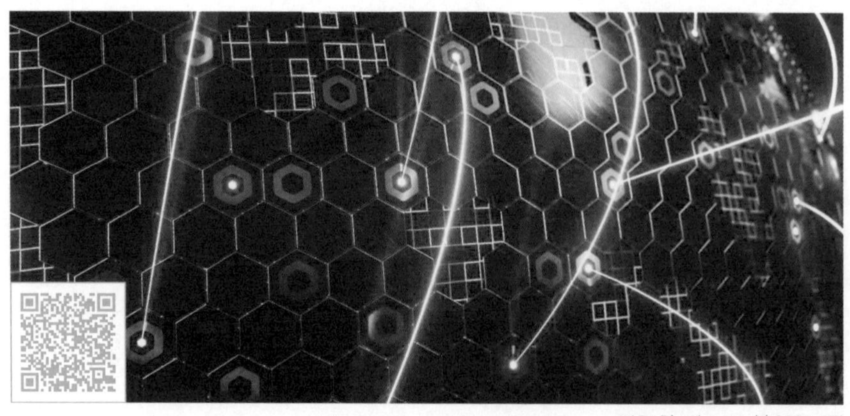

자료: Physics world 2024 그림

[그림 5] 양자 인터넷 상상도

그런데 큐비트의 양자적 얽힘 상태를 이용한 양자 통신은 본질적으로 정보를 탈취하는 것이 불가능하다. 양자 정보 이론에서 복제 불가능 정리no cloning theorem 때문이다. 양자 정보를 전송하는 과정에서 한 도청자가 전송되고 있는 정보를 개로챘다면, 정보를 가로챈 도청자는 자신의 도청 사실을 들키지 않고 도청할 수 있을까? 양자역학의 복제 불가능 정리 때문에 사실 복제 사실을 들키지 않고 양자 정보를 가로채는 것은 불가능하다. 수신자는 즉각 도청자가 있다는 사실을 알 수 있다. 양자 통신에서 정보를 도청할 수 없기 때문에 관건은 양자적 얽힘 상태를 유지하면서 먼 거리까지 양자 정보를 전송하는 문제가 대두되고 있다.

양자 엣지 컴퓨터가 내 곁에

2020년에 중국과학기술대학교의 Jian-Wei Pan 교수 그룹은 광섬유 통신을 이용해서 50km 떨어진 루비디움 원자의 양자 얽힘을 달성하였다. 2024년에 하버드대학교의 루킨M. D. Lukin교수 그룹은 실리콘-빈결함SiV으로 형성된 큐비트로 양자 네트워크를 형성하여 40km 떨어진 두 지점에서 핵스핀 큐비트의 양자 얽힘을 달성하였다. Xiao-Hui Bao 그룹과 Jian-Wei Pan 교수 그룹은 중국 허베이시Hefei city 근교의 네 지점 사이에서 통신 광섬유를 이용하여 양자 네트워크를 형성하여 양자 메모리 사이의 양자 얽힘을 달성하였다. 먼 거리의 양자 네트워크를 형성하기 위해서 큐비트의 양자 얽힘을 지속할 수 있는 긴 결맞음 시간coherant time이 달성되어야 하는데, 최근에 NV-센터, SiV 센터 및 핵자의 스핀을 이용해서 장시간의 결맞음 시간을 늘리려 하고 있다.

양자 인터넷이 실용화하면 안전한 양자 통신뿐만 아니라 다양한 응용을 생각할 수 있다. 대표적인 응용은 다양한 센서를 활용한 IoT와 양자 인터넷 및 양자 엣지 컴퓨터Quantum Edge Computing, QEC를 연결하여 시너지 효과를 높이는 것이다. 다양한 사물에 매립된 양자 센서는 공간적, 시간적, 기계적, 생물학적, 화학적 환경에 노출된 상태에서 측정 대상의 양자 신호를 검출한다. 이렇게 검출한 양자 신호는 양자 인터넷으로 양자 엣지 컴퓨터나 양자 프로세서에 전송된 후에 양자 계산 과정을 거친 후에 결과를 생산한다. 양자 처리 과정으로 생산한 양자 정보는 의사 결정, 시스템 제어, 특성 평가 등 다양한 분야에 활용될 것이다.

신경과학이 이 시대의 가치관을 변화시킨다

- 어떻게 살고 싶어 할 것인가? -

과학철학자, 신경철학자 박제윤

어린 시기에 들었던 재미난 이야기는 세상을 이해하는 개념적 기반이 되며, 그들의 삶에 교훈과 지혜가 된다. 그렇듯이, 최근 관심이 높아지는 재미난 뇌과학 이야기는 사람들의 삶에 어떤 지혜를 줄까? 신경과학 지식은 대중의 세계관에 어떤 변화는 일으키고, 자신들의 사회를 어떻게 바꿔 놓을 것인가?

신경과학은 미래 변화를 이끄는 여러 변동 요인들 중 하나이다. 인공지능 기술 역시 신경과학의 도움으로 발달해 왔다. 인공지능 개발자들이 뇌를 모방한 계산기를 개발하기 위해 뇌 구조와 작동 방식을 알아야 했기 때문이다. 최근 대중들에게 뇌과학에 대한 관심이 높아지고 있다. 처음 나타난 새로운 과학기술은 소수 전문가의 고급 정보이지만, 대중에게 확산되면 상식이 되어 버린다. 신경과학이 상식이 되는 세상에서 대중이 세계를 이해하는 관점의 변화를 불러일으킬 수 있다. 그런 인식적 전환은 결국 사회적 혁명의 원동력이 된다. 더구나 지금 SNS 소통은 그 변화를 가속화시킬 것이다. 결국 신경과학 지식의 대중화는 혁명과도 같이 빠르게 사회 공동체를 변화시킬 것이다.

특이점이 앞당겨진다

특이점이 온다는 이야기는 미래학자 레이 커즈와일Ray Kurzweil이 그의 책 《특이점이 온다: 기술이 인간을 초월하는 순간The Singularity Is Near: When Humans Transcend Biology, 2005》에서 처음 제안되었다. 혁명적 변화인 특이점이 나타나는 것은 세계가 복잡계complex system로 이루어져 있기 때문이다. [그림 1]과 같이 인공지능이 인간 지능을 넘어서는 특이점, 즉 싱귤레리티singularity가 올 것을 전망하면서 커즈와일은 그 이유로 컴퓨터, 유전학, 나노 기술, 로봇공학, 인공지능 등과 같은 여러 과학기술의 가속적 발전 때문이라고 말한다. 그리고 그런 과학기술의 가속적 발전은 여러 분야들 사이에 상호작용과 상승 효과 때문이다. 그런 전망에서 그는 이렇게 말한다. "나는 그 특이점, 즉 인간 능력의 심오하고 파괴적인 전환의 시기를 2045년이라고 예측한다."

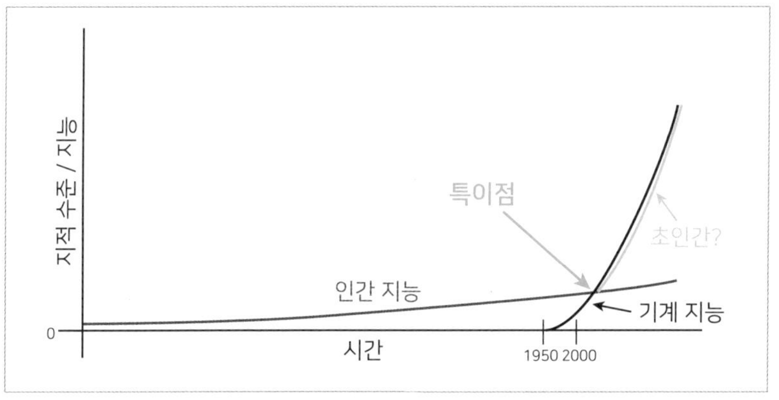

[그림 1] 인간 지능을 기계 지능이 넘어서는 특이점

이런 충격적인 예측에 대해 많은 학자와 저널이 관심을 가졌고, 과연 그런 시점이 올 것인지 논란이 적지 않았다. 처음에는 전문 지식인들 사이에서조차 그 전망을 높게 신뢰하지 않았다. 그런데 최근 생성형 인공지능 챗GPT가 등장하자 그 신뢰가 높아지고 있다. '투자의 귀재'로 알려진 워런 버핏은 2024년 5월 주주총회에서 인공지능AI을 핵무기에 비유하며, 그 활용으로 일어날 파괴력에 우려를 표했다. 최근 구글Google은 인간과 농담까지 할 수 있는 새로운 인공지능 언어 모델 'PaLM'을 내놓았다. 지금까지 은유와 상징적 표현을 통한 유머는 기계가 흉내 낼 수 없는 인간만의 고유 영역이라는 가정이 있었지만, 이제는 아니다.

레이 커즈와일 본인은 저서를 출간하고 20년이 지난 지금, 2024년 3월 자신이 말한 특이점이 더 빨리 다가온다고 말한다. 그는 5년 내에 인공일반지능AGI이 등장할 것이라고 말하며, 자신이 전망했던 특이점의 시점을 앞당겨 놓았다. 그는 특이점이 오면 지금은 상상조차 할 수 없는 인류의 삶에 변화가 일어날 것이라고 말한다. 생명의 연장, 거의 모든 질병으로부터 해방, 지능의 확장 등이 일어날 것이며, 인간과 기계 지능을 결합한 새로운 초인간이 등장할 것이라고 전망한다. 그런 시대에 개인적 삶의 경험은 클라우드와 같은 저장 장치에 저장하고 교환하는 일도 가능해질 것이라고 전망한다. 인간의 수명은 500세까지 연장될지도 모른다. 물론 그런 미래 사회에 대재앙이 염려될 수도 있지만, 적어도 지금보다 더 평등한 사회로 나아갈 것이라고 전망하기도 한다.

커즈와일이 말하는 종류의 특이점의 시기가 올 것인지는 두고 볼 일이기는 하지만, 적어도 우리는 자신들 삶의 변화 조짐을 이미 볼 수 있다. 어떤 근거에서 그러한가? 우리가 지금 사회를 미래 사회로 변화시켜 갈 중요 변동 요인은 무엇인가? 물론 가장 중요한 변동 요인은 인공지능 기술의 발달이라고 말할 수 있다. 그렇지만 그것에 못지않게 중요한 변동 요인으로 신경과학 기술의 발전을 지적해 볼 수 있다. 어떻게 그러한가?

신경과학이 인공지능 연구를 이끌었다

인공지능 연구자들은 신경과학 연구를 중요하게 참조해 왔다. 물론 최초부터 그러지는 못했다. 인공지능의 아버지로 불리는 영국의 앨런 튜링Alan M. Turing은 인간의 사고 논리를 모방하는 '튜링 머신' 자동 계산기를 염두에 두었다. 그런 아이디어는 그의 스승 존 폰노이만John von Neumann이 1945년 컴퓨터 에니악ENIAC 기획에 참여함으로써 미국에서 실제로 구현되었다. 그가 제안했던 범용 컴퓨터의 기본 구조는 [그림 2]와 같은 '폰노이만 아키텍처'로 불리며, 지금까지 우리가 오늘날까지 사용하는 컴퓨터 구조이다.

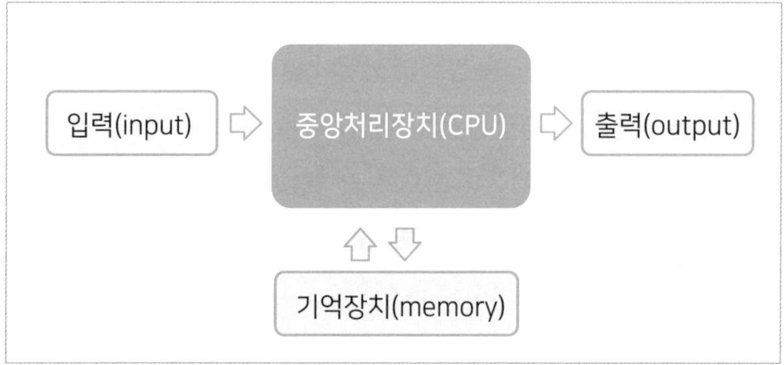

[그림 2] 폰노이만 아키텍처의 기본 구성은 입력장치와 출력장치를 가지며, 중앙처리장치와 메모리가 분리되어 있다.

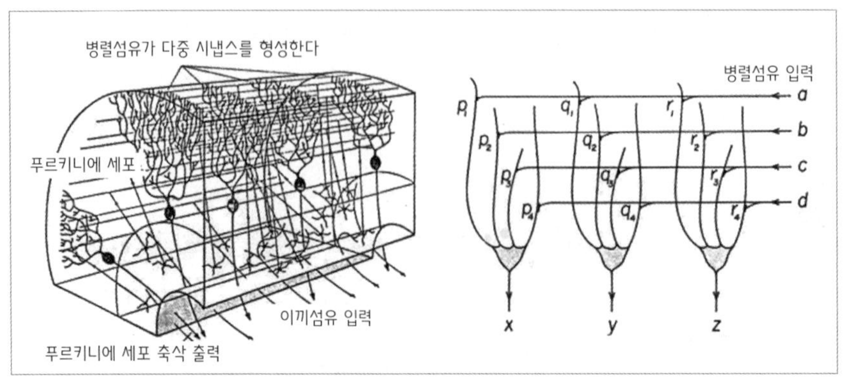

[그림 3] 대뇌 피질의 병렬 계산 처리를 보여 주는 도식적 그림으로, 여기에는 중앙처리장치와 메모리의 구분이 없다.

그러나 폰노이만은 곧 그러한 자신의 생각을 바꾸었다. 그는 예일대학 강연 원고로 저서 《컴퓨터와 뇌The Computer and the Brain, 1958, 2000》를 저술하였다. 그 저서에서 그는 뇌신경망을 모방한 인공 계산기를 개발해야 할 필요성을 주장한다. 그는 자신이 개발한 컴퓨터 모델이 가지는 한계를 지적하고, 뇌신경망을 모방한 계산기가 앞으로 개발되어야 할 이유를 말한다. 범용 컴퓨터 모델이 순차 처리serial processing 계산 방식인 반면, 뇌신경망은 병렬 처리parallel processing 계산 방식이기 때문이다. 또한, 범용 컴퓨터 모델은 기억장치인 메모리와 계산 처리장치인 프로세서가 분리되어 있지만, [그림 3]에서 볼 수 있듯이, 병렬 처리 뇌신경망은 그 자체가 메모리와 프로세서의 기능을 모두 담당한다. 그리고 그는 이렇게 덧붙인다. 결코 뇌신경망의 계산 방식을 순차 처리 계산기가 대신할 수 없다고.

그가 이렇게 생각할 수 있었던 것은 1943년 워런 매컬러와 월터 피츠Warren S. McCulloch & Walter H. Pitts의 뇌신경망 연구가 있어서이다. 훗날 알파고에 적용된 딥러닝Deep learning 기술은 물론, 오늘날 생성형 AI 모델 역시 뇌신경망을 소프트웨어로 모방하는 인공신경망 기술이다. 이렇게 인공지능 초기 연구에서부터 최신 연구에 이르기까지 신경과학은 인공지능의 방향을 선도해 왔다. 그리고 요즘은 하드웨어로 신경망 계산기를 만들려는 노력이 시도되고 있으며, 이것을 NPUneural processing unit라고 부른다. 나는 머지않아 생물학적 뇌처럼 하드웨어로 제작된 인공신경망이 곧 인공지능 기술에 광범위하게 적용될 것이라 전망한다. 최근 반도체 회로를 미세 가공하는 기술이 높아졌기 때문이다. 그렇게 되면 지금 클라우드 기반의 인공지능 기술은 새로운 전기를 맞이할 것이다.

신경과학이 철학을 이끌고 있다

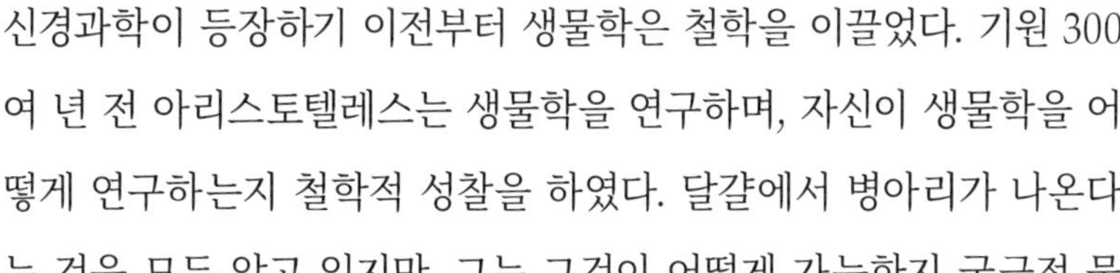

신경과학이 등장하기 이전부터 생물학은 철학을 이끌었다. 기원 300여 년 전 아리스토텔레스는 생물학을 연구하며, 자신이 생물학을 어떻게 연구하는지 철학적 성찰을 하였다. 달걀에서 병아리가 나온다는 것을 모두 알고 있지만, 그는 그것이 어떻게 가능한지 궁극적 물음을 던진다. 그리고 그 대답으로 달걀에 그것이 될 수밖에 없는 '본질본성'이 들어 있기 때문이라고 생각한다. 그리고 본질이란 "모든 계란이 병아리가 된다"는 일반화로 말해질 수 있다. 그리고 일반화는 법칙이나 원리를 말할 때 사용하는 문장 형식이다. 그러므로 과학자가 자연의 법칙 혹은 원리를 찾고 싶다면, 본질을 찾아야 한다고 생각했다. 그리고 그는 학문을 탐구하는 연구 방법으로 '귀납추론'과 '연역추론'이란 논리가 모두 중요하게 활용된다는 것을 당시에 말할 수 있었다.

생물학이 철학에 큰 영향을 끼치는 이유는 우리 자신이 생물체이기 때문이다. 인간은 생물체의 원리에서 벗어날 수 없다. 1859년 찰스 다윈이 《종의 기원》을 내놓았다. 그에 따르면, 진화는 생물체 스스로의 의지에 의해 일어나지 않는다. 그것을 결정해 주는 것은 자연이다. 자연의 생태계에서 생존하지 못하는 개체 특성은 자연의 선택을 받지 못하고 사라진다. 그 선택은 어떤 예지자의 목적과 방향에 따르지 않는다. 인간이 가장 진화된, 즉 자연에 완벽히 적응된 최종의 존재라고 말할 수 없다. 이런 진화론의 기본 관점은 많은 분야에 영향을 미쳤지만, 특히 철학에 끼친 영향도 컸다.

미국의 수학자이며 철학자인 찰스 퍼스Charles Pierce는 진화론의 관점에서, 인간 지식의 본성에 대해서도 의심해 보았다. 그는 지식의 진화, 즉 지식의 성장 또는 학문의 발달에도 어떤 의지의 목적이 있을 수 없다고 생각했다. 그런 배경에서 그는 철학이 영원한 진리를 추구한다고 말할 수 없다고 주장하게 되었다. 이런 생물학에 기초한 성찰이 미국의 프래그머티즘 철학의 기반이 되었다. 그가 보기에 영원한 진리를 찾는다는 당시의 서양 철학은 잘못된 목표를 가지고 있었다. 그 프래그머티즘은 후배이며 동료이었던 윌리엄 제임스, 존 듀이 등을 통해 새로운 진리관으로 다듬어지고, 현대 철학자 콰인W.V.O. Quine에게서 더 정교한 논리를 갖추었다. 그들에 따르면, 앞으로 철학은 과학과 마찬가지로 영원한 진리가 아닌 이전보다 유용한 믿음지식을 탐색하려는 목표를 가져야 한다. 그러므로 철학은 새로운 과학 발견을 적극 활용하여 이전보다 더 나은 믿음을 과학적으로 탐색해야 한다. 이런 철학 태도를 '자연주의naturalism'라 부른다. 그는 특히 철학이 전통 인식론의 물음에 대답하려면, 신경과학을 적극 살펴보아야 한다고 말한다.

그의 말대로 오늘날 신경과학은 철학에 새로운 변화를 일으키는 중이다. 신경과학에 기초한 철학을 '신경철학neurophilosophy'이라 불린다. 신경철학의 창시자는 처칠랜드 부부Paul & Patricia Churchland이다. 그들은 (맥컬럭과 핏츠가 연구한) 뇌 신경망의 구조 및 작동 방식에 기초한 새로운 인식론, 즉 새로운 지식 이론으로서 신경 인식론neuro-epistemology을 주장한다. 그들에 따르면 [그림 3]에서 볼 수 있는 병렬처리 신경망의 활성화 패턴이 곧 우리의 믿음이고 지식이며, 추론 방식이다.

만약 학습을 통해 입력 신호에 따라서 출력 신호가 특정 활성화 패턴으로 작동하게 된다면, 그런 활성화 패턴은 곧 감각을 분별하기 위한 기반이며, 운동을 지원하는 기반이고, 우리의 모든 경험적 및 추상적 지식의 기반이다. 이런 관점에서 뇌신경망을 모방하는 인공신경망 AI가 어떻게 작동하는지도 이해된다. 직접적으로 말해서, p_n, q_n, r_n 각각이 어느 정도에 활성화되는지, 즉 뇌 신경망의 활성화 패턴은 우리의 기억된 지식이며, 추론을 위한 기반이다. 나아가서 이런 뇌 신경망 자체의 기능에 문제가 발생하거나 신경망들 사이의 연결에 문제가 발생하면, 감각·운동·정서·인지·학습·기억 등의 장애 및 상실이 왜 일어나는지도 새롭게 이해될 수 있다. 뇌 신경망에 대한 이런 새로운 이해는 전통 철학의 가정, 즉 관념과 추론논리을 구분했던 가정, 그리고 우리 지식의 기반이 언어라는 가정도 의심하게 만든다.

최근 신경과학의 연구는 '의식'에 대한 우리의 일상적 믿음도 흔들고 있다. 리벳Benjamin Libet, 1983의 실험에 따르면, 행동을 위한 의식적 판단에 앞서 근육을 조절할 신경 활동이 먼저 일어난다. 이런 실험 연구는 우리의 행동이 언제나 정신적 의지가 발휘된 때문이라는 상식적 가정을 부정하게 만든다. 행동을 위한 무의식적 신경 활동이 먼저 일어난 후, 스스로 그것을 자신의 의지라고 착각한다는 것이다. 이런 실험적 연구는 이원론을 가정하는 전통 철학의 관점에서 나오는 여러 가정을 더 의심하게 만든다. 물리적 뇌 작용으로부터 독립된 정신이 존재한다는 가정 자체를 흔들어 놓고 있다.

신경과학이 윤리적 가치관을 바꿀 것이다

도덕이 무엇인지 우리는 일상적으로 잘 안다고 생각하기 쉽다. 그러나 그 '도덕'이 무엇이냐고 다시 궁극적 질문을 받게 된다면, 비로소 우리는 아직 알지 못한다는 것을 깨닫게 된다. 도덕이 무엇인지 여전히 탐구되어야 할 철학적 의문이며, 앞으로 과학적으로 찾아보아야 할 의문이다. 이 탐구가 중요한 이유는 한 사회를 지탱해 주는 것이 도덕적 신뢰이며, 사회의 모든 제도와 규제가 이것에서 나오기 때문이다.

최근 신경과학의 연구에 따르면, 더 정확히 말해서 인지신경생물학 연구에 따르면, 달팽이가 사용하는 신경전달물질 Ca^{++}을 (우리를 포함하여) 모든 동물이 사용하며, 포유류가 사용하는 신경전달물질 도파민을 인간도 사용한다. 모든 동물의 행동은 뇌 신경망의 신호가 근육으로 전달됨으로써 작동한다. 모든 지능이 뇌 신경망의 작용으로 일어난다. 어느 동물이 특정 감각 및 행동 기능에서 탁월하다면, 그것이 높은 지능을 가진다고 말할 수 있다. 이런 새로운 이해에서 박쥐는 밤에 행동할 수 있는 뛰어난 지능을 가진 동물이다. 여러 많은 동물이 특정 지능에서 인간을 훨씬 능가한다. 이런 신경과학 연구들은 모든 동물이 진화의 연장선 위에 놓여 있다는 것을 다시 확인시켜 준다. 이렇게 인간을 동물의 범주 내에서 이해한다면, 지금까지 인간 중심의 우월적 관점은 물론, 인간과 동물을 지적으로 엄격히 구분하려던 전통적 및 일상적 관점을 내려놓게 된다.

도덕이란 공동체 내에서 함께 살 수 있는 가치라고 생각해 본다면, 우리가 도덕을 가질 수 있었던 것은 분명 공감하는 능력을 가진 때문이다. 우리가 그런 능력을 어떻게 가질 수 있었을까? (아직 이 질문에 신경과학이 충분히 대답하지 못하지만, 적어도 전통적 그리고 일상적 여러 믿음이 잘못되었다는 것을 알게 해 준다.)

1990년 이탈리아의 파르마대학에서 자코모 리졸라티Giacomo Rizzolatti는 원숭이에게서 행동을 조절하는 뇌 영역을 실험하고 있었다. 한 원숭이에게 먹을 것을 내밀자, 다른 우리에서 그것을 바라보던 원숭이 뇌에서 신호가 갑자기 발생하는 것을 관찰했다. 그 원숭이의 뇌에는 먹이를 받기 위해 손을 뻗을 때 뇌 신경망이 작동하면 컴퓨터와 스피커를 통해 소리가 들리도록 장치되어 있었다. 그 원숭이는 실험자가 옆의 동료에게 먹이를 주는 모습을 바라보는 것만으로 그 녀석의 뇌 신경망은 손을 뻗어 그것을 받는 행동을 하도록 반응하고 있었다. 다시 말해서 다른 원숭이 행동을 바라보기만 해도 그것을 모방하는 반응이 뇌에서 저절로 일어난다.

사람의 뇌에서도 동일한 작용이 일어나며, 그런 작용에 의해서 우리는 타인의 행동을 예측하거나 이해할 수 있다. 뇌 대부분 영역의 신경망이 그런 방식으로 작동한다는 것이 발견되었고, 이후로 그것을 '거울 뉴런'이라고 부르게 되었다. 행동을 넘어서 감정에서도 그럴

수 있다. 우리는 상대의 어떤 상황을 바라보는 것만으로도 함께 즐거워하거나 괴로워할 수 있다. 이렇게 공감 능력은 모방적인 뇌 신경망의 활성화 패턴에서 온다고 신경학적으로 이해된다.

원숭이의 공평성에 대한 실험적 연구도 있다. 미국의 조지아대학에서 새러 브로즈넌Sarah F. Brosnan은 실험으로, 카푸친원숭이에게 간단한 일을 시키고 그 보답으로 먹이를 하나 건넨다. 처음에 그 원숭이는 돌조각을 옮겨 주는 일에 대한 보상으로 오이 조각을 제공하면 잘 받아먹었다. 그런데 옆 우리의 동료에게 동일한 일을 시키면서 맛난 포도를 주는 것을 본 후 그 녀석의 행동은 돌변한다. 이후 자신에게 제공되는 오이 조각을 실험자에게 내던지며 소리를 질러댄다. 그것은 공평하지 않다는 불평이다. 차별적 대우에 대한 불만 표출 능력은 인간만이 아니라 유인원도 가지는 본능적 능력이다. 이런 능력이 도덕적 감정의 기초가 되었을 것으로 추정하는 것은 어렵지 않다.

이런 신경과학의 관점에서, 종교적이어야 도덕적일 수 있다는 일상적 및 관습적 믿음은 더 이상 지지하기 어렵다. 신경과학이 일상인의 상식이 되어 버리면, 도덕적 행동과 규범을 위해 종교적 믿음을 가져야 한다는 믿음은 앞으로 대중에게도 유지되기 어려울 것이다. 그보다 과학적 이해로부터 더욱 지지받으며, 과학적으로 합리적이라 평가될 새로운 관점에서, 앞으로 도덕 및 규범을 새롭게 바라보게 될 것이다. 한 마디로 우리는 더욱 객관적 관점에서 도덕을 이해할 것이다.

새로운 윤리학 연구가 시급하다

신경과학에 대한 대중의 이해는 공동체를 개혁할 원동력이 될 수 있다. 토머스 쿤이 《과학혁명의 구조》에서 밝혔듯이, 새로운 과학 지식의 등장은 '패러다임 전환paradigm shift'을 일으킨다. 개인 뇌 신경망의 정보는 언어적 소통을 통해 다른 뇌 신경망에 변화를 일으킬 수 있다. 그런 뇌 신경망의 활성화 패턴이 공동체 사회에서 일어난다면, 그 결과 사회적 패러다임의 혁명이 일어날 수 있다. 이렇게 개별 뇌 신경망들 사이에 더 좋은 지혜가 만들어지고 전파되는 원리를 이해한다면, 한 사회가 더 살기 좋은 사회로 발전하기 위해 비판적 사고가 왜 허용되어야 하는지, 권위주의 정치가 왜 사회를 진보시키지 못하는지도 더 잘 이해하게 된다.

정치는 한 공동체 사회을 특정 방향으로 이끄는 힘을 발휘한다. 그리고 정치가는 자신이 기대하는 미래 사회가 무엇이든, 그런 사회를 만들어 나가기 위해 정치적 행위의 권한을 쟁취해야만 한다. 그리고 그 권한을 더욱 굳건하게 구축하기 위해, 정치가는 자신의 정치적 이념과 다른 의견을 배척하고, 자신의 믿음에 대한 의심을 허용하지 않으려 한다. 그렇게 구축되는 권위주의 사회는 통제를 강화하며 다른 새로운 이념이나 정치적 제안을 가로막으려 한다. 그런 사회에서는 사상의 자유와 언론의 자유를 허용하기 어렵다. 그런 사회에서 새로운 지혜가 탄생하기란 대단히 어렵다.

그러나 인간의 지적 활동은 새로운 환경에 적응할 수 있는 신경계의 가소성을 가지며, 그로 인해서 새로운 학습 및 새로운 지혜를 탐색할 수 있다. 그런 지적 탐색을 잘 발휘하도록 허용되는 공동체 사회에서 지적 활동으로서 '의식하기'는 더 나은 지식 및 지혜를 찾기 위한 '의심하기'이다. 이런 의심하기는 혼자서보다 사회 속에서 더욱 큰 힘을 발휘할 수 있으며, 우리는 그런 활동을 공개 토론장에서 확인할 수 있다. 옳고 그름을 공개적으로 찾으려는 그런 의식적 활동은 다른 문화에 대한 수용을 통해 더욱 확대할 수 있다.

더구나 온라인을 통한 세계 문화의 소통은 종교적 또는 민속적 믿음에 근거하여 사람들을 설득해 왔던 과거 정치 패러다임에 혁명적 변화를 일으킬 것이다. 최근 전 세계의 청년들이 한국의 남성 그룹 BTS의 K-팝 놀이 문화를 즐겼으며, 최근에는 여성 그룹 블랙핑크의 K-팝 놀이 문화를 함께 즐기는 중이다. 한국 드라마 역시 전 세계인들이 즐기는 문화가 되었다. 전 세계적 문화 소통의 속도는 놀랍다. 그 문화적 소통이 소식의 소통이 되기도 하고, 감성을 공감하는 전달 수단이 되기도 한다.

2010년 튀니지의 젊은이가 노점상 단속 경찰에 저항하여 분신자살하는 사건이 있었다. 그 모습은 SNS를 통해 여러 나라에 전파되었다. 그러자 빈곤과 부패 정부라는 비슷한 처지에 놓였던 다른 아랍 국가들에서 시위가 연이어 일어났다. 결국 먼 나라의 소식이 다른 국가의 정권과 통치자를 몰아내는 정치적 혁명을 일으켰다. 이것은 '아랍의 봄'으로 불린다.

아랍의 봄이 일어나고도, 그런 국가들에서 민주주의 발달 및 사회적 진보가 특별히 일어나지 않은 이유가 궁금해진다. 그것은 새롭고 유용한 생각으로서 창의적 아이디어가 등장하기 위해 필요한 것은 두 가지, 비판적 사고와 배경 믿음지식이기 때문이다. 우리는 이미 가지고 있는 배경 믿음, 즉 신경망에 형성된 특정 활성화 패턴을 통해 세계를 인지하고 추론할 수 있다. 그런 특정 신경망 활성화 패턴이 학습되어 있지 않다면, 그것은 무엇을 알아볼 능력을 갖지 못한 것과 같다. 그러므로 새로운 배경 믿음 및 지혜의 등장을 위해 비판적 사고 외에 다양한 사회적 지식 및 지혜를 알고 있어야 한다. 그러므로 다음과 같이 말할 수 있다.

문화적 소통도 그와 같은 갑작스런 사회적 변화를 일으킬 동력이 될 수 있다. 현제 세계 대중은 의사소통에서 그리고 문화적으로 과거 어느 시기와 비교할 수 없을 만큼 상호 긴밀히 연결되어 있다. 그 연결과 소통을 통해 그들은 서로의 다른 가치관을 더욱 많이 경험한다. 다른 문화에 대한 경험은 자신들의 가치관을 외부의 시선으로 돌아볼 수 있게 만들며, 자신들의 전통적 및 민속적 믿음을 흔들어 놓는다. 결국 그들은 자신들의 세계관 및 가치관을 변화시키는 중이다. 이러한 변화는 아랍의 봄이 보여 주었듯이 무엇보다 권위주의 국가에 커다란 사회적 변화를 유도할 것이다. 행동은 그 사람의 마음, 즉 신경망의 활성화 패턴에서 나오기 때문이다. 그리고 고전적이며 현대에 불합리하다고 여기지는 믿음 체계, 신앙 체계를 흔들어 놓을 것이다.

한 시대의 과학기술의 발달, 그에 따른 생산 기술의 발달은 생산 구조를 변화시키며, 노동의 구조를 변화시키고, 나아가서 경제 체계를 바꿔 놓는다. 그리고 마침내 사회적 및 정치적 구조의 변화를 자연스럽게 유도하고 일으킨다. 그런데 지금의 시대는 그런 변화 흐름에 따라 새로운 사회적 가치가 자연스럽게 정립되기를 기다리기에 너무 다급하다. 인공지능과 신경과학의 기술 변화가 너무 빠르고, 그에 따라 사회적 변혁이 빠르게 일어날 것으로 기대되는 특이점이 오기 때문이다. 아마도 지금 우리는 이미 특이점에 들어서고 있을 듯싶다.

이런 전망에서 나는 머지않아 인류에게 다가올 사회적, 경제적, 윤리적 변화의 충격을 예측하며, 그것에 대비할 필요를 여기에서 강조하려 한다. 신경과학에 기초하여 새로운 시대에 부합하는 새로운 윤리 체계가 필요하기 때문이다. 미래 사회는 아직 오지 않은 경험하지 못한 사회이며, 그 사회적 문제가 무엇이며, 그 윤리적 가치관이 무엇일지 우리는 미리 알 수 없다. 구체적으로 자율주행차를 이용하는 일상, 자율 전투 로봇에 의존한 국방, 자율 가사도우미 로봇에 의존한 환자, 심리 상담 AI에 의지해야 하는 환자 등을 전망해 보면, 곧 다가올 사회에 어떤 문제가 발생할지, 어느 규정이 버려져야 하고, 또 어떤 새로운 규정이 필요할지 등을 지금부터 연구해야 한다.

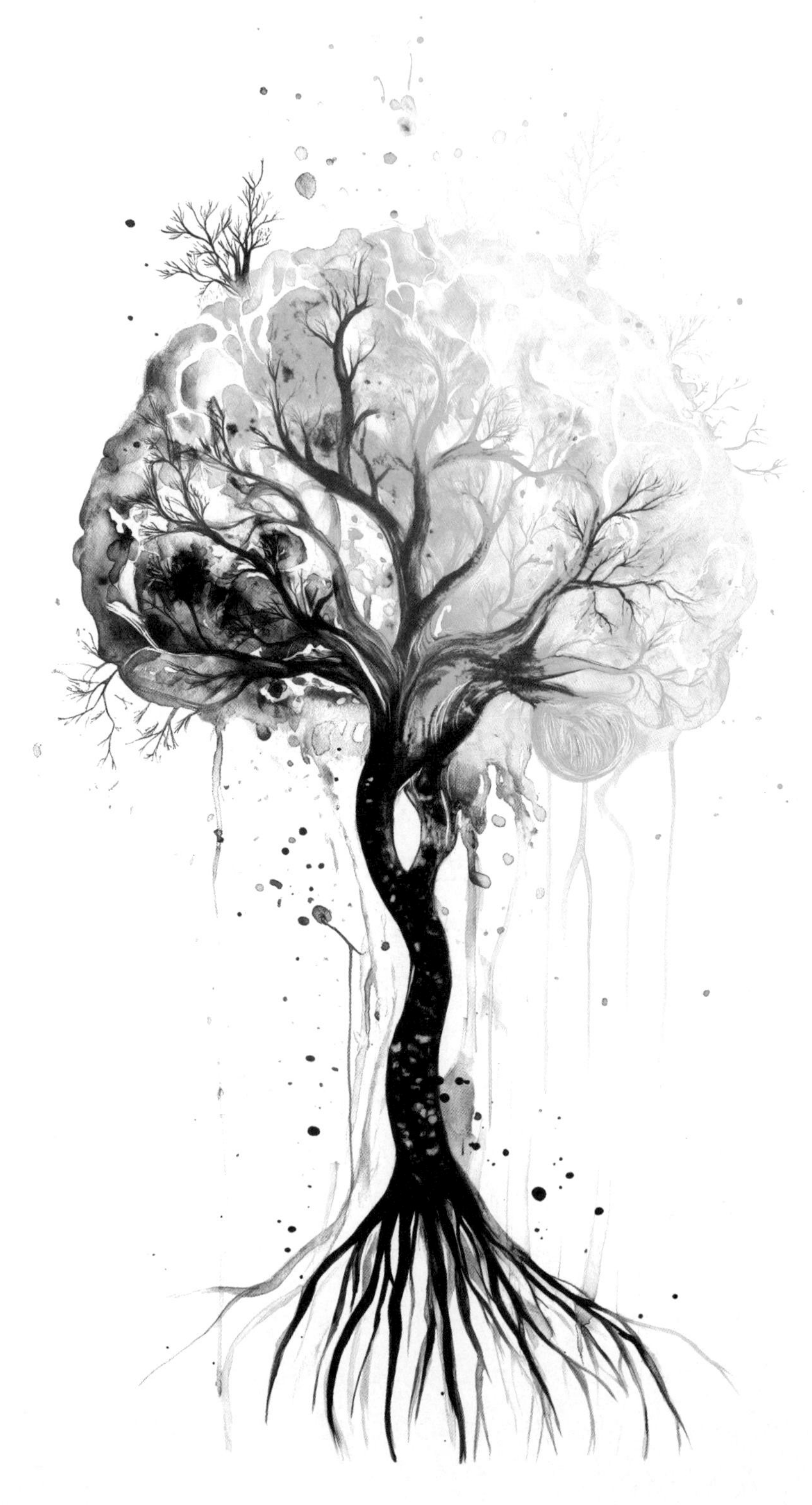

노화의 종말

- 불로장생을 꿈꾸는 므두셀라의 후예들 -

중앙일보 기획취재국 에디터(전 논설위원) 윤석만

최근 의과학계의 새로운 흐름 중 하나는 노화를 질병으로 여기기 시작했다는 점이다. 텔로미어 같은 유전적 요소를 조작해 노화를 늦추는 것이 목표다. 그러나 갑작스런 수명 연장이 꼭 좋지만은 않다. 근대 가족 제도의 붕괴, 연금 재정 고갈, 의료 양극화 등과 같은 사회 갈등을 초래할 수 있기 때문이다. 불로장생은 인간의 오랜 꿈이지만, 이런 원초적 욕망이 오히려 인류 사회를 혼돈에 빠트리는 것은 아닐까?

에이징 아노미 aging anomy는 인간의 노화로 빚어지는 사회적 갈등과 혼란을 뜻한다. 이를 테면 최근 이슈가 되고 있는 국민연금 재정 문제나 경제 활동 인구의 축소 같은 것들이 대표적이다. 특히 한국은 고령화 사회 노인 인구 7%로 들어선 지 2000년 25년 만에 초고령 사회 20%로 돌입한다. 고령화 사회에서 초고령화 사회로의 전환 연차가 4반세기에 불과해 프랑스 154년, 미국 94년, 이탈리아 79년, 독일 77년 등과 편차가 크다. 세계 최장수 국가인 일본 36년보다 훨씬 빠른 속도다. 여기에 유례없는 저출산 위기까지 겹치면서 한국은 급격히 늙어가고 있다.

에이징 아노미를 더욱 심화시키는 것은 과학기술의 발달로 인한 획기적인 수명 연장이다. 이는 비단 한국만의 문제가 아니다. 세계 곳곳에서 인간의 죽음을 지연시키는 연구가 활발히 진행 중이고, 노화를 극적으로 늦추는 결과를 초래하고 있다. 일각에서는 생명체를 이루는 세포의 죽음과 퇴행을 하나의 질병으로 인식하며 노화의 종말을 고한다. 기원전 219년 진시황의 명을 받아 불로초를 찾아 떠났던 서복의 꿈이 조만간 실현될 수도 있는 것이다. 과거의 조상들이 꿈꿨던 불로장생을 경험하게 된다면, 인류의 삶은 더욱 나아질 것인가? 안티 에이징 기술의 현주소와 이것이 초래할 사회 문제들의 실마리를 찾아가 보자.

노화는 질병이다?

- 영생을 향해 가는 인류 -

백세인Centenarian이 급증하고 있다. 미국의 퓨 리서치센터에 따르면 100세 인구는 1990년 9만 5,000명에 불과했지만 2015년 45만 명을 넘어섰고, 2050년 367만 명에 이를 것으로 예측된다. 일본에선 백세인이 이미 9만 명을 돌파했고 매년 4,000명씩 늘고 있다. 110세 이상 초백세인supercentenarian도 140여 명에 달한다. 공식적 출생·사망

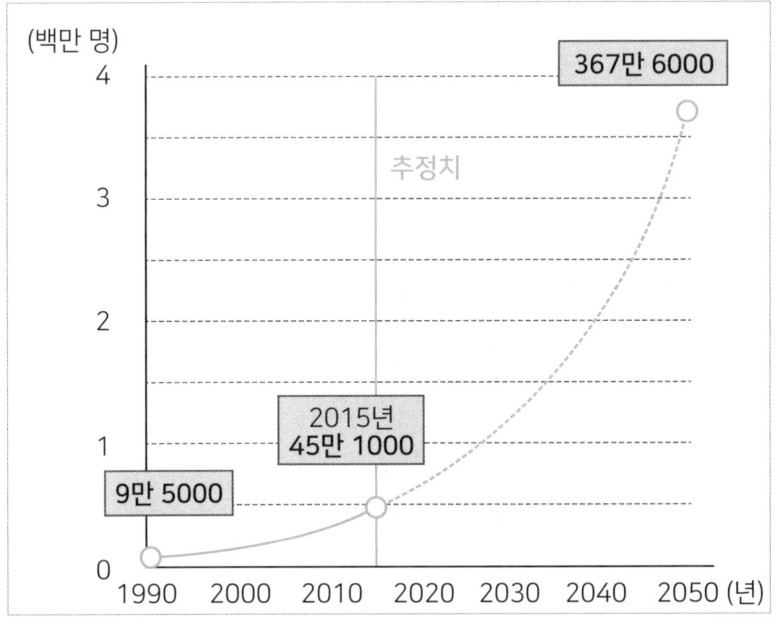

[그림 1] 급증하는 백세인들

기록을 가진 이들 중 가장 오래 산 사람은 잔 루이즈 칼망1875~1997이다. 그의 부모는 각각 92세와 86세까지 생존했고, 오빠는 97세에 죽었다. 집안에 장수의 피가 흐르고 있는, 다소 특이한 케이스이긴 하지만 인간 수명의 한계가 어디까지인가를 보여 주는 인물이기도 하다.

실제로 **구약성경**창세기 6장 3절에서는 인간의 수명을 120년으로 기록했다. 관점에 따라서는 120년 후 대홍수가 있을 것이니 남아 있는 날이 120년뿐이라고 보기도 한다. 그러나 다수

구약성경 창세기 6장 3절
"여호와께서 이르시되 나의 영이 영원히 사람과 함께 하지 아니하리니 이는 그들이 육신이 됨이라 그러나 그들의 날은 백이십 년이 되리라 하시니라."

는 이보다 훨씬 길었던 인간의 수명이 120세로 줄어든 것을 설명해 놓은 것이라고 해석한다. 실제로 구약의 '스타'인 모세가 죽었을 때 성경은 이렇게 묘사했다. "그가 죽을 때 나이 120세였다. 하지만 그의 눈은 흐리지 않았고 기력도 쇠하지 않았다." 이 구절로 인해 구약 이후 인간의 최대 수명은 120세까지라는 주장이 더욱 설득력을 얻고 있다.

하지만 모세 이전의 사람들은 그보다 훨씬 긴 삶을 살았다. 최장수인으로 꼽히는 노아의 할아버지 므두셀라Methuselah는 969년을 생존했다. 심지어 므두셀라는 노화나 질병으로 죽은 게 아니라 사고로 사망했다. 온갖 상상력을 자극하는 므두셀라의 이야기는 '므두셀라의 자식들'로버트 하인라인, '므두셀라로 돌아가라'조지 버너드 쇼 같은 여러 문학 작품의 소재가 되기도 했다. 이후 므두셀라는 서양 문명에서 불로장생을 꿈꾸는 인간의 염원을 나타내는 상징으로 주로 쓰인다.

자연 상태에서 인간의 수명을 120세로 보는 것이 과학적이라는 의견도 있다. 생물학자들은 보통 포유류의 수명을 성장기의 6배로 보기 때문에 인간이 20세까지 성장한다고 가정하면 수명은 120세가 된다. 물론 과거의 인간들은 평균 수명 50세를 넘기기도 힘들었다. 중세를 휩쓸었던 흑사병, 20세기 초의 스페인독감처럼 대전염병은 인간의 목숨을 수없이 앗아갔다. 또 일상처럼 벌어지는 전쟁과 살육은 자연이 내려준 타고난 수명도 유지하기 어렵게 만들었다. 굶주림과 영양실조, 이로 인한 아사는 유사 이래 인간의 삶을 끊임없이 괴롭혀 왔다.

그러나 과학기술이 발달한 현대는 인간의 수명을 단축하는 여러 변인들을 획기적으로 제거해 왔다. 의학의 발달은 질병으로 인한 죽음을 극적으로 감소시켰고, 인류 공통의 법과 제도는 무분별한 살상을 금지했다. 각종 운동과 영양학적 정보는 건강 수준을 높였으며 단순히 오래 사는 것만이 아닌, 건강한 노화를 가능케 만들었다. 이제 인류는 한발 더 나아가 노화를 질병으로 보고 이를 치료하려는 단계에까지 이르렀다.

대표적인 인물이 하버드 의대 유전학 교수인 데이비드 A. 싱클레어다. 그는 자신의 책 《노화의 종말》에서 "노화는 정상적 삶의 과정이 아니라 일종의 질병이며 치료가 가능하다"고 말한다. 그러면서 "노화를 지연시키고 역전시킬 수 있다"고 강조한다.[1] 그에 따르면 암과 치매는 그 자체로서 하나의 질병이 아니라 노화의 증상일 뿐이다. 즉 노화라는 질병을 치료하면 암과 치매 같은 증상은 발현하지 않는다는 이야기다.

물론 지금의 인류가 당장 노화의 종말을 눈앞에서 보긴 어렵다. 기술 개발에는 시간이 걸리고, 임상실험을 통해 인간에게 적용하는 것은 더 많은 세월이 필요하기 때문이다. 그러나 노화를 자연스런 삶의 과정이 아닌, 치료 가능한 질병으로 보는 그의 시각 자체는 매우 혁신적이다. 실제로 그의 주장을 뒷받침하듯 많은 연구가 노화를 늦추거나 되돌리는 성과들을 내놓고 있다.

2009년 엘리자베스 블랙번 박사는 '텔로미어telomere' 연구로 노벨 의학상을 받았다. 텔로미어는 염색체 끝 부분에 있는 유전자 조각을 뜻하는데 세포가 분열할 때마다 그 길이가 짧아진다. 세포가 복제를 반복할수록 유전자 가닥의 끝부분부터 조금씩 파괴되는 것이다. 이렇게 짧아진 길이가 특정 노화점을 지나면 그때부터 세포는 늙기 시작하고 결국 죽게 된다. 인간의 경우 복제 횟수는 대강 60회로 알려져 있는데, 이를 '헤이플릭 한계 Hayflick Limit'라고 한다. 이와 같은 블랙번 박사의 연구 결과를 요약하면 "텔로미어의 길이가 줄어들지 않으면 세포는 노화하지 않는다"는 것이다.[2]

중요한 점은 텔로미어가 짧아지는 것을 막을 수 있다는 점이다. 이는 곧 세포가 늙지 않는 것을 뜻하고 인간의 노화도 멈출 수 있다는 뜻이 된다. 이를 가능케 하는 것은 바로 텔로머레이스 telomerase라는 효소다. 극히 일부의 세포는 텔로머레이스를 통해 텔로미어가 줄지

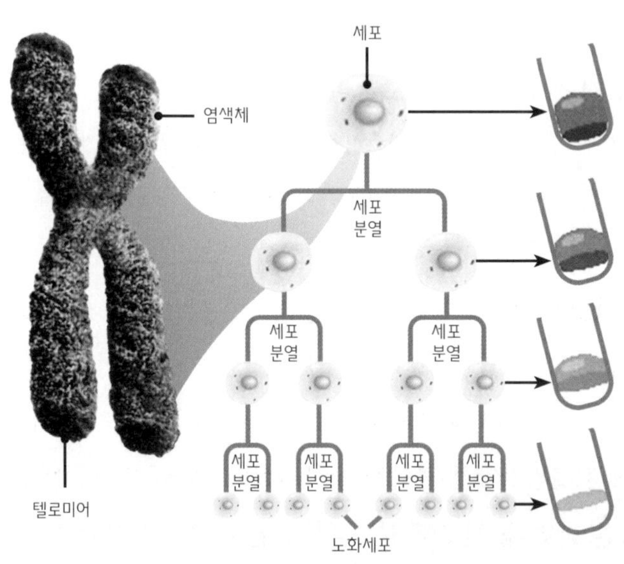

[그림 2] 노화의 원인 텔로미어

않게 한다. 세포 분열 시 염색체 말단 부분인 텔로미어에서 일어나는 손실을 막는 것이다. 실제로 2010년 하버드 의대 로널드 드피뇨 박사는 텔로머레이스를 통해 생명을 연장하는 실험에 성공했다. 나이 든 생쥐에 텔로머레이스를 투여했더니 털 색깔이 회색에서 검은색으로 변하고, 작아졌던 뇌의 크기도 정상으로 돌아왔다.

그러나 텔로미어의 복구만으로 노화를 완벽히 막았다고 보긴 어렵다. 텔로미어의 손실과 이로 인한 소멸이 노화의 주원인인 것은 맞지만, 이것만이 노화의 유일한 원인이라고 볼 수는 없기 때문이다. 예를 들어, 세포가 복제를 거듭할수록 염색체에는 오류가 쌓여 간다. 이때 세포는 스스로 자살하거나 암을 발생시키기도 한다. 그러므로 텔로미어의 손실을 인위적으로 막는다고 해서 무조건 건강한 안티에이징이 일어나는 건 아니다.

'현대판 불로초'로 불리는 라파마이신은 세포 분열과 복제 과정에서 나타나는 오류를 줄이는 데 효과가 있다. 라파마이신은 원래 장기이식 수술에서 거부 반응을 차단하는 약으로 개발됐는데 임상실험에서 노화를 늦추는 효과가 있는 것으로 밝혀졌다. 1960년대 남태평양의 한 섬에서 서식하는 세균에서 발견된 라파마이신은 몸속에 있는 특정 단백질의 기능을 억제해 세포가 영양분을 흡수하지 못하도록 한다. 세포의 성장을 멈춰 노화를 억제하는 것이다.

실제로 2016년 미국 워싱턴대학의 매트 케블라인 박사는 20개월 된 생쥐 사람으로 치면 60세 를 두 그룹으로 나눠 실험했는데, 이 중 90일간 라파마이신을 투여한 생쥐는 사람 나이로 최대 140세까지 생존했다. 라파마이신은 신체 단련도를 높이고 인지 기능과 심혈관 건강을 개선하는 데 효과가 있는 것으로 알려져 있다. 노화한 세포는 여러 질병을 초래하는데, 라파마이신은 노화 세포를 제거한 것과 비슷한 효과를 낸다.

줄기세포 연구도 노화의 종말을 앞당기는 데 큰 역할을 하고 있다. 국내에서 임상실험을 끝냈거나 진행 중인 줄기세포 관련 치료제만 해도 20종이 넘는다. 물론 과거 황우석 박사 사건에서 보듯 줄기세포 연구는 쉽지 않다. 우리가 원하는 세포로 정확하게 줄기세포를 분화시키는 기술이 아직 없다는 뜻이다. 실제로 2015년 미국 플로리다에서는 3명의 여성이 줄기세포 주사를 맞고 큰 부작용을 겪었다. 망막 치료를 위해 줄기세포 임상실험에 참여했는데, 줄기세포가 망막 세포로 성장하지 않고 안구 근육 세포로 분화했기 때문이다. 그 결과 이들은 망막 대신 근육이 생기면서 남아 있던 시력마저 모두 잃게 됐다.

물론 줄기세포 치료의 불확실성을 보완한 연구도 계속 나오고 있다. 일본의 한 연구팀은 줄기세포를 배양하는 용기의 종류를 바꿔 각각 신경세포나 관절세포, 근육세포 등으로 분화시키는 방식을 사용했다. 인간의 수정란은 세포 분열을 통해 근육과 신경 등 200여 개의 다양한 세포로 성장하는데, 분열을 통해 각자의 역할에 맞는 새로운 세포로 '변신'하면서 하나의 생명이 만들어진다. 이때 세포 분열의 비밀만 알 수 있다면 우리는 정확하게 원하는 세포를 만들어 낼 수 있다.

일본의 연구진이 주목한 것도 이 부분이다. 줄기세포의 배양 환경을 변화시켜 서로 다른 세포를 만들었다. 즉 줄기세포를 키우는 용기에 각각 서로 다른 힘이 작용하도록 물리적 환경을 인위적으로 조작했다. 예상대로 줄기세포는 환경에 따라 서로 다른 역할을 하는 세포로 분화했다. 이 기술이 각각의 세포로 분화시키는 데 적합한 환경이 무엇인지 정확하게 알 수 있을 정도로 정교해진다면 그때는 우리가 원하는 세포를 얼마든지 배양해 낼 수 있다. 그렇게 된다면 망막 세포 대신 안구 근육 세포가 생겨나는 일을 막을 수 있다. 이때는 지금 우리가 불치병이라는 부르는 질병의 상당 부분이 치료될 수 있을 것이다.

에이징 아노미

- 기술이 초래할 사회 갈등 -

수명 연장은 단순히 연구소와 실험실을 넘어 실제 삶의 깊숙한 곳으로 들어왔다. 아들의 피를 수혈받으며 매년 30억 원씩 쓰는 미국의 억만장자 브라이언 존슨이 대표적이다. 프로젝트 청사진Project Blueprint이라는 사업을 벌이고 있는 그는 2024년 3월 늙지 않는 사람들이 모여 사는 "안티 에이징 국가를 세우겠다"고 밝히기도 했다. 현재 46세의 존슨은 건강 유지를 위해 의료진 30명의 감독 아래 채식

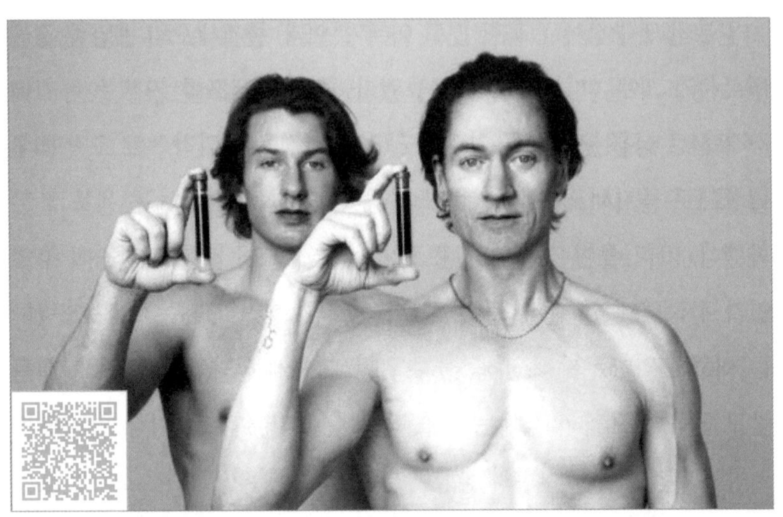

자료: 인스타그램 캡쳐

[그림 3] 젊음을 되찾으려 아들의 피를 수혈받은 브라이언 존슨

주의 식단을 유지하며 고강도 운동과 규칙적인 수면을 실천하고 있다. 매일 체중, 체질량, 혈당, 심박수 등을 측정한다. 초음파, MRI, 내시경, 혈액 검사도 주기적으로 한다. 그 결과 37세의 심장, 28세의 피부, 18세의 폐활량과 체력을 가졌다고 보도됐다.

구글 창업자인 세르게이 브린이 2013년 설립한 칼리코도 '죽음 해결'을 목표로 삼는다. 노화의 원인을 찾아내 인간 수명을 500세까지 연장하겠다는 당찬 목표를 세웠다. 2018년에는 **벌거숭이두더지쥐의 연구 결과**를 발표했다. 벌거숭이두더지쥐는 아프리카에 사는 몸길이 8㎝의 땅속 동물로 수명이 32년으로 다른 쥐보다 10배나 길다. 사람으로 치면 800

벌거숭이두더지쥐의 연구 결과

칼리코는 벌거숭이두더지쥐 프로젝트 발표 이후 뚜렷한 성과를 밝히지 않고 있어 연구가 장기화되고 있음을 추측케 한다.

세 이상 사는 것이다. 포유류는 나이가 들수록 사망 가능성이 급격히 늘지만, 벌거숭이두더지쥐는 성체가 된 후에도 사망률이 1만 분의 1로 꾸준히 유지됐다. 인간의 경우엔 30세 이후 8년마다 질병으로 인한 사망 위험률이 두 배씩 늘어난다.

이처럼 여러 과학자와 기업 등이 불로장생을 향한 연구에 뛰어들면서 진시황의 꿈은 실현 가능성이 점점 높아지고 있다. 하지만 수명 연장이 모든 인류에게 축복일 수 있을까. 설령 120세, 150세까지 살 수 있는 기술이 완성된다 해도 이런 혜택을 볼 수 있는 사람은 많지 않다. 부자들은 생명공학, 나노과학, 로봇공학 기술 등을 이용해 지금보다 훨씬 오래 살 수 있을 것이다. 몸속의 암세포를 찾아 죽이는 나노로봇, 병들거나 노화한 장기를 대신할 인공장기 등을 개인이 이용하려면 큰 비용을 치러야 하기 때문이다.

실제로 기적의 항암제로 불리는 노바티스의 킴리아는 미국에서 최대 5억 원의 약값이 든다. 그만큼 효과가 뛰어나다. 다행히 한국에서는 2022년부터 건강보험이 적용돼 1회 투여에 3억 6,000만 원의 약값이 설정됐다. 환자 부담금은 최대 598만 원이다. 우리처럼 건강보험이 잘 돼 있지 않은 대부분의 나라에서 킴리아는 그림의 떡일 수밖에 없다. 물론 한국도 늘어나는 건강보험 적자에 앞으로도 고가의 약을 계속해서 수급할 수 있을지 우려된다.

이와 같이 생명을 연장하는 혁신적인 기술이 나온다 해도 생활이 빠듯한 일반인들에겐 언감생심일 수밖에 없다. 부자와 빈자가 죽음

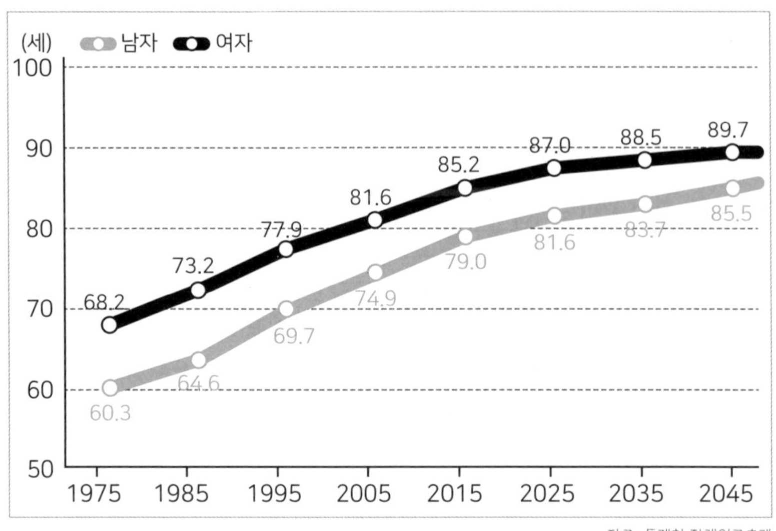

자료: 통계청 장래인구추계

[그림 4] 늘어나는 평균수명

앞에서만큼은 공평하다는 오랜 믿음이 깨지고 '수명 양극화' 현상이 심화되는 것은 분명해 보인다. 적게는 몇십 년에서 길게는 수백 년까지 인간의 수명이 경제력에 의해 결정되는 시대가 올 거란 이야기다. 앞서 살펴본 브라이언 존슨처럼 매년 수십억 원의 돈을 써 건강한 신체와 젊음을 유지하는 사람들이 많아지면, 에이징 아노미는 더욱 짙어질 수밖에 없다.

만일 생명을 연장하는 기술들이 건강보험 혜택을 받을 수 있거나, 복제약들이 많이 생겨 값이 싸진다고 해도 문제다. 사회적으로는 오히려 더 큰 혼란과 갈등이 생길 수 있다. 현재는 65세 이상을 노인으로 보고, 이때부터 노령연금과 기초연금이 개시된다. 지하철 무임승차 혜택도 주어진다. 온라인에는 65세가 되면 받게 되는 혜택 40가지라는 표가 돌 만큼 노인 혜택이 많다. 2023년 통계청이 발표한 장래 인구 추계에 따르면 노인 인구는 2036년 30%, 2050년 40%를 넘어선다. 지금 통용되는 사회보장 혜택과 복지제도를 완전하게 뜯어고쳐야 할 때가 곧 올 것이다. 아마 10~20년 후에는 80세는 넘어야 노인으로 인식할 가능성이 크다.

가족 구조는 어떻게 바뀔까. 일부일처제를 기반으로 한 현대적 가족 구조는 근대화의 산물이다. 과거에는 로미오와 줄리엣 같은 낭만적인 연애결혼이 거의 없었다. 계급사회에선 일부다처제가 통용됐고, 반대로 일처다부제의 문화를 가진 곳도 있었다. 각각 한 명을 배우자로 둔 근대의 부부 시스템은 보통 한 세대를 함께 사는 것으로 설계됐다. 불과 몇십 년 전만 해도 60세까지 살면 오래 살았다고 해 환갑연을 열었다. 과거엔 부부가 되면 30~40년 정도를 살고 자녀가 장성하면 70세쯤 수명을 마감하는 걸로 인식했다.

그러나 지금은 어떨까. 큰 사고를 당하거나 위중한 병에 걸리지 않으면 90세까지는 충분히 살 거라고 생각한다. 적어도 부부가 50~60년을 함께 사는 것이다. 여기에 수명 연장이 100세 이후로까지 넘어간다면 70~80년을 사는 부부들도 많아질 것이다. 물론 행복하게 '백년해로'하는 이들도 많겠지만, 모두가 그렇진 않을 것이다. 지금도 평균수명이 길어지며 졸혼 문화가 확산하고 있고, 일본에서는 '우정결혼'까지 등장했다. 부부로서 우정을 지키되 상대방의 연애는 터치하지 않는 것이다. 당장은 쉽게 이해될 수 없겠지만, 이런 풍토가 퍼져

가고 있는 것 또한 사실이다. 인류가 그동안 경험해 보지 못한 새로운 가족 구조의 출현도 얼마든지 예상할 수 있다.

부모와 자식의 관계는 어떻게 바뀔까. 농경사회에서 자녀는 노동력이기도 했다. 자식이 많을수록 생산량이 늘기에 경제 공동체를 유지하고 키우는 데에는 다자녀가 유리했다. 이후 우골탑을 쌓아 자식 교육에 매진하듯 한때 자녀는 집안을 일으킬 일종의 투자 대상으로 인식된 측면도 있다. 그러나 현대 사회에서 자식은 노동력이 아니라 비용의 성격이 짙다. 아이 한 명 키우는 데에만 수억 원이 들고, 또 결혼시키는 데 그 못지않은 돈이 든다고 하니 젊은 세대에게 저출산은 어쩌면 합리적 선택인지도 모른다.

그렇다면 인간이 백세 이상씩 사는 시대에 부모와 자식의 관계도 변할까. 얼마 전까지만 해도 부모로서 자식을 30년 정도 키우면, 나중에 30년은 자식이 부모를 챙겨 주는 게 암묵적인 합의처럼 작용해 왔다. 미래에도 한 세대를 30년으로 생각한다면 100세 시대에는 4대가 함께하는 게 보편적일 것이다. 70~80세가 돼서도 부모가 여전히 생존해 자식의 의무를 다하거나, 반대로 부모로부터 독립하지 못해 캥거루족인 사람도 있을 것이다. 무엇이 됐든 우리는 그동안 경험해 보지 못한 길을 걸어갈 수밖에 없다.

일하는 방식도 달라질 것이다. 지금처럼 60세 전후에 은퇴하면 반세기를 일하지 않고 살아야 한다. 공교육에서 지금은 초·중·고교생 등 미성년이 주요 대상이지만 미래엔 평생교육, 또는 노년 교육이 더욱 중요시될 수 있다. 법률 체계는 어떨까? 평균 수명이 60세에 불과했던 시절에 만든 형법 체계에서의 무기징역과 100세 시대의 무기징역은 의미가 크게 다를 것이다.

이처럼 우리는 수명 연장의 시대를 맞아 완전하게 새로운 문제들을 직면하게 될 것이다. 기술의 발달은 우리가 생각하는 것보다 훨씬 빠르게 다가올 수 있다. 어쩌면 이런 기술들은 우리 앞에 이미 와 있을지도 모른다. 그때 필요한 건 윤리적 의사 결정의 문제다. 발전한 기술을 어디까지 쓸 수 있게 허용하느냐가 중요한 문제로 남게 될 것이다. 물질 문명의 혁신을 무작정 반기기만 할 게 아니라 미래 사회의 모습이 어떻게 변할지, 그 속에서 인간은 어떻게 해야 할지 지금부터 고민해야 하는 이유다.

조지 버나드 쇼는 "현대 문명은 매우 복잡하기 때문에 우리 사회의 문제를 해결하기 위해선 인간의 삶이 너무 짧다"고 했다. 슈테판 볼만도 "사람들은 삶으로부터 배울 수 있을 만큼 충분히 살지 못한다. 70~80세도 아직 어린아이에 불과하다"고 말했다.[3] 만일 우리가 100세 이상을 평균적으로 살게 됐을 때 사회적으로 벌어지는 많은 문제를 잘 해결해 나갈 수 있을까. 생물학적으로 나이가 든다고 해서 시민의 교양까지 저절로 길러지는 것은 아닐 텐데 말이다. 《걸리버 여행기》에 나오는 '**스트럴드브러그**struldbrugs'처럼 되지 않도록 기술 발전에 앞서 인문과 교양의 지혜를 길러야 한다.

스트럴드브러그struldbrugs

1726년 조너선 스위프트가 펴낸 소설 《걸리버 여행기》에 나오는 죽지 않는 인간 종족. 매우 오랜 세월을 살아왔기 때문에 지혜롭고 관용적일 것이라고 기대하지만 실상은 전혀 달랐다. 지혜롭기는커녕 탐욕에 눈이 멀고 불만만 많은 비참한 존재로 묘사됐다.

호모 다이어트쿠스

- 인류 최대의 적은 비만 -

일론 머스크에게 엑스전 트위터 사용자가 물었다. "몸이 죽이네요. 비결이 뭡니까?" 머스크는 한마디로 답했다. "단식, 그리고 위고비Fasting And Wegovy." 2022년 10월의 일화다. 위고비는 음식물이 소화되는 것을 지연시키고 뇌에서 식욕을 억제하는 방식으로 다이어트 효과를 낸다. 매주 한 번씩 주사만 맞으면 끝난다. 간편하고 뛰어난 효능 덕분에 킴 카다시안 등 유명인들을 포함해 전 세계적인 사랑을 받고 있다. 한 가지 단점이 있다면 가격이다. 한 달에 대략 200만 원 정도 소요된다.

머스크와 카다시안이 위고비의 혜택을 톡톡히 보는 것처럼 비만과 다이어트는 현대인에게 가장 큰 관심사다. 아울러 수명 연장의 꿈을 방해하는 가장 강력한 변인이기도 하다. 기술의 미비도, 세계대전의 발발도 아닌, 단순히 많이 먹고 지방을 지나치게 축적해 벌어지는

자료: X(옛 트위터).

[그림 5] 일론 머스크의 다이어트 위고비

비만이 사회적으로 확산되고, 급기야 많은 갈등과 혼란까지 초래하고 있다. 앞으로 그런 일은 더욱 심해질 것이다.

이런 상황이다 보니 비만 치료제를 만드는 기업의 주가는 연일 급등한다. 위고비를 생산하는 덴마크 제약사 노보 노디스크는 위고비가 출시된 2021년 이후 주가가 3.5배로 뛰었다. 유럽에서 LVMH를 제치고 시가총액 1위를 차지했다. 글로벌 제약사 중에서는 일라이 릴리에 이어 2위다. 릴리 또한 당뇨병 치료제였던 마운자로젭바운드로 비만 치료제 시장에 뛰어들었다. 그런 기대감으로 릴리의 주가 또한 급등했다. 글로벌 제약사 1·2위 기업 모두 비만 치료제 시장에서 진검승부를 벌이고 있는 셈이다.

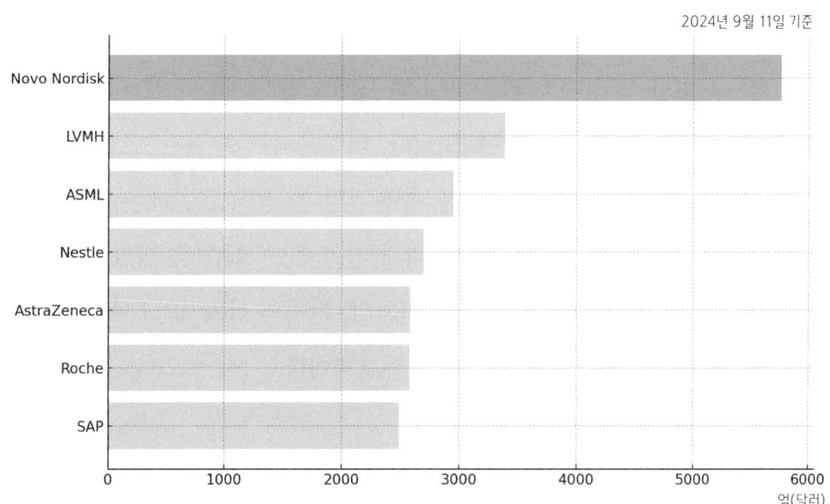

[그림 6] 유럽 주요 기업 시가 총액

두 기업이 비만 치료에 집중하는 이유는 시장이 그만큼 크기 때문이다. 투자은행 리링크는 2032년 비만 치료제 시장의 연간 매출이 215조 원에 이를 것으로 예측한다. 세계 인구의 10억 명, 그중 아동청소년 2억 5,000만 명이 비만으로 고통받게 될 것이라고 추정되기 때문이다. 현재 미국 인구의 40%가 비만이며, 5~6년 안에 50%까지 오를 것으로 전망된다. 1970년대 이후 미국의 비만 인구는 3배가량 늘었다.

[표 1] 연도별 비만 유병률

연도	1998	2001	2005	2007	2008	2009	2010	2011	2012	2013	2014	2015	2016	2017	2018	2019	2020	2021	2022
전체	25.8	30.3	31.4	32.1	31.0	31.9	31.4	31.9	32.8	32.5	31.5	34.1	35.5	34.8	35.0	34.4	38.4	37.2	37.2
19~29세	15.2	17.3	19.3	22.0	23.0	22.1	20.5	21.7	22.4	22.4	23.9	23.5	27.2	29.4	26.9	27.6	32.6	28.6	31.1

출처: 국가통계포털

일각에선 살 좀 찐 게 무슨 병이라고 치료제까지 필요하냐고 반문할 수 있다. 그러나 비만은 1996년 세계보건기구가 '장기 치료가 필요하다'고 규정한 명확한 '질병'이다. 비만은 심혈관질환, 고혈압, 수면무호흡증, 고인슐린혈증, 불임, 골관절염 등 신체 전반에 이상 증상을 초래하는 만병의 근원이다. 우리가 알고 있는 질병 중 제일 광범위하고 장기적으로 신체에 영향을 미치며, 환자의 급증이 크게 예상되는 사회적으로 논란거리가 가장 많은 질병이다.

일찌감치 히포크라테스 역시 비만을 경고했다. 히포크라테스는 신의 영역, 즉 주술과 종교의 프레임 안에 있던 생로병사를 인간 이성의 영역으로 전환시킨 인물이다. 죽고 사는 문제가 신과 이를 대리하는 제사장의 뜻에 달린 것이 아니라, 인간의 경험과 지식에 의해 바꿀 수 있는 것이라고 생각했다. 이런 논리를 토대로 당시 의술을 집대성했고 오늘날은 의학의 아버지가 됐다. 경험과 관찰에 기반한 연구로 그는 "비만한 사람이 마른 사람보다 일찍 죽을 가능성이 높다"거나 "과식은 병을 유발한다"는 이론을 남겼다. 히포크라테스가 살았던 2400년 전에도 비만은 만병의 근본이었던 셈이다.

국내에서도 비만 환자는 급격히 늘고 있다. 국가통계포털에서 집계가 시작된 1998년부터 2022년까지 비만 유병률은 25.8%에서 37.2%로 늘었다. 특히 19~29세 청년층의 유병률은 15.2%에서 31.1%로 2배가 됐다. 중·장년층보다 상대적으로 비만 환자의 증가폭이 크다는 뜻이다. 패스트푸드 섭취량의 증가 및 서구화된 식습관이 가장 큰 요인으로 보인다.

유발 하라리에 따르면, 2010년 전 세계에서 테러로 죽은 사람은 7,697명이지만, 비만 관련 질병으로 죽은 사람은 300만 명에 달한다.[4] 현대 사회에서 인간이 죽는 가장 큰 원인은 테러·전쟁·핵무기 때문이 아니다. 단지 너무 많이 먹거나 적절한 운동을 하지 않아서 죽는 경우가 많다. 일상의 욕심과 나태가 그 어떤 전쟁 무기보다 위험하다는 이야기다.

비만의 원인이 되는 패스트푸드, 가공육 등의 생산량 증가는 예기치 못한 결과까지 초래한다. 바로 기후 변화다. 경제협력개발기구

OECD에 따르면 식용 가축동물닭·돼지·소·양이 배출하는 온실가스양은 연간 7기가t이 넘는다. 전체 온실가스의 14%에 해당한다. 이는 전 세계의 자동차가 뿜어내는 온실가스의 양과 비슷한 수치다. 특히 가축이 트림이나 방귀를 통해 배출하는 메탄3기가t은 전체 배출량의 44%에 달한다. 메탄은 열기를 가두는 능력이 이산화탄소보다 28배나 강하기 때문에 지구온난화에 매우 치명적이다.

그럼에도 불구하고 육류 소비량은 계속 늘어나고 있다. 전 세계 육류 소비량은 1995년 2억t에서 2015년 3억 1,000t으로 증가했다. 1인당 평균 소비량도 27.5kg에서 34.1kg로 늘었다. 특히 한국은 같은 기간 170만t에서 330만 4,000t으로 2배가량 증가했다. 세계식량기구FAO는 육류 소비량이 2050년이면 현재보다 70% 이상 늘 것이라고 예측한다. 앞으로도 육류 소비는 계속 늘 것이고, 이로 인한 비만 환자들은 많아질 것이며, 동시에 온실가스 배출도 증가할 전망이다.

그럼에도 불구하고 인간이 비만의 덫에서 헤어 나오는 건 쉽지 않아 보인다. 머스크나 카다시안에겐 비만 치료제로 매달 200만 원씩 쓰는 것이 어렵지 않은 일이지만, 다수의 사람들에겐 부담이 된다. 덜 먹고 더 운동하면 걱정이 없겠지만, 그렇지 못한 이들이 많다. 특히 현대 사회에서 비만은 가난한 사람의 질병이 돼 버렸다. 하버드대와 조지워싱턴대의 연구에 따르면, 영양가 있는 음식을 구하기 어려운 저소득층일수록 체중이 더 나간다. 인종 중에선 흑인의 고도 비만율이 더욱 높다.[5] 위고비와 같은 고가 비만 치료제의 등장으로 이는 앞으로 더욱 가속화할 것으로 보인다.

정리해 보자. 기술의 발달은 인간의 수명을 획기적으로 연장시킬 것이다. 그러나 이로부터 파생하는 많은 문제에 대해선 아직 대비가 돼 있지 않다. 가족 관계와 사회 제도 많은 것들이 바뀔 테지만, 인류로서는 처음 가 보는 미지의 영역이 될 것이다. 특히 기술 발전이 부를 수명 양극화, 비만 양극화 등은 새로운 사회 문제로 대두할 것이다. 이런 문제들을 지금부터 우리가 미리 고민하지 않는다면, 기술 발전은 우리에게 행복을 가져다주는 게 아니라 고통과 혼란을 가중시킬 것이다.

AI로 강화한 사이버 리질리언스

㈜와이매틱스 CEO/대표이사 방준성

디지털 전환Digital Transformation의 가속화와 인공지능AI: Artificial Intelligence 기술의 비약적 발전은 사이버 보안Cyber Security 환경을 근본적으로 변화시키고 있다. 사물인터넷IoT: Internet of Things, 클라우드Cloud 등과 같은 기술의 확산이 우리의 삶과 비즈니스 방식을 어떻게 변화시켰는지 목격했던 것처럼, 챗GPT와 같은 생성형 AIGenerative AI의 등장은 금융, 국방, 의료 등 다양한 산업에 혁신을 가져왔지만 동시에 사이버 공격의 양상과 복잡성을 크게 확장시키며 새로운 보안 위협을 초래하고 있다. 생성형 AI를 활용하여 누구나 쉽게 사이버 공격을 위한 프로그램 코드나 미디어를 생성할 수 있는 시대가 되었다. 사이버 공격에 AI가 활용될 수 있는 것처럼 그 방어에 AI를 활용할 필요가 있기도 한데, 사이버 공격에 대한 단순한 보안 솔루션 개발을 넘어 미래에 발생할 수 있는 잠재적 위협을 예상하고 이에 대해 신속히 대응하여 회복시킬 수 있는 '사이버 리질리언스Cyber Resilience'로 확장된 개념의 대안이 요구된다. 우리가 당장 직면하고 있는 사이버 보안 이슈들은 무엇이 있으며 사이버 리질리언스의 전략과 방법은 AI 기술을 활용하여 어떻게 강화될 수 있는지 살펴볼 필요가 있다.

생성형 AI의 등장과 새로운 사이버 위협

인공지능AI: Artificial Intelligence은 학습, 지각, 추론 등과 같은 인간의 능력을 인공적으로 구현한 컴퓨터 시스템 또는 프로그램이다. 생성형 AI Generative AI는 사용자의 프롬프트나 요청에 따라 텍스트, 이미지, 오디오, 비디오, 소프트웨어 코드 등 새로운 미디어를 생성할 수 있는 인공지능이다. 생성형 AI는 다양한 산업에서 혁신적인 가능성을 제기하고 있다. 투명성Transparency, 설명 가능성Explainability 등의 측면에서 AI 모델의 활용에 대한 한계가 있기는 하지만, 우리의 일상과 업무 환경을 변화시키고 있다.

생성형 AI의 활용 분야 중 하나는 콘텐츠 제작일 것이다. 챗GPT, Claude 등을 사용하여 글쓰기를 할 수 있고, DALL·E, Midjourney 등을 사용하여 디자인 작업을 해볼 수 있다. 마케팅을 위해 의도에 맞는 새로운 광고 문구를 작성하거나 다양한 디자인 시안을 만들 때 신속하게 창의적인 시도를 할 수 있는 디지털 환경은 작업 생산성 측면에서 이점이 크다. 창작·예술 분야에서 화가나 음악가의 작품 스타일을 AI가 학습하도록 하여 새로운 예술 작품을 만들어 내기도 한다. AI와의 협력은 예술가들에게 새로운 영감을 제공하고 창작의 경계를 확장시킨다. 그렇다 보니, AI의 그럴듯한 산출물 생성 능력 때문에 AI가 창의성을 갖는지에 대한 다양한 논의도 이어지고 있을 정도이다. 생성형 AI는 의료 분야에도 기여하고 있다. 의료 영상 분석에 생성형 AI를 도입하면, MRI나 CR 이미지에서 미세한 패턴을 포착하여 진단의 정확성을 높이고 환자별 적합한 치료 계획을 추천하도록 하여 환자-맞춤형 의료 서비스 제공이 가능해지기도 한다. 교육 분야에서 AI 기반 학습 에이전트는 학생 개별 학습 속도와 스타일에 맞춰 맞춤형 학습 콘텐츠를 제공할 수 있다. 교사들은 생성형 AI를 이용하여 교과 과정에 맞는 학습 자료를 쉽게 제작할 수 있으며, 일부 평가에 대해서는 평가 기준에 따른 시뮬레이션 결과를 제공받을 수 있다. 이처럼 생성형 AI는 다양한 산업에서 인간의 생산성과 창의력을 증대시키며 새로운 가능성을 제시하는 중요한 기술로 자리 잡고 있다. 그러나 이러한 긍정적 활용에는 잠재적인 위험 요소도 존재하기 때문에 생성형 AI를 어떻게 효과적으로 관리하고 활용할지에 대한 논의가 필수적이다.

생성형 AI 기술에 의해 대화형 인터페이스를 통한 정보 접근이 편리해지고 창작 활동의 다양한 가능성이 열렸지만, 이러한 혁신의 이면에는 사이버 보안에 심각한 위협이 있을 수 있다. 생성형 AI의 기술적 활용이 쉬워짐에 따라 악의적인 목적에서 활용되는 사례들이 급격히 증가하고 있다. 생성형 AI의 등장으로 사이버 공격자들은 더 정교한 피싱 Phishing 이메일과 사기 메시지를 만들어 낼 수 있게 되었다. 과거에는 어색한 번역 문장과 부정확한 문법으로 인해 이메일과 메시지를 통한 사이버 공격을 쉽게 식별할 수 있었다. 그러나 생성형 AI에 의해 인간이 작성한 것과 같은 텍스트 생성이 가능해져서 이제는 피싱과 사기의 의도를 식별하기 어려울 수밖에 없다. 챗GPT와 같은 도구를 사용하여 특정 기업의 스타일에 맞춘 이메일을 생성하거나 특정 인물의 어조를 모방한 메시지를 만들어 피해자의 신뢰를 얻는 것이 훨씬 쉬워졌다. 이러한 피싱 이메일과 사기 메시지는 일반인들로부터 민감한 정보 탈취나 악성 링크 클릭을 유도하여 큰 피해를 초래한다. 생성형 AI는 가짜 뉴스Fake News나 정보 왜곡에 활용되기도 한다. 생성형 AI는 목표 대상에 맞는 글을 정교하고 신속하게 작성할 수 있어, 특정 시기에 사건에 대한 가짜 뉴스를 대량으로 생산하고 유포하는 데 악용될 수 있다. 이러한 정보는 사회적 혼란을 초래하거나, 특정 인물이나 단체에 대한 부정적 인식을 퍼뜨리는 데 사용될 수 있다. 생성형 AI는 딥페이크Deepfake 기술을 통해 개인의 프라이버시를 침해하고 사이버 범죄에 활용될 수 있는 위험을 증가시키고 있다. 딥페이크는 특정 인물의 얼굴이나 목소리를 모방하여 실제로 발생하지 않았던 일에 대한 영상과 음성을 만들어 내는 기술이다. 딥페이크 영상은 사회적으로 큰 혼란과 피해를 줄 수 있는데, 특히 연예인, 정치인, 기업 임원 등과 같이 유명 인물을 대상으로 한 딥페이크 영상은 정치적/사회적 목적에서 여론을 조작하거나 협박의 수단으로 사용되거나 금전적 사기를 위해 악용될 수 있어서 심각한 위협으로 간주된다. 예를 들어, 2023년에 펜타곤 근처에서 폭발이 일어났다는 조작된 이미지가 미디어에 유포되어 미국 주식 시장에 잠시 영향을 미치기도 했다. 생성형 AI는 악성 코드 생성에 악용될 수 있다. 과거에는 악성 코드를 작성하기 위해 상당한 수준

가짜 음성 생성 기술

가짜 음성 생성과 관련된 기술을 페이크-보이스Fake Voice, 보이스 딥페이크Voice Deepfake 등으로 구별하여 강조하기도 한다.

의 프로그래밍 지식이 필요했으나, 현재는 생성형 AI 도구를 통해 초보자도 쉽게 악성 소프트웨어를 만들 수 있게 되었다. AI 도구를 사용하여 특정 목표에 맞는 악성 코드를 생성하거나 기존의 보안 시스템을 우회할 수 있는 코드를 빠르게 변형할 수 있게 되었다. 이는 악의적인 목적이 있던, 특별한 목적 없이 흥미였던, 사이버 공격의 문턱을 낮춰서 **랜섬웨어**와 같은 위협의 확산을 가속화시키는 결과를 초래하게 되었다.[11] 기존에도 있어 왔던, 피싱 이메일, 가짜 뉴스, 딥페이크 이외에 생성형 AI는 소셜 엔지니어링 공격의 강도를 높이는 데 활용될 수 있다. 소셜 엔지니어링 공격은 사람의 심리를 이용하여 정보를 빼내거나 피해자를 속이는 공격 방식이다. 공격의 의도를 가진 자는 AI 도구를 활용하여 피해자의 소셜 미디어 활동을 분석하고 심리를 파악하여 그 피해자가 신뢰할 만한 내용의 메시지를 작성하여 더 쉽게 정보를 탈취할 수 있다. 이러한 방식은 특히 기업 내부자를 대상으로 한 공격에서 치명적일 수 있으며, 기업의 주요 데이터나 시스템에 직접적인 위협을 가할 수 있다. 생성형 AI의 발전은 기술의 혁신과 함께 많은 기회를 제공하고 있지만, 동시에 사이버 위협의 범위와 강도를 크게 확장시키고 있다. 생성형 AI의 악용 사례들은 우리의 사이버 보안 환경을 더욱 복잡하고 불안정하게 만들고 있다.

랜섬웨어 Ransomware

사이버 공격에서 랜섬웨어는 가장 위협적인 공격 중의 하나이다. 랜섬웨어는 중요한 데이터 또는 시스템에 대한 접근을 차단함으로써 피해자를 협박하는 악성 소프트웨어이다. 랜섬웨어 공격을 하는 범죄자는 피해자가 자신의 목적을 들어 주거나 비용을 지급하지 않으면 그 접근 차단을 풀어주지 않거나 손상시키겠다고 협박한다. 랜섬웨어에 감염되면, 주요 시스템 파일이 열리지 않고 파일의 확장자명이 변경된다. CPU 사용량 등이 급격히 증가하며, 백신 프로그램이 강제로 종료되거나 중지될 수 있다. 윈도우Windows의 복원 시점이 제거되기도 한다. 최근에는 'Ransomeware-as-a-service' 모델까지 등장하며 누구나 쉽게 랜섬웨어 공격을 수행할 수 있게 되었다.

AI 기반의 생성 기술에 의해 기존의 전통적인 보안 솔루션만으로는 점점 더 복잡해지는 사이버 위협에 대응하기 어려운 상황이 되었다. AI를 활용한 보안 솔루션의 도입은 이제 필수적인 선택이 아닌 생존을 위한 필수 요소로 자리 잡고 있다. 2020년 100억 달러가 넘는 시장 가치에서 사이버 보안의 AI는 2027년까지 463억 달러에 도달할 것으로 예상되며, 연평균 성장률CAGR은 25.51%이다. 2023년 전 세계 사이버 범죄 피해는 8조 달러에 달할 것으로 추산되고 있다.[2] 조직의 69%가 사이버 공격에 대응하는 데 AI가 필수적이라고 생각함에 따라 비즈니스 세계는 사이버 자산을 보호하기 위해 AI에 점점 더 의존하고 있다.[3] 생성형 AI의 발전으로 인해 악의적인 사용이 더욱 쉬워진 만큼, 이를 방어하기 위한 보안 솔루션 역시 AI 기술을 적극적으로 도입해야 한다. 공격자들은 AI를 통해 새로운 공격 방식을 빠르게 개발하고 변화시키기 때문에 방어 측에서도 이를 막기 위해 동일한 수준 혹은 그 이상의 기술적 대비가 필요하다. AI를 활용한 보안 솔루션의 가장 큰 장점은 위협 탐지와 대응 속도의 극적인 향상일 것이다. AI 기반 보안 시스템은 방대한 데이터를 빠르게 분석하여 사이버 위협의 징후를 실시간으로 감지하고 대응할 수 있다. 예를 들어, AI는 사용자 행동을 분석하여 정상적인 패턴에서 벗어난 비정상적인 활동을 감지하고 즉각적으로 경고를 발령하거나 차단 조치를 수행할 수 있다. 이는 기존의 보안 솔루션이 놓칠 수 있는 복잡한 패턴의 위협까지도 탐지할 수 있도록 도와주는 셈이다. 또한, AI는 반복적인 작업을 자동화함으로써 보안 인력의 부담을 크게 줄일 수 있다. 수많은 보안 로그와 이벤트를 사람의 손으로 일일이 분석하기에는 시간과 인력이 부족한 것이 현실이다. AI는 이 과정을 자동화하여 보안팀이 중요한 위협에만 집중할 수 있게 도와줄 수 있다. 예를 들어, 악성 코드의 패턴을 자동으로 학습하고 탐지하는 시스템을 통해 보안 담당자는 보다 고차원적인 보안 전략 수립에 시간을 할애할 수 있다. AI를 활용한 보안 솔루션은 또한 예측적인 대응 능력을 제공한다. 과거의 데이터를 학습하여 미래의 잠재적 위협을 예측함으로써 사전에 방어 조치를 취할 수 있게 한다. 이는 뒷부분에서 더 자세히 언급할 '사이버 리질리언스Cyber Resilience'에 필수적인 요소이다. 보안 시스템이 단순히 발생한 위협에 반응하는 것을 넘어, 발생 가능성이 있는 위협을 사전에 차단하고 준비할 수 있는 프로액티브Proactive한 보안 전략을 실행할 수 있게 하기 때문이다. 이러한 선제적 접근은 사이버 공격이 실제 피해로 이어지기 전에 방어할 수 있는 중요한 역할을 한다. 대규모 언어 모델LLM: Large Language Model의 발전에 따라 자연어 처리와 결합된 예측적 인텔리전스를 통해 새로운 사이버 위협과 사이버 공격 동향에 대한 뉴스, 기사, 연구 결과를 수집하여 새로운 데이터를 정리하고, 기능을 개선하며, 본격적인 공격으로 확대되기 전에 위험을 완화할 수 있다. 그렇지만 시스템과 인간의 상호작용의 범위가 다양할 수 있어서 서비스 이용에 대한 범위와 기준에 대한 정의가 제공될 필요가 있다.

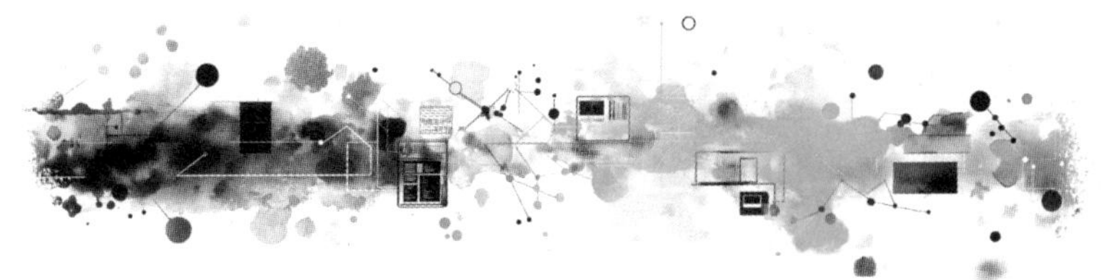

AI 기반 자율 보안 시스템의 도입

IBM은 'Watson for Cyber Security'라는 AI 기반 보안 시스템을 제공하여 보안 강화에 기여한다.[4] Watson for Cyber Security는 보안을 위한 통계 정보와 관계 추출Statistical Information and Relation Extraction 모델 등을 사용하여 새로운 보안 지식을 지속적으로 학습하고 보안 콘텐츠의 언어를 이해하여 의심스러운 이벤트에 대해 자율적으로 탐지한다. 이를 통해 IBM은 보안 사건 조사 시간을 60% 줄이고 오탐률잘못된 경고을 30% 감소시키는 것이 가능했다고 한다.[5] Microsoft는 "Microsoft Intelligent Security Graph"를 통해 AI를 활용하여 클라우드 인프라와 고객 데이터를 보호한다. 이 보안 시스템은 매일 6.5조 개 이상의 신호를 분석하여 실시간으로 위협을 탐지한다. AI를 통해 위협 탐지에 걸리는 평균 시간을 24시간에서 1시간 미만으로 단축시켰고 악성코드와 피싱 공격의 탐지율을 40% 향상시켰다고 한다. Quiksilver, Billabong, ROXY와 같은 브랜드를 보유한 선도적인 액션 스포츠 및 라이프스타일 기업인 Boardriders는 전 세계의 700개 소매점과 20개의 전자상거래 사이트를 안전하게 보호할 필요성이 있었다. Boardriders는 Darktrace의 자체 학습 AI와 자율 대응을 구현하여 네트워크와 클라우드 환경 전반에서 가시성과 보호를 강화했다.[6] 이 경우에 Darktrace의 AI는 네트워크와 클라우드 환경에서 사용자와 기기의 정상적인 '생활 패턴'을 학습하고 이를 바탕으로 비정상적인 활동을 감지해 자율적으로 대응한다. Accenture는 Palo Alto Networks와 협력하여 AI 기반 사이버 보안 솔루션을 자사 보안 운영 센터SOC에 통합했다.[7] 이 시스템은 Palo Alto Networks의 Cortex XSIAMExtended Security Intelligence and Automation Management을 통해 보안 데이터를 실시간으로 분석하여 위협을 자동으로 탐지하고 특정 위협 유형에 대해 자율적인 대응을 가능한 환경을 제공한다. 이러한 사례들은 AI가 보안 시스템에서 자율적으로 위협을 탐지하고 대응하는 핵심적인 역할을 하고 있음을 보여 준다. AI를 활용한 자율 보안 시스템은 기존의 수동적 보안 접근 방식을 대체하며, 빠르고 정확한 대응을 통해 사이버 리질리언스를 강화하는 데 중요한 기여를 할 것이다.

AI는 방대한 양의 데이터를 빠르게 분석하고 실시간으로 위협을 탐지하며 자동으로 대응하는 능력을 통해 인간이 감당하기 어려운 많은 반복적인 보안 작업을 대신 수행 등 사이버 보안의 효율성을 크게 향상시켰다. AI는 보안 시스템의 감시자가 되어, 네트워크와 시스템에서 발생하는 다양한 형태의 위협을 자동으로 탐지한다. 예를 들어, AI는 정상적인 사용자 행동을 학습하여 그와 다른 이상 패턴을 탐지할 수 있으며, 네트워크 트래픽을 실시간으로 분석하여 악성 행위를 신속하게 식별할 수 있다. 또한, 이메일이나 웹페이지를 분석해 피싱 시도와 같은 잠재적인 위협을 차단하고, 악성 IP 주소를 자동으로 블랙리스트에 추가하는 등 위협의 예방을 위한 다양한 조치를 수행할 수 있다. 더 중요하게도, AI는 위협이 탐지되었을 때 신속하게 자동 대응을 할 수 있어 악성 소프트웨어의 확산을 막고 시스템 손상을 최소화하는 데 기여할 수 있다. 예를 들어, AI는 침해된 시스템을 네트워크에서 격리하거나, 위협 수준에 따라 경고 메시지를 발송하며 보안 조치를 실행할 수 있다.

그러나 AI가 자율 사이버 보안의 핵심적인 역할을 맡아 가고 있음에도 불구하고 여전히 한계가 존재한다. AI 시스템의 학습은 주어진 데이터에 크게 의존하는데, 이러한 데이터가 불완전하거나 편향되어 있을 경우 AI는 잘못된 판단을 내릴 수 있다. 편향된 데이터는 위협을 과대평가하거나 간과하게 하는데 이는 보안 시스템의 신뢰성에 부정적인 영향을 미칠 수 있다. 그렇지만 다양하고 복잡한 사이버 위협에 대해 자율적으로 대응하는 상황에서 인간이 이를 식별하기도 어려운 상황이기도 하다. AI 기반 보안 시스템의 다른 한계로, AI의 자동 대응은 항상 정확하지 않을 수 있다. AI는 특정 위협 패턴을 기반으로 대응하지만 이는 때때로 오탐False Positive을 일으킬 수 있다. 예를 들어, 정상적인 사용자의 행동을 의심스러운 것으로 잘못 인식해 접근을 차단하는 경우가 발생할 수 있다. 이는 비즈니스 운영에 불필요한 방해를 초래하며, 사용자 경험에 부정적인 영향을 미칠 수 있다. 그렇다고 위협 가능성이 있는 상황을 차단하지 않을 경우에 진짜 위협을 탐지하지 못하여 큰 보안 사고로 이어질 수 있어서 대응을 하지 않을 수도 없다. AI는 새로운 위협에 대해 완전히 자율적으로 대응하기 어렵기도 하다. 사이버 공격을 시도하는 공격자들은 AI 시스템의 취약점을 발견하여 새로운 형태의 공격을 시도하는데, 이러한 상황에서는 AI의 판단만으로는 충분하지 않으며 인간 보안 전문가의 경험과 직관이 필요할 것이다. AI는 반복적이고 자동화된 작업에 강점을 가지고 있지만, 창의적이고 복잡한 의사 결정을 필요로 하는 상황에서는 여전히 한계가 존재하기 때문이다. AI가 보안의 효율성과 정확성을 높일 수 있지만, 보안 전문가와 AI의 협력은 미래의 사이버 보안에서 중요한 역할을 하게 될 것이다.

적대적 AI 공격과 방어

적대적 AI 공격은 AI 모델의 취약점을 악용하여 AI가 잘못된 결정을 내리도록 하는 다양한 유형의 공격으로, 다양한 AI 기반 서비스가 제공되는 디지털 환경에서 이는 심각한 위험성을 초래할 수 있다. 적대적 AI 공격의 유형으로, 회피 공격Evasion Attack, 데이터 오염 공격Poisoning Attack, 모델 추출 공격Model Stealing Attack 등이 있다. 회피 공격은 입력 데이터를 변경해 모델이 잘못된 분류를 하도록 하는 것이다. 현실에서 발생할 수 있는 적대적 공격의 가능성을 살펴보자. 자율주행 자동차는 주로 LiDAR나 카메라, 그리고 이들과 함께 다양한 일련의 센서에 의존하여 주변 환경을 인식한다. 이들로부터 수집된 데이터는 AI가 도로 표지판, 장애물 등을 인식하여 의사 결정을 하는데 중요하게 사용될 수 있다. 적대적 공격은 광학적 환상Optical Illusions

을 만들어 센서 데이터 해석을 잘못하게 만들 수 있다. 예를 들어, 자율주행 시스템에서 적대적 공격은 디지털 이미지의 픽셀을 매우 미묘하게 조작하여 인간의 눈은 변화를 알아차리지 못할 수 있지만 머신러닝 모델은 정지 표지판을 잘못 분류하여(45mph 속도 제한 표지판으로 식별)[8] **잠재적으로 치명적인 결과를 초래**할 수 있다. 공격자가 정지 표지판에 스티커를 붙여 카메라의 물체 감지 알고리즘이 이를 양보 표지판이나 다른 유형의 도로 표지판으로 잘못 식별하게 할 수도 있다. 자율주행 자동차가 의무적인 정지를 무시하게 되면 위험한 상황이 발생할 수 있다.

잠재된 치명적 결과

입력 데이터를 미세하게 조작하여 AI가 잘못된 예측을 하도록 유도하는 공격으로, '이베이션Evasion 공격'이라고 불린다.

이러한 적대적 AI 공격에 대응하기 위해 몇 가지 대안이 활용되고 있다. 적대적 훈련Adversarial Training은 AI 모델의 견고성을 높이기 위한 가장 일반적이고 효과적인 방어 전략 중 하나이다. 이 방법의 핵심은 모델을 훈련하는 과정에서 의도적으로 "적대적 예제Adversarial Examples"를 생성하여 훈련 데이터에 추가하는 것이다. 이렇게 함으로써 모델은 이러한 조작된 입력에 대해 올바른 예측을 내릴 수 있도록 학습하게 된다. 예를 들어, 모델의 손실 함수를 수정하여 훈련 데이터를 처리하는 동안 추가적인 적대적 데이터를 생성하고 이 두 가지 손실을 모두 반영하여 모델의 가중치를 업데이트하는 방법을 사용할 수 있는데, 이렇게 훈련된 모델은 기존의 공격 방법에 대해 더 높은 견고성을 가질 수 있게 된다. 적대적 훈련을 더욱 효과적으로 적용하기 위해 다양한 방법들이 개발되었다. 예를 들어, PGD-AT Projected Gradient Descent Adversarial Training는 반복적인 공격을 통해 가장 최악의 경우를 고려하여 모델을 훈련하는 방식이다. 최근에는 TRADES Tight Robustness with Adversarial Data for Ensemble Systems와 같은 방식도 사용되며, 이는 자연 데이터와 적대적 데이터 간의 경계를 줄여 모델의 안정성을 높이는 방식이다.[9] 다양한 방법들이 개발되고 있음에도 불구하고 적대적 훈련은 모델이 훈련에 사용된 공격 방식에 대해서만 강건해질 수 있기 때문에 새로운 공격 방법에 대해서는 여전히 취약할 수 있다는 한계가 존재한다. 적대적 AI 공격에 대응하기 위한 또 다른 중요한 방어 전략은 모델에 전송되는 입력을 모니터링하고 의도적으로 변조된 입력을 탐지하는 것이다. 이러한 모니터링 및 탐지 시스템 Monitoring and Detection Systems은 모델과는 다른 아키텍처를 사용하는 머신러닝 모델로 구축될 수 있다. 이를 통해 공격자가 특정 아키텍처의 취약점을 이용해 공격하려 할 때 탐지 시스템이 다른 결과를 내면서 경고를 발생시킬 수 있다. 예를 들어, 자율주행 차량의 경우 센서 데이터가 변조되었을 때 이를 실시간으로 감지하여 안전 모드로 전환하도록 하거나, 금융 시스템에서 의도된 공격을 탐지하고 그에 맞게 조치를 취할 수 있다.[10] 적대적 AI 공격에 대한 방어를 위해 방어적 증류 Defensive Distillation 방법을 사용할 수 있다. 방어적 증류는 신경망의 내부 정보를 활용해 적대적 공격에 대한 견고성을 높이는 방법으로, 원래 모델과 동일한 아키텍처를 유지하면서도 적대적 공격에 대해 더 견고한 모델을 만들기 위해 기존의 대규모 신경망에서 추출한 지식을 사용하여 더 작은 신경망을 훈련시키는 과정에서 공격에 대한 내성을 높이는 방식이다. 적대적 정규화Adversarial Regularization는 훈련 중에 추가적인 정규화 항을 사용하여 적대적 예제에 대한 손실을 줄이는 방법이다. 예를 들어, FGSMFast Gradient Sign Method을 사용해 손실을 정규화하거나 더 정교한 TRADES와 같은 기법을 사용해 적대적 데이터와 자연 데이터 간의 거리를 줄이도록 훈련하여 모델이 적대적 공격에 대한 내성을 갖도록 한다. 이러한 방어 전략들은 각기 다른 공격 시나리오에 대비할 수 있는 강력한 도구를 제공한다. 적대적 훈련은 공격에 대한 내성을 모델에 직접적으로 반영하고, 모니터링 시스템은 공격을 조기에 탐지하며, 방어적 증류와 적대적 정규화는 모델의 강건성을 전반적으로 향상시키는 역할을 한다. 이러한 다양한 접근 방식을 결합해 사이버 보안 시스템의 회복력을 높일 수 있다.

사이버 보안에 AI를 활용하는 데 있어서의 단점으로는 투명성 부족이 있다. AI 시스템, 특히 딥러닝 모델은 종종 블랙박스로 기능하여 특정 결정이나 예측에 어떻게 도달하는지 이해하기 어렵게 만든다. 이러한 투명성 부족은 특히 보안 위협을 식별하고 완화하는 것과 관련하여 AI 시스템의 출력에 대한 추론을 이해해야 하는 사이버 보안 전문가에게 장벽을 만든다. 투명성이 없으면 AI 시스템이 내린 결정을 신뢰하고 정확성을 검증하기 어렵다. 또한, AI 시스템은 거짓 양성을 생성하여 보안 팀이 끊임없이 보안 위협을 진압하는 데 어려움을 겪을 수 있다. AI 시스템에 영향을 미칠 수 있는 다양한 유형의 편향이 존재한다. 두 가지 주요 편향은 훈련 데이터와 알고리즘 편향이다. 알고리즘을 훈련하는 데 사용된 데이터가 다양하지 않거나 전체 위협 환경을 대표하지 않는 경우에 알고리즘은 특정 위협을 간과하거나 양성 동작을 악의적이라고 식별하는 등의 실수를 할 수 있다. 이는 종종 훈련 데이터 세트를 만든 AI 개발자의 편견의 결과이다. 예를 들어, AI 개발자가 러시아의 해커는 미국 기업에 가장 큰 위협이라고 믿는다고 가정해 보자. 그 결과, AI 모델은 지리적으로 한 지역의 위협에 치우친 데이터로 훈련되고 다른 지역, 특히 국내 위협에서 비롯된 위협을 간과할 수 있다. AI 개발자가 사회 공학적 공격과 같은 한 가지 공격 벡터가 다른 어떤 것보다 더 만연하다고 믿는 경우에도 마찬가지이다. 결과적으로 AI 모델은 공격 벡터에 효과적일 수 있지만 자격 증명 도난이나 취약성 악용과 같은 위협 유형을 감지하지 못할 수 있다. AI 알고리즘 자체도 편향을 유발할 수 있다. 예를 들어, 시스템이 패턴 매칭을 사용하여 위협을 감지한다고 가정해 보자. 보안 위협에 대한 임의의 활동이 패턴의 특정 부분에 일치하여 거짓 양성을 발생시키기도 한다. 예를 들어, 약어나 속어가 포함된 모든 이메일을 잠재적인 피싱 공격으로 플래그 지정하는 것과 같다. 이런 식으로 거짓 양성을 선호하는 알고리즘은 경보 피로로 이어질 수 있다. 알려진 패턴에만 국한하여 보안 위협을 탐지하는 AI 시스템은 위협의 미묘한 변화를 감지하지 못할 수 있으며, 이는 거짓 부정 및 놓친 위협으로 이어질 수 있다. 두 가지 유형의 편견이 해결되지 않으면 잘못된 안전감, 부정확한 위협 감지, 경고 피로, 새롭고 진화하는 위협에 대한 취약성, 법적 및 규제적 위험으로 이어질 수 있다.

사이버 리질리언스를 위한 준비

사이버 보안, 사이버 안보, 사이버 리질리언스라는 단어를 들어본 적이 있을 것이다. 이 단어들 사이에 어떤 차이가 있는지 알아보자. 사이버 보안Cyber Security은 컴퓨터 시스템, 네트워크, 프로그램 및 데이터를 사이버 공격으로부터 보호하기 위한 기술이나 프로세스로, 주요 목표는 기밀성, 무결성, 가용성을 유지하여 정보와 시스템을 보호하는 것이다. 기밀성은 정보에 접근할 수 있는 사람을 제한하여 무단 접근을 방지하는 것과 관련이 있고, 무결성은 정보의 정확성과 완전성을 유지하여 불법적인 수정이나 파괴를 방지하는 것과 관련이 있으며, 가용성은 정당한 사용자들이 필요한 정보를 언제든지 접근할 수 있도록 보장하는 것과 관련이 있다. 사이버 안보Cyber Defense[11]는 전력망, 통신망, 금융 시스템 등 국가의 중요한 인프라, 정부 시스템, 군사적 자산에 대한 보호를 포함하여 국가적 차원에서 사이버 공간의 안정성과 안전을 보장하는 것을 목표로 사이버 방어 전략과 사이버 안보를 위한 법적, 정책적 프레임워크의 개발 및 시행을 포함한다. 사이버 리질리언스Cyber Resilience는 사이버 공격이나 기타 디지털 위협에 직면했을 때 시스템, 조직, 커뮤니티가 지속적으로 기능을 유지하고 빠르게 회복할 수 있는 능력을 의미한다. 사이버 위협을 사전에 탐지하고 대응할 수 있는 능력, 사이버 공격이 발생했을 때 신속하고 효과적으로 대응할 수 있는 능력, 사이버 공격 이후 시스템과 서비스를 신속하게 복구하고 정상화하는 능력과 관련된다. 각각의 개념은 디지털 환경에서의 안전과 관련이 있지만, 사이버 보안은 주로 시스템과 데이터의 보호에, 사이버 안보는 국가적 차원에서 중요한 인프라와 국가 자산의 보호에, 사이버 리질리언스는 사이버 공격에 대한 방어뿐만 아니라 공격 이후의 신속한 회복과 지속적인 기능 유지에 중점을 둔다.

최근 몇 년 동안, 특히 2023년에는 다양한 조직에서 AI의 보안 위협을 집중적으로 다루고 기업이 이를 성공적으로 예방할 수 있도록 돕기 위해 보안 방법론과 가이드 제작을 늘렸다.[12] 유럽연합 사이버 보안 기관ENISA은 AI 보안 위협과 회사가 직면해야 할 과제를 다루는 다양한 프레임워크, 방법론 및 보고서를 발표했다. 미국 국립표준기술연구소NIST는 AI 보안 위협을 관리하기 위한 프레임워크를 만들었다. 글로벌 방법론 벤치마크인 OWASP 재단은 AI 보안 위협을 해결하기 위한 프로젝트를 시작했다.

사이버 공격이 점점 더 정교해지고 빈번해짐에 따라 기업들은 단순한 방어 전략을 넘어 위협을 견디고 빠르게 회복할 수 있는 사이버 리질리언스 인프라 구축에 집중하고 있다. 이러한 인프라 구축은 데이터의 안정적인 백업, 신속한 복구 능력, 그리고 잘 준비된 비상 대응 계획을 통해 실현될 수 있다. 사이버 리질리언스는 사이버 공격에 대한 방어를 넘어 효과적인 대응과 복구를 포함하기 때문에 보안을 대하는 접근 방식에서 그 특징을 살펴볼 수 있다. 데이터 백업은 사이버 리질리언스를 위한 핵심 요소 중 하나이다. 최근의 랜섬웨어 공격 사례에서 알 수 있듯이 공격자는 데이터를 암호화하고 이를 인질로 삼아 기업에게 금전을 요구한다. 이에 대응하여 기업들은 정기적인 데이터 백업과 복구 테스트를 통해 중요한 데이터를 보호하는 정책을 준수하고 있다. 예를 들어, 한 글로벌 금융 기관은 클라우드 기반의 백업 시스템을 도입하여 매일 데이터를 백업하고, 분기마다 복구 테스트를 실시하여 실제 위기 상황에서 데이터를 신속히 복구할 수 있는 준비태세를 갖추고 있다. 이러한 접근 방식은 데이터 손실의 위험을 최소화하고, 공격 이후에도 서비스의 연속성을 유지할 수 있게 해준다. 사이버 리질리언스 전략에는 비상 대응 계획과 시뮬레이션 훈련을 포함한다. 비상 대응 계획은 사이버 공격 발생 시 혼란을 최소화하고 신속히 대응하기 위한 구체적인 절차를 포함한다. 이는 조직 내 각 부서가 역할과 책임을 명확히 이해하고, 사건 발생 시 즉각적으로 조치를 취할 수 있도록 돕는다. 예를 들어, 기업들은 수차례 모의 훈련을 통해 비상 대응 계획을 검증하고 개선하는 과정을 가질 수 있는데, 이를 통해 직원들은 실제 상황에서 어떤 역할을 수행해야 하는지 숙지하게 되며 잠재적인 문제점을 사전에 파악할 수 있다. 이러한 정기적인 훈련은 비상 상황에서 신속한 대응을 가능하게 하고 사이버 공격의 영향을 최소화하는 데 도움이 된다. 사이버 리질리언스를 위해서는 단순히 공격에 대응하는 것만이 아니라 지속적인 모니터링을 통해 새로운 위협을 조기에 감지하고 이에 대한 방어 태세를 강화하는 것이 중요하다. 예를 들어, AI 기반 기술을 활용하여 비정상적인 활동을 실시간으로 탐지하고 경고를 발령함으로써 보안

팀이 신속하게 조치를 취할 수 있도록 도울 수 있다. 이와 같이 사이버 리질리언스 인프라를 구축하는 것은 단순히 위협을 방어하는 것을 넘어, 사이버 공격이 발생했을 때 빠르게 회복하고 지속적인 운영을 유지하기 위한 포괄적인 전략을 필요로 한다. 기업들은 데이터 백업, 비상 대응 계획, 지속적인 모니터링을 통해 사이버 리질리언스를 강화하며, 변화하는 위협 환경에서도 안정적인 비즈니스 운영을 이어갈 수 있다.

사이버 공격은 언제, 어떻게 발생할지 예측하기 어렵기 때문에 대비가 필수적이다. 특히 랜섬웨어와 같은 공격은 데이터를 암호화하고 시스템 접근을 막아 비즈니스 운영에 심각한 영향을 미친다. 복구 계획이 없다면 공격 이후 정상화까지의 시간은 길어질 수 있으며, 이에 따른 경제적 손실과 평판 손상도 커질 것이다. 복구 계획은 이러한 손실을 최소화하고 신속하게 서비스를 복구하는 데 있어 매우 중요한 역할을 한다. 복구 계획은 단순히 문서로 존재해서는 안 되며, 정기적인 테스트와 개선이 필요하다. 백업된 데이터가 제대로 복구될 수 있는지, 그리고 비상 시에 역할과 책임이 명확히 분담되어 있는지 점검해야 한다. 백업된 데이터의 일부가 손상되어 있고 복구 절차가 명확하지 않으면 복구 시간이 길어지게 된다. 복구 계획은 단순히 사이버 공격으로부터의 복구를 넘어, 비즈니스 연속성을 보장해야 한다. 예를 들어, 의료 기관과 같은 곳은 환자의 중요한 데이터를 보호하기 위해 매일 데이터를 백업하고 정기적인 복구 테스트를 시행할 필요가 있을 것이다. 사이버 공격 발생에 대해 사이버 리질리언스 전략이 있는 경우에 빠르게 데이터를 복구하고 환자들에게 끊김 없는 의료 서비스를 제공할 수 있게 된다. 의료 기관에서의 데이터 손실은 환자의 안전과 직결되기 때문에 복구 계획의 중요성은 특히 더 클 수밖에 없다. 복구 계획은 비즈니스의 연속성을 유지하고 고객과의 신뢰를 지키는 데 필수적이다. 고객의 데이터가 안전하게 보호되고, 문제가 발생하더라도 신속하게 복구할 수 있다는 신뢰는 기업의 장기적인 성공에 있어서 중요한 요소가 된다. 한 예로 FinSec Innovation Lab의 LockBit 랜섬웨어 공격 대응 사례를 들 수 있다. 이 회사는 AI와 가속 컴퓨팅 기술을 혼합하여 랜섬웨어 공격 발생 후 단 12초 만에 이를 탐지하고 가상 머신을 격리함으로써 추가적인 피해를 막았으며, 감염된 서버의 80%를 신속히 복구하여 비즈니스 운영의 연속성을 유지했다고 한다.

AI와 예측 기반 복구 시스템을 활용한 사이버 리질리언스 전략은 앞으로 더 많은 기업이 도입해야 할 필수 요소가 될 것이다. 사이버 위협은 날로 진화하고 있으며, 이에 따라 단순히 방어적인 접근만으로는 충분하지 않기 때문이다. 공격 전 예방, 공격 중 대응, 공격 후 복구라는 세 단계에서 AI의 강력한 처리 능력과 예측 기반 복구 시스템의 통합적인 접근이 필요하다. 예를 들어, 클라우드 기반의 데이터 백업 시스템과 AI를 결합하여 실시간으로 데이터를 보호하고, 이상 징후가 탐지될 경우 자동으로 복구 프로세스를 실행하는 시스템을 구축하는 것이 한 가지 방안이 될 수 있다. 이러한 접근은 기업이 사이버 공격 이후 빠르게 정상 상태로 복귀할 수 있도록 돕고, 고객의 신뢰를 유지하는 데 기여할 것이다. 사이버 리질리언스를 위한 준비는 단순한 기술적 대응을 넘어, 조직의 전반적인 보안 문화와 인프라를 강화하는 것을 포함한다. AI와 예측 기반 복구 시스템은 이를 위한 강력한 도구가 될 수 있으며, 이를 통해 조직은 더 빠르고, 더 효율적으로 사이버 위협에 대응하고 회복할 수 있을 것이다.

AI와 인간의 협업 보안 체계 구축

AI와 인간의 협업은 사이버 보안의 새로운 패러다임을 열게 될 것이다. 특히 AI는 반복적이고 시간이 많이 소요되는 작업을 자동화함으로써 보안 전문가들이 더 중요한 업무에 집중할 수 있는 환경을 제공할 수 있다. AI는 방대한 양의 데이터를 실시간으로 분석하고, 정상적인 패턴에서 벗어나는 이상 징후를 즉시 탐지하는 능력을 갖추고 있다. 예를 들어, 네트워크 트래픽 모니터링이나 로그 분석과 같은 반복적인 작업을 AI가 처리함으로써 수많은 위협을 신속하게 탐지할 수 있다. 이를 통해 인간 보안 전문가들은 기본적인 위협 탐지와 차단의 부담에서 벗어나 고도의 분석이 필요한 고급 보안 작업에 집중할 수 있게 된다.

AI는 네트워크 내 비정상적인 활동을 실시간으로 감지하고, 이러한 활동에 대해 초기에 대응하는 자동화된 역할을 수행한다. 하지만 이러한 AI의 탐지와 대응이 항상 완벽하지는 않으며, 거짓 양성False Positive이나 새로운 형태의 공격에 대한 불확실성도 존재한다. 이때 인간 전문가의 역할이 중요하다. AI가 탐지한 위협에 대해 보안 전문가들은 심도 있는 분석을 통해 실제 위협인지 여부를 판단하고 대응 전략을 수립한다. 이는 AI가 처리한 정보를 검증하고, 그 결과를 바탕으로 더 나은 대응책을 마련하는 과정에서 인간의 창의적 사고와 직관이 큰 역할을 한다는 것을 보여 준다.

보안 전문가들은 AI 시스템의 학습과 개선에도 중요한 기여를 할 것이다. AI가 새로운 위협을 학습하고 더욱 정교한 모델로 발전할 수 있도록, 보안 전문가들은 공격 패턴을 분석하고 학습 데이터를 제공하며 모델의 정확성을 지속적으로 평가한다. 이는 AI가 점점 더 복잡하고 정교한 사이버 위협을 탐지하고 대응하는 데 필수적인 부분이다. 예를 들어, AI가 특정한 유형의 공격에 대한 대응력을 높이기 위해 적대적 훈련Adversarial Training을 수행할 때, 인간 전문가의 지도와 피드백은 AI의 성능을 극대화하는 데 중요한 역할을 한다. AI와 인간의 협업은 단순히 역할을 분리하는 것이 아니라, 각자의 강점을 극대화하여 보안 체계의 전반적인 수준을 끌어올리는 데 그 의미가 있다. AI는 빠른 데이터 처리와 패턴 인식 능력을 통해 보안 대응의 기초를 마련하고, 인간 전문가들은 그 위에서 전략적 판단과 심층 분석을 통해 보안 체계를 더욱 강화하게 되는 것이다. 이를 통해 AI와 인간은 상호 보완적인 관계로서, 현대의 복잡하고 빠르게 변화하는 사이버 위협 환경에 효과적으로 대응할 수 있는 강력한 보안 체계를 만들어 갈 수 있다.

디지털 전환Digital Transformation 과정에서 초연결Hyper-Connectivity은 여러 특징 중의 하나이다. 초연결의 디지털 환경에서는 사람과 사물이 물리·가상공간의 경계 없이 서로 유기적으로 연결되어 상호작용하는 것이 가능해지게 된다.[13], [14] 사물인터넷IoT: Internet of Things 기기들은 네트워크에 연결되어 있는 그 특성상 사이버 공격의 주요 타깃이 될 수 있다. 해커들은 IoT 기기들을 악용하여 네트워크 시스템에 침투하기도 한다.[15] 클라우드 환경에서 인터넷이 연결된 다양한 서비스들이 제공됨에 따라 사이버 범죄자들은 보안이 취약한 공급망을 찾아 그 시스템에 접근하는 방식의 공격도 늘려 가고 있다. 이는 다중 클라우드 환경과 다양한 서비스를 사용하는 기업들에 큰 문제도 대두되고 있다. 미래의 사이버 보안 환경에서는 AI가 보안의 모든 측면에서 핵심적인 역할을 하게 될 것이다. 점점 더 복잡하고 정교해지는 사이버 위협에 대응하기 위해서는 빠른 대응과 지속적인 학습이 필수적이며, 이러한 요구를 충족시키는 데 있어 AI는 없어서는 안 될 존재가 되어 가고 있다. AI는 네트워크 트래픽과 사용자 행동을 실시간으로 모니터링하며, 기존 보안 시스템이 놓칠 수 있는 미세한 이상 징후까지도 감지할 수 있다. 예를 들어, 네트워크에 갑작스럽게 발생한 비정상적인 데이터 흐름을 감지한 AI는 즉시 경고를 발령하고, 위협이 확인된 경우에는 자동으로 해당 네트워크 세그먼트를 격리하여 피해를 최소화할 수 있다. 이는 인간 보안팀이 반응하기도 전에 자동화된 대응을 통해 위협을 제거하는 시나리오이다. AI는 방대한 데이터 분석을 통해 사이버 공격의 패턴을 학습하고, 이를 기반으로 미래의 위협을 예측할 수 있다. 과거의 사이버 공격 데이터를 학습한 AI는 새로운 형태의 위협을 시뮬레이션하고 이에 대비할 수 있는 전략을 자동으로 마련한다. 예를 들어, 대형 금융 기관의 AI 시스템은 예측적 인텔리전스를 활용하여 고객의 계정에서 발생할 수 있는 비정상적인 활동을 사전에 탐지하고, 공격 발생 전에 경고와 추가 인증 절차를 진행하게 함으로써 사전 예방적 보안을 강화할 수 있다. 미래의 보안 시스템은 인간의 개입 없이도 스스로 학습하고 진화하는 자율 보안 체계로 발전할 것이다. AI는 다양한 위협 시나리오에 대응하며 학습을 거듭함으로써 보안 체계의 정확도와 효율성을 향상시킨다. 예를 들어, 제조업체의 IoT사물인터넷 기기를 보호하기 위해 AI가 지속적으로 기기의 상태와 통신 내역을 분석하고, 이상 상황을 감지하면 기기의 동작을 제한하거나 보안 패치를 자동으로 적용할 수 있다. 이는 AI가 자율적으로 보안 상태를 유지하고 복구하는 과정의 한 예가 된다. AI는 인간 보안 전문가와 협력하여 보안 체계를 한층 더 강화할 수 있다. 반복적이고 시간이 많이 소요되는 작업은 AI가 맡고 인간은 더 전략적인 문제 해결에 집중할 수 있게 된다. 예를 들어, AI는 수많은 보안 로그를 분석하여 잠재적인 위협을 식별하고, 이를 보안 전문가에게 전달해 추가 조사를 요청할 수 있다. 이러한 협업 모델은 보안의 효율성과 정확성을 크게 향상시키며, 특히 예측하기 어려운 신종 위협에 대응하는 데 있어 중요한 역할을 하게 될 것이다.

미래의 보안 시스템에서 AI는 '설명 가능한 AI Explainable AI'로 발전하여, 보안팀이 AI의 결정을 더 잘 이해하고 신뢰할 수 있도록 도와야 할 것이다. 이는 특히 규제 기관이나 보안 감사에서 AI가 내린 결정이 왜 그러했는지를 설명할 수 있어야 하는 상황에서 필수적이다. 예를 들어, AI가 특정 사용자의 접속을 차단한 경우, 그 결정에 대한 이유를 상세하게 설명함으로써 보안팀의 신뢰를 얻고 필요한 대응을 더욱 빠르게 수행할 수 있다. AI는 지속적으로 진화하며 새로운 유형의 위협에 빠르게 적응하도록 해야 한다. 예를 들어, 악의적인 행위자가 새로운 유형의 공격 방식을 도입했을 때, AI는 기존의 학습 데이터를 바탕으로 신속히 그 위협을 분석하고, 대응 방안을 제시하며, 실시간으로 보안 정책을 업데이트해야 한다. 이러한 빠른 적응 능력은 사이버 리질리언스를 극대화하고, 사이버 공격으로 인한 피해를 최소화하는 데 중요하다. 이와 같이 AI는 미래의 사이버 보안 환경에서 전방위적으로 보안을 강화하며, 더욱 정교하고 복잡해지는 위협에 대해 신속하고 정확하게 대응할 수 있는 능력을 갖추게 될 것이다. AI와 인간의 협업, 실시간 위협 대응, 예측적 인텔리전스 등 다양한 방면에서 AI는 사이버 리질리언스를 강화하는 핵심 도구로 자리잡게 될 것이다.

정치 · 국방 · 환경 시그널

'을씨년' 2025, 푸른 뱀의 지혜로

복합위기 시대의 정치, 희망과 절망의 변주곡

KAIST문술미래전략대학원 연구조교수 윤영상

인류는 복합위기의 시대에 접어들었고, 정치적 대응은 그 어느 때보다 중요한 시점에 있다. 경제 불안, 기후 위기, AI 발달 등 여러 문제들이 동시다발적으로 발생하는 위기 상황 속에서 과연 현재의 정치 체계는 갈등을 조정하고 해결할 수 있을까? 그리고 희망의 미래를 위한 정치의 역할은 무엇일까?.

인류의 미래는 어떻게 될까? 대한민국의 운명은 또 어떻게 될까? 많은 사람이 인류의 미래, 대한민국의 미래를 걱정한다. 그런 불안과 걱정의 한가운데에는 현재 진행되거나 거론되고 있는 AI와 첨단 과학기술의 발달, 기후 위기, 에너지 전환, 경제 불안, 인구 변화, 식량 문제, 팬데믹 빈발, 전쟁 발생 등의 문제들이 자리 잡고 있다. 재난과 변화의 충격은 이미 시작되고 있고, 또 그것을 둘러싼 갈등도 심각하게 진행되고 있다. 그런 갈등과 문제를 다루는 것이 바로 정치, 정치 과정이다. 그래서 갈등은 곧 정치를 부른다.

이스턴D.Eastern에 따르면 정치는 "인간이 참여하는 모든 사회 행태

중에서 사회를 위하여 가치를 권위적으로 배분하는 활동과 관련된 일단의 상호작용a set of interaction"이다. 여기서 '가치'는 사회적 희소성을 갖는 가치나 자원을 의미하며, '권위적으로 배분'한다는 것은 희소가치 배분을 둘러싼 갈등에서 '정치적 권위법과 제도의 정당성'를 갖고 갈등을 조정, 관리, 전환, 해결해 나가는 것을 의미한다. 한마디로 갈등을 권위 있는 규범과 법, 제도를 통해 해결해 나가는 과정이나 체계가 바로 '정치'인 것이다.[1]

그런 정치 체계가 잘 작동하면 아무리 심각한 갈등이 발생한다 하더라도 그것을 변화와 발전의 동력으로 만들어 낼 수 있다. 반면 정치 체계가 제 역할을 못한다면 갈등을 해결하기는커녕 갈등을 더 심각하고 복잡하게 만들면서, 정치 공동체의 해체나 혼란으로 이어지게 한다. 미래의 희망과 절망은 그 갈림길에 서 있는 정치와 정치 체계의 능력에 달려 있다.

복합위기polycrisis

UN과 같은 국제기구 전문가들이나 많은 연구자는 인류가 직면하고 있는 현재의 위기를 복합위기polycrisis라고 부르고 있다. '복합위기' 개념은 1990년대에 프랑스의 철학자 에드가 모랭이 처음 사용한 뒤, 유럽연합EU, 세계경제포럼WEF, 유엔개발계획UNDP, 세계보건기구WHO 등 주요 국제기구들이 현재의 위기를 '복합위기'라고 설명하기 시작하면서 널리 쓰이게 되었다. 복합위기로 번역되는 'polycrisis'는 '다중 위기'라고도 하는데, 여러 종류의 위기적 요인들이 중첩되면서 전 지구적 범위에서 동시다발적으로 발생하고 있기 때문에 '지구적 복합위기global polycrisis'라고도 부른다. 그것이 한국적 현실에서 드러난 것을 한국의 복합위기라고 한다.

복합위기의 특징…

THE MORE

글로벌 복합위기global polycrisis

2023년 세계경제포럼WEF이 발표한 〈글로벌 리스크 보고서 2023Global Risk Report 2023, 약칭 2023 보고서〉는 복합위기의 존재를 아주 구체적으로 드러내 주고 있다. 2023 보고서는 세계 곳곳의 전문가 1,500여 명의 의견을 수렴해서 작성되었는데, 총 32개의 위기 요인들이 상호작용하면서 동시다발적으로 발생하는 '복합위기'가 현실화되고 있다고 경고한다. 2023년 기준으로 당면한 2년간의 단기 위험 요소는 32가지 위기 요인 중 생활비 위기, 자연재해 및 기상이변, 강대국들의 지정학적 충돌 등 10가지라고 순위를 매겨 발표했다. 그중 5가지가 환경 및 기후 변화 문제였고, 나머지가 지정학적 충돌, 사이버 범죄와 불안, 그리고 인류 생존 현실에 대한 문제였다. 향후 10년간을 지배할 장기 위험 요소로는 기후 변화 및 환경 관련 부분이 6가지, 대규모 이주와 양극화 등 인류 생존의 문제 2가지, 그리고 강대국 간 충돌 및 사이버 범죄와 불안의 확산이었다.

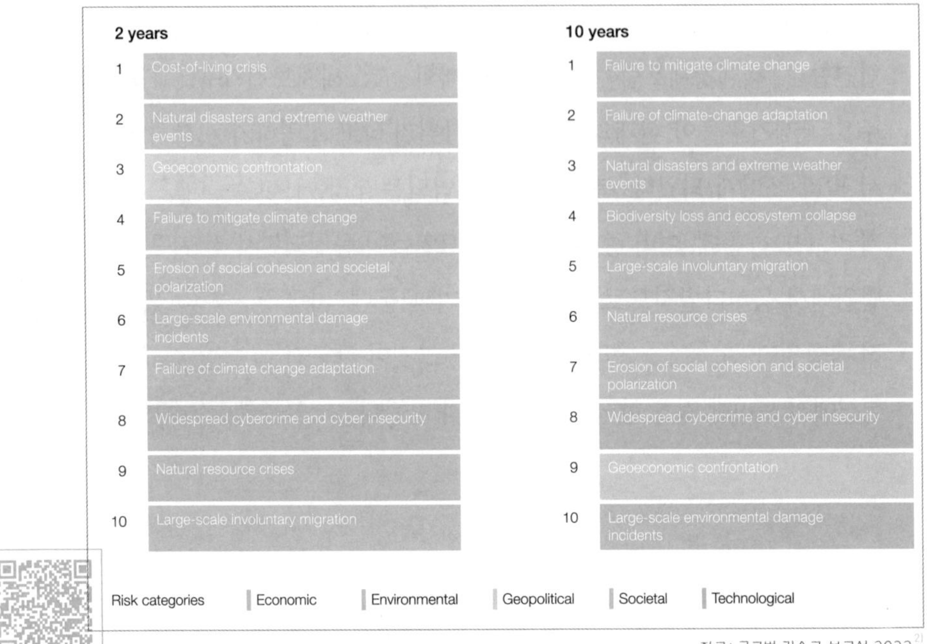

자료: 글로벌 리스크 보고서 2023[2]

[그림 1] 단기 및 장기적으로 심각도에 따른 글로벌 위험 요소

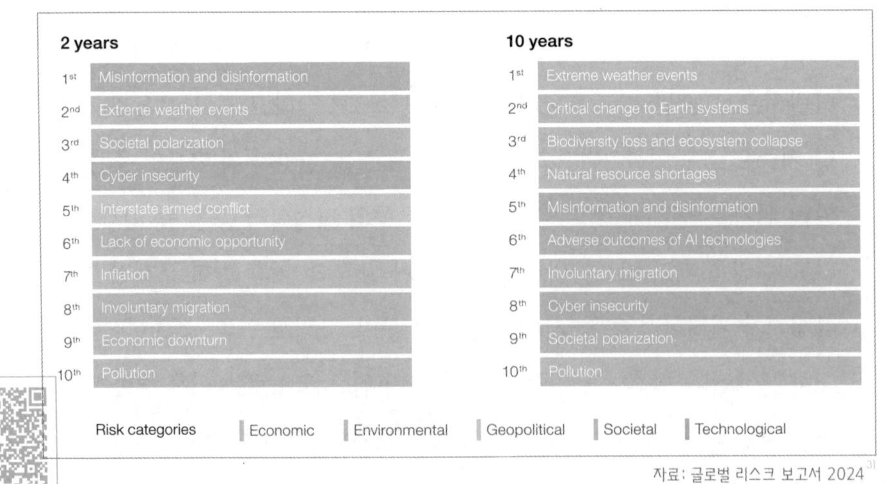

자료: 글로벌 리스크 보고서 2024[3]

[그림 2] 단기 및 장기적으로 심각도에 따른 글로벌 위험 요소

그런데 2024년 발표된 WEF의 〈글로벌 리스크 2024Global Risk Report 2024〉에서는 2023년과 달리 2년간의 단기 위험 요소 10가지의 순위가 많이 바뀐 것을 알 수 있다. 가짜 뉴스와 잘못된 정보, 국가 간 무력 충돌, 경제적 기회 결핍, 인플레이션, 경기 하강 등이 10위 안에 포함된 것이다. 기후 위기와 환경 문제가 대폭 줄었고, 직관적으로 지금 당장 더 크게 느껴지는 문제들이 새로 부각되었다. 그것은 기후 환경 문제가 대폭 줄어들고 소멸되었다기보다는 천천히 진행되는 기후 환경 위기의 특성 때문에 지금 당장의 우선순위에서 밀려난 것일 뿐이다. 그것은 향후 10년을 지배할 장기 위험 요소에 기후 환경 문제가 5가지나 포함되어 있는 사실에서도 확인할 수 있다. 여기서는 기후 환경 문제 말고도 비자발적 이주와 양극화 문제가 여전히 중요한 것으로 부각되어 있다. 2023년이나 2024년 모두 기후 환경 문제와 이주, 양극화 문제가 복합위기의 대표적 요인으로 자리 잡고 있다는 것이다. 2023년과는 달리 가짜 뉴스와 잘못된 정보, AI 기술의 부정적 결과, 사이버 불안 등이 10위 안에 포함되었다는 사실은 과거에 후순위로 밀렸던 요인들이 1년 사이에 크게 부각되고, 쟁점화되었다는 것을 알게 해준다. 지난 1년간 과학기술의 발전과 관련된 부정적 논란이 전문가들 사이에서도 영향을 미친 것이라고 할 수 있을 것이다.

이와 같은 WEF의 발표는 사실 다른 국제기구들의 발표 내용과 대체적으로 비슷하다. 최근 UNDP에서 발간한 〈2024 UNDP TRENDS REPORT[4]〉에서도 그것을 확인할 수 있다.

WEF 보고서를 비롯 대부분의 국제기구 보고서에서는 재난과 위기의 심각성과 더불어 그런 재난과 위기를 대응하는 과정의 불평등과 차별 문제도 부각되고 있다. 재난과 위기를 줄여 충격을 완화시키려는 노력 못지 않게, 재난과 위기 대응 과정의 불평등과 차별의 문제를 해결하는 것도 중요하다는 것이다. 기상 이변이 휩쓸고 지나간 자리에서 살아남은 자들이 다시 죽어 가는 구조적이고 차별적인 현실이 우리가 직시해야 할 현실인 것이다. 전 세계적 차원에서 생활비 위기, 사회적 결속력 약화와 양극화, 비자발적 이주의 증가 등이 중요한 위험 요인으로 거론되는 이유이다. 위기는 모든 사람에게 똑같이 작용하지만, 그 피해나 적응 방식은 그 사람의 처지나 조건에 따라 차별적으로 나타나는 것이 현실이다. 그 사람이 어떤 나라에 살고 있느냐, 어떤 직업이나 사회적 지위를 갖고 있으며, 재산과 소득의 크기가 어떤지에 따라 위기 대응과 피해가 현격하게 다르기 때문이다. 그런 이유로 위기와 변화를 약화시키는 노력과 별개로 '정의'와 '공정'의 문제를 다뤄야 한다. 그런 정의와 공정의 문제는 국가 내, 국가 간 그리고 지구적 차원의 정치와 만나지 않을 수 없다. 그런데 국내외 정치, 지구적 차원의 정치에서 정의와 공정의 문제를 조율하고 보완하는 시스템은 체계적으로 구축되어 있지 않다. 복합위기도 비효율적이고 다층적인데, 복합위기 대응을 위한 정치도 비효율적이고 다층적이다.

한국의 복합위기

한국의 복합위기는 글로벌 복합위기 요인이 한국적 특수성과 결합되어 나타난 것이다. 그런데 한국적 특수성을 어떻게 반영하느냐에 따라 한국의 복합위기 수준에 대한 평가는 매우 다르게 나타난다.

WEF의 〈2023년 글로벌 리스크 보고서〉는 한국을 특별히 중심 분석 대상으로 삼지 않고 있지만, 한국 경제가 글로벌 위험도에 노출된 정도를 높게 평가하고, 향후 2년간 그것이 매우 심각한 위협으로 작용할 것이라고 경고하고 있다. 여기서 거론한 것에는 인플레이션 압력, 재화 가격 상승과 변동성 및 공급 위기, 경제 활동에서 불법 확산, 자산 버블 위험, 부채 위기 등이 포함되어 있다. 사실 한국 자본주의는 세계 시장의 변동 상황에 민감하다. 그 변동 요인이 시장 내적 요인이든, 시장 외적 요인이든 간에 발생하면 곧바로 민감하게 반응할 수밖에 없을 정도로 세계 시장에 밀착되어 있다. 한마디로 경제적 측면에서 본다면 글로벌 문제가 곧 한국 문제가 될 수밖에 없는 것이 현실이다. 석유 위기, 과학기술의 급격한 발달, 기후 재난과 팬데믹, 전쟁 등 세계 경제에 영향을 미치는 요인들이 발생하는 순간 한국 경제는 직접적으로 반응하지 않을 수 없는 것이다. 그것은 한국이 직면하게 될 복합위기가 경제적으로는 매우 심각할 수 있다는 것을 의미한다.

이외에도 남북한 간의 적대 관계나 미중 갈등을 반영한 지정학적 리스크를 거론한다면 한국은 전쟁 발생 위험도가 매우 높은 나라에 해당한다. 소위 '코리아 디스카운트Korea discount'의 지정학적 요인이 있는 것이다. 기후 변화는 온대 기후인 한국을 아열대로 변화시키고 있고, 또 초저출생과 고령화, 지방 소멸과 사회적 양극화 문제도 한국이 갖는 복합위기의 특수한 모습들이다. 다시 말해 한국의 특수성을 어떻게 인식하느냐에 따라 복합위기는 세계적 차원의 복합위기보다 더 심각할 수 있는 것이다. 물론 한국 정치의 극단적인 양극화 경향과 정권 교체 때마다 정부 정책이 급격하게 전환되면서 나타나는 위기 대응의 비효율성을 고려한다면, 한국의 위기 상황 및 위기 관리 수준은 생각한 것 이상으로 심각하게 다가올 수도 있는 것이다.

2021년 전경련이 발표한 〈국가갈등지수 OECD 비교[5]〉에 따르면 OECD 30개국 중 한국은 갈등의 심각성을 나타내는 갈등지수에서 3위, 갈등을 조정하고 해결하는 관리지수에서는 하위권인 27위를 기록했다. 한마디로 갈등은 심각한데, 갈등 관리 능력은 매우 취약하다는 것이다. 특히 한국의 갈등 관리 능력이 취약하다는 것은 바로 한국

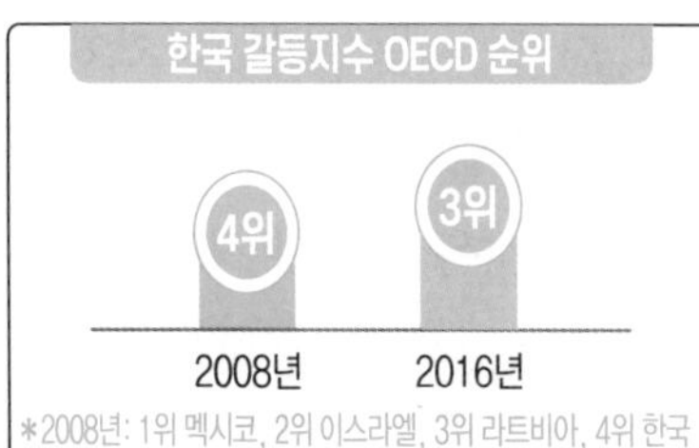

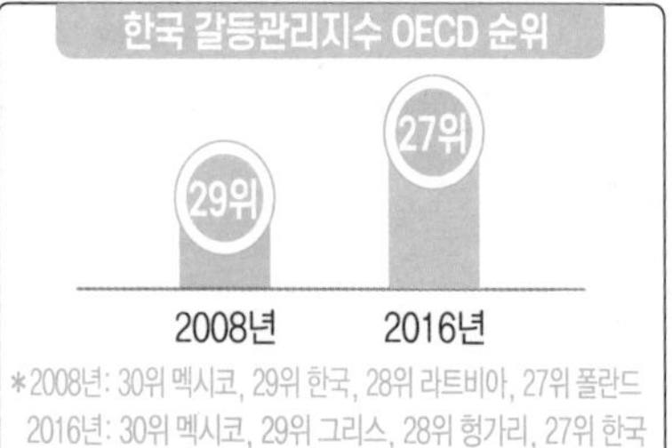

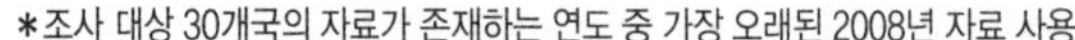

*조사 대상 30개국의 자료가 존재하는 연도 중 가장 오래된 2008년 자료 사용

자료: FKI[5]

[그림 3] 한국 갈등지수·갈등관리지수 추이 분석

정치 과정의 문제와 연결되어 있다. 그것은 정치 과정에 참여하는 정치인, 정당, 국회가 제 역할을 하지 못하고 있다는 것을 의미한다.

그러면 한국 국민들은 한국 사회의 갈등이 갖는 심각성에 대해서 어떻게 생각하고 있을까? 2023년 한국행정연구원에서 발표한 〈2023 사회통합실태조사[61]〉에 따르면 현재 국민 대다수는 이념 갈등과 정치적 양극화를 가장 심각하다고 보았으며, 그 뒤로 빈부 갈등, 노사 갈등이 뒤따르고 있음을 알 수 있다. 개발과 환경 보존, 수도권과 지방, 세대 갈등, 종교 갈등, 남녀 갈등의 심각성도 상대적으로 높게 나타나고 있어서 한국 사회의 갈등 상황이 얼마나 심각한 것인지를 확인할 수 있다. 특히 보수와 진보 간의 이념 갈등과 정치적 양극화를 가장 심각한 문제로 꼽고 있다는 점은 한국 국민 대다수가 갈등을 다루는 정치를 불신하고 있음을 알 수 있다.

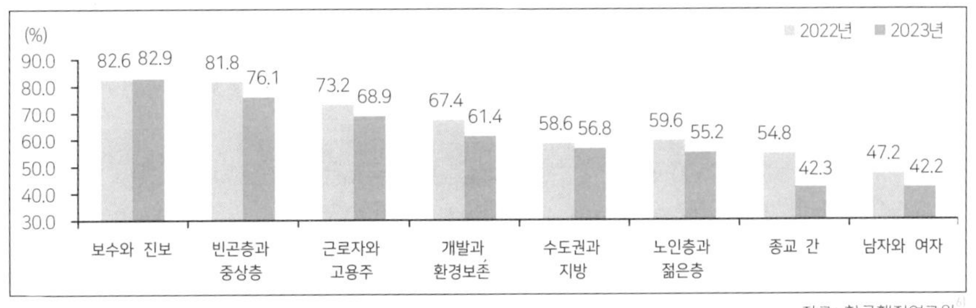

자료: 한국행정연구원[61]

[그림 4] 사회 갈등 인식률

비극적인 미래를 예고하는 정치 시그널

이미 복합위기는 현실이 되고 있다. 반면 복합위기에 대한 정치적 대응은 매우 우려스럽다. 미래는 현재와 무관한 것이 아니다. 과거와 현실의 축적 위에서 드러난 것이 미래인 것이다. 미래의 정치도 결국 현재 강력하게 부상하고 있는 시그널들 속에서 만들어져 가는 것이다. 과연 지금 우리는 어떤 미래정치의 시그널들을 마주하고 있는가? 지금 우리가 목격하고 있는 시그널들에 따르면 희망의 미래가 아니라 절망과 비관의 미래가 우리를 기다릴 가능성이 더 높아 보인다.

정치 불신의 시대와 포퓰리즘의 확대

정치에 대한 불신은 전 세계적 차원의 현상이다. 특히 갈등을 조정, 전환, 해결하기 위해 법과 제도를 만드는 국회에 대한 불신이 아주 크다. [표 1]은 'World Value Survey'에서 한국을 포함한 전 세계 주요

[표 1] 전 세계 주요 국가의 의회 신뢰도 조사 결과

국가	미국	일본	한국	뉴질랜드	독일	스웨덴
6차 조사(2010~2014)	20.2	19.8	25.5	35.7	43.5	59.3
7차 조사(2017~2020)	14.8	31.1	20.1	38.9	42.3	n/a

자료: 국회미래연구원[7]

국가의 의회 신뢰도를 조사한 결과의 일부이다. 미국과 일본, 한국의 국회 신뢰도가 매우 낮은 편에 속한다. 유럽이 상대적으로 높지만 그것은 다른 지역과의 비교에서 그렇다는 것이며, 유럽 내에서는 의회에 대한 불신이 매우 높다.

국내 조사 결과인 한국행정연구원의 〈2023년 사회통합실태조사〉에 따르면, 국회 신뢰도는 24.7%로 꼴찌에 해당한다. 다른 국가기관들의 조사 결과도 대부분 50% 내외라서 높다고 할 수 없으나 국회는 그 절반 수준에 불과하다. 세계 모든 나라에서 의회는 주로 정치인과 정당들의 활동 공간이다. 우파든 좌파든, 보수든 진보든 의회라는 공간에서 오랫동안 자리를 지켜 왔던 정치인들은 정치적 기득권 세력이고, 엘리트들이다. 따라서 의회에 대한 불신은 그런 의회를 구성하고 있는 정당과 정치인들에 대한 불신을 말한다. 그리고 그것은 곧 대의민주주의에 대한 불신이 매우 심각하다는 것을 반증한다. 진행되고 있는 위기, 다가오는 미래의 위험에 대해 기존의 의회나 정치인들은 시민들의 정치적 효능감을 만족시켜 주지 못한다는 것이다. 그래서 의회나 정치인, 정당에 대한 불신은 곧 정치적 무관심의 확대로 나타난다.

인터넷, 스마트폰 등 시민들의 정치적 참여를 활성화시킬 수 있는 수단이 발달하는 상황에서 의회나 정치인들의 활동에 대한 무관심은 직접 참여 욕구의 확대나 포퓰리즘populism에 대한 지지로 나타난다. 특히 직접 민주적 참여 욕구가 갖는 정치적 효능감의 제약은 상대적으로 정치적 효능감이 높다고 할 수 있는 대중적 지도자populist에 대한 지지 열기로 나타나는 것처럼 보인다. 사실 포퓰리즘의 부각은 시민들의 정치적 무관심이 기존 정치 엘리트나 대의 기관에 대한 불신에 기인한다는 것을 포착한 정치인이나 정당들이 기존 정치 엘리트를 비판하면서, 대중적 참여 욕구에 부응하는 방식으로 행동한 결과라고 할 수 있다. 한

마디로 정치 불신의 빈자리를 포퓰리즘과 포퓰리스트populist들이 파고들고 있는 것이다. 포퓰리즘의 부각은 이미 전 세계적인 현상이다. 그러나 포퓰리즘의 확대가 복합위기에 대한 효과적인 대응을 의미하는 것은 아니다.

복합위기 시대의 포퓰리즘은 20세기 남미 중심으로 나타났던 제3세계 권위주의 국가의 포퓰리즘과 달리 민주주의가 상대적으로 발달된 유럽 국가들과 미국 등지에서도 나타나고 있다는 점에서 차이를 드러낸다. 민주주의 선진국들에서 포퓰리즘이 휩쓸기 시작했다는 것이고, 그것이 민주주의를 파괴할지, 아니면 민주주의의 에너지가 포퓰리즘을 관리할 수 있을지가 논란이 되고 있다. 팔로넨 같은 학자들은 '약한 포퓰리즘'이 '건강한 포퓰리즘'이며 민주주의와 함께 갈 수 있다고 주장한다[8]. 그러나 대부분의 학자나 전문가들은 포퓰리즘이 민주주의의 위기의 표현이며, 민주주의 해체의 길을 여는 것이라 규정한다.

[그림 5]는 2019년 한겨레신문에 실린 유럽의 포퓰리즘 지도이다. 유럽의 포퓰리즘은 좌우파를 막론하고 대중에의 호소, 기성 엘리트에 대한 반발이라는 점에서는 공통적이다. 그렇지만 우파가 이민자에 대한 혐오와 인종주의적 요소를 부각시키면서 다원주의를 거부

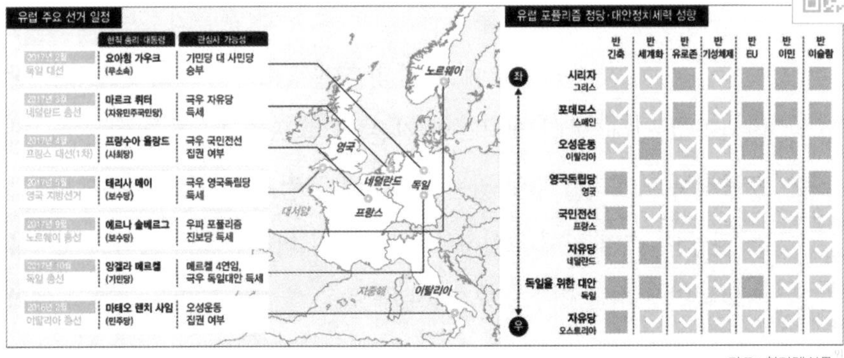

자료: 한겨레신문[9]

[그림 5] 유럽의 포퓰리즘 지도

하는 측면이 강하다면, 좌파의 경우 좌파적 접근의 다양성을 인정하면서 대중적 정서와 결합하려 한다는 점에서 차이를 보인다. 우파는 복합위기에 대한 대응을 준거 집단에 대한 충성심과 배타적 경계심을 부각시키는 방식으로 접근하는 반면, 좌파는 기존 체제에 대한 비판과 개혁을 내세우면서 국가를 뛰어넘는 더 큰 공동체 지향을 드러낸다. 정체성이 강하지만 배타적인 우파와 정체성이 혼란스럽지만 포용적인 좌파 포퓰리즘이 경쟁하는 양상이 요즘 유럽의 포퓰리즘이다.

미국의 트럼피즘은 확실하게 우파 포퓰리즘의 특성을 보인다. 그런데 민주당의 샌더스의 인기를 과연 포퓰리즘으로 볼 것인지는 논란이 있다. 그렇지만 대중에의 호소, 엘리트에 대한 반감, 자본주의체제에 대한 비판 등에 비추어 볼 때 샌더스도 좌파 포퓰리즘적 성향을 보인다고 할 수 있을 것이다. 미국 역시 포퓰리즘이 정치를 좌우하고 있는 것이다. 사실 민주당의 오바마 대통령이 등장한 이후 무기력했던 공화당은 '티파티 운동Tea Party movement'과 포퓰리스트 트럼프의 등장을 통해 시대적 흐름에 발을 맞추면서 미국 정치의 주도권을 잡아나가고 있다. 반면 샌더스와 같은 좌파 포퓰리스트가 합류했으나 포퓰리즘과 거리를 두고 있는 민주당은 트럼프에 맞설 지도자나 흐름을 만들어 내기 위해 고심하고 있다. 최근 바이든 대통령이 후보직을 사퇴하면서 미국 민주당의 대통령후보로 부상하고 있는 카멜라 해리스Kamala Devi Harris의 성공여부는 미국정 치의 미래만이 아니라 포퓰리즘의 극복 방안이라는 점에서도 매우 중요한 사건이 될 것이다. 그것은 해리스가 트럼프의 우파 포퓰리즘에 대항해 이성적 접근과 다원주의 존중이라는 민주정치의 기본을 강조하고 있기 때문이다.

현재 강대국들을 포함한 많은 나라에서 포퓰리즘이 정치를 주도하고 있다. 특히 미국과 유럽 등 민주주의와 시장 경제의 선진국에서 그런 경향이 더욱 강해지고 있다는 점에서 심각성이 있다. 그것은 민주주의 선진국에서 민주주의 후퇴를 야기할 수 있으며, 나아가 국제정치에도 심각한 영향을 미치기 때문이다. 미국식 포퓰리즘의 상징인 트럼프가 대통령이 되느냐, 아니면 민주당의 해리스 후보가 대통령이 되느냐에 따라 미국의 강대국 정치, 국제기구의 위상과 역할이 달라지는 것이 현실이다. 트럼프가 등장하면 우크라이나 전쟁의 양상이 달라질 가능성이 크지만, 미중 관계는 지금보다 훨신 더 대결적인 양상으로 될 가능성이 높은 반면, 북미 관계는 새로운 국면으로 접어들 수도 있다. 반면 해리스가 된다면, 우크라이나 전쟁이나 미·러 관계는 큰 변화가 없겠지만, 미·중 간에는 대화가 많아질 수 있고, 국제기구 차원에서의 논의도 유지될 가능성이 높다. 반면 북미 관계에서는 큰 변화가 없을 가능성이 높다.

정치적 부족주의Political Tribes와 팬덤

에이미 추아Amy Lynn Chua는 《정치적 부족주의Political Tribes[10]》에서 광신도 집단이나 축구의 훌리건 문화가 정치의 영역에서 작동하는 것을 '정치적 부족주의'라고 규정한다. 그에 따르면 특정 지도자에 대한 충성과 반대파에 대한 혐오와 배제의 감정을 갖는 정치적 부족주의는 포퓰리즘 정치의 한 표현이면서 동시에 민주주의를 파괴하는 징검다리라고 규정한다. 에이미 추아는 트럼프의 팬덤이 보이는 사고

와 행동 패턴이 바로 전형적인 정치적 부족주의라고 평가했다. 한국

정치에서 나타나고 있는 정치인 팬덤이나 그들의 극단적 문화도 에이미 추아가 정의한 것에 비추어 본다면 확실히 '정치적 부족주의'의 특성을 닮아 있다.

그런데 여기서 주의해야 할 것이 있다. 팬덤 자체를 악으로 규정하고, 일종의 도덕주의적으로 비판하고 있는 흐름이 확대되고 있기 때문이다. 팬덤의 출현은 그 자체가 비정상적이고 기형적인 것이 아니라 민주주의의 본래적 속성과 디지털 문화의 발달 속에서 자연스럽게 등장한 것이다. 아마도 정치 불신과 정치 엘리트에 대한 대중적 반감을 수렴, 포용하지 못하는 기존 체계 때문에 극단화되었을 것이다. 연예인 광팬은 예전부터 있었으나 팬덤의 행동이 체계화, 조직화된 형태의 팬덤으로 형성된 것은 얼마되지 않다. 연예인 팬덤도 디지털 기술의 발달, 표현의 자유 확대라는 문화적 분위기와 결합해서 꽃을 피운 측면이 있는 것이다. 다시 말해 정치적 부족주의나 팬덤의 극단적 모습을 비판할 필요는 있지만, 그런 비판이 너무도 당연한 민주주의의 기초를 무시하거나, 정치 불신과 기성 정치 엘리트의 무능과 부패를 정당화하는 방식으로 귀결되어서는 안 되는 것이다. 팬덤이 민주정치에만 있는 것은 아니지만, 민주주의 특히 대의민주주의는 기본적으로 정치 지도자와 지지자의 긴밀한 결합과 소통을 특징으로 한다. 그래서 팬덤 자체보다는 다원주의를 부정하고, 배타성과 공격성을 극단적으로 드러내는 일부 팬덤의 행태를 문제시해야 하는 것이다. 사실 팬덤의 공격성이나 배타성은 정치적 공론장이 붕괴되고, 전쟁

같은 극단주의 충돌이 빈번해지면서 극단화되는 것이다. 따라서 팬덤의 극단화를 극복하는 가장 기본적인 방안은 에이미 추아의 말대로 '면대면 접촉'과 '토론의 활성화' 같은 '공론장'의 복원이다. 그것을 통해 팬덤 스스로가 자신을 객관화할 수 있는 '메타 인지'를 갖도록 할 필요가 있는 것이다. 또한, 정치인 팬덤들 간의 건설적 경쟁을 통한 자연스러운 조율의 문화를 정착시키는 것도 필요하다. 여기서 가장 중요한 것은 정치적 극단주의를 극복하는 것이다. 그리고 그것은 대안 없는 도덕적 설교가 아니라 정치적 공론장과 같은 시스템을 활성화시키는 것이 되어야 한다. 그리고 그런 시스템을 활용할 줄 아는 디지털 시민, 국경을 넘나드는 코스모크라트cosmocrats가 공론장을 주도하도록 만들 때 가능한 것이다. 인종, 국가, 민족, 성, 소득과 계급을 뛰어넘어 다양성을 존중하며 개방적인 태도로 토론과 실천을 주도하는 새로운 유형의 민주주의 주체가 등장할 수 있을까?

코로놉티콘coronopticon과 국가의 귀환

한동안 세계 단일 시장을 강조하고, 국경의 의미가 약화되면서, 주권 국가의 영향력이 줄어들 수밖에 없다는 평가가 많았다. 시장을 강조하는 신자유주의자들은 '작은 정부'를 주장했고, 복지를 중시하는 사회민주주의자들은 '큰 정부'를 주장했다. 그런데 신자유주의가 확대되는 과정에서 사회민주주의자들조차 '정부 혁신', '재정 혁신'을 외치면서 '제3의 길'을 외치기 시작했다. 바야흐로 '작은 정부'를 넘어 '주권 국가의 소멸', '세계 정부'의 등장이 거론되기 시작했다. 그러나

2008년 금융위기를 거치면서 신자유주의의 한계가 드러났다. 나아가 코로나19 팬데믹은 그런 사고방식을 극명하게 뒤집어 버렸다. 바이러스 추적이 감염자 추적으로 이어졌고, 감염자의 사생활과 행동을 규제하고 통제하는 것을 당연하게 생각하는 풍토를 조성했다. 중국식 방역과 유럽식 방역이 비교되었고, 동아시아의 방역 성공이 새로운 감시 국가 '코로놉티콘'코로나+판옵티콘의 출현으로 이어질까 걱정하는 문제 제기[11]도 나타나기 시작했다. 코로놉티콘은 코로나와 영국의 유명한 공리주의 철학자 제레미 벤담이 고안한 원형 감옥 '판옵티콘panopticon'을 결합시킨 것으로, 코로나 감옥 국가를 의미한다. 코로나는 약화되고 있던 국가를 소환했고, 민주적 의사 결정과 표현의 자유를 제약했으며, 우리 안의 혐오와 차별도 적나라하게 드러내 주었다. 소위 '국가의 귀환'을 둘러싼 논란이 발생하는 배경이다.

사실 국가의 배제와 무시를 통해서는 복합위기를 극복하기 힘들다. 신자유주의가 강화되는 상황에서는 국가와 정부의 역할강화에 대한 '견제'가 '자연스러운 묵계默契'와도 같았다. 그러나 눈앞의 위기는 국가의 개입을 원했고, 국가의 개입과 통제를 통해서 어느 정도는 위기극복에 성공했다. 문제는 국가가 어느 정도로 개입하고, 어떤 역할을 해야 하느냐이다. 사실 가장 극단적인 국가의 모습이었던 북한이나, 중국이 국가 개입의 모델은 아니었다. 한국, 대만, 동남아 등 소위 민주주의와 인권이 어느 정도 보장되고 있던 아시아 국가들의 코로나 방역 대책이 각광을 받기 시작하면서 논란이 벌어졌던 것이다. 특히 'K-방역'을 둘러 싼 논란은 일부 언론들이 인종주의적 측면을 부각시킨 것과는 달리 '주권 국가의 귀환'이 오랜 역사를 통해 성취해 왔던 인권과 민주주의에 대한 구속과 통제로 이어지지 않을까에 대한 우려 속에서 나온 것이었고, 그런 관점에서의 비판이었다. 한국 민주주의의 역동성을 상징하는 촛불혁명의 정신이 살아 있던 시기에 코로나19 팬데믹이 유행했던 것은 그런 의미에서 다행이라고 할 수 있었다. 당시 한국 정부는 바이러스 추적, 감염자 통제에 있어서 인권의 보장과 효율성을 고려하지 않을 수 없었기 때문이다.

결국 복합위기는 위기의 축소와 위기 대응의 정의로움을 실현하기 위해 어느 정도 국가의 역할 확대를 필요로 한다. 위기에 처한 개인들이 '국가'를 보호막으로 삼지 않으면 생존하기 힘든 상황과 처지에 몰리는 것이 현실이기 때문이다. 그러나 무조건적인 국가의 확대가 아니라 무엇을 위한 확대, 누구를 위한 확대냐는 문제 제기가 이루어지면서 '국가의 귀환'에 대한 우려는 '국가의 역할'이 무엇이 되어야 하느냐는 질문으로 조정되는 양상이다[12].

AI 시대의 정치

4차 산업혁명이 본격화되면서 AI 기술을 '정치'에 접목하려는 다양한 시도들이 모색되고 있다. 정치 행정 과정에서 AI를 도우미로 활용하기도 하며, 심지어 AI를 이용한 정책 결정 지원 프로그램도 등장하고 있다. 모든 것을 AI에 전적으로 맡길 수는 없지만, 정치 활동, 정책 결정 과정을 효율

적으로 운용하는 데 AI가 큰 역할을 할 가능성이 높아지고 있는 것이다. 한국의 국회에서도 입법 정보 시스템에 AI를 적용해 운용하고 있고, 법제처도 AI 기반의 법령 정보 검색 서비스를 개발 시험 운용하고 있다. 소위 지능형 입법 정보 서비스가 현실화되고 있는 것이다.

최근 AI 가수처럼 AI 정치인이 개발되고 있는데, 미국에서 개발된 로바마ROBAMA, 로봇+오바마 AI 프로그램이 대표적이다. 그것은 정치나 입법 관련 정보를 학습하고, 패턴을 분석하면서 중요한 정책 결정 프로세스를 지원하는 AI 프로그램이며, 한국에서도 학습 훈련 과정에 참여할 수도 있다. 이런 AI 프로그램은 지금 입법 지원이나 행정 서비스, 그리고 정책 결정을 추론하는 초보 단계의 서비스를 제공하고

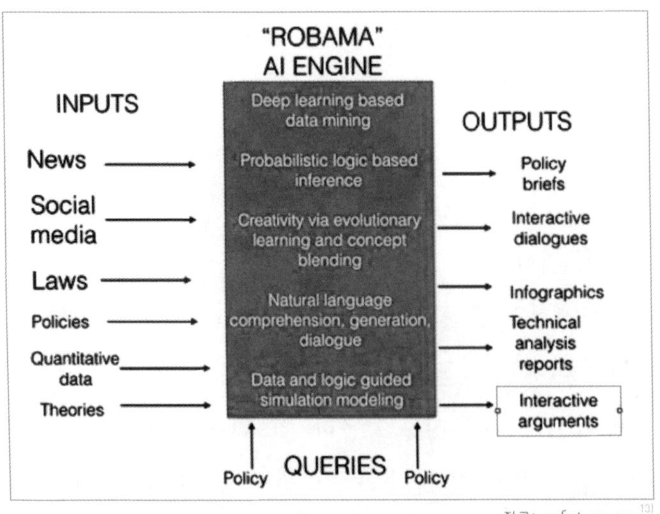

자료: unfuture.org[131]

[그림 6] 정치인을 대체할 로봇대통령 '로바마' AI 엔진

있지만, 기성 정치인들에 실망한 사람들의 관심을 불러일으키면서 AI 정치인을 만들려는 움직임도 있다. 복잡한 이해관계 충돌을 조율하고, 타협안을 만들어 내는 정치 과정을 AI가 대체하는 것은 쉽지 않겠지만, 설령 가능하다고 하더라도 그래야만 되느냐는 심각한 논란이 될 수 있다.

반면 AI를 정치에 악용하는 일은 당장 문제가 되고 있다. AI 정치봇을 이용한 가짜 뉴스와 잘못된 정보의 유통은 이미 현실의 문제가 되고 있다. SNS 등에서 여론의 흐름이나 정보의 유통을 조작하는 지능형 알고리즘의 적용도 이미 논란이 되고 있다. AI 기술을 이용하여 기존 대의 기관이나 행정 기관의 서비스를 교란시키거나 무력화시키는 것도 가능하다. WEF 〈글로벌 리스크 2024〉에서 가짜 뉴스와 잘못된 정보가 2년 내 위험 요소 1위로 등장한 것도 이런 현실을 반영한다. 그런 점에서 볼 때, AI가 특정 정치 체제를 만들 것이라는 우려보다는 어떤 정치와 결합되느냐에 따라 미래의 정치 양상이 달라질 가능성이 더 커보인다. 과연 AI와 결합된 정치가 우리의 미래를 어떻게 만들어 낼까?

지구 정치global governance의 한계와 강대국 간 지정학의 부상

사실 무정부적인 국제사회에서 다양한 행위 주체들의 상호작용과 협력을 통해 규범과 제도를 만들어 가야 한다는 사고방식은 미국과 유럽 중심으로 발전해 왔던 자유주의적 패러다임에서 만들어진 것이었다. 제1차 세계대전, 제2차 세계전과 같은 현실주의적 파괴와 충돌은 자유주의적 협력의 시도를 당연한 것으로 수용하게 만들었다. 그런 자유주의적 시도는 국제연맹LN을 거쳐 국제연합UN의 탄생으로 이어졌고, 미소 냉전기에도 다양한 분야에서 점진적으로 역할을 확대해 왔다. 1980년대 냉전의 해체와 미국의 단일 패권 체제의 성립 이후 1992년 리우환경회의 개최, 1995년 세계무역기구WTO 출범은 지구 거버넌스, 지구 정치의 전성시대를 예고했다. 경제, 환경, 질병, 안보 등의 분야에서 지구 거버넌스는 위력을 발휘하기 시작하였고, 지구연방, 지구공화국이라는 말이 회자되는 상황도 등장하였다.

그러나 1998년 동아시아 금융위기, 2008년 세계 금융위기를 거치면서 세계적 차원의 빈부 격차와 불평등 문제가 제기되었고, 후진국이나 발전도상국만이 아니라 세계 단일 시장의 수혜자였다고 평가받고 있던 미국과 일본, 유럽 내부에서도 세계화에 대한 반발과 회의론이 등장하기 시작했다. 세계화의 중심지에서 세계화, 지구촌화의 흐름에 제동이 걸리게 된 것이다. 2016년 미국 트럼프 정부의 출범은 바로 그런 정치적 흐름의 상징이다. 트럼프 정부는 지구 환경 정치의 상징이었던 파리협정을 탈퇴하면서 충격을 주었고, 미중 패권 경쟁을 본격화하며 신냉전의 시작을 주도하기도 했다. 트럼프 정부는 1980년대 말부터 30여 년간 세계 질서와 국제 정치를 주름잡았던 지구 거버넌스, 지구 정치의 유용성에 대해 근본적인 의문을 제기했고, 심지어 현실주의적 동맹 정치도 재편하기 시작했다. 강대국 정치의 지정학이 지구 정치를 뒤흔들기 시작한 것이다. 그런 트럼프를 대통령으로 만들었던 것은 트럼피즘으로 불리는 포퓰리즘과 정치적 부족주의였다.

미국과 유럽 중심의 국제 질서와 지구 질서는 중국의 부상, 러시아의 건재, 인도와 브라질 등의 성장에 의해 변화를 요구받았다. 자유주의적 규범 질서가 도전을 받았고, 미국의 경제력이 약화되면서 지구 공동체를 지탱하는 공공재를 감당하는 것도 쉽지 않아졌다. 중국과 러시아 등은 미국과 유럽 중심 규범 질서의 수정을 요구했고, 미국은 기존 질서 속에서의 공존을 요구했다. 소위 G2의 등장은 그렇게 이루어졌다. 그러나 2018년 미국과 중국의 충돌은 신냉전을 화두로 던졌고, 미·중 간의 디커플링decoupling은 신냉전이 본격화되는 양상을 의미했다. 인도태평양전략Indo-Pacific Strategy과 쿼드QUAD 등 미국 중심의 동맹 질서들이 재편되기 시작했고, 중국은 러시아 등과 협력을 확대하면서 '일대일로 구상一帶一路 One Belt One Road Initiative'과 상하이협력기구SCO 활성화 등을 모색했다. 미국 중심의 블록화와 중국 중심의 블록화가 전면화되기 시작했고, 반도체와 첨단 기술을 둘러싼 공급망 재편이 세계 시장의 판도를 뒤흔들기 시작했다. 지경학, 지정학이 부활되기 시작했고, 유엔을 비롯한 국제기구들의 지구 거버넌스가 위축되기 시작했다. 특별히 우리가 살고 있는 한반도는 한미일 남방 삼각협력과 북중러 북방 삼각협력이 정면으로 조우하는 공간으로 부각되고 있고, 미·중 갈등과 양안 관계의 파장이 직접적으로 영향을 미치면서 신냉전의 뜨거운 화약고로 부상할 수도 있다.

블록화, 진영화의 흐름이 어떻게 될 것인가는 현재 국제 정치의 미래에서 가장 중요한 변수이다. 강대국의 지정학과 지구 정치가 조화를 이룰 것인가, 지구 정치가 강대국 정치에 종속될 것인가, 아니면 지구 정치가 강대국 정치를 대체할 것인가를 둘러싸고 논란이 뜨거워지기 시작했다. 그리고 그 한가운데에는 미·중 관계의 미래가 자리 잡고 있다.

미국의 트럼프 정부가 존재할 때까지만 해도 신냉전의 가능성이 가장 크게 거론되었다. 연세대 교수이면서 문재인 대통령의 특보였던 한국의 대표적인 외교안보 전문가 문정인은 미중 관계의 미래를 ① 양국이 대타협을 통해 양두지도체제bigemony로 가는 길, ② 현재와 같이 협력과 경쟁의 긴장 상태를 유지하는 '차가운 평화clod peace' 관계, ③ 그리고 치열한 경쟁과 대결의 신냉전new cold war이라는 3가지 경로 중 신냉전의 가능성이 크다고 진단했다.[14] 그러나 미국의 바이든 정부가 등장하면서 디커플링보다 디리스킹derisking을 강조하기 시작했고, 신냉전보다는 현상 유지나 타협의 가능성이 많이 거론되기 시작하면서 분위기가 달라지기 시작했다. 미국과 중국이 세계 시장 경제에서의 상호 의존성과 전 지구적 문제의 대두로 인한 협력 불가피성 때문에 국가적 이해관계 충돌에도 불구하고 신냉전으로 가지는 못할 것이라는 예측이 커지기 시작했다. 그래서 지구 거버넌스의 종말이 아니라 재편기, 전환기라는 말을 등장하기 시작했다. 또 미·중 갈등의 최종 승자가 누구냐는 식의 접근보다는 ① 미국과 중국 모두 3위 이하 국가들보다 압도적 힘을 보유할 것이고, ② 미·중 간의 국력 격차는 줄어들 것이고, ③ 3위 이하 국가들이 미·중 어느 국가와 동맹 혹은 전략적 파트너십을 유지하느냐가 핵심 변수가 될 것이라고 진단하는 사람들이 많아지기 시작했다[15].

그래서 2024년 미국 대통령 선거에서 중국과의 신냉전을 불사하려는 트럼프가 당선된다면 상당 기간 미·중 갈등이 격화되겠지만, 그

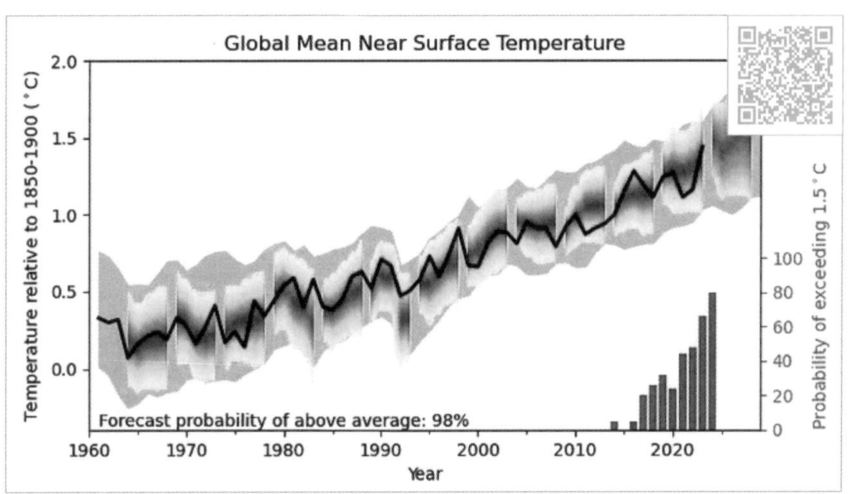

자료: World Meteorological Organization[16]

[그림 7] 1960년대부터 2020년대 전 지구 지표면 평균기온의 산업화 이전1850년~1990년 대비 상승폭

검정 선은 2023년까지의 관측치, 그 이후의 범위는 2024년 이후 예측치의 범위를 의미한다. 오른쪽 하단 막대 그래프는 산업화 이전(1850년~1990년) 대비 전 지구 지표면 평균기온 상승폭이 1.5도를 넘어설 연도별 가능성을 나타낸다.

경우에도 어느 한쪽의 일방적인 승리는 쉽지 않을 것이고, 심각해지는 지구적 위기 대응을 위해 장기적으로는 타협하지 않을 수 없을 것이란 전망이 설득력을 얻어가고 있다. 그러나 중요한 것은 미국과 중국이 타협하기까지의 과정이다. 그 과정에서 이미 복합위기는 감당하기 힘들 정도로 심각해질 가능성이 높기 때문이다. 이미 2040년이 되어야 산업혁명 시대에 비교해 지구 온도가 1.5도 상승할 것이라는 예상이 달라졌다. 2024년에 지구 온도 평균기온 상승 폭이 1.5도를 넘어서는 첫해가 될 수도 있다는 예측이 나오기 시작했다. 세계기상기구WMO는 2024~2028년 사이에 평균기온 상승 폭이 1.5도를 넘어설 것이라는 예측이 80%에 달한다고 밝히기도 했다.

문제는 미·중 갈등, 미·러 갈등이 공급망 재편을 포함한 경제 갈등에서 시작해서 군사안보적 경쟁, 이념과 가치, 문화적 갈등으로까지 점점 확대되면서 그만큼 인류의 생존 위기를 둘러싼 복합위기에 대한 공동의 대응력을 현격하게 약화시키고 있다는 것이다. 당장 이산화탄소 감축을 위한 국제적 노력이 한계에 봉착했고, 경제와 분쟁에 대한 공동 대응도 쉽지 않다. 기후위기의 심각화와 경제적 대혼란이 뒤엉킨 미증유의 perfect storm이 세계 경제를 뒤흔들 것이라는 비관적 예측이 쏟아지는 것도 이 때문이다. 과연 1930년대 세계 대공황을 넘어서는 충격파가 발생할 것인가? 그러나 현재의 국제 정치는 그런 상황을 막을 수 있는 정치적 능력을 확보하고 있지 못하다.

4개의 지구

- 미래 정치 -

지오프만과 조엘 웨인라이트 교수는 《기후 리바이어던Climate Leviathan : 미래 지구의 정치 이론[17]》에서 미래 권력을 자본주의 경제 구조와 세계 통치 권력에 대한 찬반의 시각에서 4가지 형태로 유형화해 제시했는데, 복합위기 시대의 국제 정치의 미래를 사고하는 데 많은 도움을 준다.

기후 리바이어던Climate Leviathan

'기후 리바이어던'은 자본주의를 바탕으로 한 강력한 전 세계적 통합 권력을 상징한다. 리바이어던은 구약성서에 나오는 괴물로 영국의 사회계약론자 토마스 홉스가 강력한 국가의 상징으로 부각시켰다.

	Planetary sovereignty	Anti-planetary sovereignty
Capitalist	Climate Leviathan	Climate Behemoth
Non-capitalist	Climate Mao	Climate X

자료: Climate Leviathan[17]

[그림 8] 네 가지 잠재적 사회 구조

미국의 패권적 지위가 약화되어 가는 현실에서 이와 같은 정치 유형이 가능할 것인지에 대해 많은 사람이 비관적으로 생각한다. 물론 미국과 중국 등 주요 강대국이 합의하고, 제한된 범위에서 UN을 중심으로 한 지구 정치가 작동한다면 기후 리바이어던과 유사한 정치체제에 근접했다고 할 수 있을지도 모른다. 강력한 전 세계적 통합 권력 혹은 지구행성통치권력은 아니더라도 강대국 간 합의에 근거한 전 세계적 권력의 초보적 형태라도 등장한다면 기후 위기 대응이나 AI 기술에 대한 통제와 활용 수준의 정치 체제가 가능할 수도 있을 것이다. 물론 AI와 같은 첨단 과학기술로 무장한 새로운 통합 권력이 미래의 지구를 통치할 수도 있다는 시나리오는 다양한 문학작품이나 영화 등을 통해서 이미 오래전부터 예언처럼 회자되고 있다.

기후 베헤모스 Climate Behemoth

'기후 베헤모스'는 자본주의에 근거하지만 정반대로 세계 통치 권력이 존재하지 않는 일종의 무정부 상태를 상징한다. 이런 무정부 상태에서 국제 협력 체계는 무너지고 각 국가와 집단은 각자도생의 길로 나서게 된다. 힘과 야만의 논리가 지배하는 정글이 바로 '기후 베헤모스'를 상징한다. 아마도 미·중 갈등, 미·러 갈등이 전면화하는 상황 속에서 EU, 일본, 인도, 브라질, 인도 등 주요 강대국이 자국 이익을 전면에 내세우고, 중동과 아프리카 등지의 분쟁이 기후 변화와 맞물려 빈발하는 상황이 기후 베헤모스와 유사한 상황이라고 할 수 있을 것이다. 지정학의 귀환과 지구 정치의 붕괴를 상징한다.

기후 마오 Climate Mao

'기후 마오'는 비자본주의적이며, 전 세계적인 통치 권력을 강조한다. 민주적 방법보다 권위주의적 통치를 바탕으로 기후 위기에 대응하는 중국을 떠올릴 수 있을 것이다. 한마디로 중국이 주도하는 세계를 의미한다. 그런데 중국의 대응이 더 효율적일 수도 있지만, 그것이 과연 인류의 미래를 더 낙관적으로 만들 수 있을까? 물론 이 점에서 중국조차도 사실상 세계 자본주의의 일부를 이루고 있다는 점에서 비자본주의적이라는 '기후 마오'의 가정은 근본에서부터 흔들릴 수 있다. '기후 리바이어던'과 '기후 마오'의 차이가 논란이 될 수 있는 것이다.

기후 엑스 Climate X

'기후 엑스'는 자본주의와 통치 권력 중심으로 접근하는 것을 너머 보편적 인류애에 근거한 국제 협력과 자본주의를 뛰어넘는 새로운 방식으로 경제적 기반을 유지하려는 체제를 의미한다. 수평적이고 분권화된 권력을 통해 중앙집중적 기후 리바이어던이 만들어 낼 또 다른 차별과 불평등을 극복하기 위한 일종의 유토피아적 정치 형태라고 할 수 있을 것이다. 그만큼 실현 가능성에 의문이 있다. 그러나 그 실현 가능성 유무를 떠나 문제의 본질과 위험성을 드러내 주면서 발전적 해결의 길을 모색하는 방향성을 고민하게 해 준다는 점에서 의미 있는 접근이라고 할 수 있을 것이다. 과연 우리는 어떤 미래를 마주하게 될 것인가?

한국 정치의 미래

- 정치적 양극화의 극복과 한반도 평화 공존 -

현재의 한국 정치를 가장 잘 설명해 주는 표현은 무엇일까? 정치적 양극화, 보수와 진보의 치열한 진영 대결이 가장 적절한 표현일 것이다. 여기서 보수와 진보는 상대적인 개념이고, 극단적인 대결 상태의 양 진영을 상징하는 깃발이라고도 할 수 있을 것이다. 아마 자신들이 이념적으로 정통 보수나 정통 진보라고 생각하는 사람들에게는 불편한 개념일 수도 있다. 국민의힘과 더불어민주당으로 양극화되어 있는 진영을 대변하는 표현이기 때문이다. 사실 한국 정치의 미래는 앞으로도 상당 기간 계속될 것 같은 현실 정치의 연장일 수밖에 없다. 바로 그렇기 때문에 정치적 양극화가 지속되느냐, 그렇지 않느냐에 따라 한국적 복합위기에 대한 대응 방식도 달라질 수밖에 없고, 그에 따라 미래의 모습도 조금은 달라지게 되어 있는 것이다.

정치적 양극화의 극복?

한국 정치의 양극화가 언제부터였는지를 둘러싸고는 다양한 시각이 있다. 일제 35년, 독재 37년, 도합 72년에 이르는 오랜 기간의 극단적 정치 상황 속에서 민주화가 이루어졌기 때문에, 민주화 37년의 역사만으로 그 흔적을 지우기 쉽지 않다고 평가할 수도 있다. 특히 친일, 친독재

청산이 제대로 이루어지지 않은 상태에서의 형식적 민주화와 양당제는 결국 극단적 충돌과 양극화로 이어질 수 있다는 평가는 나름의 설득력을 가진다. 그렇지만 역사적 근원에 대한 해석은 학문적 분석과 토론의 영역으로 남겨 두는 것이 바람직하다. 단일한 역사 해석을 강조하는 것 자체가 또 다른 갈등을 불러올 것이기 때문이다. 오히려 이런 상태에서는 객관적인 현상을 중심으로 접근하는 것이 더 현실적일 수 있다. 치열한 양당 대결 구도가 드러난 사건들을 중심으로 설명할 수 있기 때문이다.

한국 정치 양당제…
THE MORE

한국 정치의 극단화는 과거에도 존재했지만, 최근의 양극화된 모습과 관련해 그 심각성이 언론을 통해 드러나기 시작한 것은 2008~2009년부터라고 할 수 있다. 이명박 정부 등장 이후 전 정부의 성과를 해체하고, 재구성하는 과정에서 노무현 대통령의 자살 사건이 터졌고, 이는 양당제적 갈등을 극대화시키는 데 기여한 것으로 보인다. 2016~2017년 최순실 권력 농단과 박근혜 대통령 탄핵 사태 역시 한국 정치가 묻지마 극단화되는 상황으로 이어졌다. 노무현 대통령의 자살과 박근혜 대통령의 탄핵은 평면적으로 비교될 성질의 것이 아니지만, 양당 지지자들에게는 상대방을 적대, 혐오하는 정서를 유발했다는 점에서는 유사성을 보인다. 그래프[그림 9]는 국회 미래연구원에서 발간한 《양극화된 정치 무엇이 문제이고, 어떻게 개선할 수 있을까[18]》에 실린 정치 양극화 기사 출현 빈도에 대한 그래프이다. 최근의 흐름을 감안한다면 이 책이 출간된 뒤 치러진 2022년 대통령 선거가 정치 양극화의 피크를 이루었을 것으로 추정할 수 있을 것이다.

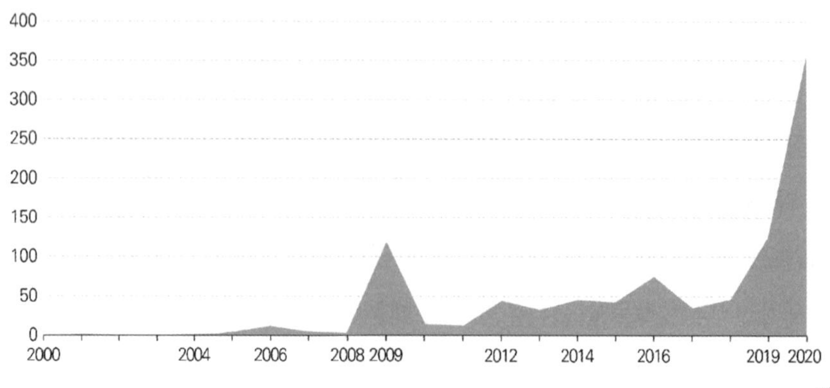

[그림 9] 정치 양극화 기사 출현 빈도

중요한 것은 정치적 양극화 과정 속에서 한국 사회의 다양한 위기 쟁점들에 대한 개방적이고 합리적인 토론이 사라지기 시작한 것이다. 소위 양당의 지도부의 선택이 이루어지면 선택에서 배제되거나 양당 간의 선명한 입장 차이를 부각시키지 못하는 정책이나 대안들은 토론의 장에서 사라지기 일쑤다. 그리고 정책적 대안을 모색하는 '정치적 공론장' 대신에 일종의 '격투장'이 들어선다. 상대방의 주장을 듣지도 않고 자기주장만 쏟아 내는 말도 안 되는 토론 배틀이 당연한 토론 문화로 자리 잡기도 했다. 국회는 힘의 대결 공간으로 자리 잡고, 선거는 '총성 없는 전쟁'이 되었다. 그 과정에서 민주화 이후 한국 사회의 갈등의 완충자 역할을 담당하면서 합리적이고 개방적 토론을 주도했던 시민사회도 사실상 무너져 버렸다.

코로나 직후 영국 보수당의 리즈 트러스Mary Elizabeth Truss 총리가 이미 실패로 끝난 신자유주의적 해법을 제시하자, 국민 여론만이 아니라 시장 경제의 주요 주체들마저 반발하면서, 같은 보수당의 리시 수낵

Rishi Sunak으로 총리가 바뀌는 그런 변화는 한국에서는 불가능한 것으로 보인다. "밀리면 진다", "밀리면 감옥 간다"는 정치 지도자들의 위기의식은 정치적 극단화를 더 부채질하였고, 그것은 지금도 여전하다. 위기 대응을 둘러싸고, 정치적 공론장에서 다양한 정책적 대안들이 경쟁하면서 보수 진보를 넘어선 정책적 공감대를 확보하고 타협과 선택이 이루어져야 하지만, 그런 것들이 한국의 정치 현실에서는 쉽지 않은 모습이 되어 버렸다. 그런데 그것은 여야 간에서만이 아니라 여야 정당 내부에서도 비슷하게 확인된다. 양당 간의 극한 대결 속에서 각 정당 내부의 극단화도 동시에 진행되고 있는 것이다. 국민의힘 내에서만이 아니라 민주당 내에서도 다양성이 숨쉬기 어려워지고 있다는 평가는 바로 그런 현실을 반영한다. 결국 국가적 위기를 극복할 합리적 전략과 능력 있는 지도자를 선택하는 것이 아니라 상대방과의 경쟁에서 이길 수 있는 공약과 지도자를 선택하는게 중요해져 버린 것이다. 안타깝게도 그 결과는 한국 사회의 미래가 참혹한 위기의 현실화로 나타날 것을 예고한다. 과연 한국 정치의 양극화는 극복할 수 없는 천형天刑의 업보인가? 서로의 차이를 존중하면서 정치적 공론장을 통해 합의점을 찾고 경쟁하는 것은 정말 불가능한가?

한국과 조선의 평화 공존?

70여 년이 넘는 한반도의 전쟁 상태와 극한 대결로 이어지고 있는 핵 문제는 영원히 풀 수 없는 운명적인 족쇄처럼 다가오고 있다. 그것은 남한과 북한의 적대적 갈등의 지속을 의미할 뿐만 아니라 남북한 내의 정치 질서를 지배하는 양극화된 정치적 담론 구조를 만들어 내는 원천이기도 하다. 반공은 곧 친일, 친독재여도 상관없는 분위기를 만들어 냈고, 반일 반독재를 위해서는 친북도 상관없는 담론 구조가 등장했다. 민주화된 지 37년이 지나가는데도 양극화된 낡은 정치 담론 구조를 여태 극복하지 못하고 있는 것이 현실이다. 따라서 한반도의 전쟁 상태를 종식시키는 것은 남한 내에 존재하고 있는 정치적 양극화도 극복하면서, 남북한 간의 적대적 대결 구도도 극복하는 이중, 삼중의 역사적 질곡을 극복하는 길이 될 수도 있다.

사실 남북한의 전쟁 상태를 극복하는 것은 평화협정 체결이나 핵협상의 해결을 통해서 이루어지는 것이 가장 바람직하다. 그러나 1954년 제네바협정의 결렬 이후 70여 년의 역사는 그것이 쉽지 않다는 것을 확인해 주었다.[19] 1993년 북한의 NPT 탈퇴 이후 30년 넘게 진행되었던 북핵 문제를 둘러싼 협상도 타결이 쉽지 않다는 것을 확인할 수 있었다. 그 가장 심각한 원인은 미국과 북한의 입장 차이를 극복하지 못했던 것이다. 남한의 보수는 미국의 입장과 동일화되었고, 남한의 진보는 북한과 미국의 입장을 조정하고 중재하는 데 초점을 두었다. 그러나 남한의 보수든 진보든 미국과 북한의 입장 차이를 조정하는 데 완벽하게 성공하지 못했다. 북한도 설득하지 못했고, 미국도 설득하지 못했다. 결국 북한과 미국이 타협하고, 합의하지 않는 한 한반도의 전쟁 질서는 종식되지 않고, 북한 핵 문제도 해결될 수 없는 상황이 되어 버린 것이다. 전쟁 질서 영구화, 핵 문제의 영구화가 곧 한국의 미래가 되어 버릴 수도 있는 상황에 처한 것이다.

과연 그런 상황을 어쩔 수 없이 수용해야만 하는가? 만약 그렇다면 한반도의 미래는 앞으로 10년이 지나든, 50년이 지나든 계속 적대 상태로 유지될 것이다. 그리고 남한 내부에서 북한을 적대시하는 세력과 북한과 평화적으로 공존하자는 세력의 극단적 대결 구조도 유지될 가능성이 높다. 복합위기의 시대에 대한민국과 한반도의 미래를 적대적 갈등 구조의 지속이라는 '상수常數'가 지배하는 끔찍한 상황이 이어진다는 것이다. 바로 그것을 극복할 수는 없을까? 한국의 미래를 바꿀 수 있는 또 하나의 핵심이 바로 여기에 있다. 여기서 중요한 것은 미국과 북한이 주도권을 쥐고 있는 것이 아니라 남한이 주도권을 쥐면서 미국과 북한을 변화시켜 한반도 평화체제 구축과 비핵화의 실현을 앞당길 수 있는 그런 방법이 있느냐는 것이다. 그것이 바로 남한과 북한이 서로의 국가성을 인정하면서 특수한 외교 관계를 수립하는 것이다. 그러면 적어도 남북한 간의 적대 관계는 법적으로 청산된다. 아마 그러면 곧바로 북·일 수교도 이루어질 것이다. 이미 한·중 수교, 한·러 수교가 이루어진 상태이고, 남북한 간의 수교와 북·일 수교가 이루어진다면 남는 것은 북·미 수교밖에 없는 상황이 만들어질 수 있다는 것이다. 모두가 합의하고, 핵 문제를 비롯한 모든 갈등이 다 해결되어야 전쟁 상태를 종식시킬 수 있는 것이 아니라 가능한 부분부터 해결하면서, 하나씩 하나씩 평화를 쌓아 나가는 접근도 가능하다는 것이다. 그것을 선이후난先易後難의 방법이라 할 것이다.

2023년 12월 30일 북한의 김정은 국무위원장이 '적대적 두 국가론'을 공식화하면서 이 지구상에 북한을 '조선'이라고 부르지 않는 유일한 나라는 한국만 남게 되었다. 그러나 남북한은 여전히 서로를 적대 관계로 규정한다. 북한은 무력 점령을 내세우고, 남한은 자유민주적 통일을 주장한다. 둘 다 본질은 대결이고 흡수다. 그런 상황을 바꾸는 것이야말로 미래를 바꾸는 것이 아닐까? 남한과 북한이 유럽의 여러 나라처럼 자유 왕래가 가능한 두 국가 관계로 공존하는 것은 김정은의 '적대적 두 국가론'을 '평화 공존의 두 국가론'으로 완벽하게 받아치기 하는 것이다. 그리고 그런 평화 공존의 두 국가 관계에 북한이 적응하도록 한다면 새로운 통일의 길이 열릴 것이다. 한국과 조선이라는 두 국가가 국가 연합의 길을 걸어가면서 통합의 수준을 높여 나가는 새로운 통일의 모색이 가능할 것이기 때문이다. 그 속에서 북한이 자연스럽게 남한으로 흡수될 수도 있고, 아니면 남한과 북한이 상호 침투하면서 기존의 남북과는 전혀 다른 새로운 통일 국가를 만들어 나갈 수도 있을 것이다.

그 시작은 남한 내부에서 북한을 국가로 승인하는 문제에 대한 초당적 합의를 이끌어 내는 것이다. 한국과 조선의 공존을 인정해야만 평화와 통일의 길이 열리지 않겠는가? 만약 그렇게 된다면 그것은 1973년 서독에서 헌법재판소 결정이 극단적인 서서 갈등을 극복하고 생산적인 갈등으로 전환시켰던 것과 비슷한 남남 갈등의 전환점이 될 수도 있을 것이다. 중요한 것은 극단적인 남남 갈등을 생산적인 갈등으로 바꾸어 내는 공통 분모를 만드는 것이다. 그것이 바로 남북한의 상호승인과 평화공존이다. 그것이 만약 이루어진다면 그것은 남한 내부의 정치적 양극화도 극복하면서, 남북한 간의 적대 관계도 바꾸어 내는 한국 정치의 희망의 싹이 될 수도 있지 않을까?

대드론 전쟁

- Conter-Drone Warfare -

사단법인 창끝전투 학회장 조상근

드론은 이제 전쟁의 게임체인저에서 전쟁 승리를 보장하는 오버매치로 진화하고 있다. 아제르바이잔-아르메니아 전쟁과 우크라이나-러시아 전쟁에서 드론은 전장을 혁신적으로 변화시켰다. 과연 이러한 드론 전쟁의 진화는 앞으로 어떤 전술적, 전략적 영향을 미칠 것인가?

게임체인저Game-Changer로 등장한 드론

2020년 9월 27일, 유럽과 중동을 잇는 코카서스Caucasus 지역에 위치한 아제르바이잔Azerbaijan과 아르메니아Armenia 사이에 전쟁이 발발했다. 이 아제르바이잔-아르메니아 전쟁에서 전 세계는 역사상 처음으로 전개되는 드론 전쟁을 목도目睹하게 된다. 아제르바이잔군은 무인기로 개조된 An-2기를 적진으로 보내 아르메니아군의 방공 체계를 식별하자마자 포병 화력을 집중하여 무력화시켰다. 이와 동시에 튀르키예제 중고도 공격형 무인기인 TB-2와 이스라엘제 자폭 드론 하롭Harop이 각각 아르메니아군의 중심 지역과 근접 전투 지역에 위치한 지휘소, 예비대, 포병 진지 등의 핵심 표적을 제파식으로 정밀 타격했다. 실제로, 당시 아제르바이잔군은 공격자폭형 드론을 운용하여 전

CLASH REPORT
CLASHREPORT
ARMENIAN MILITARY VEHICLES
DESTROYED BY ARMED UAV'S
TOTAL
347
MILITARY VEHICLE DESTROYED
THE ARMENIAN
ARMY LOSS
~1 BILLION $

TANK
TOTAL LOSS 84 TANKS 210 MILLION $
T-72A 25 piece
T-72AV 5 piece
T-72B 12 piece
Unknown T-72 42 piece

AIR DEFENCE SYSTEM
TOTAL LOSS 18 ADS 485 MILLION $
S-300PS 2 piece
SA-15 (9K300 Tor) 1 piece
SA-8 (9K33 OSA) 12 piece
SA-13 (9K35 Strela-10) 3 piece

ARMOURED FIGHTING VEHICLES
AND ARMOURED PERSONAL CARRIERS
TOTAL LOSS 27 AFV-APC 27 MILLION $
MT-LB with Zastava M55 AA gun 4 piece
MT-LB with ZU-23 AA gun 3 piece
Unknown AFV 1 piece
BMP-1 9 piece
BMP-2 8 piece
Unknown BMP 1 piece
BTS-2 1 piece

TOWED ARTILLERY - HOWITZER
TOTAL LOSS 32 HOWITZER 16 MILLION $
122 mm (D-30) Howitzer 2A18 14 piece
152 mm (D-1) Gun-Howitzer M-1943 1 piece
100mm (KS-19) AA gun used as Howitzer 1 piece
152 mm (D-20) Gun-Howitzer M-1955 5 piece
122 mm 2S1 Gvozdika 7 piece
152 mm 2S3 Akatsiya 4 piece

RADAR
TOTAL LOSS 5 RADARS 17,5 MILLION $
P-18 "Spoon Rest D" 1 piece
ST86U/36D6 "Tin Shield 2 piece
19J6 (for S-300) 1 piece
1S32 "Pat Hand"(for 2K11 Krug) 1 piece

TRUCKS, VEHICLES
AND JEEPS
TOTAL LOSS 155 VEHICLES 155 MILLION $
GAZ-3308 12 piece
9T217 Transloader (for 9K33 Osa) 1 piece
KamAZ 12 piece
ZiL-131 9 piece
Ural-375A 2 piece
Ural-4320 35 piece
Ural-43206 27 piece
UAZ-452 4 piece
UAZ-469 7 piece
UAZ-23602-130 8 piece
Unknown Truck 21 piece
Van or jeep 16 piece
Bus 1 piece

MULTIPLE LAUNCH
ROCKET SYSTEM
TOTAL LOSS 25 MRL 52 MILLION $
122 mm BM-21 22 piece
273 mm WM-80 2 piece
TOS-1A 1 piece

ELECTRONIC
WARFARE SYSTEM
TOTAL LOSS 1 EHS 3,5 MILLION $
Repellent-1 1 piece

[Destroyed command and control centers are also included to the total sum]

자료: Clash Report[1]

[그림 1] 아제르바이잔군이 드론 기동전으로 파괴한 아르메니아군 지상 무기체계

차 210대, 장갑차 27대, 야포 32문, 전술차량 155대 등을 파괴하는 전과를 거두었다.

이뿐만 아니라, 아제르바이잔군은 물리적 성과를 비물리적 성과로 전과 확대하는 기지를 발휘했다. 아제르바이잔군은 앞서 언급한 공격자폭형 드론이 아르메니아군의 주요 전력을 정밀 타격하는 모습을 실시간 SNS에 공개했다. 이와 같은 영상은 공격자폭형 드론에 내장된 영상 센서 또는 이것들 주변에서 운용되는 정찰 드론에 의해 촬영되었다. 이로 인해 아제르바이잔은 아르메니아를 지원하는 러시아의 개입을 주저하게 만들었고, 아르메니아군에게는 전장 공포를 확산시켰으며, 자국민에게는 승리의 확신을 심어 줬다. 드론을 통해 공중 영역에서 달성된 전술적 수준의 성과가 사이버 영역을 통해 인지Cognitive 영역으로 확산되면서 전략적 효과로 승화된 것이다.

[그림 2] 아르메니아군을 정밀 타격하는 아제르바이잔군의 자폭 드론

이처럼 드론을 전장의 게임체인저로 활용한 아제르바이잔군은 단 2주 만에 아르메니아군의 주력을 격멸할 수 있었고, 전쟁 한 달 반 만인 11월 10일 아르메니아로부터 휴전을 이끌어낼 수 있었다. 코카서스 지역에서 이와 같은 새로운 전쟁 양상이 전개되자, 당시 전 세계 주요 언론들은 드론이 전쟁의 새로운 주인공으로 등장했다고 대서특필했고, 군사 전문가들은 이런 아제르바이잔군의 드론 운용 방법을 드론 기동전으로 칭했다. 무엇보다도, 군사 강국들은 이런 아제르바이잔군의 모습을 보면서 기존의 싸우는 방법, 무기 체계 및 조직·편성을 드론 중심으로 재편하기 시작했다.

오버매치Overmatch로 진화한 드론

2022년 2월 24일, 러시아가 우크라이나를 침공하면서 우크라이나-러시아 전쟁이 시작되었고, 아직도 진행 중이다. 우크라이나군은 압도적인 러시아군의 기갑 및 기계화부대로 편성된 대대전술단들Battalion Tactical Groups, BTGs의 제파식 공세를 막아내기 위해 앞서 언급한 아제르바이잔군처럼 드론을 전쟁의 주요 수단으로 활용했다. 우크라이나군은 전쟁 초기 상용 드론을 개조한 정찰 드론, 대전차미사일, 포병 등을 융복합하여 러시아군의 BTG들이 빽빽한 건물로 기동이 제한되는 주요 도시 경계 지역에 진입하자마자 매복 전투를 전개했다. 당시 우크라이나군의 전투 수행 방법은 획기적이었다. 우선, 소규모 대전차 공격팀으로 러시아군 BTG의 전·후방을 동시에 공격하여 멈춰 세웠다. 다음으로, 매복 지역에 전술적 수준의 재밍Jamming을 실시하여 러시아군의 지휘 통제를 마비시켰다. 마지막으로, 드론에 장착된 표적 지시기로 러시아군의 전차, 장갑차, 전술 차량 등에 레이저를 조사하여 스마트 포탄을 유도했다. 이와 같은 '드론-포병 협동 전투'는 러시아군의 지속적인 전투력 소모를 강요했고, 결과적으로 러시아군의 작전 목적을 3월 25일부로 우크라이나 전체에서 우크라이나 동·남부 지역을 점령하는 것으로 바꾸게 만들었다.

자료: Sky news[21]

[그림 3] 상용 정찰 드론으로 유도된 우크라이나군의 스마트 포탄에 피격되고 있는 러시아군 BTG의 전차와 장갑차 우크라이나 수도 Kyiv 외곽의 Brovary 시가지

러시아군은 앞서 언급한 작전 목적 변경에 따라 주요 전력을 4월 초부터 우크라이나 동·남부 지역으로 전환했다. 전쟁 초기 우크라이나군의 선전善戰은 국제사회의 본격적인 군사 지원을 이끌어냈다. 양측은 얼마간의 작전적 정지Operational Pause 기간을 갖고 다시 격돌하기 시작했다. 하지만 이미 작전 한계점Culminating Point에 도달한 러시아군은 동부 지역에서 일시적인 공격 작전을 전개했으나 전반적으로 수세에 빠지게 되었다. 우크라이나군은 이런 상황을 간파하고 러시아군의 작전 지속 능력을 무력화시키기 위해 7월부터 러시아군의 병참선을 집중적으로 타격하기 시작했다. 이를 위해, 우크라이나군의 특수 작전 부대는 운용 거리가 각각 10km와 40km인 자폭형 드론인 스위치블레이드Switchblade 300과 600을 운용하여 주요 역 부군에 배치된 러시아군의 병참 시설을 정밀 타격했다. 이처럼 스위치블레이드는 생존성이 보장된 비접촉 정밀 타격 능력을 제공하므로, 우크라이나 특수 작전 부대는 단기간 내 적진 깊숙한 곳까지 작전 지역을 확장할 수 있었다. 이와 같은 우크라이나군 특수 작전 부대의 병참선 타격 작전은 두 달간 지속되었고, 이로 인해 러시아군의 작전 지속 능력은 급격히 저하되었다.

이렇듯 러시아군이 작전 한계점에 도달하자 우크라이나군은 8월 말부터 전 전선에서 크고 작은 반격 작전을 전개하기 시작했다. 이를 위해서는 충분한 포병 화력이 뒷받침되어야 하나, 우크라이나군의 상황은 그러지 못했다. 국제사회의 군사 지원이 본격화된 지도, 자체 생산량도 얼마 되지 않았기 때문이다. 우크라이나군은 이와 같은

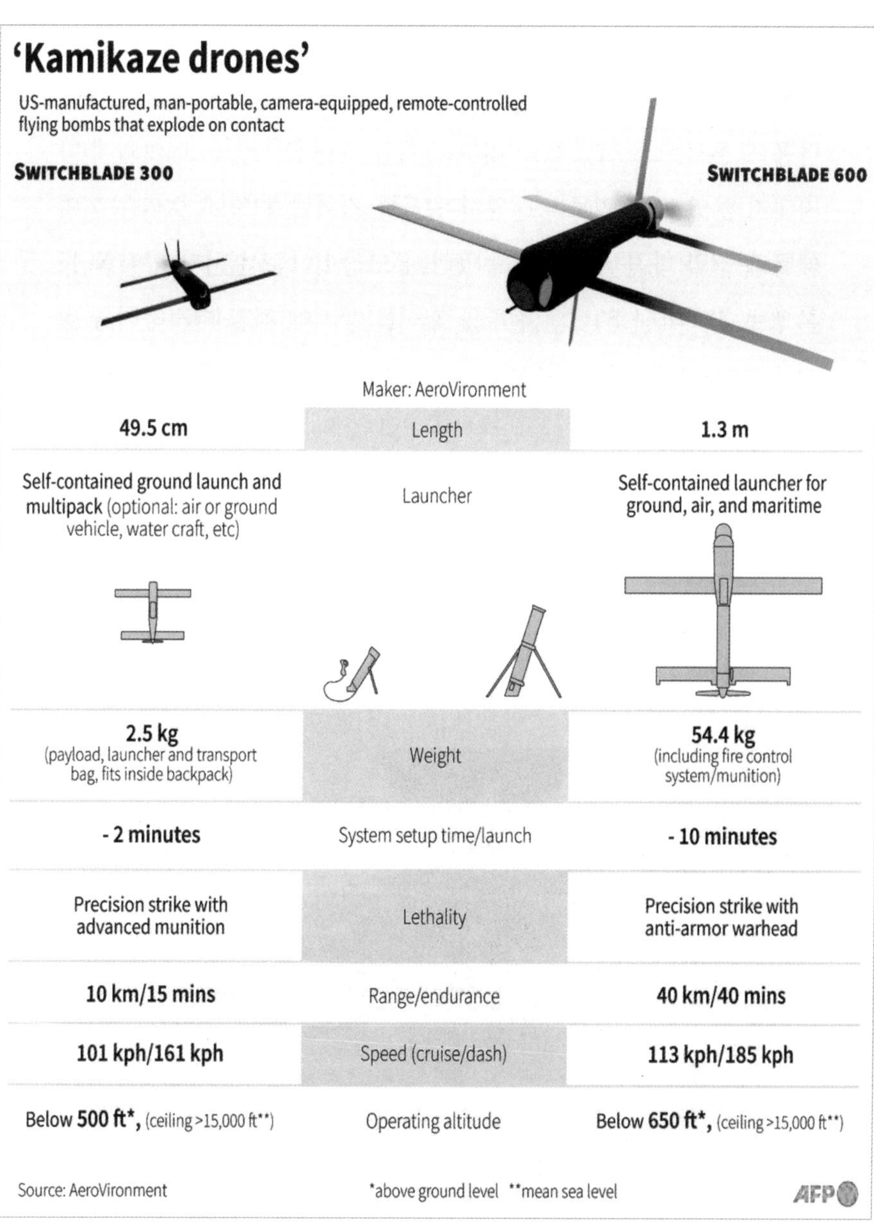

'Kamikaze drones'
US-manufactured, man-portable, camera-equipped, remote-controlled flying bombs that explode on contact
SWITCHBLADE 300
SWITCHBLADE 600
Maker: AeroVironment
49.5 cm
Length
1.3 m
Self-contained ground launch and multipack (optional: air or ground vehicle, water craft, etc)
Launcher
Self-contained launcher for ground, air, and maritime
2.5 kg (payload, launcher and transport bag, fits inside backpack)
Weight
54.4 kg (including fire control system/munition)
- 2 minutes
System setup time/launch
- 10 minutes
Precision strike with advanced munition
Lethality
Precision strike with anti-armor warhead
10 km/15 mins
Range/endurance
40 km/40 mins
101 kph/161 kph
Speed (cruise/dash)
113 kph/185 kph
Below 500 ft*, (ceiling >15,000 ft**)
Operating altitude
Below 650 ft*, (ceiling >15,000 ft**)
Source: AeroVironment
*above ground level **mean sea level
AFP

자료: Drone U[31]

[그림 4] 자폭형 드론인 스위치블레이드 300·600의 성능

문제를 1인칭 시점으로 민첩하게 조종할 수 있는 FPV First Person View 드론에 수류탄, C4, RPG-7 탄두 등 다양한 폭발물을 장착한 FPV형 자폭 드론으로 해결했다. 이것은 크기가 작아 러시아군 레이더에 탐지되지 않았고, 무엇보다도 앞서 언급한 것처럼 1인칭으로 조종되기 때문에 정밀 타격률이 매우 높았다. 우크라이나군은 FPV형 자폭 드론으로 러시아군 BTG의 선두와 후미를 동시에 정밀 타격하여 멈춰 세운 후, 곧바로 포병, MLRS, HIMARS 등 강력한 화력을 러시아군 본대에 집중하여 치명타를 날렸다. 이와 같은 전투 수행 방법으로 우크라이나군은 포병 화력이 충분하지 못한 상황에서도 10월까지 반격 작전을 전개하여 전쟁 초기 상실했던 영토 일부를 되찾을 수 있었다.

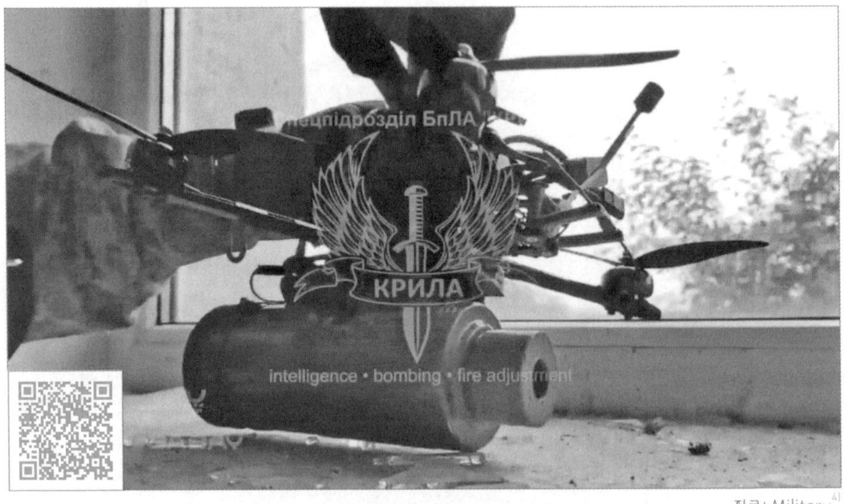

자료: Military[41]

[그림 5] 우크라이나군이 포병과 함께 시너지를 창출하고 있는 FPV형 자폭 드론

우크라이나군 반격 작전의 기세도 10월 진흙장군Rasputitsa과 동장군이 찾아오기 시작하면서 시들기 시작했다. 우크라이나군은 러시아군의 재반격에 대비했으나, 러시아군은 우크라이나군이 예상하지 못한 공간, 수단 및 방법을 융복합하여 공격을 시작했다. 러시아군은 같은 권위주의 국가 가치사슬로 엮여 있는 이란으로부터 운용 거리가 최대 2,500km인 장거리 자폭 드론 Shahed-136을 도입하여 우크라이나의 후방에 위치한 전력 시설인 변전소를 집중적으로 타격했다. 또한, 러시아군은 한 대에 2,500만 원 정도의 Shahed-136 여러 대를 제파식으로 운용하거나, 또는 이것들을 단거리 탄도미사일이나 순항미사일과 배합하여 우크라이나의 주요 도시와 공항, 항만, 산업 시설 등 국가 중요 시설을 정밀 타격했다. 당시 러시아는 국제사회의 제재로 전시 경제가 침체되어 충분한 장거리 정밀 타격 수단을 확보할 수가 없었기 때문에 한 대에 2,500만 원 정도의 Shahed-136의 등

자료: dailymail[5]

[그림 6] 군집 형태로 운용될 수 있는 Shahed-136의 운용 절차와 성능

장은 필연적이었다. 러시아군은 이와 같은 방식의 장거리 자폭 드론 운용으로 대규모 정전Blackout, 도시 기능 마비, 공포 확산 등을 야기함으로써 우크라이나의 저항 의지와 전쟁 지속 능력을 약화시킬 수 있었다.

우크라이나와 러시아는 앞서 언급한 것처럼 전쟁이 발발한 2022년 한 해 동안 대규모 기동전을 한 차례 주고받았다. 하지만 2023년부터 양국의 전선은 우크라이나의 동부 지역Luhansk·Donetsk주과 남부 지역Zaporizhia·Kherson주에서 교착되는 양상을 현재까지 보이고 있다. 1년 이상 축적된 전쟁 피로, 국제사회의 지속적인 우크라이나 군사 지원 부담과 러시아 경제 제재 등이 복합된 결과로 볼 수 있다. 이와 같은 전선 교착이 지속되자 양국은 서로를 학습하며 드론 전력이 진화적 발전을 추구하게 된다. 우크라이나는 산·학·연의 IT 조직이 참여한 'Army of Drones' 프로그램을 추진하여 가성비가 높은 종이 드론, 비버 등 항속 거리가 100~1,000km에 달하는 자폭 드론을 제작 및 운용할 수 있게 되었고, 최근 이것들 중 일부는 제트 엔진이 장착된 것으로 진화되고 있다. 반대로, 러시아는 우크라이나의 전매특허인 FPV형 자폭 드론과 가성비 높은 Shahed-136을 대량으로 생산할 수 있는 설비를 구축했다. 이처럼 양국은 자폭 드론으로 상대의 전방근접 전투 지역과 후방주요 도시, 국가 중요 시설 등을 동시에 정밀 타격할 수 있는 다양한 자폭 드론을 보유하게 되었다.

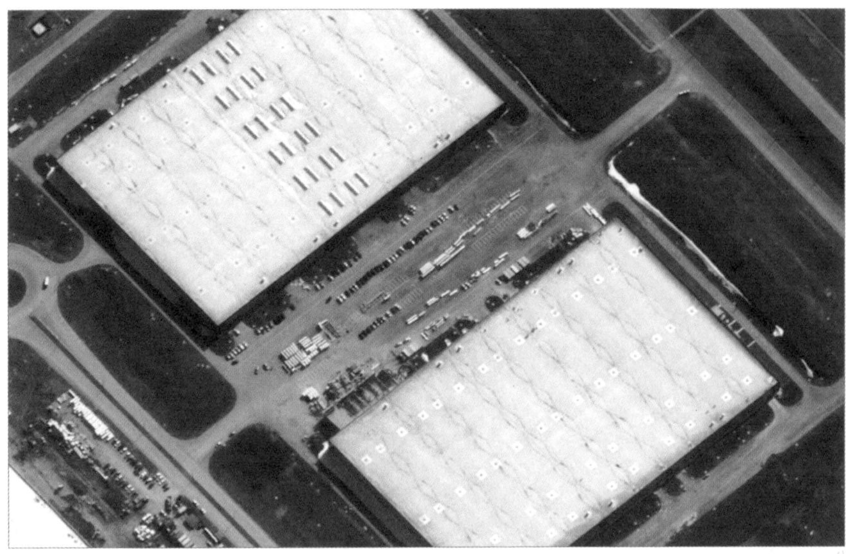

자료: The Telegraph[6]

[그림 7] 모스크바 동쪽 약 1,000km 지역, 옐라부가Elabuga에 설비된 Shahed-136 대량 생산 시설축구장 14배 크기

이처럼 드론은 우크라이나-러시아 전쟁을 통해 전술적 수준으로부터 전략적 수준에 이르기까지 다양하게 운용될 수 있게 되었고, 이를 뒷받침하기 위한 대량 생산 체계가 구축되고 있다. 이와 같은 변화는 드론을 운용하는 방법도 변화시키고 있다. 이미 우크라이나-러시아 전쟁에서는 수준별로 자폭 드론을 군집형이나 제파식으로 운용되는 모습이 나타나고 있으며, 지난 2024년 4월 13일 이란은 Shahed-136 170대, 단거리 탄도미사일 120발 및 순항미사일 30발을 배합하여 이스라엘을 공격했다.[7] 또한, 우크라이나군은 이런 변화에 발맞춰 올해 초 드론군을 창설했고, 러시아군도 드론 전문 조직을 운용하고 있다. 즉 드론은 전쟁 수행에 필요한 싸우는 방법, 무기 체계

및 조직·편성을 송두리째 변화시키고 있다. 따라서 드론은 전쟁의 승패를 가늠하는 게임체인저에서 전쟁의 승리를 보장하기 위한 주요 수단인 오버매치Overmatch로 진화한 것이다.

오버매치 드론이 불러낸 키워드, '대드론Counter-Drone'

현재 진행되고 있는 우크라이나-러시아 전쟁은 대리전의 성격이 강하다. 미국을 중심으로 한 자유민주주의 국가들은 우크라이나를, 중국, 이란, 북한 등의 권위주의 국가들은 러시아를 직·간접적으로 지원하고 있기 때문이다. 이에 따라, 앞서 언급한 것처럼 양국에 진화하고 있는 드론의 모습은 각각 대다수의 자유민주주의 세력과 권위주의 세력으로 이어져 세계적 경향을 형성할 가능성이 크다. 실제로 중국은 남·동중국해에 설치한 반접근/지역거부A2/AD 지역에 실전 배치하기 위해 드론봇 100만 대를 생산 중에 있다. 이것은 러시아가 Shahed-136을 대량으로 생산하여 대량으로 운용하는 것처럼 권위주의 국가의 전형적인 물량 공세 전법에 해당된다. 미국은 이에 신속 대응하기 위해 국방고등연구계획국DARPA에서 관련 개념을 발전시킨 후 대량의 값싼 지능형 드론을 다량으로 생산하여 단기간 내 실전 배치

자료: Mational Defense Magazine
[그림 8] 미국 국방고등연구계획국DARPA에서 구상 중인 군집형 자폭 드론

한다는 '레플리케이터 Replicator 프로젝트'를 가동하고 있는데, 이것은 현재 우크라이나 디지털 혁신부를 중심으로 진행되고 있는 'Army of Drones'와 결을 같이 한다.

드론과 드론의 경쟁이 지속된다면 전쟁에서 우열을 가리지 못해 냉전시대의 핵처럼 피아 모두 군비 경쟁에 빠지거나, 장기간 소모전 전개로 공멸할 수도 있다. 이와 같은 이유로 현재 진행되고 있는 우크라이나-러시아 전쟁에서 드론의 치명성을 상쇄시킬 수 있는 대드론 체계 Counter-Drone System가 빠르게 발전하고 있다. 우크라이나군은 근접 전투 지역에서 저고도로 주요 지형지물을 이용하여 차폐 기동하는 러시아의 소형 자폭 드론을 무력화시키기 위해 전차, 장갑차, 전술차량, 전투원 조끼 등에 모듈형 RF 스캐너와 재머 Jammer를 부착하여 운용하고 있다. 또한, 우크라이나의 주요 도시는 도시 외곽, 경계 및 내곽 등 3중으로 대드론 체계를 구축하고 있다. 도시 외곽에서는 우크라이나군의 레이더와 전투기, 지대공미사일 등으로 러시아의 Shahed-136을 탐지하여 요격하고 있다. 도시 경계에서는 우크라이나 국토방위군의 'Mobile Anti-Drone Group'과 국가 중요 시설에 구축된 고정형 대드론 체계가 융복합되어 러시아의 Shahed-136, 소형 정찰 및 자폭 드론 등을 탐지와 함께 무력화시키고 있다. 도시 내곽에서는 핵심 시설 위주로 기동형 또는 고정형 대드론 체계를 설치하여 러시아 휴민트HUMINT가 운용하는 소형 정찰 드론을 집중적으로 탐지 및 무력화시키고 있다.

자료: The Telegraph[9]

[그림 9] 야간 탐조등으로 주요 도시로 접근하는 Shahed-136를 찾고, 레이저로 표적을 지시한 후 전술 차량에 장착된 기관총으로 요격하는 우크라이나 국토방위군의 'Mobile Anti-Drone Group'

러시아도 마찬가지이다. 러시아군은 전선의 주요 기동·화력 장비에 우크라이나군처럼 소형 RF 스캐너와 재머 모듈을 장착하여 운용하고 있다. 하지만 우크라이나-러시아 국경 주변의 공항이나 항구에 배치된 전투기, 폭격기, 전함 등을 소개疏開하는 극단의 조치를 취하고 있다. 러시아의 주요 도시 상황도 유사다. 현재 주요 도시 내곽에 위치한 국가 중요 시설 주변 옥상에는 우크라이나의 장거리 자폭 드론을 무력화하기 위해 Pantir-S1과 같은 방공 체계가 배치하고 있다. 이와 같은 조치로부터 현재 러시아가 주요 시설에 기동형 또는 고정형 대드론 체계를 신속 배치할 수 있는 능력이 부족하다는 것을 엿볼 수 있다. 그렇지만 러시아도 2024년 초부터 상대하고 있는 우크라

자료: Military[101]

[그림 10] 우크라이나의 장거리 자폭 드론을 요격하기 위해 모스크바 러시아 국방부 건물 옥상에 위에 배치된 Pantir-S1

이나의 사례를 학습하여 민간의 상용 기술을 적용하여 곧바로 전력화할 수 있는 대드론 체계를 발전시키고 있다.[11]

이와 같은 양국의 조치는 상대국의 드론 공격으로부터 장기전 수행의 핵심 요소인 자국의 전투원과 국가 총력전 수행의 원천인 자국의 도시, 국가 중요 시설, 산업 시설 등을 방호하기 위한 것이다. 즉 양국의 대드론 체계는 PMESII 전 분야로 점차 확산되어 가고 있는 것이다. 군사적 관점에서는 아군의 드론을 방호하면서 상대의 드론을 물리적, 비물리적 수단과 방법으로 무력화시킨다면 아군과 상대의 드론 전력 비율의 격차를 형성함으로써 전쟁에서 아군에게 유리한 여건을 조성할 수 있다는 계산으로 볼 수 있다. 결과적으로, 전쟁에서는 창과 방패의 싸움이 거듭되는데, 현재 진행되고 있는 우크라이나-러시아 전쟁에서 드론이라는 창을 막을 수 있는 방패가 등장하기 시작했다는 것이다.

PMESII

Poltics 정치, Military 군사, Economy 경제, Society 사회, Information 정보, Infrastructure 기반시설

대드론 전쟁의 서막序幕

우크라이나-러시아 전쟁에서 드론의 오버매치는 '대드론'이라는 새로운 전쟁 키워드를 창출해 냈다. 앞서 언급한 것처럼 우크라이-러시아 전쟁은 자유민주주의와 권위주의 세력 간의 대리전 성격이 강하다. 이로 인해 우크라이나-러시아 전재에서 새롭게 나타난 키워드인 '대드론'은 단숨에 국제적인 성격을 띠게 되었다. 즉 아제르바이잔-아르메니아 전쟁에서 전쟁의 주요 수단으로 등극한 드론처럼 현재 우크라이나-러시아 전쟁에서 새롭게 나타난 대드론 체계도 전 세계로 순식간에 확산될 수 있다는 의미이다.

실제로, 미국이나 이스라엘과 같은 주요 군사 강국들은 이미 자신들이 개발한 다중 방공 체계의 최하단부에 드론을 요격할 수 있는 대드론층을 추가하여 고도화시키고 있다. 이와 함께, 이들은 대드론층에서 운용할 수 있는 무기 체계를 전력화하고 있다. 이스라엘은 다른 방향에서 접근하는 소형 드론들을 위협 우선순위를 따라 거의 실시간대 무력화시키는 지능형 레이저 요격 체계인 아이언빔Iron Beam 개발에 박차를 가하고 있다. 미 육군은 단거리와 중거리에서 무인기, 순항미사일, 로켓, 포탄, 박격포탄 등을 무력화시킬 수 있는 간접화력방호능력대대IFPC, Indirect Fire Protection Capability Battalion, 간접화력방호능력대대와 사단 예하 방공대대에 편성할 9개의 소형무인기대응포대

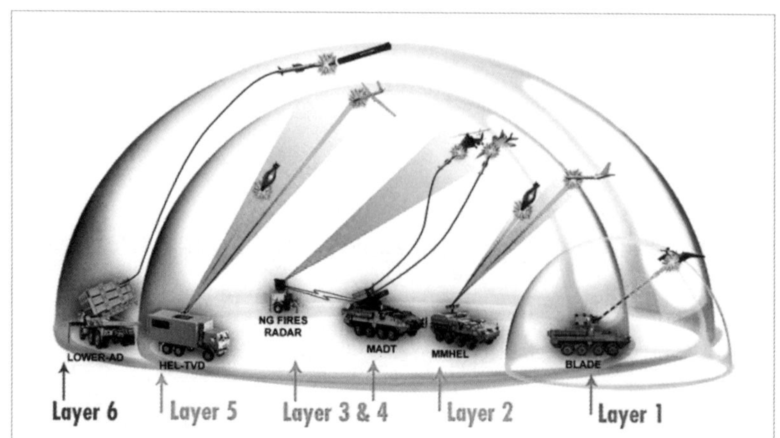

자료: U.S. Army[12]

[그림 11] 미 육군의 6중 방공 체계 Layer 1: 대드론층

Counter-small UAS Battery 및 저고도의 무인기, 고정형 및 회전형 항공기를 요격할 수 있는 기동형 단거리방공대대 Maneuver Short Range Air Defense Battalion 등을 추가적으로 창설할 예정이다.[13]

현재 드론이 전쟁뿐만 아니라 범죄, 테러 등의 분야에서 광범위하게 활용되고 있다. 또한, 최근 들어 드론에 의한 사생활 침해가 글로벌 이슈로 등장하고 있다. 이에 따라, 앞서 언급한 군사 분야에서의 대드론 체계는 민간 부문으로 확산될 개연성이 적지 않다.[14] 실제로 2023년 대드론 시장 규모는 18억 달러이었지만, 2024년에는 23억 달러로, 10년 후인 2033년에는 220억 달러 규모로 성장할 것으로 전망되고 있다. 즉 대드론 시장 규모는 10년 2024~2033 사이에 9.5배 성장한다는 의미이다. 여기에 현재 전 세계적으로 불고 있는 방산 열풍을 가미

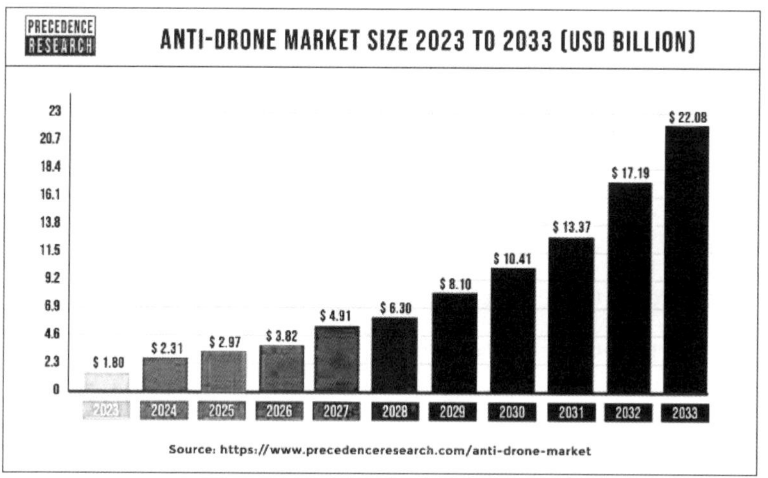

자료: precedenceresearch

[그림 12] 글로벌 대드론 시장 규모 2023~2033

한다면 향후 글로벌 대드론 시장의 규모는 앞서 언급한 전망치를 훨씬 초월할 가능성이 적지 않다.

이와 같은 대드론 체계의 필요성은 군사 분야에 국한되지 않는다. 정치P와 군사M 분야에서는 전쟁, 분쟁, 마찰, 경쟁 등의 상황에서 드론 위협을 상쇄하기 위한 핵심 무기 체계로, 경제E 분야에서는 드론 테러로부터 산업 시설을 방호하기 위해 대드론 체계가 필요하다. 또한, 사회S 분야에서는 드론 범죄로부터 사생활을 보호하기 위해, 정보I 분야에서는 스파이 드론으로부터 데이터 유출을 방지하기 위해, 기반 시설I 분야에서는 드론 공격으로부터 국가 중요 시설을 방호하기 위해 대드론 체계 구축이 절실하다. 즉 대드론 체계의 필요성은 PMESII 전 분야로 확대되고 있는 것이다.

이처럼 드론 위협을 상쇄하기 위한 대드론 이슈는 전·평시를 가리지 않고, 사회 특정 분야에 국한되지 않는다. 무엇보다도 향후 전쟁의 특성상 드론 기술이 고도화되면 대드론 기술도 이에 따라 고도화되고, 이와 같은 경향은 사회 전 분야로 스핀오프Spin-off될 것이다. PMESII 전반에 걸쳐 드론으로 전쟁, 테러, 범죄, 침해 등을 가하려는 자와 이를 막으려고 하는 자가 첨예하게 대립하게 될 것이다. 즉 드론 전쟁이 가속화될수록 대드론 전쟁도 가속화된다는 의미이다.

한반도도 예외가 아니다. 북한은 지난 2022년 12월 26일 무인기 5대로 수도권 일대를 침투했다. 최근에는 중국과 러시아와의 군사 협력을 통해 드론 전력을 눈에 띄게 확충하고 있다. 한반도에서 드론 위협이 가시화되고 있는 것이고, 이에 따라 앞서 언급한 것처럼 우리 사회 전반에 걸쳐 북한의 드론 위협을 상쇄하기 위한 대드론 전쟁이 수행될 것으로 보인다. 더욱이 한반도는 100만 대의 드론봇을 갖추려는 중국과 이를 견제하기 위해 레플리케이터Replicator 프로젝트를 가동하고 있는 미국 사이에 위치하고 있으므로 한반도에서의 대드론 전쟁은 필연적일 수밖에 없을 것이다.

기후 위기로 인한 해수면 상승과 '수중독립도시'

UIC, Underwater Independent City

국민대학교 교수(건축가) 윤재은

기후 위기는 인류의 생존을 위협하는 중대한 문제다. 해수면 상승과 극지방 해빙, 자연재해의 빈도 증가가 이를 증명한다. 과연 우리는 기후 변화로 인한 재앙을 막을 수 있을까? 인간의 화석 연료 의존과 탄소 배출이 초래한 이 위기를 해결할 방법은 무엇인가?

기후 위기로 인한 해수면 상승과 위기

미래는 현재를 통해 다가올 시간을 예측하는 것이다. 그러므로 현재는 곧 미래 예측의 시그널Signal이며, 이러한 시그널을 통해 미래 사회를 준비하는 것이다. 인류는 산업화 이후 풍요의 시대를 맞이하고 있다. 하지만 이러한 풍요에도 불구하고 왠지 불안이 느껴지는 것은 무엇일까?

그것은 바로 기후 문제 때문이다. 기후 변화는 인류가 직면한 가장 중대한 지구 환경 문제 중 하나이다. 지구상의 생명체는 기후의 영향을 받는다. 특히 살아있는 생물은 모두 기후 변화에 민감하게 반응한다.

스웨덴의 환경학자이자 지속 가능한 발전 분야의 최고 권위자 **요한 록스트룀** Johan Rockstrom과 지구 시스템 과학 커뮤니티 분야의 **오웬 가프니** Owen Gaffney는 1965년과 1969년 태어났다. 1965년 지구 대기에 존재하는 이산화탄소의 농도는 320ppm이었고, 1969년엔 324ppm으로 4ppm만 올랐다. 이 당시만 해도 산업화의 물결에 올라탄 인간은 이산화탄소 문제에 대해 크게 고민하지 않아도 되었다. 하지만 2023년 12월 8일 미국 유타대 **가브리엘 보웬** Gabe Bowen 교수와 컬럼비아대 **바벨 회니시** Bärbel Hönisch 교수가 이끄는 국제 공동 연구팀 CenCO2PIP The Cenozoic CO2 Proxy Integration Project는 과학 저널 《사이언스 Science》를 통해 장단기 기후와 대기 중 이산화탄소 관계를 추정할 수 있는 지질학적 증거 등의 분석을 통해 6,500만 년간의 이산화탄소 농도와 기온을 재구성해 온 결과 420ppm으로 상승되었다고 발표했다. 이는 지구 역사상 1,400만 년 만에 가장 높은 수준이며 인류는 기후 위기 시대로 가고 있는 것이다.

요한 록스트룀 Johan Rockström
스웨덴의 환경학자이며, 지속 가능한 발전 분야의 권위자이다. 지구 위험 한계선 개념을 처음으로 제시한 사람이다.

오웬 가프니 Owen Gaffney
포츠담 기후 영향 연구소 및 스톡홀름 복원력 센터의 글로벌 지속 가능성 작가이자 분석가이다. 또한, 미래지구미디어연구소 Future Earth Media Lab을 공동 창립했으며 특이점 대학 Singularity University의 교수로 재직하고 있다.

가브리엘 보웬 Gabe Bowen
유타대학교 지질학 및 지구물리학 교수이다.

바벨 회니시 Bärbel Hönisch
콜럼비아대 교수이며, 라몬트-도허티 Lamont-Doherty 지구 관측소 교수이다.

안토니우 구테흐스António Guterres 유엔 사무총장은 2023년 9월 20일 미국 뉴욕 유엔본부에서 열린 기후 목표 정상회의에서 "인류는 화석 연료를 둘러싼 이익과 탐욕으로 인한 시간 낭비를 메우기 위해선 서둘러야 한다"며 "기후 위기를 악화시키는 인류가 지옥의 문을 열었다"고 경고했다.

자료: 경향신문

[그림 1] 안토니오 구테흐스 유엔 사무총장

전 세계 곳곳에서 기록적인 폭염과 산불, 가뭄과 홍수가 일어나고 있다. 남극 빙하가 해빙되고 아마존의 열대우림은 탄소 흡수 능력을 상실하며, 북극의 영구동토층은 녹고 있다. 이러한 상황은 지구 행성이 지난 300만 년 동안 단 한 번도 경험해 보지 못한 수준으로 그 증가 속도 또한 전례가 없는 일이다. 과학자들이 기후 변화로 인해 여섯 번째 대멸종의 시대를 경고하고 있다.

지구의 평균 기온 상승으로 극지방의 해빙이 갈수록 늘어나며 생태계를 교란시킬 뿐 아니라 해수면의 상승을 이끌어 해안 도시들을 위협하고 있다. 해빙의 가장 큰 원인은 이산화탄소의 증가 때문이다. 인간은 산업사회를 거치면서 화석 연료에 의존해 왔다. 하지만 인간의 풍요로운 생활은 기후 위기를 가져왔고 자신들의 삶을 위협하고 있다.

과도한 탄소 배출은 지구 온도 상승을 만들고 해빙으로 인한 바닷물의 증가는 해수면 상승으로 다가오고 있다. 이러한 기후 변화는 해빙뿐 아니라 기상 패턴의 변화를 만들어 호우, 가뭄, 산불 등 자연재해의 피해가 심각해져 가고 있다. 기후 변화로 인해 농작물 수확량 감소와 가축의 사망 등 그 피해는 점차 늘어나고 있다. 또한, 탄소 배출은 바다로 흡수되어 해양 생태계에도 큰 영향을 미치고 있다. 이로 인한 해양의 산성화는 어류를 포함한 바다 생태계에 치명적 결과를 초래하고 있다.

최근 기후 변화…
THE MORE

지구 곳곳에서 일어나는 이상 기후는 과도한 화석 연료 사용으로 인해 지구의 기온이 상승하기 때문이다. 이로 인해 빙하와 극지방의 얼음이 녹고, 해양의 열팽창이 가속화되면서 해수면 상승의 위험이 현실화되고 있다. 해수면 상승은 전 세계 해안 지역에 거주하는 수억 명의 사람들에게 직접적인 위험 요인이 되고 있다. 특히 저지대 해안 지역과 태평양의 섬나라는 큰 위험에 처해 있다. 이들 나라는 침수와 침식으로 인해 주거지와 농지가 상실될 위기에 놓여 있다. 해수면 상승으로 당장 문제가 되는 나라는 베네치아, 네덜란드, 투발루, 키리바시 공화국, 몰디브, 방글라데시, 나우루 등이다.

방글라데시와 같은 저지대 국가들은 매년 빈번한 홍수와 태풍으로 큰 피해를 겪고 있으며, 해수면 상승으로 인해 그 피해는 더욱 심각해져 가고 있다. 태평양의 작은 섬나라들은 해수면 상승으로 인해 국가의 존립 자체가 위협받고 있다. 해수면 상승은 해양 생태계에도 큰 영향을 미쳐, 맹그로브 숲, 산호초와 같은 중요한 해안 생태계를 파괴하고 있다. 특히 세계 최대 산호 군락지 호주 그레이트 배리어 리프Great Barrier Reef에서 사상 최악의 백화 현상이 일어나고 있다. 백화 현상은 기후 상승으로 산호가 하얀 골격을 드러내는 현상으로 산호에 색상과 에너지를 제공하는 작은 조류가 치명상을 입으며 나타난다. 호주 산호초 군락지는 전체 산호의 39%에서 산호 덮개의 61% 이상이 표백되는 매우 높은 수준의 백화 현상이 나타나고 있다. 이러한 해양 생태계의 변화는 어업과 관광 산업에도 부정적인 영향을 미쳐, 지역 경제에도 큰 타격을 주고 있다.

미국 국립해양대기청NOAA 조사에 따르면, 20세기 동안 해수면 연간 상승 속도가 2배 이상 증가하고 있다고 밝혔다. 유엔 기후변화정부간협의체IPCC는 2000년 기준 2100년까지 해수면이 40~64cm 이상 상승할 것으로 전망했다. 만약 이러한 예측이 사실이 된다면 전 세계는 해수면 상승으로 인해 커다란 피해를 입게 될 것이다. 2100년까지 전 세계 2억 5,000만 명이 직접적인 영향을 받을 수 있다는 과학자들 경고도 제기됐다.

자료: sbs news[81]

[그림 2] 세계 최대 산호 군락인 호주의 '그레이트 배리어 리프'에 산호들이 백화 현상으로 하얗게 변해 있는 모습

이처럼 태평양 섬에 사는 대부분의 사람이 해수면 상승으로 심각한 영향을 받을 수 있다. 태평양 섬뿐 아니라 해수면 상승을 통해 위험 지역으로 분류되는 국가 중 중국도 포함된다. 중국 해안 지역에는 4,300만 명이 거주하는 것으로 알려져 있다. 중국뿐 아니라 방글라데시에서 3,200만 명, 인도에서 2,700만 명이 해수면 상승으로 인한 직접적 위험에 처하게 될 것으로 예측된다. 인도네시아 수도 자카르타에서는 이로 인한 재앙이 벌써 나타나고 있다. 자카르타는 세계에서 가장 빠르게 가라앉는 도시로 알려져 있다. 이 도시는 과도한 지하수 배수 시설 탓에 매년 5~10cm씩 가라앉고 있다. 자카르타 상황이 나아질 기미가 보이지 않자 당국은 수도로 대체할 만한 새로운 도시를 건설하고 있다. 자카르타에서 약 2,000km 떨어진 보르네오 동부 누산타라Nusantara이다.[3]

기후 온난화는 북극과 남극의 해빙 속도를 높일 뿐 아니라 고산의 눈들을 녹이면서 이로 인해 흘러나오는 물이 지구의 해수면 상승으로 나타나고 있다. 이제 기후 위기는 해수면 상승 위기이며, 육지에 형성된 삶의 터전이 바다에 형성될 삶의 터전으로 바뀌어 가고 있다. 이러한 환경적 상황을 대비하기 위해 미래 해저 도시는 물 위의 집과 물 아래의 집으로 바뀌게 될 것으로 보인다. 물 위의 집은 첨단 기술이 접목된 수상가옥 형태를 띨 것이며, 물 아래의 집들은 해저 도시처럼 수중 생활이 가능한 주거로 바뀌게 될 것이다.

수상가옥의 사례들

기후 온난화로 해수면이 상승하면서 이로 인한 위협이 증가함에 따라, 해안 지역에 거주하는 사람들은 더욱 안전한 주거지를 원하고 있다. 이 과정에서 미래의 위험 요인을 대비하며 해양 생태계와 함께하는 수상가옥은 미래 해양 주거의 대안이 될 수 있다.

수상가옥은 물 위에 떠 있는 구조물로 해수면 상승과 홍수에 대한 이상적 주거 형태로 인정받고 있고 경제적, 환경적 측면에서도 다양한 이점이 있다. 경제적 측면에서 수상가옥은 전통적인 주택보다 저렴할 수 있다. 건축 비용이 상대적으로 낮고, 부동산 가격이 높은 도심지 대신 물 위에 건설할 수 있어 토지 비용을 절감할 수 있다. 또한, 해양 관광과 연계된 수상가옥은 관광 산업을 활성화하고, 지역 경제에 긍정적 영향을 미칠 수 있다.

환경적 측면에서 수상가옥은 태양광 패널, 풍력 터빈, 물 재활용 시스템 등 재생에너지를 활용한 친환경 설계를 통해 에너지 자립을 실현할 수 있다. 또한, 자연과의 조화를 추구하는 설계를 통해 지구 환경과 생태계를 보호하고, 기후 변화에 대한 적응력을 높여줄 수 있다. 특히 해수면 상승뿐 아니라 지구 온도가 극한으로 치달으면 수상 주거는 미래 주거의 대안이 될 수 있다.

네덜란드는 해수면 상승에 가장 민감한 국가 중 하나로 오래전부터 물과의 싸움을 벌여 왔다. 특히 국토의 25%가 해수면보다 낮고 100km가 넘는 운하를 가지고 있어 기후 변화로 인한 해수면 상승에 가장 큰 영향을 받는 국가로 알려져 있다. 이로 인해 네덜란드는 수상 주택의 설계와 건축에서 선구적인 역할을 하고 있다.

자료: Space&Matters, 한국디자인진흥원[41]
[그림 3] 네덜란드 수상가옥

암스테르담은 세계적으로 유명한 수상가옥 커뮤니티를 보유하고 있고 운하를 따라 수상가옥이 자리 잡고 있다. 암스테르담의 수상가옥은 고정된 기초 없이 물 위에 떠 있는 구조가 많으며, 필요시 수상가옥을 이동시킬 수 있는 유연성을 가지고 있다. 동남아 수상가옥은 대체로 저소득층이 거주하는 것으로 나타나지만 네덜란드 수상가옥은 보트나 요트를 구비한 중산층이 거주하고 있다.

네덜란드 암스테르담 외곽 지역의 아이부르그Ijburg에서는 플로팅 하우스Floating House를 통해 미래 해양 도시계획을 진행하고 있다. 이 프로젝트는 육지가 해수면보다 낮고 제한된 면적의 국토를 효율적으로 사용하기 위해 계획되었다. 암스테르담 도시의 대부분이 해수면보다 낮아 일찍부터 해양 주거의 실험이 진행되었다.

아이부르그는 암스테르담 동부에 위치한 인공 섬으로, 혁신적인 수상 주택 단지가 조성된 곳이다. 이 단지는 2000년대 초반에 개발되었으며, 주택들이 물 위에 떠 있는 구조로 되어 있다. 특히 아이부르그의 수상 주택은 고급스러운 디자인과 현대적인 편의 시설을 갖추고 있을 뿐 아니라 재생 에너지를 활용하는 친환경 설계로 주목받고 있다.

원더풀 엔지니어링Wonderful Engineering에서 계획하고 물가의 거주 구역이라는 의미의 워터부르트Waterbuurt는 기후 변화로 인해 해수면이 높아졌을 때를 대비하여 제시된 미래의 대안 주거이다. 워터부르트를 디자인한 네덜란드 건축가 마를리스 로메르Marlies Rohmer는 해수면 상승에 따른 수상 주거의 필요성이 요구됨에 따라 단순하며 친화적 디자인 접근법을 고려한 수상 주거를 계획했다. 아이부르그 도시 해안 지역은 75개의 수상가옥이 형성되어 있다. 하링부이스다이크Haringbuisdijk의 수문을 통해 주민들은 집에서 보트를 타고 이즈미르IJmeer와 마커미어Markermeer로 이동할 수 있다.

자료: Arcam Architectuurcentrum Amsterdam

[그림 4] 워터부르트Waterbuurt 수중 주택

워터부르트 서쪽에는 떠다니는 거주지drijvende Woningen, 극 거주지paalwoningen, 제방 거주지dijkwoningen의 세 가지 유형이 있다. 55개의 수상가옥은 지역 사회와의 공존을 위해 자유롭게 접근이 가능하도록 설계되었다. 떠다니는 거주지는 무게 중심을 최대한 낮추기 위해 콘크리트 컨테이너 위에 올려졌다. 콘크리트 박스 위에 가벼운 목재 프레임 구조를 적용하여 3층으로 만들어졌다. 콘크리트 박스의 가옥은 1층에 설치하고 반은 물속에 잠겨 있는 구조로 되어 있다. 2층과 3층은 유리와 플라스틱 프로파일로 덮어 무게를 줄여 시공을 용이하게 했다. 두 개의 계류 기둥이 집을 고정할 수 있으며, 슬라이딩 구조를 통해 물의 흐름에 따라 움직일 수 있도록 설계했다.

이러한 수상가옥 외에도 모든 교차 다리마다 하나씩 설치한 3개의 수상가옥이 있다. 이 수상가옥은 기둥 위에 있고 4층 높이의 규모로 되어 있다. 교량를 통해 주민들은 해안가 지역을 쉽게 걸으며 산책할 수 있다. 또한, 모든 사람이 부두에서 수문까지 보트를 통해 이동할 수 있으며 하링부이스다이크Haringbuisdijk에는 17개의 제방 거주지도 있다. 제방 거주지는 부분적으로 제방 위에 걸려 있고 물속으로 들어가는 기둥 위에 올려진 플랫폼 위에 지어졌다. 보트는 제방 옆이나 아래에 정박할 수 있다.

자료: archilovers[6], ArchDaily[7], odditycentral[8]
[그림 5] 암스테르담 외곽 지역의 아이부르그 Ijburg 수상가옥 Floating House

수상가옥의 구조를 잡아 주는 비계 모양의 파이프는 천공된 알루미늄 부품으로 덮여 가스, 물, 전기 및 하수 처리를 위한 통로 사용된다. 또한, 양쪽에 울타리를 구성하여 악천후에 사람이 물에 빠지는 것을 방지하는 기능도 있다. 부두에는 차량이 없고 이곳에 거주하는 주민들은 부두Kade 빌딩 주차장에 주차할 수 있다.[9]

워터부르트는 기존 바지선을 이용하던 방식과는 다르게 해수면 상승에 따라 수중 지하 콘크리트 구조물이 최대 2m 높이까지 뜰 수 있게 계획되었다. 특히 해수면에 따라 높이를 조절할 수 있으며 수도, 전기 등과 같은 편의시설도 이러한 높이 조절에 영향을 받지 않도록 설계되었다. 특히 해수면 상승으로 주택이 부양하면 침실과 욕실은 부분적으로 침수된 저층에 위치하며 최상층에는 거실과 테라스가 위치하고 식당과 주방은 침실과 욕실보다 약간 높게 위치한다. 워터부르트의 특이점은 단순한 수상 주택의 개념을 넘어 수상 주거 단지의 개념이 접목되었다. 각각의 수상 주택은 서로 밀접한 네트워크를 통해 연결되며, 거주자들은 커뮤니티를 통해 상호 협력하며 생활할 수 있다. 특히 전력이나 수도의 문제가 발생하면 이웃의 여유 전력이나 물 공급을 공유받을 수 있다.[10]

2020년에 설립된 네덜란드 스쿤스킵Schoonschip 마을은 환경 위기로 인한 기후 변화에 맞춘 지속 가능한 삶을 위한 마을이다. 암스테르담 북부 요한 반 하셀트카날Johan van Hasseltkanaal강을 중심으로 수

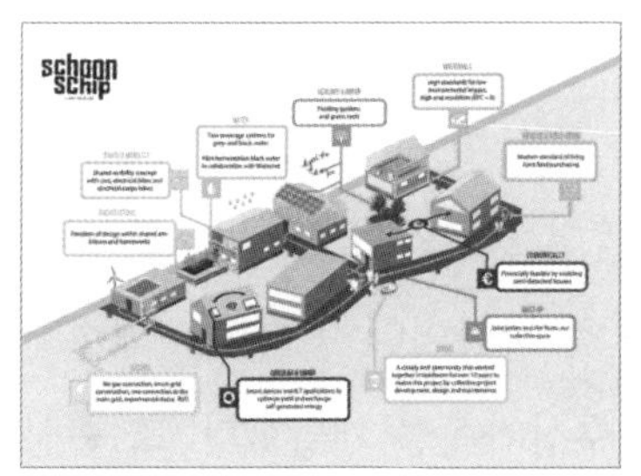

자료: 한국디자인진흥원[11]

[그림 6] 네덜란드 스쿤스킵Schoonschip 개념도

상가옥이 밀집해 있으며 46채의 주택에 약 144명이 살고 있다. 특히 첨단 기술을 활용하여 실용적인 도시 생활과 지속 가능한 생활 방식을 결합해 미래 수상도시의 가능성을 실험한 마을이다.

마을에서 사용하는 500개의 태양 전지판과 30개의 열펌프는 마을 공동체의 에너지 문제를 해결하고 효율적인 방식으로 모든 에너지, 폐기물, 수도 등을 관리할 수 있다. 지속 가능한 주거 형식을 위해 지붕은 나무로 식재되어 있으며 거주민은 가솔린 자동차 대신 전기 자동차와 전기 자전거를 사용하며 마을 주민과 함께 공유할 수 있다.

스쿤스킵의 지속 가능 목표는 100% 재생 가능한 열 및 온수 공급, 100% 재생 가능한 전기, 100% 폐수 및 유기성 폐기물 처리, 100% 물 자급률, 60~80% 양분회수율을 추구하고 있다. 또한, 기존 에너지 사용보다 전력 수요를 50~70% 감소시키며 60~70%는 현지에서 회수된 음식물 쓰레기를 활용해 채소 및 과일 생산에 사용할 수 있다. 특히 센서를 통한 실시간 시스템 성능 표시와 자원 공유 등을 지원하는 커뮤니티 시설이 설치되어 있고 전기를 이용한 교통수단, 생물 다양성 지원 등 다양한 방식이 적용되고 있다.

평균 해발 고도가 1.5m에 불과한 몰디브는 인도양에 위치한 섬나라로 해수면 상승에 가장 취약한 국가 중 하나이다. 몰디브는 해수면 상승 문제를 해결하기 위해 혁신적인 수상가옥을 개발했다. 그 중심에 리조트가 있다. 몰디브는 아름다운 해양 환경을 바탕으로 한 관광 산업이 주요 경제 활동이다. 따라서 수상 리조트는 몰디브의 대표적인 관광 자원으로 전 세계인의 사랑을 받고 있다. 몰디브의 수상 리조트는 해양 생태계 보호를 통해 새로운 숙박 경험을 제공한다. 특히 1,200여 개 혹은 기준에 따라 2,000여 개의 섬으로 이루어진 몰디브에는 리조트만 약 140여 개가 존재할 정도이다. 또한, 리조트들은 태양광 패널을 이용해 에너지 자급자족을 실현할 수 있으며 폐기물 처리와 물 재활용 시스템을 갖추고 있다. 이러한 친환경적 설계는 환경에 미치는 영향을 최소화하고, 지역 생태계를 보호하는 수단으로 미래 수상 주거의 대안이 될 수 있다.

자료: honeymoonresort[12]

[그림 7] 몰디브 수상가옥 Floating House

미국 시애틀은 오래전부터 수상가옥 커뮤니티로 유명하다. 특히 시애틀과 포틀랜드는 호수 위에 수상가옥을 지어 많은 사람이 살고 있다. 시애틀의 수상가옥은 대부분 2층 주택으로 되어 있고 1993년 톰 행크스가 주연한 영화 〈시애틀의 잠 못 이루는 밤〉에 수상가옥이 등장하면서 세계적 관심을 불러일으켰다. 시애틀의 수상가옥은 단순히 거주의 개념을 넘어, 지역 문화의 한 부분을 자치하고 있으며, 유니언 호수와 워싱턴 호수 주변에 위치해 있다. 이 지역의 수상가옥은 고정된 위치에 닻을 내리고 다양한 디자인을

자료: pinterest, triple[13], [14]

[그림 8] 시애틀 유니언호 수상가옥과 영화 〈시애틀의 잠 못 이루는 밤〉에 나오는 톰 행크스의 수상가옥

통해 주거뿐 아니라 사무실, 상업 공간으로도 활용하고 있다. 레이크 유니언 위에 떠 있는 수상가옥은 20세기 초반 노동자의 거주 공간으로 사용되었으나 현재는 약 480채의 집에 다양한 사람들이 살고 있다.

이탈리아의 최대 수상도시는 베네치아이다. 베네치아는 수많은 운하가 육지의 도로를 대신하고 있다. 베네치아 구도심은 배로만 이동할 수 있으며, 주요 교통수단으로 수상 택시가 있다. 특히 베네치아는 역사 문화의 도시로 세계적 관광지로 유명하며 유네스코 문화유산으로 등록되어 있다. 이러한 수상도시는 기후 온난화로 해수면이 상승하면 우리 모두에게 닥칠 미래의 모습을 보여 주고 있다. 도시가 물에 잠기고 사람들은 기차와 자동차 대신 수상 택시를 이용해야 하는 시대가 다가오고 있다. 이제 인류는 무분별한 탄소 배출로 인해 그 대가를 치러야 하는 시기를 맞이하고 있다.

자료: 나무위키, Unsplash의 Kit Suman[15], [16]

[그림 9] 이탈리아 최대 수상도시 베네치아

중국은 동양의 베네치아라 불리는 쑤저우 수상도시를 중심으로 수상가옥이 발달되어 있다. 중국의 수상가옥은 사합원四合院: 중국의 전통적인 주택을 기본으로 전통적인 외관과 양식을 가지고 있으며, 수로를 중심으로 수상가옥

자료: triple, 중국국영미디어[17], [18]

[그림 10] 중국 쑤저우 수상도시

이 배치되어 있다. 과거부터 수로는 생필품의 운송과 함께 생계의 수단이 되어 왔다. 따라서 수상가옥은 해수면 상승뿐 아니라 기후 온난화에 대비해 자연 친화적 주거 공간으로 주목받고 있다.

일본의 수상가옥은 교토 이네 마을에 위치해 있다. 물 반 육지 반처럼 보이는 이 마을의 주택 일부는 바다에 걸쳐 있고 나머지 일부는 육지에 걸쳐 있다. 특히 수상가옥의 대부분은 2층으로 되어 있다. 1층은 배를 정박하거나 창고로 활용되며 2층은 거주용으로 사용된다. 일본의 수상가옥 특성상 목조 주택이 주를 이루고 있으며 해수면 상승을 고려해 주 거주는 위층을 사용하고 있다.

자료: ohmynews[19]

[그림 11] 일본 이네 마을 수상가옥

베트남은 예로부터 강이나 바다를 중심으로 수상가옥이 발달되어 수산업 비중이 높다. 특히 베트남 남부 지방은 수상가옥이 타 지역에 비해 잘 발달되어 있다. 베트남 수상가옥은 전기 공급이 어려워 배터리를 사용한다. 수상가옥에는 식당, 가게 등이 공동체를 이루며 발달되어 왔다. 특히 하롱베이, 메콩강 주변으로 발달되어 있으며, 베트남 수상가옥의 특징을 잘 보여 주고 있다.

자료: daum, thesaigontimes[20, 21]

[그림 12] 베트남 수상가옥

석유와 천연가스가 국가 수출의 약 95%를 차지하는 브루나이의 대표적 수상가옥 마을 캄퐁아에르Kampong Ayer는 1300년의 전통을 자랑하며 28개의 수상 마을이 있다. 브루나이의 정식 명칭은 '평화가 깃드는 살기 좋은 나라'라는 의미로 만들어졌으며, 네가라 브루나이 다루살람Negara Brunei Darussalam은 약 5,700㎢의 작은 면적에 세계에서 3번째로 큰 섬인 보르네오섬 북쪽 가운데에 위치해 있다. 브루나이는 지리적으로 적도 부근에 위치해 태풍 피해로부터 자유롭고 북서쪽 해안에 위치해 습도는 높다.

자료: wikipedia, trvlguides[22), 23)]

[그림 13] 캄퐁아에르Kampong Ayer의 수상가옥

100년 전 브루나이 인구의 절반이 수상가옥에 살았으나 1900년대 정부의 신도심 개발 계획에 따라 수상가옥의 거주 인구가 줄어들었다. 하지만 현재도 약 3만 명이 거주하고 있으며, 이곳에 거주하는 주민에게 수상가옥을 무료로 국가가 제공하고 있다. 브루나이 수상가옥은 현대식 주거 형태로 발전해 왔으며 최신식 전기, 수도, 정화 시설이 갖춰져 있다. 특히 캄퐁아에르 수상가옥 안에는 학교, 병원, 가게, 사원, 시장, 소방서 등 생활 필수 시설이 공존해 주민 편의를 돕고 있다. 캄퐁아에르는 연중 비슷한 기온과 강수량을 가진 열대 기후 덕분에 수상가옥이 발전할 수 있었다.

태국의 수상가옥은 강을 중심으로 운하에 건설되어 있다. 태국은 강과 운하가 발달되어 있고 물 위에 수상가옥을 지어 열대 기후에서도 시원한 바람이 통하는 구조를 가지고 있다. 벽은 수피를 사용해 통풍에 유리하며, 지붕은 비가 고이지 않도록 급경사 지붕으로 되어 있다. 태국의 수상가옥은 짜오프라야강Chao Phraya River 주변을 중심으로 발달되어 있으며 대부분은 물 위에 통나무를 여러 개 박은 다음 바닥을 만들어 지었다. 특히 목재를 사용해 물에 잘 뜰 수 있으며 배를 이용해 손쉽게 이동할 수 있다. 태국 사람이 수상가옥을 선호하는 것은 수산업을 통한 생계 때문이다. 이들은 어업을 통해 경제적 문제를 해결하거나 배에서 물건을 팔아 생활하고 있다. 특히 습하고 벌레가 많은 열대 지방의 해충 문제를 해결하기 위해 수상 주택을 선호하고 있다.

자료: dtnews24[241]

[그림 14] 태국 방콕의 수상가옥

기발한 수상가옥의 사례들

에이미 프리어슨이 소개한 올슨 쿤딕Olson Kundig과 잭 도스Jack Daws는 오염된 호수 위에 기둥을 설치하고 그 위에 집을 짓는 것을 상상

했다. 시애틀 스튜디오 올슨 쿤딕 아키텍츠Olson Kundig Architects는 아티스트 잭 도스가 호수에 독성 화학 물질을 운반한 화물 열차가 호수를 오염시키는 장면의 전후를 생각하며 미래 가상의 수상가옥을 상상하는 시각화 작업을 시작했다.

이 프로젝트는 "잭 도스가 지은 집"이라는 제목의 프로젝트 일환으로 올슨 쿤딕Olson Kundig의 이미지는 매력적인 휴양지를 건설하려고 시도했지만, 결국 위험한 환경에서 피난처로서 호수 위 수상가옥을 통해 환경 위기로 인한 메시지를 전달하고자 했다. 잭 도스는 건축가의 무분별한 예술계 침입에 환멸을 느끼고 건축에 손을 대기 시작한다. 시애틀 건축가 톰 쿤딕Tom Kundig의 집에서 영감을 받아 매사추세츠주 월든 연못Walden Pond 중앙에 호수 위 오두막을 계획하고 지역 철도에서 훔친 타일과 난간을 사용하여 24m 기둥 위에 집을 지었다. 건물의 이미지와 모델은 시애틀 월든 3Walden 3의 머서 갤러리Mercer Gallery에 전시되어 마치 사건이 실제로 일어난 것처럼 느끼게 했다. 이 설치물은 환생, 허위 정체성, 도둑질, 부상, 환경 파괴 등의 주제를 다루면서 현대 사회에 대한 자기 성찰과 비판적 탐구의 출발점이 되고 있다.

자료: dezeen[251]

[그림 15] 올슨 쿤딕Olson Kundig의 호수 기둥 위에 지은 집

파나마에 본사를 둔 해양 혁신 기술 회사 오션 빌더Ocean Builders는 인류가 집과 여행에 있어 미래 지향적인 세상에서 살아갈 수 있는 방식에 대해 생각을 바꿀 만한 혁신적인 리빙 시 팟Sea Pod 해상 주거 공간을 공개했다. 오션 빌더의 액세스 가능 팟은 수중 생활을 위해 제작된 오리지널 시 팟Sea Pod, 토지 사용을 위한 그린 팟Green Pod, 생태학적이고 경제적으로 친화적인 옵션을 제공하는 에코 팟Eco Pod으로 구성되어 있다. 이 모든 팟Pod 중심에는 기술을 통한 환경 복원과 지속 가능한 주거 환경의 제공 목적이 있다.

자료: thenationalnews[26]

[그림 16] 시 팟Sea Pod

이 프로젝트는 인기 있는 해변 지역에 주거 공간이 부족하여 이에 대한 솔루션으로 오션 빌더의 엔지니어링 책임자 뤼디거 코흐Rüdiger Koch와 CEO 그랜트 로문트Grant Romundt에 의해 개념화되었다. 그랜트 로문트는 "시 팟을 통해 집과 여행에 대한 인식에 도전하고 주민들이 현대 생활의 사치품에 희생되지 않고도 물 위에서 친환경적 삶을 살 수 있기를 희망한다"고 말했다. 일반적으로 물 위에서 사는 대부분의 사람은 열악한 생활 환경을 가진 보트에서 살고 있다. 하지만 그랜트 로문트는 "물 위에 떠 있는 집 설계를 통해 육지에서 생활하는 것과 같은 경험 그 이상을 제공하는 것"이라고 말했다.

시 팟은 현대 생활이 추구하는 물질문명에서 벗어나 바다 위에서 살기를 원하며, 지속 가능한 환경을 생각하는 의식 있는 사람들과 새로운 문명에 대한 여행자의 요구를 수용할 수 있는 해상 주거이다. 시 팟을 설계한 네덜란드 건축가 코엔 올티우스Koen Olthius는 도시화와 기후 변화 등으로 생겨나는 주거 환경 문제의 솔루션을 바다에서 찾고자 했다.

시팟의 스마트 기술은 웨어러블 스마트 링의 적용에 있다. 거주자들이 포드 전체의 다양한 터치 포인트와 애플리케이션을 편리하게 제어할 수 있다. 간단한 손짓으로 문을 열고, 조명을 조절하며, 음악을 켤 수 있다. 생필품의 공급은 항공 드론과 자율 수상 운송을 통해 가능하다. 항공 드론은 강풍 및 기타 수상 조건을 견딜 수 있도록 맞춤화되어 제작되고 음식, 의약품 및 일상적인 소형 품목을 배달하는 데 사용된다. 또한, 해상 거주자 운송 수단을 사용하면 수하물, 가구를 포함해 더 큰 배송이 가능하며 최대 200kg440파운드까지를 운송할 수 있다. 자율 수상 운송 선박ASTRO ASV은 해상을 통해 보다 크고 많은 물품을 안전하게 배송할 수 있다. 자율 수상 운송 선박은 포드 주변 지역을 청소하기 위해 쓰레기와 파편을 수집하여 해상 환경을 보호한다. 오션 빌더는 2022년 말까지 최초 100개의 완전 소유 맞춤형 포드를 생산 중이거나 배송할 예정이며, 1,000개 이상의 완전 소유 팟Pod의 두 번째 생산은 2023년에 시작될 예정이다. '세계 최초의 해상 친환경 주택'으로 묘사되는 이 팟은 가격이 약 4억 원29.5만 달러에서 20억 원150만 달러에 이르며 현재 파나마 북쪽 해안의 린튼 베이 마리나에 건설 중이다.[27]

인구 50만 명의 작은 도시 코펜하겐은 다리와 운하가 교차하는 물의 도시이다. 코펜하겐에는 매년 수백만 명의 관광객이 찾고 있으며, 다양한 관광 명소가 있다. 그중 하나가 CPH-Ø1, 코펜하겐 항구에 있는 작은 섬 '파크 아일랜드parkipelago'이다. 이 섬은 호주 건축가 마샬 블레처Marshall Blecher와 폭스트로트Fokstrot의 매그너스 마르비에르그Magnus Maarbjerg가 디자인한 'CPH-Ø1'이다. CPH-Ø1은 코펜하겐 항구를 '파크 아일랜드parkipelago'로 탈바꿈시킬 수 있는 실험적 공공 공간 설계이다.

자료: azure magazine[28]

[그림 17] CPH-Ø1, 코펜하겐 항구에 있는 작은 섬 '파크 아일랜드parkipelago'

작은 보트를 타고 접근할 수 있는 이 섬은 넓은 바다 한가운데 나무로 이뤄진 구조체를 통해 한 그루 나무와 함께 떠 있다. CPH-Ø1은 물 위에 떠 있는 한 그루의 나무를 통해 작으면서도 상징적인 공간이 된다. 섬 중앙에 있는 나무는 SITASScandinavian Instant Trees 에서 제공된 6피트 높이의 린덴Linden 나무이다. '20m^2' 크기의 섬은 수영, 보트, 카약을 통해 접근할 수 있으며, 대중이 원하는 용도로 사용할 수 있다. 소규모 이벤트, 바비큐, 낚시 또는 캠핑으로 사용할 수도 있다.

CPH-Ø1는 1년 내내 여러 장소로 옮겨져 코펜하겐의 명소로 인정받게 될 것이다. 또한, 사용 목적에 따라 새로운 라이프 스타일을 창조하는 지역의 명소가 될 전망이다. CPH-Ø1의 또 다른 매력은

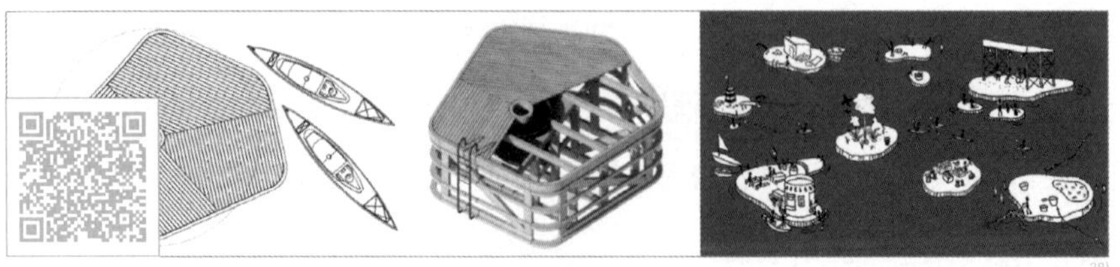

자료: azure magazine[28]

[그림 18] CPH-Ø1, 코펜하겐 항구에 있는 작은 섬 '파크 아일랜드parkipelago'

만들어진 재료와 구조에서 찾을 수 있다. 이 작은 섬 전체는 보트 건조 기술을 적용하여 수작업으로 제작되었다. 블레처와 마르비에르그는 섬을 건설하기 위해 지속 가능한 재료로 전환하여 지역의 재활용 목재로 플랫폼을 만들었다. 또한, 구조는 재활용 플라스틱으로 만들었다. CPH-Ø1는 수영이 불가능한 겨울철에 서로 연결되어 반도를 형성할 수 있으며, 결국에는 수상 사우나, 정원, 무대, 카페 등으로 이용될 수 있다. 두 회사는 이미 CPH-Ø2, CPH-Ø3, CPH-Ø4에 대한 계획을 진행 중이며 향후 몇 년 내에 실현될 예정이다. 만약 이러한 프로젝트가 지속적으로 확대된다면 '파크 아일랜드parkipelago'는 코펜하겐의 또 다른 명소가 될 전망이다.[29]

폴란드 건축업체 MOATMOAT Manufacture가 제작한 MX4 하우스 보트는 물 위를 떠다니며, 해안에 정박할 수 있고, 환경적 문제를 해결할 수 있는 보드 하우스이다. MX4는 친환경 전기 추진력과 태양광 패널을 통해 지속 가능성에 초점을 맞춰져 있다. MX4는 사용하려는 위치에 따라 정적 하우스 보트와 동적 하우스 보트로 제공된다. 정적 하우스 보트는 엔진 추진 시스템이 없으며 정박용 주거로 사용된다. 하지만 동적 하우스 보트는 자체 힘으로 움직일 수 있다. MX4 하우스 보트는 전기 내장 엔진으로 구동되며 강철보다 더 가벼운 해양 등급 알루미늄 선체를 사용해 최대 7.4mph 12kph의 속도를 낼 수 있다. 총 길이가 13.15m 43ft이고 빔이 0.65m 2.13ft인 MX4는 두 층에 걸쳐 78m² 839.5ft²의 바닥 공간을 제공한다. 유럽 하우스보트 대부 키스 웨스터비크 Kees Westerbeek가 네덜란드, 독일, 폴란드 파트너 및 건축가 팀과 협력하여 디자인했다. MX4는 2~6명에서 최대 12명까지 사용할 수 있다. 욕실 마감재와 하드웨어부터 가구 색상까지 모든 세부 사항을 개인 취향에 따라 주문하여 만들 수 있다. 조명부터 셔터, 화장실, 거실의 대형 TV까지 하우스 보트의 모든 기능은 자동화 시스템에 의해 제어된다. 이 수상 주거는 작은 호수, 연안 해역, 피요르드, 운하, 심지어 급류가 많은 강에서도 항해하거나 정박할 수 있다.

자료: boat24

[그림 19] MX4 Houseboat

미드얼스터 Mid Ulster 의회는 러프 네이 Lough Neagh의 발리로난 마리나 Ballyronan Marina에서 휴가용으로 사용할 FP250 하우스 보트 4척을 의뢰했다. 이러한 의뢰로 완성된 수상가옥이 4x C250 at 발리로난 마리나이다. C250은 1베드룸 하우스 보트로 2~4명이 숙박할 수 있으며 개방형 거실/주방 공간을 갖추고 있다. 발리로난 C250은 모두 맞춤형 목재 클래딩과 주변 발코니 주변의 맞춤형 유리 난간을 갖추고

자료: bluefieldhouseboats[31]

[그림 20] Bluefield Houseboats

있다. 환경에 완벽하게 어울리는 이 하우스 보트는 지구온난화로 해수면 상승이 우려되는 시기에 수상 주거의 모습을 보여 주고 있다.

UFO 2.0 하우스 보트는 미래 비행접시 모양을 하고 있고 최대 100명을 수용할 수 있다. UFO 2.0이라고 명명된 폭 20m의 하우스 보트는 주로 물 위에서 생활하지만, UFO처럼 날아다닐 수도 있다. UFO 2.0은 이탈리아 자동차 및 요트 디자이너 피에르파올로 라짜리니Pierpaolo Lazzarini에 의해 설계되었다. 보트에는 승객실로 두 개의 반구형 껍데기가 있으며, 이는 일광욕용 데크 역할을 하는 플로팅 디스크로 나누어진다. UFO 2.0은 호텔 리셉션, 체육관, 수상 레스토랑 등 다양한 목적으로 사용될 수 있다. 또한, 외부 데크를 정원 플랫폼으로 맞춤화할 수 있으며 패널 대신 티크재를 설치할 수도 있다. UFO 2.0은 세 가지 다른 레벨로 나누어진 중앙 셀로 구성된다. 주방, 보관소, 80㎡의 욕실이 있는 메인 거실 공간, 50㎡의 해저 전망

자료: tert am[32]

[그림 21] UFO 2.0 House boat

침실이 있는 하위 레벨, 차량을 제어할 수 있는 상부 데크, 바닥으로 50㎡ 규모의 테라스가 있는 대형 욕실이 있다. 디스크 표면은 잔디와 나무가 있는 정원, 일광욕 데크, 산책로 또는 자전

거 도로로 사용될 수 있다. 내부에는 공간이 제한되어 있지만, 주방과 라운지 또는 고급 편의 시설을 수용할 수 있다. 이 플로팅 보트는 최대 9노트kn 속도로 운항할 수 있으며 플로팅 구조물을 움직일 수 있는 2개의 80마력 전기 엔진이 장착되어 있다.

해수면 상승과 미래 사회의 '수중독립도시UIC, Underwater Independent City'

인류는 탄소 배출 증가로 인해 해수면 상승 문제를 겪으며, 해수면이 낮은 도시들은 생존 문제의 심각성에 노출되고 있다. 이러한 문제를 해결하기 위한 대안으로 해안선을 가지고 있는 국가들은 해저 도시에 주목하고 있다. 특히 지구의 평균 온도 상승은 해수면 상승을 통해 해안선을 바꾸고 문명의 한 축인 주거 문제를 위협하고 있다.

인류는 지구 행성의 대안을 찾기 위해 우주로 향하고 있다. 우주에 대한 끝없는 호기심은 현대 과학기술 발전과 함께 우주 개발로 이어졌다. 특히 우주 개발의 시작은 1957년 러시아의 스푸트니크 1호 발사 이후 미국의 익스플로러 1호 발사를 통해 본격화되었다. 하지만 이제 인류는 우주를 향한 기술 개발뿐 아니라 다중적 사고를 통해 바다를 바라보아야 할 시기가 도래했다.

지구로부터 멀리 떨어져 있는 우주의 수많은 행성은 아직까지 인류가 살기에 적합한 환경을 가지고 있지 않고 개발에도 어려움이 있다. 하지만 지구에 있는 바다는 다른 문제이다. 바다는 그동안 인류가 대륙 문명과 함께 살아온 지구의 일부이다. 우리는 해수면 상승이 눈앞에 있는 상황에서 멀리 우주에서 새로운 대안을 찾는 것도 중요하지만, 우리 곁에 있는 바다를 통해 새로운 해저 문명을 만드는 것도 무엇보다 중요한 문제이다. 이제 수중독립도시UIC를 통해 제3의 해저 문명이 다가오고 있다.

앨빈 토플러는 현대 정보화 사회를 설명하는 과정에서 제3의 물결을 주장했다. 하지만 해수면 상승으로 주거 문제가 심각해지는 상황에서 미래 사회의 새로운 대안이 될 '수중독립도시UIC'는 제3의 해저 문명으로 해석될 수 있다. 인류는 농경 혁명을 통해 제1의 물결을 이룩했고, 산업혁명을 통해 제2의 물결을 완성시켰다. 하지만 이제 제3의 물결인 '해저 문명'이 다가오고 있다. 인류는 기후 위기와 해수면 상승에 따른 새로운 환경 변화에 맞춰 제3의 문명인 해저 문명을 준비해야 할 시기이다. 제3의 문명으로 가는 과정에 '수중독립도시'가 있다. 수중독립도시는 지구상 약 70%를 차지하는 바다를 효율적으로 이용해 해저에서 자급자족이 가능한 해저 도시의 개념이다.

수중독립도시는 인공지능과 첨단 기술을 통해 기존 육지 도시 시스템과는 전형 다른 해저 도시를 구현하는 것이다. 지구 면적의 약 70.8%가 바다에 둘러싸인 인류 문명은 육지로부터 시작되었다. 하지만 이제 다수의 면적을 차지하고 있는 바다는 인류의 새로운 문명이 시작될 곳이다. 특히 2045년 전후에 세계 인구가 100억 명에 이른다는 보고서가 나오고 있다. 만약 지구상의 인구가 100억 명으로 증가한다면 인류는 식량 자원의 부족뿐 아니라 주거, 환경 문제에 봉착하게 될 것으로 보인다. 이러한 문제를 해결할 대안으로 수중독립도시가 있다.

수중독립도시는 기후 온난화로 해수면이 상승하고 육지 주거의 생태계가 위협을 받을 때 미래 기술인 인공지능과 첨단 기술을 이용해 바닷속에 건설될 자급자족 도시를 말한다. 특히 생계에 필요한 모든 것이 자급자족될 수 있는 해저 도시로 주거, 에너지, 식량, 쇼핑, 문화, 레저, 교육 등 모든 것이 독자적으로 가능한 자립형 수중독립도시이다.

자립형 수중독립도시···
THE MORE

수중독립도시를 위한 인류의 새로운 해저 문명은 인공지능에 의해 실현 가능성을 훨씬 앞당길 것이다. 인공지능은 인간이 가지고 있는 학습, 추리, 적응, 논증 능력을 컴퓨터를 통해 해결하는 것을 넘어 스스로 진단하고 해결하는 능력까지 발전하고 있다. 이러한 인공지능 기술이 수중독립도시에 도입되면 해저 도시는 인공신경망처럼 중앙 시스템 통제 장치에 의해 운영 관리될 것이다.

자료: openads[33]

[그림 22] 해저 도시

그동안 과학계는 해저 도시에 대한 꾸준한 연구를 통해 바다 밑 수심 100m에서 200m 정도가 해저 기지 건설의 최적지라는 판단했다. 과학자들이 제시한 깊이는 태풍, 폭염, 해일 등과 같은 자연재해로부터 안전하고 해수 담수화를 통해 맑고 깨끗한 해양 심층수를 식수로 얻을 수 있는 가능성 때문이다.

해저 도시는 육지와의 연결 유무, 그리고 에너지 독립 여부에 따라 크게 4가지 유형으로 구분할 수 있다. 육지 또는 수면과 연결되어 육상으로부터 에너지를 공급받는 형태, 공간적으로는 수면 및 육지와 완전 격리되어 있지만, 에너지는 육상에서 공급받는 형태, 공간적으로는 수면과 연결되나 에너지는 스스로 만들어 쓰는 형태, 수면 및 육지와는 격리되고 에너지를 자급하는 형태가 있다.[34]

해양 기술 및 탐사 회사 딥Deep의 해저 서식지 계획은 2026년이 되면 완전히 훈련된 6명의 수중 비행사로 구성된 승무원이 새로운 해양 서식지 시스템에 배치해 생활하면서 인류가 수중에서 지속적 생존이 가능한지에 대한 연구가 진행될 것이다. 만약 딥의 해저 서식지 계획이 성공한다면 인류는 육지를 떠나 바다에서 새로운 문명을 만들어 갈 수 있게 될 것이다. 이 해저 서식지는 미래 첨단 기술을 통해 한 번에 최대 28일 동안 최대 200m 깊이에서 살 수 있게 된다. 이러한 해양 서식지는 미래 해저 도시를 위한 연구, 관찰, 모니터링 등을 통해 미래 해저 도시의 가능성을 탐구하는 기반이 될 것이다.

딥 Deep
영국의 해양 기술 및 탐사 회사로 2027년 바닷속에 인간이 영구적으로 존재할 수 있도록 인간을 수중 생물로 만드는 것을 목표로 하고 있는 기업이다.

잉글랜드 남서부 글로스터셔Gloucestershire 딘 숲Forest of Dean 가장자리에 위치한 데이하우스 채석장Dayhouse Quarry은 수목한계선과 세번강River Severn을 향해 휩쓸려 내려가는 범람원 사이에 자리 잡고 있다. 70m 높이의 깎아지른 듯한 절벽으로 둘러싸여 있고 밝은 파란색 수영장이 80m 깊이까지 가라앉혀 있다. 이곳에서 모의 잠수정을 통해 해저 활동 및 생활에 대한 다양한 실험이 이루어지고 있다. 이 실험은 인간이 해저에서 생활할 수 있는 가능성에 대한 실험이다.

1960년대 프랑스 해양 탐험가 자크-이브 쿠스토Jaques-Yves Cousteau는 해저 세계가 지구의 3분의 2 이상을 차지한다는 사실을 깨닫고 일생을 수중 해양 탐사에 바쳤다. 국립 해양학 센터NOC의 심해 생물다양성 전문가 태미 호튼Tammy Horton은 기후 변화가 심해 생물, 특히 갑각류에 미치는 영향을 연구하며 일생을 바쳤다. 이들은 바다가 지구상에서 가장 큰 환경이라고 주장하며, 바다에서 어떤 변화가 일어나고 있는지 이해하는 것이 매우 중요하다고 강조했다.

자료: bbc[35]

[그림 23] 딥Deep의 해저 서식지 센티넬Sentinel

딥Deep에 의한 해저 서식지는 인간이 해저에서 자급자족할 수 있는 가능성과 재생에너지를 통한 구동 체계를 구축하며, 해저 생물 반응기를 통해 폐기물의 지속 가능한 처리 방식을 연구하고 있다. 해저 서식지 탐구의 잠수정 **센티널**Sentinel은 길이가 400㎥이고 직경이 6.2m로 보잉 777 동체의 절반 크기이다. 해저 서식지의 거주자는 개인 침실에서 숙면을 취하고, 주방에서 준비되는 음식을 통해 생활한다.[36]

센티널Sentinel
해양 기술 및 탐사 회사 딥Deep에 의해 만들어진 모듈형 해저 서식지.

수중독립도시UIC의 가능성에 대한 또 다른 예로 몰디브Maldives에 지어질 워터 디스커스 호텔Water Discus Hotel이 있다. 이 호텔은 눈누 환초Noonu Atoll의 쿠레디바루섬Kuredhivaru Island 젠 리조트ZEN Resort 옆에 위치할 예정이다. 이 호텔은 폴란드 건축 및 심해 엔지니어링 회사Deep Ocean Technology가 그단스크 공과대학교 연구원들과 협력하고 리지우드 호텔 앤 스위트 Pvt.Ridgewood Hotels and Suites Pvt.와 계약이 체결되면서 구체화되었다. 이 회사는 몰디브의 쿠레디바루Kuredhivaru 섬 해안 바로 옆에 미래 지향적인 일부분 수중 워터 디스커스 호텔Water Discus Hotel을 건설할 계획이다.

워터 디스커스 호텔은 두 개의 원반 모양 구조물로 구성되어 있다. 하나는 수면 위에 있고 다른 하나는 접시 모양이다. 둘 다 수직 샤프트와 해저에 고정된 세 개의 튼튼한 기둥으로 연결되어 있다. 수직 샤프트에는 리프트와 계단이 포함되어 있다. 위의 물 원반은 약 1,500m^2의 사용 가능한 면적을 갖고 있다. 각각 약 200m^2 규모의 인접 위성과 연결될 예정이며, 메인 상부 디스크의 중앙에는 다기능 로비, 대형 상부 테라스 수영장, 4m 깊이의 훈련 수영장, 유리 접근 터널이 있는 해수 수영장이 있다. 위성은 수면 위 약 5~7m 높이에 위치하며 레스토랑, 정원, 스파, 레크리에이션 공간 등의 시설을 갖추고 있다.

자료: new atlas[7]

[그림 24] 워터 디스커스 호텔Water Discus Hotel의 내외부 모습

1,000m^2 규모의 수중 원반은 각각 2명이 수용할 수 있는 21개의 방으로 구성된다. 수면 아래 10m 깊이까지 잠수해 수중 활동을 할 수 있다. 방음실과 다양한 투명도의 커튼은 프라이버시를 보장한다. 또한, 바다를 향한 객실의 대형 창문을 통해 페르시아만의 수중 세계, 산호초, 동식물 및 해양 동물의 전망을 감상할 수 있다. 객실 외부에는 매크로 사진 촬영을 위한 특수 조명과 외부 탐험 로봇이 있

어 거주자가 해양 생물과 상호작용할 수 있다. 다양한 크기의 여러 개별 디스크 모듈을 통합하여 2,000m²가 넘는 호텔 단지를 개발할 수 있으며 각각 1,000m²~1,500m²의 모듈로 확장할 수 있다.

워터 디스커스 호텔 위의 원반은 쓰나미와 홍수를 견딜 수 있도록 수면 위로 높이 솟아 있다. 수중 원반은 위험이 발생하면 자동으로 수면 위로 올라간다. 위성 디스크에는 양성 부력이 있으며 상부 디스크 본체에서 분리되면 구명선 역할을 할 수 있다. 기상 상황은 국제 기상 및 지진 경보 시스템을 통해 모니터링된다. 여러 대의 비디오 카메라와 원격으로 작동되는 수중 차량도 호텔 단지를 모니터링한다. 모든 구조 장비는 선박에 적용되는 안전 표준을 준수하고 있다. [38]

2010년 완공된 포세이돈 언더워터 리조트Poseidon Underwater Resort는 수심 12~15m에 위치하며 객실 24개, 레스토랑, 예식장 등을 포함하고 있다. 비상시 자동으로 분리되어 탈출 가능하며, 아크릴 창을 통해 해저 세계를 관람할 수 있다. 포세이돈 언더워터 리조트는 피지에 수년 동안 제작을 진행해 왔으며, 세계 최초의 공식 해저 리조트이다. 특히 피지 해안의 석호에 있는 바다 밑 약 12m의 해저 바닥에 건설되어 있다. 수중 리조트는 25개의 스위트룸, 스파, 레스토랑, 바, 체육관, 스파 트리트먼트, 다이브 숍, 결혼식 예배당, 회의실 등이 구비되어 있으며 다양한 해저 생활을 즐길 수 있다. 수

자료: pinterest[39], ifitshipitshere[40]

[그림 25] 포세이돈 언더워터 리조트

중 리조트 이외에도 물 위에 51개의 추가 호텔 객실, 레스토랑, 바, 스파, 테니스 코트, 9홀 골프 코스가 들어서게 된다.

수중독립도시UIC로 주목받고 있는 오션 스파이럴Ocean Spiral은 일본 엔지니어링 회사인 시미즈 주식회사Shimizu Corporation가 2030년까지 현실화시키겠다는 환경 친화적 미래 수중독립도시 프로젝트이다. 이 수중독립도시는 바다의 자원을 활용하여 완전히 자급자족할 수 있는 수준의 수중 거주 공간이 될 전망이다. 오션 스파이럴이 추구하는 수중 도시는 두 가지 요소로 구성된다. 첫 번째는 직경 500m의 구형 도시로 타워 안에 최대 5,000명을 수용할 수 있는 주택과 작업 공간이 있다. 두 번째는 해저에 있는 기지국과 연결하는 나선형 구조이다. 이 나선형 구조는 도시에 에너지, 담수, 식량과 같은 필수 자원을 제공하는 통로가 된다. 나선형 구조는 해양 열에너지 변환OTEC을 사용하여 재생 가능 에너지를 생성할 수도 있다. 이 변환 기구는 더 차가운 심해수와 따뜻한 얕은 해수 사이의 온도 차이를 활용하여 발전기를 구동하며, 전기를 생산하는 프로세스를 갖고 있다. 식수는 역삼투막 담수화라는 공정을 통해 생산된다. 이 공정은 해수를 정화하기 위해 바다 깊은 곳에서 자연적으로 발견되는 고압을 활용한다.

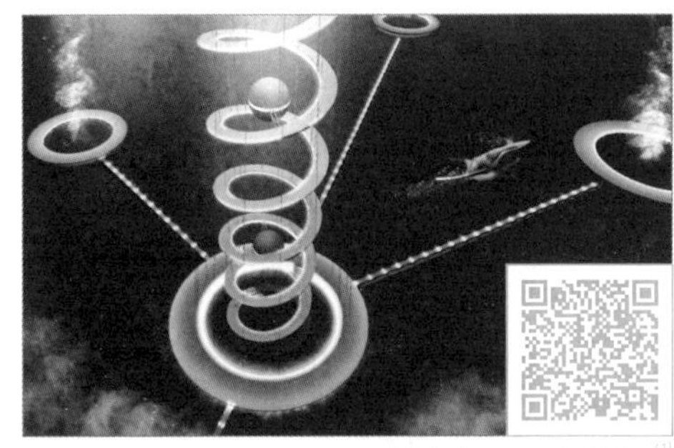

자료: dezeen mini living[41]

[그림 26] 오션 스파이럴

탄소나노튜브 건설...

THE MORE

오션 스파이럴 거주민은 수중에서 수확된 물고기, 갑각류, 수생 식물 등을 재배하고 자급자족할 수 있다. 특히 나선형 끝에 위치한 기지국은 천연자원을 발굴하고 경작하는 데 사용된다. 또한, 해저에 서식하는 미생물을 사용하여 이산화탄소를 메탄으로 전환하는 미래 기술까지 개발하고 있다.[42] 따라서 수중독립도시UIC는 바다 자원의 활용을 통한 새로운 형태의 미래 해저 도시가 될 전망이다. 이처럼 바다가 가지고 있는 식량 자원을 활용해 완전 자급자족이 가능한 해저 도시를 '수중독립도시'라고 한다. 만약 이러한 도시가 첨단 미래 기술과 연결되면 지구의 70% 이상을 차지하는 바다 자원은 새로운 미래가 될 수 있다.

수중독립도시를 위한 노력

미래 사회를 위한 수중독립도시UIC의 성공적인 도입과 확산은 국가 정책뿐 아니라 사회적으로 공론화되어야 한다. 특히 정부와 민간의 협력이 중요하며, 관련 법률과 정책적 지원이 요구된다. 네덜란드와 같이 해수면 상승에 취약한 국가들은 정부와 민간이 협력해 수상 가옥 프로젝트를 추진하고 있다. 이러한 협력은 자금 지원, 기술 개발, 규제 완화 등을 포함한다. 하지만 이제 지구의 기후 온난화는 한계치를 넘어섰다. 따라서 이제 인류는 수상 가옥에 머물지 않고 수중독립도시에 대한 연구에 박차를 가해야 할 때이다.

수중독립도시를 위한 민간 기업과 연구 기관의 주도적 참여와 혁신적 설계는 미래 수중독립도시를 위해 매우 중요한 문제이다. 이제 세계는 수중독립도시의 건설과 운영을 위한 법적, 제도적 장치가 필요하며 안전 기준, 환경 규제, 건축 허가 절차 등에 대한 준비도 중요하다.

정부는 기후 위기로 날로 심각해져 가는 기온 상승을 대비해 미래 사회의 한 축이 될 수중독립도시의 특성을 고려한 법률과 정책을 마련해, 주거 안전성과 지속 가능한 사회를 위한 수중독립도시의 실현을 위해 노력해야 한다. 특히 시대 변화에 따른 지역 사회와의 참여를 통해 수중독립도시의 미래를 준비해야 한다. 수중독립도시는 인간 환경에 대한 다양한 요구 조건을 반영해 설계되어야 하고, 육지 경제와의 상호 유기적 관계를 유지해야만 한다. 또한, 미래 수중독립도시는 기후 변화에 따른 육지 주거의 위기를 극복하고 도시화와 인구 증가에 따른 새로운 형태의 해저 주거 문제를 해결하는 중요한 대안으로 자리 잡아야 한다.

산업화 이후 과도한 생산 중심의 사회는 기후 위기라는 자연재해를 불러 일으켰으며, 또한 전 세계적으로 진행되고 있는 도시화와 인구 증가 등은 인류의 주거 문제에 대한 새로운 대안을 요구하고 있다. 특히 기후 온난화로 북극과 남극의 빙하가 녹으며 해수면 상승의 원인이 되고 이로 인해 해안 도시들은 해수면 상승과 침수 위험에 노출되고 있다. 이러한 문제를 해결하기 위한 수중독립도시의 개발은 미래 사회에 있어 매력적인 대안이 될 수 있다.

수중독립도시는 육지 주거의 인구 밀도를 완화하고, 해양을 통해 새로운 주거 공간을 제공할 수 있다는 점에서 큰 의미가 있다. 미래 사회를 위한 수중독립도시의 발전과 확산을 위해 국제적인 협력과 기술 공유가 필수적이다. 각국의 정부와 연구 기관, 민간 기업들은 서로 협력해 기술을 개발하고, 모범 사례를 공유해야 한다. 이를 통해 수중독립도시의 설계와 건축 기술을 이룩해 다양한 수중 환경에 맞춘 최적의 솔루션을 찾아야 한다.

미래의 수중독립도시는 단순한 주거 형태를 넘어, 지속 가능한 생활 방식을 실현하는 중요한 요소가 될 것이다. 특히 수중독립도시는 에너지 자립, 자원 순환, 환경 보호 등 다양한 측면에서 긍정적인 영향을 미칠 수 있다. 미래의 수중독립도시에서 사용될 디지털 기반의 기술과 AI, 재생에너지, 자원 순환 시스템 등 다양한 첨단 기술의 적용이 중요하다. 장기적으로, 수중독립도시는 도시화와 인구 증가에 따른 주거 문제를 해결할 뿐 아니라 기후 위기에 대응하는 중요한 대안으로 떠오를 것이다. 글로벌 협력과 기술 공유를 통해 수중독립도시의 설계와 건축 기술이 발전하고, 다양한 환경에 맞춘 최적의 솔루션이 제시되면 미래 수중독립도시의 발전은 더욱 가속화될 전망이다.

환경 문제와 기후 변화 대응을 위한 미래 설계

- 다중 위기에 처한 인류, 생존 전략은 -

환경신데믹연구소장 강찬수

기후 변화와 환경 위기가 가속화되는 다중위기의 시대, 인류는 어떻게 살아남을 수 있을까? 지구 열탕화와 인류세로 상징되는 급격한 변화 속에서 우리는 어떤 전략을 세워야 할지, 과연 탈성장이 대안이 될 수 있을지 함께 고민해 보자.

기후 환경 위기 시대다. 기후 변화를 넘어 기후 위기라는 용어는 대중매체를 통해 매일처럼 들린다. 인류가 화석 연료를 태우면서 내뿜은 온실가스가 초래한 기후 변화는 폭염과 산불, 폭우와 폭설 등의 모습으로 나타나고 있다. 지구온난화global warming를 넘어 지구 열탕화global boiling라는 표현까지 등장했다.

기후 위기만 문제가 아니다. 미세먼지 오염과 플라스틱 오염, 삼림 파괴 등 인류는 지구 생태계를 파괴하고 있다. 이 과정에서 나타난 생물 다양성 상실과 팬데믹 바이러스의 창궐은 사람의 건강과 생존을 위협한다.

환경 위기와 기후 위기는 서로 얽혀 있다. 그래서 기후 환경 위기이고, 다중위기polycrisis다. 이 다중 위기에서 인류는 어떻게 살아남을 것인가? 인류에게 필요한 전략은 무엇인가?

기후 환경 위기

대가속

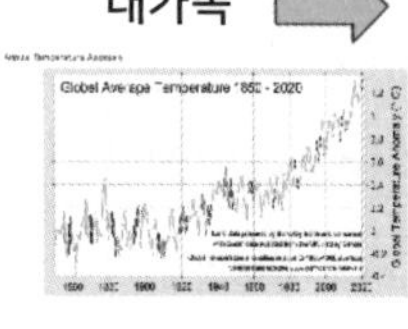

- 지구 기온 상승, 기상 이변
- 산불 발생, 가뭄, 홍수, 질병 확산
- 미세먼지, 오존 등 대기오염
- 산림 파괴, 밀렵과 밀거래, 외래종 침입, 멸종 위기
- 녹조, 부영양화 등 수질 오염
- 물 부족, 지하수 고갈
- 플라스틱 오염, 미세플라스틱 건강 위협
- 팬데믹 위험, 전염병 확산
- 항생제 내성, 화학물질 오염

환경 신데믹

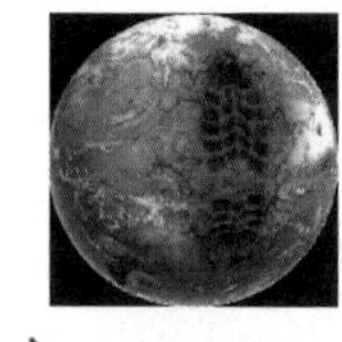

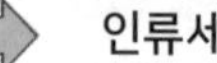

인류세

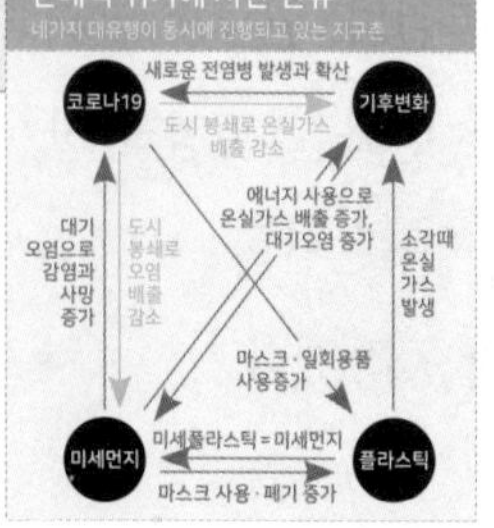

[그림 1] 기후 환경 위기

지구 열탕화

2023년 지구 평균 기온은 산업화 이전(1850~1900년)에 비해 1.45도 높았다. 이는 2015년 파리기후협약과 2018년 인천 송도에서 개최됐던 기후변화정부간협의체(IPCC) 회의에서 제시한 기후 변화 마지노선인 1.5도 목표에 아주 근접한 것이다. 더욱이 유럽연합(EU) 코페르니쿠스 기후 변화 서비스(C3S)의 발표에 따르면, 2023년 6월~2024년 5월 사이 12개월간 지구 평균 기온은 산업화 이전보다 1.63도나 높았다. 기온이 산업화 이전 대비 1.5도 이상 오르면 지난 1만여 년 동안 인류가 살아왔던 것과는 완전히 다른 지구 생태계가 나타날 것이다.

물론 바다 수온이 오르는 엘니뇨 효과도 있고 해서 어느 한 해 기온 평균치, 기온 상승 폭만으로 1.5도 기후 목표를 넘었다고 단언하기 어렵다. 앞으로 기온이 다시 내려갈 수도 있기 때문이다. 기후는 30년 이상의 장기간의 평균치를 따지는 것이기도 하다.

하지만 지금처럼 세계적으로 획기적인 온실가스 감축이 이뤄지지 않는 상황에서 기온이 다시 내려갈 것이라고 낙관할 수는 없다. 당장 세계기상기구(WMO)는 2024~2028년 5년 동안 연평균 기온이 1.5도를 초과하는 해가 나타날 확률을 86%로 전망했다.

IPCC는 2022년 내놓은 제6차 기후변화 평가보고서(AR6)에서 전 세계가 온실가스 감축에 힘을 쏟더라도 금세기 중반에 1.5도 마지노선을 넘는 것을 막지는 못할 것이라고 전망했다. 인류가 각성하고 온실가스 감축을 잘 해낸다면 21세기가 후반에 다시 1.5도 아래로 기온이 회복될 수 있다는 희망을 보고서에 담기는 했다.

우리 인류는 그 마지막 희망을 붙들어야 한다. 우리가 지금 내뿜고 있는 온실가스가 미래로 보내는 경고음에 귀를 기울여야 한다. 그 경고음이 메아리가 돼 현재로 되돌아오는 그 시그널을 잡아내야 한다. 우리는 지금 너무도 빠른 기후 변화 속도에 암울한 미래를 그릴 수밖에 없다. 그 암울한 미래에서 들려오는 지구의 바이털 사인vital sign을 체크하고, 그 신호를 건강한 몸에서 나오는 희망찬 것으로 바꿔야 한다. 그럴 기회는 자꾸 줄어든다. 지금 이 순간에도 줄어들고 있다. 앞으로 다가올 10년이 인류의 미래를 좌우할 것이다.

대가속과 인류세

현생 인류인 호모 사피엔스*Homo sapiens*가 지구에 출현한 것은 약 30만 년 전이고 오랜 시간 수렵과 채집으로 생계를 이어왔다. 3만 3,000년 전에 늑대를 가축화한 개를 기르기 시작했고, 개와 더불어 사냥에 나서면서 네안데르탈인과의 경쟁에서도 우위를 차지했다. 호모 사피엔스가 정착해서 농사를 짓기 시작한 것은 1만 1,000여 년 전이다. 이 무렵 소를 가축화했다. 이후 인류는 전 세계로 퍼져나갔고, 다양한 곳에서 문명을 꽃피웠다. 그 긴 시간 동안 인류는 주변 환경을 서서히 바꿨다. 때로는 삼림을 없애고 농경지를 만들기도 했지만, 그 변화는 더뎠고 심하지는 않았다.

인류가 증기기관을 발명해 화석 연료를 본격적으로 태우기 시작하고, 산업혁명을 시작하면서 상황은 달라졌다. 인류가 지구 생태계를 뒤바꾸기 시작했다. 20세기 들면서 인간이 지구에 가하는 충격은 선형이 아니라 기하급수적으로 증가했다.

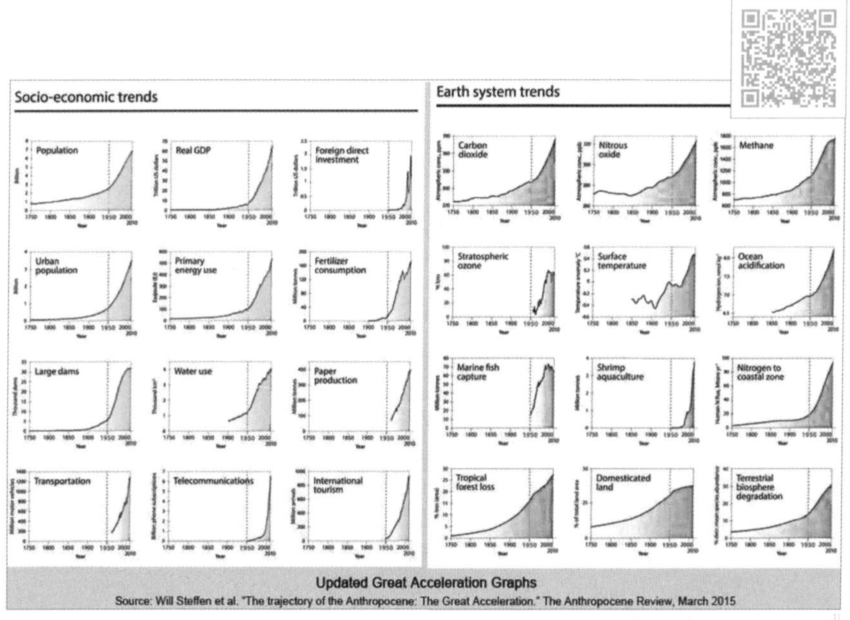

자료: The Anthropocene Review[11]

[그림 2] 인류세의 궤적: 대가속

1900년에 약 450억 톤이었던 누적 이산화탄소 배출량이 2000년에는 1조 톤으로 껑충 뛰었다. 인간이 지난 1만여 년 동안 일군 면적만큼의 농경지가 단 100년 사이에 더해졌다. 1945~2000년 기간 중 세계 인구는 3배로, 물 사용량은 4배로, 해양 어획량은 7배, 비료 소비량은 10배로 증가했다. 20세기 이후 대가속great acceleration 시대는 이런 모습으로 나타났다.

1972년 로마 클럽은 〈성장의 한계〉라는 보고서에서 기하급수적 성장이 가져올 자원 고갈, 환경 오염 같은 미래의 위험을 경고했다. 50년이 지난 지금 로마 클럽의 경고가 예상에서 빗나간 부분이 없지 않지만, 기후 환경 위기를 논하고 있고, 인류는 종말 시계를 매만지고 있다. 미국 핵과학자회BSA에서 2024년 1월 발표한 지구 종말 시계는 자정까지 90초 만을 남겨두고 있다. 핵무기와 우크라이나 전쟁뿐만이 아니라 기후 변화에다 인공지능AI의 급속한 발전이 인류를 종말로 밀어붙이고 있다.

대가속 시대는 인류가 새로운 지질 시대를 열었다는 의미의 인류세人類世, anthropocene라는 새로운 용어로 이어졌다. 성층권 오존층 연구로 노벨화학상을 받은 네덜란드 화학자 파울 크뤼천Paul Crutzen 교수가 지난 2000년 처음 제안했다. 이 용어는 2004년 8월 스웨덴 스톡홀름에서 열린 유로사이언스 포럼을 계기로 전 세계 과학자들의 지지를 받았다. 과학자들은 대체로 1950년을 인류세의 시작으로 제시했다.

인류세가 학계에서 정식 지질 시대로 등록되기 위해서는 국제지질학연합 국제층서위원회ICS의 승인을 받아야 했는데, 2024년 3월 제4기 층서소위원회SQS는 이를 부결시켰다. 소위원회에서는 인류가 지구에 미친 영향을 부정하는 이는 거의 없었지만, 인류세 도입은 성급하다는 의견이 많았다. 짧은 시기, 얕은 지층 깊이가 인간이 초래한 행성 변화에 대한 더 깊은 증거를 포괄하기에는 너무 좁다는 이유도 있었다.

인류세가 지질학계에서 정식으로 채택되지는 못했지만, SQS 표결에 참여한 네덜란드 위트레흐트대학의 킴 코언 교수는 "지질 시대가 규정되든 말든 인류세는 이미 대세"라고 지적했다. 인류세에 대한 공식적인 정의가 없다는 것이 과학에 문제가 되지 않을 것이란 의견이다. 인류세라는 용어는 인류가 이 행성의 모습을 바꾼 여러 행위를 상징한다는 점에서 계속해서 유용하게 사용될 수밖에 없다.

예를 들어, 머나먼 미래에 외계인이 지구라는 행성을 찾았을 때 21세기 초에 해당하는 지층에서는 '플라스티글로머레이트plastiglomerate'라는 암석과 닭뼈를 발견할 것이다. 플라스티글로머레이트는 플라스틱 일부가 기존 암석과 엉겨 붙어 결합한 형태를 말한다. 북극의 얼음부터 열대 지방 해변까지 지구 어디에서나 발견되는 플라스틱 오염이 원인이다. 인류가 사라지거나 플라스틱이 사라져도 지구 지층에는 수백만 년 후까지 플라스틱의 독특한 화학적 신호는 감지될 것으로 예상된다.

닭고기는 현시대에서 인류가 가장 좋아하는 고기다. 세계적으로 230억 마리의 닭이 사육되고 연간 620억 마리가 소비된다. 미래 문명에서는 21세기 인류가 연간 600억 마리의 닭을 잡고 뼈를 남긴 것을 확인할 것이다.

인류는 100년도 안 되는 짧은 시기에 자원 생산과 소비의 대가속 시대에 접어들었고, 다양한 형태의 기후 환경 위기를 낳았다. 인류세는 이러한 기후 환경 위기를 총체적으로 표현하는 단어다. 인류가 어떤 미래로 나아갈 것인지를 알려 주는 상징적 신호이기도 하다.

환경신데믹 시대

2020년 초부터 신종 코로나 바이러스 감염증코로나19은 전 세계로 퍼져나갔고, 말 그대로 팬데믹이 됐다. 세계보건기구WHO에 따르면, 2024년 4월까지 전 세계에서 7억 7,500만 명이 코로나19에 감염됐고, 700만 명 이상이 사망했다. 질병관리청 집계에 따르면, 국내에서도 전수조사가 이뤄진 2023년 8월 말까지 3,457만 명이 감염돼 3만 5,607명이 목숨을 잃었다.

코로나19의 정확한 기원은 밝혀지지 않았지만, 무분별한 개발과 생태계 훼손, 야생동물 밀렵과 거래 등으로 인해 박쥐 등 야생동물에 있던 바이러스가 사람에게 전파된 것으로 전문가들은 추정하고 있다. 종種희석 이론에 따르면, 병원균이 있더라도 생태계에 다양한 생물종이 존재한다면 중간에서 차단해 사람에까지 전파되지 않도록 막아 준다. 코로나19의 창궐은 생물 다양성 파괴의 결과인 셈이다.

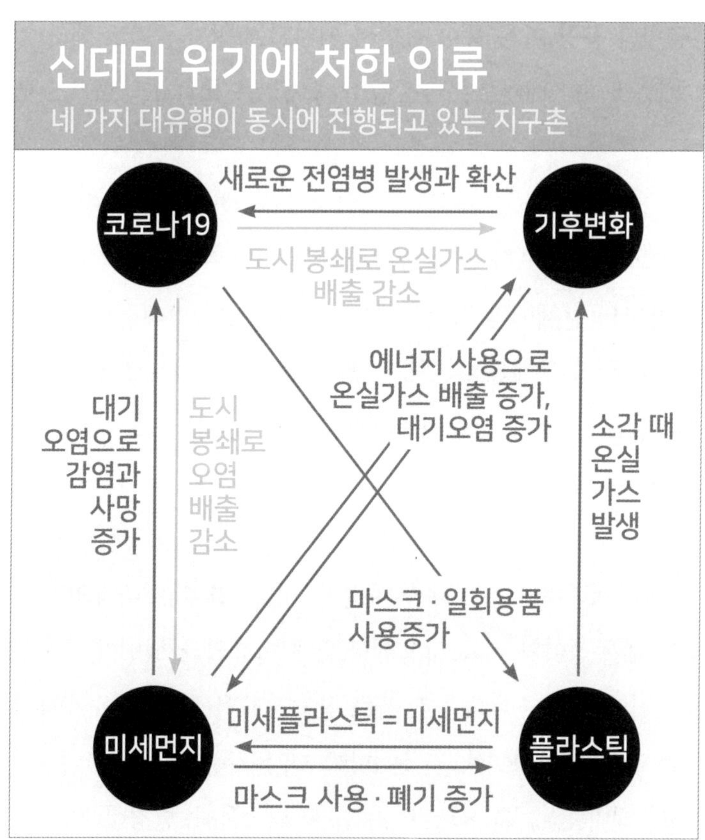

[그림 3] 신데믹 위기에 처한 인류

코로나19 창궐은 그 자체로 인류 역사에 큰 흔적을 남겼지만, 환경 분야에도 큰 영향을 주었다. 무엇보다 엄청난 양의 플라스틱 쓰레기를 남겼다. 초기 3년 동안 전 세계에서 사용하고 버린 일회용 마스크만 9,000억 개에 이르렀다. 일회용 마스크에는 미세 플라스틱층이 들어 있어 함부로 버려진 마스크는 미세 플라스틱 오염을 유발한다. 코로나19로 사회적 거리 두기가 이뤄지면서 전 세계적으로 음식 배달이 늘면서 플라스틱 등 1회용품 쓰레기가 넘쳐났다. 한편에서는 자동차 통행량이나 공장 가동 등이 줄면서 에너지 소비가 줄기도 했다. 온실가스 배출량이나 대기오염 배출량이 줄어드는 효과가 나오기도 했다.

다양한 기후 환경 문제는 서로 얽혀 있다. 하나의 이슈는 다른 문제를 완화시키기도 하지만, 상승작용을 일으켜 악화시키는 경우도 많다. 하나의 문제에만 집중해서는 문제를 제대로 해결하기 어렵다. 여러 기후 환경 문제를 동시에 조망하면서, 종합적으로 접근해야 해결책을 찾을 수 있다. 그래서 필자가 만든 '환경신데믹eco-syndemic'이란 개념이 중요하다.

'신데믹' 개념 자체는 1990년대 중반 미국 코네티컷대학의 의학 인류학자 메릴 싱어가 처음 사용했다. 2개 이상의 유행병이 동시 혹은 연이어 집단으로 나타나면서, 서로 상승작용을 일으키고, 사태를 악화하는 것을 말한다. '신syn-'은 '함께' 혹은 '동시에' 뜻을 가진 접두사이고, '데믹-demic'은 유행병epidemic을 의미한다. 환경신데믹은 신데믹 개념을 환경 분야에 접목한 것이다.

환경신데믹이란 용어를 사용하지는 않았지만, 해외에서도 이러한 개념은 보편화되고 있다. 마티아스 슈멜츠 등은 《미래는 탈성장》이란 책에서 다음과 같이 말했다. "우리가 맞서고 있는 것은 기후 변화만이 아니다. 대가속은 물 시스템부터 우리가 호흡하는 공기, 생물 다양성, 토양 건강, 6차 대멸종, 인수전염병의 위험 증가에 이르기까지 인간과 자연 간 상호작용의 모든 측면에 영향을 미치고 있다. 중략 기후 변화 자체는 지구 생태계의 다각적인 악화의 한 측면에 불과하다."

캐나다 브리티시컬럼비아대학 연구팀은 2024년 4월 〈랜싯 지구 보건 Lancet Planetary Health〉 저널에 발표한 논문에서 지구 기온 상승과 생물 다양성 상실, 전염병 출현 등의 상호 연관성을 정의하고 예시하기도 했다.

일부에서는 '다중위기 polycrisis'라는 용어를 사용하기도 하지만, 이는 기후 환경 문제에만 국한돼 사용할 수 있는 것은 아니다. 정치 경제 분야까지도 포함할 수 있다는 얘기다.

환경신데믹 개념이 중요한 것은 다양한 기후 환경 이슈에 개별적으로 접근해서는 답을 얻을 수 없다는 점 때문이다. 공장이나 자동차 등의 온실가스와 대기 오염물질은 배출량은 동시에 줄일 수 있지만, 이 과정에서 새로운 문제가 생긴다. 미세먼지가 줄면 대기를 통과하는 태양에너지가 증가해 온실가스 감축에도 불구하고 어느 수준까지는 오히려 지구 평균 기온이 상승하는 문제가 발생할 수 있다.

세계적으로 미세먼지 등 대기오염으로 인한 조기 사망자가 연간 500만~700만 명에 이른다. 이에 따라 대기오염을 줄이려는 노력은 계속될 것이다. 온실가스 배출 속도가 크게 줄지 않는 상태에서 대기

오염 감소는 지구 기온 상승을 초래할 수 있다. 5~10년이란 짧은 시간 안에 기온 상승 추세가 멈추지 않을 전망이다. 온실가스 감축과 더불어 기후 적응에도 노력해야 하는 이유다.

또 기후 변화로 온도가 상승하면 오존 오염은 더 심해질 수도 있다. 여름철 대기오염을 일으키는 오존은 휘발성유기화합물VOCs이나 질소산화물NOx이 태양에너지와 반응해서 생성된다. 향후 5~10년 동안 국내 미세먼지 오염은 줄겠지만, 오존 오염은 지금의 추세가 이어져 더 악화할 가능성이 있다. 중국은 코로나19 이후 미세먼지 문제가 다소 수그러들면서 오존 오염이 심각한 양상으로 나타나고 있다. 미세먼지가 그런 것처럼 오존 역시도 중국에서 날아오는 전구물질precursor의 기여를 무시할 수 없다.

환경신데믹에 관심을 둬야 하는 것은 또 다른 이유는 인류의 조바심이 초래할 부작용을 예방하는 데 도움을 줄 수 있다는 점이다. 기후 환경 위기가 심각해질수록 대규모의 해결책, 단시일에 성과를 거둘 수 있는 해법에 관심을 갖게 되겠지만, 생각하지 못한 문제들이 출현할 수 있다. 부작용도 늘 고려해야 한다. 온실가스를 땅속에 묻는 탄소 포집 저장CCS도 주의가 필요하다. 대규모 누출이나 지진이 발생할 수도 있다. 성층권에 먼지를 뿌려 햇빛을 차단한다거나, 바다에 철분을 뿌려 식물 플랑크톤이 온실가스를 흡수하도록 하겠다는 지구공학Geoengineering에 대해서도 신중하게 접근해야 한다. 생각보다 효과가 없을 수도 있지만, 의외의 대기오염이나 유해 플랑크톤 대발생을 초래할 수도 있다.

빈번한 팬데믹

코로나19가 일시적으로는 온실가스 배출을 줄였지만, 코로나19에서 벗어나자마자 전 세계 온실가스 배출량은 다시 늘었다. 기후 변화가 심해지면 팬데믹까지는 아니더라도 각종 감염병이 다시 창궐할 수 있다.

기온이 상승하면 콜레라가 확산할 수 있다. 식중독도 늘어날 수 있다. 말라리아나 뎅기열 바이러스를 옮기는 매개체인 모기는 기온 상승으로 서식지가 확대된다. 뎅기열은 뎅기바이러스를 보유한 이집트숲모기, 흰줄숲모기 등 매개 모기에 물려 감염되는 병으로 5~7일의 잠복기가 지나면 발열·두통·오한 등의 증상이 나타난다. 출혈이 있는 뎅기출혈열 등 중증으로 진행되는 경우 치사율이 약 5%에 달한다.

기후 변화로 기온이 상승하면 뎅기열이 유행하는 계절이 더 길어진다. 강수량이 증가하면 더 많은 물웅덩이가 생기고, 모기의 번식 기회가 더 많아진다. 지난 20여 년 사이 기후 변화로 뎅기열 발생 국가가 크게 늘었고 최근 프랑스와 크로아티아 등 유럽 국가는 물론 아프가니스탄과 미국까지 번진 상태다. 현재 전 세계 100여 개국에서 풍토병이 되면서 39억 명이 뎅기열 감염 위험에 처해 있다.

2024년 6월 유럽질병예방통제센터ECDC 발표를 인용한 AFP 통신 보도에 따르면, 2023년 아이슬란드, 리히텐슈타인, 노르웨이 등지에서 뎅기열 발생 보고가 130건에 이르렀다. 2010~2021년 전체 기간에 73명이었던 것에 비해 상당한 증가다. 2022년에는 71건이었다.

ECDC 소장인 안드레아 아몬은 기자회견에서 "기후 변화로 유럽 지역에 침입성 모기가 확산되고, 뎅기열과 같은 질병이 확산하는 데 더 유리한 조건이 이미 만들어지고 있다."라고 말했다.

모기가 옮기는 또 다른 전염병인 웨스트나일바이러스의 경우도 2023년에 유럽연합EU 9개국 123개 지역에서 713건의 발병 사례가 보고되었고, 이 가운데 67명이 사망했다.

한반도 역시 예외는 아니다. 기후 변화로 향후 5~10년 내에 한반도 내에서 뎅기열이 풍토병으로 자리 잡을 수 있다. 실제로 2008년 이후 제주도에서 뎅기열을 옮기는 이집트숲모기가 관찰되고 있다. 뎅기열을 옮기는 이집트숲모기는 겨울 평균 기온이 10도 이상으로 올라가면 서식이 가능한 것으로 알려졌다. 1990~2020년 평년값을 보면, 제주도 서귀포의 경우 3~11월까지 9개월 동안 월평균 기온이 10도를 넘었고, 12월도 월평균 기온이 9.4도를 유지했다. 기상청 자료를 보면 서귀포의 월평균 기온이 2023년 12월 9.9도, 2024년 1월 8.5도, 2월 10.3도였다. 앞으로 기온이 더 오른다면 이집트숲모기가 제주도 서귀포에서 월동할 날도 머지 않았다.

말라리아의 경우 국내에서는 비무장지대DMZ에 가까운 지역을 중심으로 발생하고 있다. 방역이 제대로 이뤄지지 않는 북한의 영향 때문이다. 질병관리본부에 따르면, 국내 말라리아 환자는 2020년 385

명, 2021년 294명이던 것이 2022년 420명, 2023년에는 747명으로 보고됐다. 국내에서 발생하는 말라리아는 삼일열 원충에 감염된 얼룩날개모기류 암컷에 의해 전파되며 증상은 고열·오한·두탕·설사·기침·콧물·복통 등이 있다. 삼일열 말라리아는 열대 지방에서 확산하는 열대열 말라리아와는 차이가 있다.

국내에서는 잠복기 때문에 봄철에도 말라리아 환자가 보고되기도 하지만, 더위가 본격화하고 모기가 활발하게 활동하는 6월부터 환자가 급증하는 양상을 보인다. 말라리아는 모기가 잘 자라는 덥고 습한 조건에서 더 잘 퍼진다. 기후 변화와 폭염과 폭우가 늘어나면 모기 서식도 늘어나고 말라리아 확산도 그만큼 늘어날 수 있다.

이 때문에 백신의 개발과 방역 체계 보완 등 의료 시스템 전체를 개선하는 등 기후 변화에 따른 감염병 확산을 방지하기 위한 노력이 필요하다. 나아가서는 폭염과 온열 질환 등 기후 변화로 인한 건강 위기에 대처하기 위한 노력이 시급하다.

세계적으로는 조류인플루엔자AI가 확산하고 있다. H5N1 계통군 2.3.4.4b 변이 바이러스는 2020년부터 전 세계적으로 문제를 일으키기 시작했다. AI 바이러스는 북아프리카 철새들, 남미의 바다사자와 코끼리물범, 알래스카의 북극곰, 미국의 젖소를 감염시켰고, 사람도 드물게 감염시키고 있다.

AI 바이러스는 인플루엔자 바이러스 중에서도 인플루엔자A 바이러스에 해당하는데, 인플루엔자A는 사람과 조류를, 인플루엔자B는 사람만 감염시키고, 인플루엔자C는 사람과 돼지를 감염시킨다. 가축의 몸에서 이들 바이러스가 뒤섞여 새로운 바이러스의 유전자 조합이 나타나면서, 사람 사이에 빠르게 퍼지는 바이러스 출현도 우려되고 있다.

기후 변화는 AI 바이러스를 가진 조류의 이동을 예측하기 어렵게 만든다는 점에서 기후 변화가 새로운 팬데믹의 근본 원인으로 작용할 수도 있다. 영구동토층에 잠들어 있는 옛 바이러스가 기후 변화로 녹아내린 얼음 조각 사이에서 살아나올 수도 있다.

WHO 주도로 국제사회는 '팬데믹 협약'을 준비하고 있으나, 선진국과 중·저소득 국가 사이의 입장 차이로 난항을 겪고 있다. 협약을 통해 팬데믹 발생을 예방하고, 발생하더라도 피해를 최소화하는 국제 협력 체계가 이른 시일 내 이뤄져야 한다.

기후플레이션

기후 변화를 기후 위기로 부르는 이유 가운데 하나는 예측이 어렵다는 점이다. 기온이 1도 오르면 대기가 품을 수 있는 수증기의 양은 약 7% 증가한다. 기온이 오를수록 대기 중에 수증기가 많아지고, 많아진 수증기는 갑작스럽게 많은 비를 퍼붓게 된다. 폭우와 홍수가 잦아진다는 얘기다. 기후 변화 속에서 가뭄도 늘어난다. 기온이 상승하면 토양의 수분이 더 잘 증발한다. 비가 제때 내리지 않는다면 곧잘 가뭄으로 이어진다.

2022년 8월 서울 등 수도권에는 시간당 140㎜가 넘는 극단적 폭우가 쏟아졌고, 2023년 봄 호남지방에서는 극심한 가뭄이 나타났다. 다시 2023년 여름 중부지방 등에는 폭우가 쏟아져 오송 지하차도 참사가 발생했다. 짧은 시간에 홍수에서 가뭄으로, 가뭄에서 홍수로 급변하는 것이 기후 변화의 특징이다.

기후 변화로 인해 극단적인 기상 현상도 잦아지고, 이는 농업 생산에도 영향을 주게 된다. 병충해가 창궐하고 냉해 등이 발생하면 흉작으로 이어질 수 있다는 것이다. 2024년 국내 사과 한 개 가격이 1만 원에 이르렀고, 2024년 4월 총선에서는 대파 가격이 논란의 중심에 섰다.

세계적으로 2024년 여름 초콜릿 주원료인 코코아 가격은 톤당 1만 달러에 육박할 정도로 치솟았고, 커피 가격도 1년 사이 30%가 올랐다. 코코아 생산의 80%를 차지하는 서아프리카의 극심한 가뭄과 로부스타 커피의 최대 산지인 베트남의 가뭄 탓이다.

이 때문에 '기후플레이션Climateflation'이란 말도 등장했다. 기후로 인해 농작물 흉작이 나타나고 이로 인해 가격이 치솟는 것을 기후플레이션이라고 한다. 기후와 인플레이션을 합성한 말이다.

한국은행 조사국 물가동향팀이 2024년 6월 밝힌 연구 결과에 따르면, 폭염 등 일시적으로 기온이 1도 상승하는 충격이 발생하면 농산물 가격이 0.4~0.5% 포인트 상승하고, 오른 물가가 6개월가량 지속했다. 한은은 온실가스 배출 시나리오에 따라 장기적으로 2040년까지 국내 농산물 가격이 0.6~1.1%, 전체 물가는 0.3~0.6% 상승할 것으로 추산하기도 했다.

기온이 상승하면 작물의 생산 수율도 낮아질 수 있다. 21세기 말까지 지속적인 기온 상승으로 인해 전 세계 쌀 생산량이 3.4~10.9% 감소할 것으로 예상된다. 중국의 경우 쌀 수확량이 지방에 따라 40.2% 감소에서 6.2% 증가로 폭넓은 전망치가 나오는데, 평균적으로 10.6% 감소가 예상된다. 세계 인구는 증가하는데, 농산물 생산량은 그만큼 증가하지 않는다는 의미다.

기후 변화는 이처럼 식량 안보를 위협한다. 식량 부족을 해결하기 위해서는 인공위성 관측으로 가뭄 홍수 등 재해에 대비하고, 가뭄 등에 강한 품종을 확보하는 것이 필요하다. 아울러 먹거리의 세계적인 공급망도 개선할 필요가 있다. 농산물 유통 과정이나 최종 조리 과정에서, 그리고 소비 과정에서 나오는 음식물 쓰레기를 최소화하는 것이 필요하다. 상품성이 떨어지는 농산물을 별도 가공해서 소비 흐름에 재투입해야 한다. 폐기물 문제를 해결하는 길인 동시에 먹을거리 부족을 해결하는 길이기도 하다.

아울러 식량 부족 문제를 해결하기 위해 곤충이나 식물로 만든 대체육을 식탁에 올릴 수도 있다. 도시 농업이나 실내 식물 공장에서 재배한 먹거리도 부분적인 해결책이 될 수 있다.

식량 시스템 경제위원회FSEC의 전문가들은 2024년 1월 내놓은 글로벌 정책 보고서에서 전 세계의 식량 시스템을 변화시키면 연간 5조~10조 달러에 달하는 사회경제적 이익을 가져올 것이라고 밝혔다. 이 보고서는 현재 추세라면 2050년까지 세계 일부 지역에서 6억 4,000만 명어린이 1억 2,100만 명을 포함의 인구가 영양 부족으로 저체중이 되는 동시에 비만은 전 세계적으로 70%가 증가할 것이라고 내다봤다. 식량 시스템을 개혁한다면 1억 7,400만 명의 조기 사망을 구할 수 있다는 주장도 덧붙였다.

디지털 트윈의 확대

기후 위기가 심화하면서 인류와 지구 생태계의 미래를 예측하려는 노력도 늘고 있다. 대표적인 것이 IPCC의 기후변화 평가보고서이다. 2023년까지 발표된 기후변화 평가보고서는 대표 농도 경로RCPs나 공통 사회경제 경로SSP 같은 전 세계의 온실가스 배출 시나리오를 여러 개 정해 놓고 그에 따라 지구의 미래 기후가 각각 어떻게 달라지는가를 예측한 것이다.

기후와 생태계를 연구하는 전문가들은 분야별로 다양한 기후 모델을 활용해서 미래를 예측한다. 다양한 온실가스 배출 시나리오를 기반으로 미래 기후를 예측한 IPCC의 6차 평가보고서AR6는 세계 기후 연구 프로그램WCRP의 결합 모형 상호 비교 프로젝트 6CMIP6의 기후 모델을 활용했다. 전 세계 33개 센터에서 70개 이상의 모델을 구동, 그 결과를 비교하는 연구가 진행되고 있다. 각 센터들은 대기, 해양, 육상, 빙하 등의 모델링 영역에서 수천 개의 변수를 갖고 모델링을 진행한다. 현재까지는 온실가스 배출 시나리오와 미래의 기후, 배출 시나리오와 생태계의 변화, 탄소와 질소 순환 등을 예측하는 것이 대부분이다.

한반도 범위에서는 눈부시게 발전하는 인공지능AI 기술을 활용해 조금 다른 접근법도 가능하다. 한국수자원공사에서 댐 홍수위 조절을 위해 도입한 것처럼, 디지털 트윈digital twin 기법은 가상 세계에서 적용해서 문제점이 없는지를 미리 파악하고, 문제가 없을 때 실제 상황에 적용하는 방법이다. 미 항공우주국NASA에서도 2004년 5월 대규모 산불이 발생했을 때 불길이나 연기가 어디로 확산할지를 예측하는 데 디지털 트윈을 활용하고 있다고 발표한 바 있다.

2023년 10월 국토교통부는 이런 디지털 트윈 기술 확산을 위해 산·학·연 전문가와 지자체, 기업 등이 참여하는 '디지털 트윈 소사이어티'를 발족했다. 디지털 트윈은 이제 재난 위험 대비뿐만 아니라 교통 체계 개선이나 도시계획 부문에서도 널리 활용될 전망이다. 또한, 기상 조건에 따라 농산물 작황이 어떻게 달라지는지도 디지털 트윈으로 미리 예상하고 대처할 수 있다.

아울러 우리 사회가 2050년 탄소 중립을 목표로 온실가스 감축을 진행하는 상황에서 미래 사회의 모습을 예측forecasting하는 것과 동시에 미래 사회에서 현재 사회를 역투사逆投射, back-casting하는 것도 필요하다. 역투사는 미래의 바람직한 결과를 설정한 후, 그 결과를 달성하기 위해 현재로부터 필요한 단계들을 거꾸로 계획하는 방법을 의미한다. 탄소 중립을 실현한 사회의 모습을 그려 놓고, 그 모습을 실현할 수 있는 과학기술을 찾아내고, 그 기술을 개발하고 보급하는 데 필요한 제도와 지원책, 인력 양성 등을 준비하자는 것이다. 이때는 인구 구조와 인구 이동과 분포 등 우리 사회의 사회경제적 조건이 어떻게 달라질 것인지 충분히 검토하고 적용해야 한다. 역투사를 위해서는 디지털 트윈 외에 가상현실, 증강현실 같은 메타버스metaverse 기법도 활용할 필요가 있다.

디지털 트윈이든, 메타버스든 이를 뒷받침하기 위해 인공지능의 활용이 필요하다. 인공지능은 두 얼굴을 가지고 있다. 우선 인공지능 기술을 활용하면 기후 환경 문제 해결에 많은 도움이 된다. 반면 인공지능 기술은 더 많은 에너지를 사용해야 하고, 기후 환경 문제에 새로운 부담을 지울 수 있다.

예를 들어, 인공지능을 활용해 기후 예측 모델을 더 빨리 구동하고, 더 정확한 데이터를 얻을 수 있다. 인공위성으로 지구를 관측할 때 더 많은 데이터를 빠르게 처리할 수 있다. 카풀car-pooling이나 자동차 공유에 인공지능을 활용할 수도 있다. 수자원 공급망 관리나 건물의 에너지 효율을 높이는 데도 적용할 수 있다.

생성형 인공지능을 사용하면 기존 데이터 검색에 비해 훨씬 많은 에너지를 사용하게 되고, 이 생성형 인공지능을 훈련시킬 때도 많은 에너지가 들어간다. 국제에너지기구IEA에 따르면, 세계적으로 데이터센터에서 배출하는 온실가스는 전체 온실가스 배출량의 1%를 차지한다. 온실가스 배출량 9위인 한국이 전 세계 배출량에서 차지하는 비중이 2%인 점을 고려하면 결코 적은 양이 아니다. 미국 에너지부에 따르면, 데이터센터에서 소비되는 전력의 절반은 장비 운영에, 나머지 25~40%는 온도 조절 등 공조 시스템 운영에 들어간다. 생성형 인공지능 개발을 둘러싼 경쟁, 반도체 산업의 경쟁은 더 많은 에너지 소비를 불러올 것이다.

에너지 소비는 재생에너지 등 발전 시스템, 송전 시스템 확대로 이어지고 새로운 광물 수요를 낳는다. 대표적인 것이 구리다. 미국의 투자은행 골드만삭스가 2021년 보고서에서 "구리는 새로운 석유"라고 선언한 것처럼 구리 수요는 빠르게 치솟고 있다. 지난 2019년 기준으로 전 세계에서 27억 톤의 구리 광석이 채굴됐는데, 이 가운데 18%가 전력 인프라에 사용됐다. 재생에너지 보급 확대 바람에 전력 인프라에 사용될 구리의 연간 수요는 2050년까지 지금의 2배에서 최대 5배로 늘어날 것이란 전망도 있다.

땅속에서 많은 양의 구리를 캐내다 보니 광석의 품질도 떨어진다. 1900년에는 구리 1톤을 생산하기 위해 동광석 50톤을 처리하면 됐는데, 지금은 800톤을 처리해야 한다. 채굴 과정에서 소비되는 전력량도 구리 1톤당 250kWh에서 4,000kWh로 늘었다.

독일의 글로벌 커먼즈 및 기후 변화에 관한 메르카토르연구소MCC와 오스트리아 국제응용시스템분석연구소IIASA 등 국제 연구팀은 2024년 〈네이처 기후 변화Nature Climate Change〉 저널에 발표한 논문에서 에너지 전환에서 원자재 영향을 완화하기 위한 수요 측면 전략을 제시했다. 한마디로 에너지 및 재료를 덜 사용하면서도 더 높은 웰빙을 달성하자는 것이다. 자원 채굴이나 각종 장비·설비의 에너지 효율을 높이고, 자원 이용의 효율을 높일 수 있는 제품 설계, 공정 설계가 채택돼야 한다. 제품의 수명을 늘리고, 자원의 회수 재활용과 재사용으로 수요를 줄이는 '자원 순환 전략'도 포함된다. 승용차 공유 등을 활용해 자원 소비를 줄이면서도 필요한 서비스를 제공하는 것도 검토될 수 있다.

SIGNAL KOREA 2025

기후 책임제

기후 환경 위기를 벗어나기 위해서는 국가와 지방자치단체에서 적절한 정책을 수립하고 추진해야 한다. 또한, 기업과 가정, 개인도 나름대로 동참해야 한다. 저탄소 사회를 추구해야 한다는 의미다.

탈성장이 대안인가

1972년 로마 클럽은 〈성장의 한계〉 보고서에서 이산화탄소를 대기 오염물질의 하나로 규정했다. 하지만 이산화탄소 배출 증가로 인한 기후 변화를 걱정하지는 않았다. 그럼에도 인구와 자원 소비의 기하급수적 증가는 필연적으로 기후 환경 위기를 낳았다. 인구의 증가에다 소득과 소비 수준의 향상은 훨씬 더 많은 자원, 더 많은 에너지를 요구한다. 우리 인류가 겪고 있는 지금의 기후 환경 위기의 해결책도 바로 여기에서 시작할 수밖에 없다.

유엔의 〈2022 인구 전망〉 보고서는 세계 인구는 지금의 85억 명에서 2050년에는 97억 명, 2080년 104억 명에 이르고, 이후 2100년까지 이 수준을 유지할 것으로 예상했다. 2021년 전 세계 여성의 합계 출산율이 평균 2.3명이었지만, 경제협력개발기구OECD 38개 회원국만 보면 2022년 기준으로 합계 출산율이 1.51이었다. 한국은 0.7명에도 못 미친다. 인구 대체 수준인 2.2명보다 낮다. 선진국 인구는 감소하고, 중·저소득국 인구는 계속 증가한다는 의미다. 향후 100억 인구를 어떻게 먹여 살릴 것인가 하는 과제는 남지만 인구 문제는 서서히 가닥이 잡힐 것으로 예상된다.

문제는 지속 가능한 발전이 아닌 지속 성장을 추구하는 경제 시스템에 있다. 인구가 감소해도 소비 수준이 확대되고 경제 규모가 계속 커지면 기후 환경 문제는 그대로 남는다. 유럽 등 선진국에서는 인구가 줄더라도 더 큰 주택, 더 큰 자동차, 더 큰 가전제품을 사용한다면 기후 환경 문제는 해결되지 않는다. 선진국들은 기후 환경 위기에서 벗어나기 위해 경제가 성장하더라도 온실가스 배출은 줄어드는 탈동조화decoupling, 혹은 녹색 성장green growth를 지향해 왔지만 현실은 참담하다. 경제 성장을 계속 추구했고, 온실가스 감축은 시늉만 했다. 이런 속도로는 탄소 중립에 도달하는 데 평균 200년도 더 걸릴 것이라는 연구 결과도 있다.

일부에서는 아예 '탈성장degrowth'을 해법으로 제시하기도 한다. 더 이상 성장을 추구하지 않고 오히려 경제 규모를 축소하자는 얘기다. 자본주의의 경계를 뛰어넘어 "성장 패러다임과 관련된 약속, 신화, 희망에 비판적으로 개입하고 해체하는 동시에 이를 변혁해야 한다"는 것이 탈성장 주장의 핵심이다. 세계 각국에서는 '멸종 저항' 운동과 시위가 벌어지고, 축소 지향의 경제를 주장하는 목소리가 높지만, 탈성장은 자본주의 체제 담벼락 너머를 보고 있기 때문에 어떤 미래가 다가올지 쉽게 상상하기 어렵다. 그래서 아직 폭넓은 지지를 받지는 못하고 있는 것도 사실이다.

현재는 다소 어정쩡한 개념인 '순환 경제circular economy'가 대안으로 제시되고 있다. 재생에너지를 확대하고, 재활용을 통해 자원이 이용 효율성을 높이고, 폐기물 발생을 억제함으로써 기후 환경 위기를 극복하자는 내용이다. 100% 자원 순환이 이뤄진다면 문제가 없지만 그렇지 않은 다음에는 순환 경제도 한계가 있다. 자연의 순환 속도가 사람이 오염물질 배출하는 속도를 따라잡기에는 역부족이고, 사람이 순환 속도를 높이더라도 또 다른 부작용이 나타날 가능성이 있다.

결국은 탈성장 대신 시민의 거부감이 적은 '정상 상태 경제steady-state economy'를 추구하는 것이 방법일 수 있다. 정상 상태 경제는 생태경제학에서 잘 확립된 개념이다. 환경적 지속 가능성과 자원의 한계에 부합하는 수준에서 생산과 소비를 일정하게 유지하는 것을 목표로 하는 경제를 말한다. 지속적인 경제 성장 대신에 장기적인 생태 균형과 공평한 부의 분배에 중점을 두는 것이다. 사회 내 일부 분야의 성장과 다른 분야의 쇠퇴가 동시에 나타나면서 균형을 맞추는 것이다.

정상 상태 경제는 '도넛 경제Doughnut economics' 개념과 연결될 수 있다. 케이트 레이워스가 도입한 도넛 경제 개념은 사회경제 시스템이 차지할 수 있는 공간을 도넛 모양으로 표현한 것이다. 이른바 '인류를 위한 안전하고 정의로운 공간'이다.

도넛 안쪽 원고리은 사람이 살아가는 데 기본적으로 필요한 요소사회적 기초를 나타내고, 바깥쪽 원고리은 생태적 한계행성 경계를 나타낸다. 사람들의 기본적 요구 사항을 충족시키기 위해서는 일정 부분 지구 생태계의 훼손은 불가피하지만, 그렇다고 무한정으로 지구 생태계 훼손할 수는 없다는 것이다. 지구 생태계를 지탱할 수 있는 한계가 바로 행성 한계planetary boundary다.

결국 도넛 경제가 제시한 것처럼 향후 100억 명에 이를 개개인의 요구 사항을 일정 수준에서 평등하게 충족시켜야 하는 동시에 지구 행성 한계를 벗어나 지구 생태계가 붕괴하지 않도록 해야 한다는 과제가 인류 앞에 남아 있다.

이는 좁은 변동 폭 내에서 지구 사회경제 시스템을 절묘하게 운영해야 한다는 의미다. 이를 위해 인공지능과 디지털 트윈과 같은 첨단 기술을 활용하든, 1인당 배출권 할당이나 탄소세 같은 강력한 제도를 도입하든 그것은 인류의 선택에 달려 있다. 중요한 것은 균형, 순환, 정의에 바탕을 둬야 한다는 점이다.

참고 자료 및 출처

01. 미래 일자리를 어떻게 준비해야 할까?

1) Aristotle. (350 B.C.E.). Politics: Riccardo Campa. (2015). Technological Growth and Unemployment: A Global Scenario Analysis. Journal of Evolution and Technology, 24(1): 86-103

2) Suetonius, Graves, R., & Grant, M. (1979). The twelve Caesars. Penguin.

3) Rauch, J. (2018). Slow media: Why slow is satisfying, sustainable, and smart. Oxford University Press: 99-121

4) Rauch, Ibid..

5) Atkinson, Robert D. (2015.12.21). The 2015 ITIF Luddite Award Nominees: The Worst of the Year's Worst Innovation Killers. ITIF.

6) The Guardian. (2015.12.24). Elon Musk nominated for 'luddite' of the year prize over artificial intelligence fears.

7) Rauch, Ibid..

8) Keynes, J. M. (1930). 《Economic Possibilities for our Grandchildren》. Essays in Persuasion. Harcourt Brace. 358-373.

9) Stumbling and Mumbling. (2012.07.18). Unemployment: A Brief History. 2024.07.04 접근. https://stumblingandmumbling.typepad.com/stumbling_and_mumbling/2012/07/unemployment-a-brief-history.html

10) O*Net Database: https://www.onetonline.org/

11) Frey, C. B., & Osborne, M. A. (2017). The future of employment: How susceptible are jobs to computerisation?. Technological forecasting and social change, 114, 254-280.

12) 김건우. (2018). 인공지능에 의한 일자리 위험 진단. LG 경제연구원보고서.

13) 한겨레. (2023.05.03). 역대 최저 청년실업률의 비밀… 오토바이 팔고 식당 알바로.

14) OpenAI. (2023). GPT-4 Technical Report

15) Google. N.D. Med-PaLM: A large language model from Google Research, designed for the medical domain. 2024.06.09 접근. https://sites.research.google/med-palm/

16) Lott, Maxim. (2024.03.05). AIs ranked by IQ; AI passes 100 IQ for first time, with release of Claude-3. Maximun Truth.

17) Hatzius, J. (2023). The Potentially Large Effects of Artificial Intelligence on Economic Growth (Briggs/Kodnani). Goldman Sachs, 1.

18) Eloundou, T., Manning, S., Mishkin, P., & Rock, D. (2023). GPTs are GPTs: An early look at the labor market impact potential of large language models. arXiv preprint arXiv:2303.10130.

19) Mobile ALOHA: https://mobile-aloha.github.io/
20) Ark Invest. (2023). Big Ideas 2023.
21) Vicuna Team. (2023.03.30). Vicuna: An Open-Source Chatbot Impressing GPT-4 with 90%* ChatGPT Quality. 2024.07.04 접근. https://lmsys.org/blog/2023-03-30-vicuna/
22) Ark Invest. (2024). Big Ideas 2024.
23) Susan Ratcliffe, ed. (2016). 《Roy Amara 1925–2007, American futurologist》. Oxford Essential Quotations. Vol. 1 (4th ed.). Oxford University Press
24) Smith, Gary. (2024.06.27). AI is still a delusion. 2014.07.04. 접근. https://mindmatters.ai/2024/06/ai-is-still-a-delusion/
25) Gartner. (2023). Hype Cycle For Emerging Technologies 2023
26) Business Insider. (2024.06.30). Goldman Sachs says the return on investment for AI might be disappointing. 2014.07.04. 접근. https://www.businessinsider.com/ai-return-investment-disappointing-goldman-sachs-report-2024-6
27) Smith, G. (2018). The AI delusion. Oxford University Press.
28) Morris, M. R., Sohl-Dickstein, J., Fiedel, N., Warkentin, T., Dafoe, A., Faust, A., ... & Legg, S. (2023). Levels of AGI: Operationalizing Progress on the Path to AGI. arXiv preprint arXiv:2311.02462.
29) Chace, Calum. (2023.04.13). Against Pausing AI Research. With Pedro Domingos. Forbes.
30) Ogburn, W. F. (1922). Social change with respect to culture and original nature. BW Huebsch, Incorporated.
31) Hazan, Eric, et al. (2024.05). A new future of work: The race to deploy AI and raise skills in Europe and beyond. Mackinsey Global Institute
32) Di Battista, A., Grayling, S., Hasselaar, E., Leopold, T., Li, R., Rayner, M., & Zahidi, S. (2023.05). Future of jobs report 2023. In World Economic Forum, Geneva, Switzerland.
33) Singh, A., Jha, S., Srivastava, D. K., & Somarajan, A. (2022). Future of work: a systematic literature review and evolution of themes. foresight, 24(1), 99–125.
34) WEF. (2024.01.15). Growth and Jobs at Davos 2024: What to know. 2024.07.04 접근. https://www.weforum.org/agenda/2024/01/jobs-growth-davos-2024/
35) Rosa Alegria. (2024.04). a Walk Into The Future Of Work. Human Futures Magazine: Insight for the futurati
36) Poli, R. (2017). Introduction to anticipation studies (Vol. 1). Springer.
37) Di Battista, A., Grayling, S., Hasselaar, E., Leopold, T., Li, R., Rayner, M., & Zahidi, S. Ibid.
38) Long, D., & Magerko, B. (2020, April). What is AI literacy? Competencies and design considerations. In Proceedings of the 2020 CHI conference on human factors in computing systems (pp. 1–16).
39) Toffler, A. (1970). Future shock, 1970. Sydney. Pan.
40) Miller, R. (2018). Transforming the future: Anticipation in the 21st century (p. 300). Taylor & Francis.
41) Turchin, P. (2018). Historical dynamics: Why states rise and fall

42) Rauch, Ibid.
43) Conniff, Richard. (2011). What the Luddites Really Fought Against. Smithonian Magazine. 2024.07.04 접근.
44) UK Parliament. N.D. The 1833 Factory Act. https://www.parliament.uk/about/living-heritage/transformingsociety/livinglearning/19thcentury/overview/factoryact/
45) Edwin Chadwick (1842). Report on the Sanitary Conditions of the Labouring Population of Great Britain; 홍윤철. (2020). 도시, 질병의 극복과 새로운 문제. 여시재
46) MacEwen, Terry. (2020.08). A Very Victorian Two-Penny Hangover. Hisotric UK. 2024.07.04 접근. https://www.historic-uk.com/CultureUK/Two-Penny-Hangover/
47) Our World in Data, Working Hours. 2024.07.04 접근. https://ourworldindata.org/working-hours
48) Our World In Data, Inequality in life expectancy. 2024.07.04 접근. https://ourworldindata.org/grapher/inequality-in-life-expectancy
49) Krugman, Paul. 2013.06.13. Sympathy for the Luddites. New York Times. 2024.07.04 접근. https://www.nytimes.com/2013/06/14/opinion/krugman-sympathy-for-the-luddites.html
50) Piketty, T. (2014). Capital in the twenty–first century. Harvard University Press.
51) 김지환. 2024.04.15. 최저임금 영향받는 노동자 비율, 15년 만에 최저치…왜?. 경향신문
52) 예헤즈켈 드로어 저, 권기헌, 윤기영 외 역. (2019). 인류지도자를 위한 비망록. 박문각
53) Turchin, P. (2007). War and peace and war: The rise and fall of empires. Penguin.
54) OpenAI. 2018.04.09. OpenAI Charter. 2024.03.12 방문. https://openai.com/charter
55) 윤기영. 2024. 신 바벨시대가 온다: 시그널 코리아 2024. 광문각.
58) Slaughter, R. A. (2021). Deleting dystopia: Re-asserting human priorities in the age of surveillance capitalism. University of Southern Queensland.
57) Feldstein, S. (2019). The global expansion of AI surveillance (Vol. 17, No. 9). Washington, DC: Carnegie Endowment for International Peace.
58) Grünwald, Christian. et al. (2022.11). Neues Leitbild 'purpose Economy'. Prognos AG und Z_punkt GmbH.
59) 소하일 이나야툴라, 루나 저, 윤기영 역. (2021). 한국과 아시아의 미래 2040. 박영사
60) Utopian Studies: https://www.psupress.org/journals/jnls_utopian_studies.html
61) Degrowth Journal: https://www.degrowthjournal.org/
62) Chellis Glendinning. (1990). Notes towards a Neo–Luddite Manifesto. Utne Reader. 2024.07.04 접근. https://theanarchistlibrary.org/library/chellis-glendinning-notes-toward-a-neo-luddite-manifesto
63) Rauch, ibid.
64) Silver, L., Van Kessel, P., Huang, C., Clancy, L., & Gubbala, S. (2021). What makes life meaningful? Views from 17 advanced economies. Pew Research Center, 18.
65) Hines, Andy. (2023.12). Imagining After Capitalism. Journal of Futures Studies, Vol. 28 No. 2.
66) 윤기영. (2018.11). 포스트 캐피탈리즘: 디지털 트랜스포메이션과 자본주의의 향방. 미래학회 2018년 추계학술대회

67) Diamandis, P. H., & Kotler, S. (2014). Abundance: The future is better than you think. Simon and Schuster.

68) Bastani, A. (2019). Fully automated luxury communism. Verso Books.

02. AI 시대, 업무 방식과 공간이 하이브리드로 바뀐다

1) midjourney, (2004), midjourney 6.1, https://www.midjourney.com/

2) https://www.archdaily.com/920029/amazon-spheres-nbbj

3) https://www.linkedin.com/pulse/gen-z-work-deep-dive-latest-technological-trends-shaping-aariya-rathi-ocnkf/

- Adam Riggs. (2023.08.21). Why a virtual workspace is essential for productivity, whether you work in the office or not (https://www.fastcompany.com/90941592/why-a-virtual-workspace-is-essential-for-productivity-whether-you-work-in-the-office-or-not)
- Alexandra Hasek. (2022.05.02). Biophilic design–10 great examples of green exteriors and interiors (https://www.planradar.com/gb/biophilic-design-10-great-examples/)
- Aminu Abdullahi. (2024.03.26). 10 Best AI Collaboration Tools 2024 (https://www.eweek.com/artificial-intelligence/ai-collaboration-tools/)
- Anushree Tayade. (2024. 5. 31). 5 Top Virtual Collaboration Tools for Remote Teams (https://justcall.io/blog/top-virtual-collaboration-tools-for-remote-teams.html)
- Anytime-Offices. (2023. 9. 24). Advantages of Adopting a Hybrid Work Model (https://www.anytimeoffices.com.au/advantages-of-adopting-a-hybrid-work-model/)
- BBC. (2013.07.22). How the office was invented (https://www.bbc.com/news/magazine-23372401)
- CNN. (2024.01.30). IBM tells managers to come to the office or leave their jobs (https://edition.cnn.com/2024/01/31/business/ibm-tells-managers-to-come-to-the-office-or-leave-their-jobs/index.html)
- Dan Sharp. (2024.03.25). Conference Room Technology Trends: Shaping Future Meetings (https://www.infoware.ca/blog/conference-room-technology-trends)
- David Barry. (2024.04.16). Google Workspace Is Coming for Slack and Microsoft Teams (https://www.reworked.co/collaboration-productivity/google-workspace-is-coming-for-slack-and-microsoft-teams/)
- GitLab. (2024.05.14). The 10 models of remote and hybrid work (https://handbook.gitlab.com/handbook/company/culture/all-remote/stages/)
- Haggety, et al. (2020). Cultivating Virtual Competence (https://iveybusinessjournal.com/cultivating-virtual-competence/)
- IBM. (2020.10.13). Transforming the workplace through employee experiences, cultural leadership and sustainable diversity (https://www.ibm.com/blog/transforming-the-workplace-through-employee-experiences-cultural-leadership-and-sustainable-diversity/)

- Integre Solutions Private Limited. (2024.01.09). The Transformative Impact of Remote Work on Team Collaboration (https://www.linkedin.com/pulse/transformative-impact-remote-work-team-collaboration-lqu6c/)
- Jeremie Brecheisen. (2023.10.16). Research: Flexible Work Is Having a Mixed Impact on Employee Well-Being and Productivity (https://hbr.org/2023/10/research-flexible-work-is-having-a-mixed-impact-on-employee-well-being-and-productivity
- Knight Frank. A History of the Office: What Has and Hasn't Changed (https://www.knightfrank.co.uk/office-space/insights/culture-and-space/a-history-of-the-office/)
- McKinsey. (2023.04.26). All remote from day one: How GitLab thrives (https://www.mckinsey.com/capabilities/people-and-organizational-performance/our-insights/all-remote-from-day-one-how-gitlab-thrives)
- Meeting Store. (2023.03.01). The Future of Virtual Meeting Technology (https://meetingstore.co.uk/the-future-of-virtual-meeting-technology/)
- Miro Miroslavov. (2023.09.15). 8 Essential Collaborative Skills (+ How to Promote Them) (https://www.officernd.com/blog/collaborative-skills/)
- Mitchell Cooper. (2024.03.28). Team Collaboration Tools: Slack, Microsoft Teams, Zoom, and Google Workspace (https://www.taazaa.com/team-collaboration-tools/)
- Nibol. How to adopt a hybrid work model: six fundamental steps (https://www.nibol.com/en/blog/how-to-adopt-a-hybrid-work-model-six-fundamental-steps)
- Pau. AI Development Collaboration Tools For 30% Efficiency Surge (https://www.coders.dev/blog/ai-development-collaboration-tools.html)
- Rhiannon Stone(2024. 2. 2). 20+ Biggest Workplace Trends of the Future [2024-2027] (https://www.smbguide.com/workplace-trends/)
- Riccardo Del Bello. (2020.11.04). An Introduction to Biophilic Design (https://www.adesigneratheart.com/en/interior-design-blog/sustainability-and-well-being/90-an-introduction-to-biophilic-design)
- Salesforce. How IBM's collaborative communities build a more vibrant work culture (https://www.salesforce.com/resources/customer-stories/ibm-collaborative-communities-work-culture/?bc=HA)
- Spica Technologies. (2024.02.01). Why Collaboration in the Workplace Matters & Its Impact on Company ROI (https://www.linkedin.com/pulse/why-collaboration-workplace-matters-its-impact-rijwf/)
- StartUs insights. 10 New Remote Working Solutions Supporting Work From Anywhere (https://www.startus-insights.com/innovators-guide/new-remote-working-solutions/)
- Task Flow Solutions. (2024.06.15). Slack vs. Microsoft Teams: Comparing the best collaboration tools (https://taskflowsolutions.com/slack-vs-microsoft-teams-comparing-the-best-collaboration-tools/)
- Team EMB. (2024.01.03). The Future of Remote Work and Digital Collaboration Tools (https://blog.emb.global/future-of-remote-work-and-digital-tools/)
- TechCurators. (2023.12.15). Getting Ahead in the Future of Work: Developing Your Virtual Collaboration and Remote Work Skills (https://www.linkedin.com/pulse/getting-ahead-

future-work-developing-your-virtual-collaboration-dskie/)

- VASAV. (2024.02.25). Slack vs Teams: Best Collaboration Tool for 2024 (https://www.redswitches.com/blog/slack-vs-teams-best-collaboration-tool/)
- VirtualSpace. (2023.07.19). The Future of Remote Work: Innovations and Trends in 2023 (https://www.linkedin.com/pulse/future-remote-work-innovations-trends-2023-virtualspaceaiglobal/)
- WorkInSync. (2021.11.10). 5 Reasons Why the Hybrid Workplace is Here to Stay (https://workinsync.io/5-reasons-why-the-hybrid-workplace-is-here-to-stay/)
- Yarooms. (2024.03.18). 10 Benefits of the Hybrid Work Model [With Statistics] (https://www.yarooms.com/blog/benefits-of-hybrid-work-model)
- 인공지능신문. (2024.06.12). 딥서치, 직장인 위한 AI 기반 업무 협업 툴 '딥서치 웍스' 출시 (https://www.aitimes.kr/news/articleView.html?idxno=31378)

03. 체제 경쟁이 불붙인 국제 공급망의 변화

1) KOTRA 텐진 무역관, "中 전기차 보급 확대와 함께 유황 수입수요 증가", 2023. 4. 24.; https://dream.kotra.or.kr/kotranews/cms/news/actionKotraBoardDetail.do?SITE_NO=3&MENU_ID=180&CONTENTS_NO=1&pNttSn=202022 (검색일: 24. 6. 25.)
2) https://www.fortunebusinessinsights.com/sulfur-market-102143
3) 1)과 같음
4) 1)과 같음
5) FORTUNE BUSINESS INSIGHTS, "유황시장 규모, 점유율 및 산업분석, 용도별(비료, 화학제품, 고무, 제약 및 기타) 및 지역 예측(2024~2032년)", June 10, 2024.; https://www.fortunebusinessinsights.com/ko/sulfur-market-102143 (검색일: '24. 6. 25.)
6) Mordor Intelligence, "질산시장 규모 및 점유율 분석, 성장 동향 및 예측(2024~2029)".; https://www.mordorintelligence.kr/industry-reports/nitric-acid-market (검색일: 2024.06.25.)
7) https://www.americanhunter.org/content/how-to-choose-a-hunting-bullet/
8) https://commons.m.wikimedia.org/wiki/File:M107_M795_M483A1.jpg
9) National Minerals Information Center, (2024), U.S. Geological Survey Mineral Commodity Summaries 2024 Data Release: U.S. Geological Survey data release.; https://doi.org/10.5066/P144BA54.
10) https://www.spglobal.com/commodityinsights/en/market-insights/latest-news/metals/011924-trade-review-china-q1-copper-concs-tcrcs-seen-in-downtrend-on-tighter-supply
11) "전 세계 면화 공급, '수요 추월'", The Industry News, (2023.12.08).; https://www.tinnews.co.kr/25898 (검색일: 2024. 6. 25.)
12) 중국전문가포럼, "中 면화 가격 연중 최고가 기록...방직 기업 수익성 마이너스", (2023.08.03).; https://csf.kiep.go.kr/newsView.es?article_id=51106&mid=a20100000000 (검색일: 2024.06.25.)

13) Yucheng Wang, Shaobing Peng, Jianliang Huang, Yali Zhang, Lu Feng, Wenqing Zhao, Haikun Qi, Guangsheng Zhou, Nanyan Deng, "Prospects for cotton self-sufficiency in China by closing yield gaps", European Journal of Agronomy, Volume 133, February 2022.
14) Makoto Miwa, "8 Ammonium Perchlorate Manufacturers in 2024", 2024. 6.; https://us.metoree.com/categories/7142/ (검색일: 2024.06.25.)

04. AI 튜터의 하이브리드 클래스 - AI 시대 교육 시그널 -

- 에릭 홉스봄, 정도영·차명수 역 (2022), 혁명의 시대, 2022, 한길사
- https://www.chosun.com/national/national_general/2024/04/25/XCBR7WQDAZBFXHFTDSRZSOIWSE/
- https://www.thekorean.today/22428
- https://www.mediaus.co.kr/news/articleView.html?idxno=304267
- OECD Education 2023
- https://www.hankyung.com/article/2024091368667
- https://m.newspim.com/news/view/20230214000086
- https://www.asu.edu/ Arizona State University Homepage
- 교육부, [인공지능(AI) 디지털교과서로 1:1 맞춤 교육시대 연다], 2023. 6.8, 보도자료

05. 과연 영성적 비신자(Spiritual non-believer, SNB)가 지배할까?

1) 윌리엄 제임스, 김재영 옮김, (2000), 《종교적 경험의 다양성》, 한길사, pp. 551-552
2) 이어령·이재철, (2012), 《지성과 영성의 만남》, 홍성사, pp. 329-331
3) E 풀러 토리, 유나영 옮김, (2019), 《뇌의 진화, 신의 출현-초기 인류와 종교의 기원》, 갈마바람, pp. 221-227
4) 박정은, (2014), '사회적 영성의 정의와 방법론', 《사회적 영성》, 현암사, pp. 180-181
5) 에른스트 블로흐, 박설호 옮김, (1995), 《희망의 원리 4-자유와 질서》, 솔.
6) 채수일, (2002), 《21세기 사회와 종교 그리고 유토피아》, 〈유토피아와 종교〉, 생각의 나무, p. 346
7) 리처드 도킨스 외, (2012), 《왜 종교는 과학이 되려 하는가》, 바다출판사, pp. 167-175.
8) 하비 콕스, 김창락 옮김, (2021), 《종교의 미래》, 문예출판사, p. 310.
9) 샘 해리스, 김원옥 옮김, (2008), 《종교의 종말》, 한언, p. 264.
10) 조던 폴락, 이영기 옮김, (2008), 《위험한 생각들》, 〈단지 또 다른 종교인 과학〉, 갈리온, p. 290.

11) 스콧 애트런, 이영기 옮김, (2008), 《위험한 생각들》, 〈종교는 과학에 없는 희망이다〉, 갤리온, pp. 302-303.

- E 풀러 토리, 유나영 옮김, (2019), 《뇌의 진화, 신의 출현-초기 인류와 종교의 기원》, 갈마바람, pp. 221-227.
- 가이 해리슨, 윤미성 옮김, (2012), 《사람들이 신을 믿는 50가지》, 다산초당, p. 45.
- 리처드 도킨스 외, (2012), 《왜 종교는 과학이 되려 하는가?》, 바다출판사, pp. 167-175.
- 박정은, (2014), 《사회적 영성》, 〈사회적 영성의 정의와 방법론〉, 현암사, pp. 180-181.
- 샘 해리스, 김원옥 옮김, (2008), 《종교의 종말》, 한언, p. 264.
- 스콧 애트런, 이영기 옮김, (2008), 《위험한 생각들》, 〈종교는 과학에 없는 희망이다〉, 갤리온, pp. 302-303.
- 신재식·김윤성·장대익, (2010), 《종교전쟁-종교에 미래는 있는가?》, 사이언스 북스, p. 20.
- 윌리엄 제임스, 김재영 옮김, (2000), 《종교적 경험의 다양성》, 한길사, pp. 551-552.
- 이어령·이재철, (2012), 《지성과 영성의 만남》, 홍성사, pp. 329-331.
- 조던 폴락, 이영기 옮김, (2008), 《위험한 생각들》, 〈단지 또 다른 종교인 과학〉, 갤리온, p. 290.
- 채수일, (2002), 《21세기 사회와 종교 그리고 유토피아》, 〈유토피아와 종교〉, 생각의 나무, p. 346.
- 하비 콕스, 김창락 옮김, (2011), 《종교의 미래》, 문예출판사, p. 310.

06. 반도체 패전의 시그널
- 협력과 경쟁 사이 한국 반도체의 운명 -

1) 저자 작성 (데이터 출처: https://en.wikipedia.org/wiki/Transistor_count)
2) Ray Kurzweil, (2005), The Singularity Is Near: When Humans Transcend Biology, p. 20
3) Ray Kurzweil, (2005), The Singularity Is Near: When Humans Transcend Biology, p. 136
4) Multigate device - Wikipedia
5) 이웅. 〈삼성전자, 세계 최초 '3D 수직구조 낸드플래시' 양산〉, 연합뉴스. 2013.08.06.
6) 박현영. (2018). 〈2001년 중국 WTO 가입 후원한 미국, 제 발등 찍었나〉. 중앙일보. 2018.08.02.
7) The NewYok Times, (2023), https://www.nytimes.com/2023/11/06/business/china-economy-property-crisis.html
8) 7)과 같음
9) 서유진. (2024). 〈미 맞선 '반도체 굴기'…중국, 64조원 투자기금 추가 조성〉. 중앙일보. 2024.05.28.
10) 유노가미 다카시, 성안당(2011), 일본 반도체 패전, p. 21
11) 한국경제, (2024), https://www.hankyung.com/article/2024042313601
12) 박의명. (2024). 〈中 '반도체 홀로서기'…이 없이 잇몸으로 '美제재 장벽' 뚫었다〉. 한국경제. 2024.04.24.

13) 김기성. (2023). 〈화웨이 최신 스마트폰, SMIC 7nm 기술 적용…中반도체 돌파구〉. 연합뉴스. 2023.09.05.

14) 유노가미 다카시, 성안당(2011), 일본 반도체 패전, p.188

15) 박지민. (2024). 〈ASML 우리 반도체 장비 받으려면 '넷제로' 달성하라〉. 조선일보. 2024.02.27.

- Bill Gates. (1998). 《What do Established Companies Fear Most?》, https://atkinsbookshelf.wordpress.com/2014/02/24/what-do-established-companies-fear-most/. 2014.02.24.
- Gordon Moore. (1965). 《Cramming More Components onto Integrated Circuits》. Electronics Magazine. 38 (8): 114–117
- Gordon Moore. (1975). 《Progress in Digital Integrated Electronics》. International Electron Devices Meeting, IEEE, pp. 11–13.
- Keith Bradsher. 〈More Semiconductors, Less Housing: China's New Economic Plan〉, New York Times. 2023.11.06.
- Kyle Chan. (2024). How China is moving up Apple's supply chain. https://www.high-capacity.com/p/how-china-is-moving-up-apples-supply. 2024.05.03.
- R. Dennard et al. (1974). 〈Design of ion-implanted MOSFET's with very small physical dimensions〉, IEEE J. Solid-State Circuits 9, 256–268.
- Ray Kurzweil. (2005). 《The Singularity is Near》. New York: Viking Books. ISBN 978-0-670-03384-3
- T. N. Theis and H. P. Wong, 〈The End of Moore's Law: A New Beginning for Information Technology〉, in Computing in Science & Engineering, vol. 19, no. 2, pp. 41–50, Mar.-Apr. 2017, doi: 10.1109/MCSE.2017.29.
- Yuvraj Malik, 〈Musk asks Nvidia to ship AI chips booked for Tesla to X and xAI, CNBC reports〉, Reuters, June 5, 2024. https://www.theregister.com/2024/06/05/elon_musk_confirms_h100_destined/
- 〈Transistor count〉, Wikipedia, https://en.wikipedia.org/wiki/Transistor_count
- 안상희. (2024). 〈출시 1분 만에 매진된 '화웨이 퓨라 70' 부품 90% 이상 중국산〉. 조선비즈. 2024.04.29.
- 진대제. (2006). 《열정을 경영하라》, 김영사
- 허진. 〈구형 DUV장비로…美제재 뚫은 '반도체 쩐해전술'〉. 서울경제. 2024.04.02.

07. 퀀텀월드로 퀀텀점프 - 제2차 양자혁명 -

1) adobe firefly로 그림. '프롬프트: 단백질 접힘 구조를 묘사하는 그림을 그려라'

- A. Fruchtman, I. Choi, (2016), 《Technical roadmap for fault-tolerant qunatum computing》, UK National Qunatum Technologies Programs.
- A. Katabarwa, K. Gratsea, A. Caesura, P. D. Johnson, (2013), 《Early fault-tolerant quantum

computing》, arXiv:2311.14814v1.

- C. M. Kaut, et al, (2024), 〈Entanglement of nanophotonic quantum memory nodes in a telecom network〉, Nature 629, p. 573.
- D. Liar, 〈What is quantum advantage? A quantum computing scientist explains an approaching milestone marking the arrival of extremly powerful comptuers〉, The Conversation, November 17, 2023.
  https://theconversation.com/what-is-quantum-advantage-a-quantum-computing-scientist-explains-an-approaching-milestone-marking-the-arrival-of-extremely-powerful-computers-213306
- J.-L. Liu, et al, (2024), 〈Creation of memory-memory entanglement in a metropolitan quantum network〉, Nature 629, pp. 579–585.
- J. Preskill, 《Quantum computing and the entanglement frontier》, arXiv:1203.5813v3, 2012.
- M. I. Hossain, et al, 〈Quantum-edge cloud computing: A future pardigm for IoT applications〉, arXiv:2405.04824.
- N. Aslam, et al, (2023), 〈Quantum sensors for biomedical applications〉. Nat. Rev. Phys. 5, pp. 157–169.
- R. J. MacDonell, et al. (2021), 〈Analog quantum simulation of chemical dynamics. Chem〉. Sci. 12, 9794.
- Y. Yu et al, (2020), 〈Entanglement of two quantum memories via fibres voer dozens of kilometers〉, Nature 578, pp. 240–245.
- 〈Quantum-as-a-service is already solving industry problems〉
  https://www.nature.com/articles/d42473-023-00415-y
- 〈Quantum entanglement expands to city-sized networks〉, Physics world, 22 May 2024.
  https://physicsworld.com/a/quantum-entanglement-expands-to-city-sized-networks/?notification=onesignal
- 〈단백질 접힘 이야기〉. https://horizon.kias.re.kr/21532/
- 〈양자컴퓨팅-2: Two qubits gate & tensor product〉, 2022.4.6.
  https://computing-jhson.tistory.com/30
- 미치오 가쿠, (2023), 《양자컴퓨터의 미래》, 김영사.
- 양자컴퓨팅-3: Quantum circuit & no cloning theorem, 2022.4.25.
  https://computing-jhson.tistory.com/38#google_vignette
- 이영완, 〈美 지구 최강의 자석, 인공 태양의 심장 되려 프랑스 간다〉. 조선일보, 2012.6.16.
  https://www.chosun.com/economy/science/2021/06/16/5M652WI5AVDCHMMYLVDGI7M5OQ/
- 임항택, 라영식, 송각희, 송영선, 김윤호, 〈광자기반의 양자정보 연구〉, Optical Science and Technology, April 2014, pp. 6–12.
- 파라그 랄라, 이태휘 옮김, (2019), 《양자 컴퓨터 입문》, 에이콘.
- 황용수 등, (2022), 〈결함허용 양자컴퓨팅 시스템 기술 연구개발 동향〉, 한국전자통신연구원.

08. 신경과학이 이 시대의 가치관을 변화시킨다 - 어떻게 살고 싶어 할 것인가? -

1) https://themiilk.com/articles/aa54ceec7
2) https://www.chosun.com/opinion/correspondent_column/2022/04/16/UPHPASNLNJCX3MMZPHB5ASQX5E/
3) https://www.youtube.com/watch?v=ar1a737mGJ4 [카프친 원숭이 실험]
4) John von Neumann, (1958, 2000), 《The Computer and the Brain》, Yale University Press.
5) 김효은, 설선혜, 〈신경윤리의 독자성과 주요 쟁점들〉, 인지과학 29권 1호, 2018.
6) 레이 커즈와일, 《특이점이 온다: 기술이 인간을 초월하는 순간》, 김영남, 장시형 옮김, 김영사, 2007.
7) 장피에르 뒤피, 《마음은 어떻게 기계가 되었나, 인지과학의 기원 또는 사이버네틱스》, 배문정 옮김·해설, 지식공작소, 2023.
8) 패트리샤 처칠랜드, 《신경건드려보기: 자아는 뇌라고》, 박제윤 옮김, 철학과현실사, 2013.
9) 패트리샤 처칠랜드, 《양심: 도덕적 직관의 기원》, 박형빈 옮김, 씨아이알, 2024.
10) 폴 처칠랜드, 《뇌, 이성의 엔진 영혼의 자리》, 박제윤 옮김, 철학과현실사, 2024.

09. 노화의 종말 - 불로장생을 꿈꾸는 므두셀라의 후예들

1) 데이비드 A. 싱클레어, (2020), 《노화의 종말》, 부키.
2) 윤석만, (2024), 《미래인문학》, 광문각.
3) 슈테판 볼만, (2008), 《길어진 인생을 사는 기술》, 웅진지식하우스.
4) 유발 하라리, (2015), 《사피엔스》, 김영사.
5) 이해진·장원석, (2024), 《2030 바이오지도》, 스리체어스.

10. AI로 강화한 사이버 리질리언스

1) "The Evolution of Cyber Threats: Past, Present and Future", Katz Blog, July 3, 2024. https://online.yu.edu/katz/blog/the-evolution-of-cyber-threats
2) Steve Morgan, "Cybercrime To Cost The World 8 Trillion Annually In 2023", Cybercrime Maganize, Oct. 17, 2022. https://cybersecurityventures.com/cybercrime-to-cost-the-world-8-trillion-annually-in-2023/#:~:text=Our%20report%20provides%20a%20breakdown,%24154%20billion%20a%20Week
3) "AI in cyber defense: Pioneering the future of security in 2024", FASTCOMPANY, Feb. 13, 2024. https://www.fastcompany.com/91027262/ai-in-cyber-defense-pioneering-

the-future-of-security-in-2024
4) https://www.ibm.com/ai-cybersecurity
5) "AI in Cybersecurity: Key Case Studies and Breakthroughs", Eastgate Software, June 10, 2024. https://eastgate-software.com/ai-in-cybersecurity-key-case-studies-and-breakthroughs/
6) https://darktrace.com/customers/boardriders
7) "How AI-Powered Security Capabilities Implement Real-Time Cybersecurity", Paloalto, Jan. 19, 2024. https://www.paloaltonetworks.com/blog/2024/01/ai-powered-security-capabilities/
8) K. Eykholt et al., "Robust Physical-World Attacks on Deep Learning Models", arXiv: 1707.08945v5, April 10, 2018. https://doi.org/10.48550/arXiv.1707.08945
9) T. Bai et al., "Recent Advances in Adversarial Training for Adversarial Robustness," arXiv:2102.01356v5, April 21, 2021. https://arxiv.org/abs/2102.01356
10) "Adversarial Machine Learning: Defense Strategies", Neptune.AI, Sep. 27, 2024. https://neptune.ai/blog/adversarial-machine-learning-defense-strategies
11) "National Cybersecurity Strategy", The White House, March 1, 2023.
12) "What are the AI security risks?", TARLOGIC, Sep. 7, 2023. https://www.tarlogic.com/blog/ai-security-risks/
13) "새로운 초연결 사회로의 스마트한 진화", ETRI Webzine, vol. 79, Feb. 24, 2017. https://www.etri.re.kr/webzine/20170224/sub04.html
14) 권동승 외, "초연결 지능 플랫폼 기술", 전자통신동향분석, 제32권, 제1호, 2017.
15) "Microsoft report shows increasing sophistication of cyber threats", Microsoft On The Issues, Sep. 29, 2020. https://blogs.microsoft.com/on-the-issues/2020/09/29/microsoft-digital-defense-report-cyber-threats/

11. 복합위기 시대의 정치, 희망과 절망의 변주곡

1) D.Eastern, (1965), 《A Framework for Political Analysis》, New York:Prentice Hall.
2) WEF, (2023), 《지구위기 보고서 2023(Global Risk Report 2023)》.
3) WEF, (2024), 《지구위기 보고서 2024(Global Risk Report 2024)》.
4) UNDP Strategy & Futures Team, (2024), 《2024 UNDP TRENDS REPORT》.
5) 전국경제인연합회, (2021), 〈국가갈등지수 OECD 비교〉, GLOBAL INSIGHT, Vol.53 2021.08.19.
6) 한국행정연구원, (2023), 《2023 사회통합실태조사》.
7) 박상훈외 3인, (2020), 《양극화된정치 무엇이 문제이이고, 어떻게 개선할 수 있을까》, 국회미래연구원에서 재인용

8) Emilia Palonen·Urpo Kovala·Tuija Saresma·Maria Ruotsalainen, 〈Populism on the Loose〉, April 2018.
9) 〈유럽 양당체제 뒤흔든 포퓰리즘… '기성 정치권 대안 내놔야'〉, 한겨레신문, 2019.10.19.
10) 에이미 추아 지음, 김승진 옮김, (2020), 《정치적 부족주의》, 부키.
11) 〈코로놉티콘의 탄생〉, (2020), the Economist.
12) 〈'자유 vs 안전' 논쟁을 넘어 '코로놉티콘'을 막아라〉, 한겨레21, 1315호 2020.5.30.
13) http://www.unfuture.org/2160
14) 문정인, (2021), 《문정인의 미래시나리오》, 청림출판.
15) 전재성, (2022), 〈미래 50년 한반도 국제정치와 한국의 선택〉, 한국과 국제정치, 제38권 제1호, 2022(봄).
16) WMO Global Annual to Decadal Climate Update, World Meteorological Organization, 2024, p7
17) Geoff Mann and Joel Wainwright, (2018), 《Climate Leviathan: A Political Theory of Our Planetary Future》, Verso.
18) 박상훈외 3인, (2020), 《양극화된 정치 무엇이 문제이고, 어떻게 개선할 수 있을까》, 국회미래연구원.
19) 윤영상, (2024), <한반도 전쟁체제의 전환논의와 남한정부의 역할-남북한의 적대관계 청산을 위한 새로운 가능성 모색>, 경제와 사회 NO 141.

- Amy Chua, (2018), 《Political Tribes》, Penguin Press.
- Drezner, Daniel W., Ronald R. Krebs, and Randall Schweller, (2020), 〈The End of Grand Strategy: America Must Think Small〉, Foreign Affairs, Vol. 99, No. 3.
- http://www.unfuture.org/2160
- KAIST문술미래전략대학원 미래전략연구센터, (2024), 《카이스트미래전략2024-포스트 AI시대 당신의 도전과 기회》, 김영사.
- Yascha Mounk, (2018), 《The People vs. Democracy: Why Our Freedom Is in Danger and How to Save It》, Harvard University Press.
- 야스차 뭉크(Yascha Mounk), 함규진 옮김, (2018), 《위험한 민주주의: 새로운 위기, 무엇이 민주주의를 파괴하는가》, 와이즈베리.
- 윤영상, (2020), 〈남북한 국가승인과 국가연합〉, 통일정책연구, vol. 29 no. 2.
- 조엘 웨인라이트·제프 만 지음, 장용준 옮김, (2013), 《기후 리바이어던: 지구 미래에 관한 정치 이론》, 앨피.

12. 대드론 전쟁(Conter-Drone Warfare)

1) https://x.com/clashreport/status/1315722930983239680
2) https://news.sky.com/video/ukraine-war-lots-and-lots-of-losses-military-vehicles-destroyed-in-brovary-north-east-of-kyiv-12562350
3) https://www.thedroneu.com/blog/aerovironment-switchblade-drones-or-suicide-drones/

4) https://mil.in.ua/en/news/ukrainian-intelligence-officers-demonstrated-the-combat-operation-of-fpv-kamikaze-drones/
5) https://www.dailymail.co.uk/news/article-11598729/Iranian-drone-deployed-Russia-Ukraine-contained-parts-13-companies.html
6) https://www.telegraph.co.uk/world-news/2023/06/10/russia-kazan-factory-shahed-136-drones-iran/
7) https://www.tbsnews.net/worldbiz/middle-east/israel-will-hit-back-iran-timing-uncertain-say-analysts-828346
8) https://www.nationaldefensemagazine.org/articles/2023/8/29/new-replicator-initiative-more-than-just-swarming-drones-diu-chief-says
9) https://www.telegraph.co.uk/news/2024/03/30/ukraine-short-of-missiles-machine-guns-shoot-down-drones/
10) https://mil.in.ua/en/news/anti-aircraft-systems-massively-deployed-on-moscow-buildings-roofs/#google_vignette
11) https://www.forbes.com/sites/vikrammittal/2024/04/28/russia-is-using-low-tech-unconventional-counter-drone-solutions/
12) https://www.army.mil/article/226920/ccdcs_road_map_to_modernizing_the_army_air_and_missile_defense
13) https://api.army.mil/e2/c/downloads/2024/02/27/091989c9/army-white-paper-army-force-structure-transformation.pdf
14) https://coolinfographics.com/blog/2021/9/23/drone-privacy-laws-around-the-world
15) https://www.precedenceresearch.com/anti-drone-market

- https://api.army.mil/e2/c/downloads/2024/02/27/091989c9/army-white-paper-army-force-structure-transformation.pdf
- https://coolinfographics.com/blog/2021/9/23/drone-privacy-laws-around-the-world
- https://mil.in.ua/en/news/anti-aircraft-systems-massively-deployed-on-moscow-buildings-roofs/#google_vignette
- https://mil.in.ua/en/news/ukrainian-intelligence-officers-demonstrated-the-combat-operation-of-fpv-kamikaze-drones/
- https://news.sky.com/video/ukraine-war-lots-and-lots-of-losses-military-vehicles-destroyed-in-brovary-north-east-of-kyiv-12562350
- https://www.army.mil/article/226920/ccdcs_road_map_to_modernizing_the_army_air_and_missile_defense
- https://www.dailymail.co.uk/news/article-11598729/Iranian-drone-deployed-Russia-Ukraine-contained-parts-13-companies.html
- https://www.forbes.com/sites/vikrammittal/2024/04/28/russia-is-using-low-tech-unconventional-counter-drone-solutions/
- https://www.nationaldefensemagazine.org/articles/2023/8/29/new-replicator-initiative-more-than-just-swarming-drones-diu-chief-says

- https://www.precedenceresearch.com/anti-drone-market
- https://www.tbsnews.net/worldbiz/middle-east/israel-will-hit-back-iran-timing-uncertain-say-analysts-828346
- https://www.telegraph.co.uk/news/2024/03/30/ukraine-short-of-missiles-machine-guns-shoot-down-drones/
- https://www.telegraph.co.uk/world-news/2023/06/10/russia-kazan-factory-shahed-136-drones-iran/
- https://www.thedroneu.com/blog/aerovironment-switchblade-drones-or-suicide-drones/
- https://x.com/clashreport/status/1315722930983239680

13. 기후 위기로 인한 해수면 상승과 '수중독립도시(UIC)'

1) https://www.khan.co.kr/world/world-general/article/202309211440001
2) https://news.sbs.co.kr/news/endPage.do?news_id=N1007614441
3) 이후림, 〈해수면 상승으로 사라질 위기에 처한 국가와 도시는?〉, 뉴스펭귄, 2022.03.28
4) https://www.designdb.com/?menuno=1283&bbsno=4318&siteno=15&act=view&ztag=rO0ABXQAOTxjYWxsIHR5cGU9ImJvYXJkIiBubz0iOTkxIiBza2luPSJwaG90b19iYnNfMjAxOSI%2BPC9jYWxsPg%3D%3D#gsc.tab=0
5) https://arcam.nl/architectuur-gids/waterbuurt-west/
6) https://www.archilovers.com/projects/140410/floating-houses-ijburg-gallery?1137261&1137239=
7) https://www.archdaily.com/482835/ted-talk-10-reasons-that-future-cities-will-float/531631b7c07a80f19a00002a-ted-talk-10-reasons-that-future-cities-will-float-photo
8) https://www.odditycentral.com/architecture/waterbuurt-amsterdams-floating-neighborhood.html
9) Terug, https://arcam.nl/architectuur-gids/waterbuurt-west/
10) 이성주, 〈육지보다 안전한 암스테르담의 '수상가옥'〉, 뉴스어스, 2023.03.16
11) https://www.designdb.com/?menuno=1283&bbsno=4318&siteno=15&act=view&ztag=rO0ABXQAOTxjYWxsIHR5cGU9ImJvYXJkIiBubz0iOTkxIiBza2luPSJwaG90b19iYnNfMjAxOSI%2BPC9jYWxsPg%3D%3D#gsc.tab=0
12) https://www.honeymoonresort.co.kr/new_ver/resort/resort_detail_new.asp?loc_idx=10&loc_name=%EB%AA%B0%EB%94%94%EB%B8%8C&loc_image=%EB%AA%B0%EB%94%94%EB%B8%8C.swf&midloc_name=%EA%B5%AD%EB%82%B4%EC%84%A0&rst_idx=5382&List_url=/new_ver/resort/resort_main.asp?Loc_idx=10
13) https://i.pinimg.com/originals/13/0f/2a/130f2a3d3d70c259cde8fff7c33f87c8.jpg
14) https://triple.guide/attractions/cb27a7de-0dc0-41e0-87cf-1a249ed58750
15) https://namu.wiki/w/%EB%B2%A0%EB%84%A4%EC%B9%98%EC%95%84

16) https://images.unsplash.com/photo-1558271736-cd043ef2e855?q=80&w=2662&auto=format&fit=crop&ixlib=rb-4.0.3&ixid=M3wxMjA3fDB8MHxwaG90by1wYWdlfHx8fGVufDB8fHx8fA%3D%3D
17) https://triple.guide/articles/da3e80c9-bdfb-4476-9280-af30304ff979
18) https://www.facebook.com/photo?fbid=4402426893142427&set=pcb.4402428626475587
19) https://www.ohmynews.com/NWS_Web/View/at_pg.aspx?CNTN_CD=A0001952400
20) https://www.cafe.daum.net/vngirl/Cqph/7?q=D_eNSjTo1qntQ0&
21) https://english.thesaigontimes.vn/chau-doc-river-floating-village/
22) https://en.wikipedia.org/wiki/Kampong_Ayer#/media/File:BN-bsb-kampong-ayer.jpg
23) https://trvlguides.com/articles/kampong-ayer
24) https://www.dtnews24.com/news/articleView.html?idxno=525701
25) https://www.dezeen.com/2014/01/30/olson-kundig-jack-daws-house-on-stilts-polluted-lake/
26) https://www.thenationalnews.com/travel/news/2022/08/23/worlds-first-floating-pod-homes-launched-in-panama-starting-at-295000/
27) 윤재은, 〈지속 가능한 친환경 미래 해상주택...'시 팟(Sea Pod)'〉, ESG코리아뉴스, 2022.08.18
28) https://www.azuremagazine.com/article/cph-o1-copenhagen-harbour-island/
29) 윤재은, 〈CPH-Ø1, 코펜하겐 항구에 있는 작은 섬 파크 아일랜드(parkipelago)〉, ESG코리아뉴스, 2023.01.16
30) https://www.boat24.com/en/powerboats/mx4-houseboat-moat/detail/473368/
31) https://www.facebook.com/bluefieldhouseboats/
32) https://www.tert.am/en/news/2016/12/01/ufo-yacht/2210084
33) https://www.openads.co.kr/content/contentDetail?contsId=8529
34) 박진해, 〈인류의 마지막 보고, 해저 도시가 열린다〉, 미래에셋증권매거진.
35) https://www.bbc.com/future/article/20231130-can-humans-live-underwater
36) Katherine Latham, 〈The final frontier? How humans could live underwater in 'ocean stations'〉, BBC, 2023.12.1
37) https://newatlas.com/water-discus-underwater-hotel-maldives/27875/
38) World construction network, Water Discus Underwater Hotel, Dubai, United Arab Emirates, 2021.06.04.
https://www.worldconstructionnetwork.com/projects/water-discus-underwater-hotel-dubai-uae/?cf-view
39) https://i.pinimg.com/originals/b5/63/01/b56301aa3ee980cb5af81ffa6b4ce5f4.jpg
40) https://www.ifitshipitshere.com/underwater-dwellings-h2ome-and-the-poseidon-resort/
41) https://www.dezeen.com/2017/11/06/video-ocean-spiral-shimizu-corporation-spiralling-underwater-city-movie/
42) Sebastian Jordahn, Dezeen Minliving, Ocean Spiral is a conceptual city proposed beneath the surface of the ocean, 2017.12.06

14. 환경 문제와 기후 변화 대응을 위한 미래 설계 - 다중 위기에 처한 인류, 생존 전략은 -

1) W. Steffen, W. Broadgate, L. Deutsch, O. Gaffney, et C. Ludwig, 〈The trajectory of the Anthropocene: The Great Acceleration〉, The Anthropocene Review, vol. 2, no 1, p. 81-98, avr. 2015, doi: 10.1177/2053019614564785

- 강찬수, (2018), 〈홍수에, 가뭄에 널뛰는 날씨 …'스펀지 도시'로 맞선다〉, 중앙일보, 2018.08.18.
- 강찬수, (2020), 〈바이러스 전쟁 이기려면 '생태계 지원군' 도움 있어야〉, 중앙일보, 2020.12.15.
- 강찬수, (2022), 〈개인 온실가스 배출 허용량 정해 주면 기후 위기 막을 수 있을까?〉, 중앙일보, 2022.01.19.
- 강찬수, (2023), 〈'AI 더러운 비밀'…구글보다 '챗GPT'가 지구에 더 나쁜 이유〉, 중앙일보, 2023.02.14.
- 강찬수, (2023), 〈선진국 녹색성장? 그린워싱일뿐…탄소중립 220년 걸린다〉, 중앙일보, 2023.09.07.
- 강찬수, (2023), 〈코로나 3년, 마스크 9000억개 썼다…온실가스 1800만 톤 배출〉, 중앙일보, 2023.09.26.
- 강찬수, (2024), 〈'뉴 오일' 구리 가격 급등…환경오염, 생태계 파괴는 어쩌나〉, ESG경제, 2024.06.16.
- 레이워스·케이트, (2018), 《도넛 경제학》, 학고재.
- 박훈 등, (2024), 《기후변화와 생태계 물질 순환》, OJERI 북스.
- 슈멜처·마티아스 등, (2023), 《미래는 탈성장》, 나름북스.
- 안희, (2024), 〈WMO "지구 기온 마지노선 2028년까지 깨질 확률 80%"〉, 연합뉴스, 2024.06.06.
- 정빛나, (2024), 〈5월 세계 기온 또 최고…12개월 연속 '가장 더운 달'〉, 연합뉴스, 2024.06.06.
- 콘웨이·에드. (2024). 《물질의 세계》, 인플루엔셜.
- 하현옥, (2024), 〈금리론 기후플레이션 못 잡아…공급 구조 개선으로 풀어야〉, 중앙일보, 2024.06.20.
- East, J. D. et al, (2024), 《Projecting Changes in the Frequency and Magnitude of Ozone Pollution Events Under Uncertain Climate Sensitivity》, Earth's Future.
- Dogan. S. E, (2024), 〈Dengue is now endemic in more than 100 countries–here's what you need to know〉, Wellcome Trust, 2024.05.01.
- Food system economics commission, (2024), 《GLOBAL POLICY REPORT》, The Economics of the Food System Transformation.
- Pfenning-Butterworth, A. et al, (2024), 《Interconnecting global threats: climate change, biodiversity loss, and infectious diseases》, Lancet Planetary Health.
- Saud, S. et al, (2022), 《Comprehensive Impacts of Climate Change on Rice Production and Adaptive Strategies in China》, Frontiers in Microbiology.
- Witze, Alexandra, (2024), 〈Geologists reject the Anthropocene as Earth's new epoch–after 15 years of debate〉, Nature. 2024.03.06.

집필진 소개

총괄기획

이규연 Lee Kyu Youn

현) (사)미래학회 회장
현) JTBC 고문
현) 세명대 저널리즘대학원 교수
현) KAIST 문술미래전략대학원 겸직교수
전) 중앙일보 논설위원

공동필진

윤기영 Yoon Kee Young

현) 한국외국어대학교 겸임교수
현) 국가공무원인재개발원 객원교수
현) 에프엔에스컨설팅 미래전략연구소장
현) (사)미래학회 연구이사

이명호 Lee Myung Ho

현) (사)케이썬 이사장
전) 태재연구재단 자문위원, 여시재 연구위원
전) (재)농림수산정보센터 사장
전) 삼성SDS 아메리카 컨설턴트

이창인 Lee Chang In

현) 육군미래혁신연구센터 미래작전환경분석담당
현) Small Warfare Society 소부대전법 센터장
현) (사) 국제융복합연구원 학술이사
전) 군사학 박사, 예비역 육군소령(기갑, 육사 #56)

김홍열 Kim Hong Yeol

현) 덕성여자대학교 겸임교수
현) 모아인문학당 원장
현) (사)미래학회 편집위원
사회학박사. IT 칼럼니스트

김헌식 Kim Hern Sik

건국대학교 정보콘텐츠학 박사
고려대학교 행정학과 박사 정책학 전공
중앙대학교 국가정책연구소 선임연구원
한국지역문화콘텐츠연구원 연구위원
전) 동아방송예술대학교 초빙교수

부경호 Buh Gyoung Ho

현) 한국에너지공과대학교 교수, 변리사
전) 삼성전자 반도체연구소 책임연구원
전) 美국립표준기술원(NIST) Post-Doc
전) 특허청 심사관(반도체 · 디스플레이 · 2차전지)

이재우 Lee Jae Woo

현) 인하대학교 교수
전) (사)미래학회 회장
전) 한국복잡계학회 회장
전) 인하대학교 자연과학대학 학장

박제윤 Park Je Youn

현) 신경철학연구소 소장
현) 뇌신경철학연구회 좌장
현) (사)미래학회 감사
전) 인천대학교 기초교육원 초빙교수

윤석만 Yun Suk Man

현) 중앙일보 기획취재국 에디터(전 논설위원)
현) 디지털 소사이어티 발기인
전) 국회 · 중앙선관위 자문위원
경희대 사회학 박사과정 수료

방준성 Bang Jun Seong

현) 주식회사 와이매틱스 CEO/대표이사
현) 한국전자통신연구원 책임연구원
현) 과학기술연합대학원대학교 교수
광주과학기술원(GIST) 공학박사

윤영상 Yoon Young Sang

현) KAIST문술미래전략대학원 연구조교수
현) 시민단체 평화네트워크, 포럼 평화공감 운영위원
전) 서울연구원 초빙연구원
전) 신한대학교 객원연구위원

조상근 Cho Sang Keun

현) KAIST 국가미래전략기술 정책연구소 연구교수
현) 국제인공지능감리협회 협회장
현) Small Warfare Society 학회장
현) (사)국방로봇학회 이사

윤재은 Yoon Jae Eun

현) 국민대학교 공간문화디자인학과 교수
현) 사단법인 한국ESG위원회 이사장
전) LH 한국토지주택공사 이사회 의장
전) UC Berkeley 뉴미디어센터 연구교수

강찬수 Kang Chan Su

현) 환경신데믹연구소장
현) 환경운동연합 공동대표
현) 한국외대 기후변화융합학부 겸임교수
현) 환경안전건강연구소 부소장
현) ESG경제신문 환경전문기자

시그널 코리아

SIGNAL KOREA 2025

초판 1쇄 인쇄 2024년 11월 1일
초판 1쇄 발행 2024년 11월 11일

저자 사단법인 미래학회, 이규연(총괄진행)
윤기영, 이명호, 이창인, 김홍열, 김헌식, 부경호, 이재우,
박제윤, 윤석만, 방준성, 윤영상, 조상근, 윤재은, 강찬수
펴낸이 박정태
편집이사 이명수 감수교정 정하경
편집부 김동서, 박가연
마케팅 박명준, 박두리 온라인마케팅 박용대
경영지원 최윤숙

펴낸곳 주식회사 광문각출판미디어
출판등록 2022. 9. 2 제2022-000102호
주소 파주시 파주출판문화도시 광인사길 161 광문각 B/D 3층
전화 031-955-8787 팩스 031-955-3730
E-mail kwangmk7@hanmail.net
홈페이지 www.kwangmoonkag.co.kr

ISBN 979-11-93205-38-9 13320
가격 20,000원